Forensia-Jahrbuch · Band 1

Der Sachverständige im Strafrecht Kriminalitätsverhütung

Herausgegeben von
Christel Frank und Gerhart Harrer

Springer-Verlag Berlin Heidelberg New York
London Paris Tokyo Hong Kong

Frank, Christel, Univ.-OAss. Dr. phil.
Institut für forensische Psychiatrie
der Paris-Lodron-Universität Salzburg
Ignaz-Harrer-Straße 79
A-5020 Salzburg

Harrer, Gerhart, Prof. Dr. med.
Emerit. Vorstand des Instituts für forensische Psychiatrie
der Paris-Lodron-Universität Salzburg
Ignaz-Harrer-Straße 79
A-5020 Salzburg

ISBN-13: 978-3-540-52248-5 e-ISBN-13: 978-3-642-84123-1

DOI: 10.1007/ 978-3-642-84123-1

CIP-Titelaufnahme der Deutschen Bibliothek

Der Sachverständige im Strafrecht. Kriminalitätsverhütung. Hrsg. Christel Frank ; Gerhart Harrer. – Berlin ; Heidelberg ; New York ; London ; Paris ; Tokyo ; Hong Kong : Springer, 1990
(Forensia-Jahrbuch ; Bd. 1)

NE: Harrer, Gerhart [Hrsg.]; Beigef. Werk; GT
WG: 19 DBN 90.039233.9 90.02.07
6931 wn

Softcover reprint of the hardcover 1st edition 1990

2119/3335-543210

Vorwort

Auch nach der Umwandlung unserer ehemaligen interdisziplinären Fachzeitschrift FORENSIA in das Publikationsorgan einer jeweils themenzentrierten Forensia-Jahrbuch-Reihe bleiben wir dem Anliegen verpflichtet, ein Forum für die Verständigung, gegenseitige Anerkennung und Zusammenarbeit verschiedener forensischer Bezugswissenschaften darzustellen und sowohl der wissenschaftlichen Diskussion und Information als auch der Orientierungshilfe für die Probleme der Rechts- und Begutachtungspraxis sowie Betreuungspraxis gebührend Raum zu geben.

Die Auseinandersetzung mit der Genese und Prävention sozialabweichenden delinquenten Verhaltens erfordert eine fächerübergreifende Zusammenschau juristisch-kriminologischen, (neuro)psychiatrisch-psycho(patho)logischen sowie sozialpädagogischen und sozialpsychologischen bzw. auch soziologischen Grundlagenwissens. Dies gilt sowohl für unverzichtbare Erkenntnisse bezüglich übergeordneter Zusammenhänge und Gesetzmäßigkeiten als auch für die individualspezifische Ausrichtung auf die Täterpersönlichkeit, deren Verantwortungsfähigkeit sowie Sozial- und Kriminalprognose mit dem darauf abzustimmenden Spektrum der Rechtsanwendung und spezialpräventiven Behandlungs- sowie Betreuungsmöglichkeiten.

Als Repräsentanten einer interdisziplinär ausgerichteten Kriminologie unter Einbindung von Kriminalbiologie-, -psychiatrie, -psychologie und -soziologie seien hier exemplarisch der Psychiater Gustav Aschaffenburg (1866–1944) – der Gründer und Herausgeber der 1904 erstmals erschienenen „Monatsschrift für Kriminologie und Strafrechtsreform“ sowie Mitautor in dem 1901 von A. Hoche herausgegebenen „Handbuch der Gerichtlichen Psychiatrie“ – angeführt und aus den eigenen Reihen der Jurist sowie Facharzt für Neurologie und Psychiatrie Hans Göppinger – der bekannte Autor z. B. des grundlegenden Werkes „Kriminologie“ (1970) und zusammen mit H. Witter Herausgeber des „Handbuches der forensischen Psychiatrie“ (1972) – genannt. Seine von großer Weitsicht und überragenden Fachkenntnissen getragenen Initiativen als Mitherausgeber des Periodicums FORENSIA und seine gleichermaßen bei der Entstehung dieses Jahrbuches stets unschätzbar wertvolle beratende Mitwirkung verdienen an dieser Stelle mit außerordentlichem Dank hervorgehoben zu werden.

Die Themenwahl dieses Buches mit den zwei Schwerpunktbereichen „Der Sachverständige im Strafrecht“ und „Kriminalitätsverhütung“ gründet sich auf eine Umfrage bei den wissenschaftlichen Mitarbeitern und Beiräten vor der Umwandlung der Zeitschrift FORENSIA in eine Jahrbuchreihe. Deren wesentliche Zielsetzung sehen wir zum einen in einer fächerübergreifenden Vertiefung und Erweiterung von Rechtskenntnissen und kriminologischem Wissensgut zur Ergänzung der klinisch-psychiatrischen und klinisch-psychologischen Erfahrungen (als notwendige, aber keineswegs zureichende Voraussetzung einer forensisch-psychiatrisch-psychologischen Sachverständigentätigkeit). Zum anderen möge das FORENSIA-Jahrbuch auch umgekehrt einer fachlichen Verständnisförderung bei den in Forschung und Lehre, Gesetzgebung oder Rechtspraxis tätigen Juristen für den Wissens- und Erfahrungsbereich der Psychiatrie und Psychopathologie sowie Psychologie dienen – auch im Hinblick auf die Basis einer objektiv-kritischen Bewertung von gutachterlichen Aussagen. Nicht zuletzt sind auch die konstruktiven Anregungen in verschiedenen Beiträgen vor allem im zweiten Teil dieses Jahrbuches gleichermaßen an die in der Ermittlungspraxis, Bewährungs- und Opferhilfe sowie im Straf- und Maßregelvollzug oder in ambulanten Betreuungseinrichtungen Tätigen gerichtet.

Das Aufgabengebiet der im Wissenschafts- und Praxisbereich zu vertretenden forensischen Psychiatrie und Psychologie hat an Umfang und Bedeutung erheblich zugenommen. In unserem auf Verantwortung und Schuldfähigkeit aufbauenden Recht hat sich der forensische Sachverständige nicht nur um klare Beurteilungsgrundlagen für die – allein richterlicher Beweiswürdigung vorbehaltene – Entscheidung über eine positive Unterstellung, Einschränkung oder Aufhebung der Verantwortungsfähigkeit zu bemühen. Vielmehr erfordert gerade auch das im Jugend- und Erwachsenenstrafrecht zunehmend verwirklichte Prinzip der Spezialprävention und Resozialisierung eine umfassende Analyse der Täterpersönlichkeit nicht nur unter dem Aspekt des forensischen Kernproblems der Verantwortungsfähigkeit, sondern auch in bezug auf den schwierigen Problembereich der Sozial- und Kriminal- bzw. Gefährlichkeitsprognose unter Prüfung der Notwendigkeit und Chancen besonderer Betreuungs- und Behandlungsmaßnahmen, sei es im stationären Maßregelvollzug mit der Zweigleisigkeit von Maßnahmen der Sicherung und Besserung oder im Feld ambulanter Modellregelungen etwa mit der präventiven Erweiterung der Täterorientierung um den Aspekt der Opferorientierung. Somit hat der forensische Sachverständige im Straf- und Zivil- sowie Sozialrechtsbereich über Art und Intensität entweder von Reifemängeln oder/und psychischen Störungen Jugendlicher und Heranwachsender sowie von psychischen Krankheiten und Beeinträchtigungen Erwachsener und über die individuellen Auswirkungen auf die Schuldfähigkeit, Gefährlichkeitsprognose, Deliktsfähigkeit, Prozeßfähigkeit, Geschäftsfähigkeit und Mündigkeit, Testierfähigkeit, Glaubwürdigkeit von Zeugen, Berufsfähigkeit und Fahreignung etc. zu befinden oder auf Spezialfragen im Familien-, Ehe- und Jugendwohlfahrtsrecht einzugehen.

Konträr zur zunehmenden Bedeutung der forensischen Gutachtertätigkeit steht die Zurückdrängung der forensischen Psychiatrie und Psychologie im Universitäts- und Krankenhausbereich. Angesichts des Fortbildungsnotstandes will auch unsere FORENSIA-Jahrbuchreihe dazu beitragen, Impulse für eine Verbesserung der forensischen Psychiatrie und Psychologie sowohl aus den Reihen psychiatrisch-psychologisch sowie kriminologisch erfahrener und ausreichend rechtskundiger Sachverständiger und Wissenschaftler mit kritischer Kenntnis der

Möglichkeiten und Kompetenzgrenzen ihres Fachgebietes zu erhalten als auch vielseitige Anregungen im fruchtbaren Gedankenaustausch mit den Nachbardisziplinen der Rechts-, Human- und Sozialwissenschaften zu fördern.

Im Sinne einer ausgewogenen Akzentsetzung der Einzelbeiträge bedauern es die Herausgeber sehr, daß die Zusage für den unseres Erachtens wesentlichen Beitrag über die Zusammenarbeit von psychiatrischen und psychologischen Sachverständigen aus Zeitgründen leider nicht realisiert werden konnte, weil ein weiteres Zuwarten mit nochmaliger Verzögerung der Drucklegung nicht mehr tolerierbar erschien.

Ein Buch mit zahlreichen Autoren aus verschiedenen Fachwissenschaften und Praxisbereichen beinhaltet neben der Vielfalt der Betrachtungsweisen mit zum Teil unvermeidlichen Überschneidungen auch Divergenzen und Gegenpositionen. Für eine lebendige, ehrliche und weiterführende Auseinandersetzung mit Problemen erschien es uns notwendig, unterschiedliche Positionen, Erfahrungen und Meinungen zu berücksichtigen, aufgrund derer sich der Leser ein eigenes Urteil bilden möge. Bei dem von uns erstellten Sachverzeichnis haben wir uns um eine differenzierte Gliederung für eine rasche und gezielte Stichwortorientierung bemüht.

Unser besonderer Dank gilt der aufgeschlossenen und engagierten Mitarbeit der Autoren dieses Buches.

Möge das FORENSIA-Jahrbuch im Dienste der Sache großes Interesse und entsprechende Verbreitung finden.

Salzburg, im März 1990 Die Herausgeber

Autorenverzeichnis

Bisson, Susanne, Dipl.-Soz.
Wiss. Angestellte am Sonderforschungsbereich 3 der Universitäten Frankfurt und Mannheim, „Mikroanalytische Grundlagen der Gesellschaftspolitik“, Universität Mannheim, Tattersallstraße 2, D-6800 Mannheim 1

Bresser, Paul H., Prof. Dr. med. Dr. phil.
Ehringhausen 34, D-5630 Remscheid

Frank, Christel, Univ.-OAss. Dr. phil.
Institut für forensische Psychiatrie der Paris-Lodron-Universität Salzburg, Ignaz-Harrer-Straße 79, A-5020 Salzburg

Freytag, Harald, Dr. jur.
Justus-Liebig-Universität Gießen, Fachbereich Rechtswissenschaft, Institut für Kriminologie, Licher Straße 64, D-6300 Gießen

Haisch, Jochen, Priv.-Doz. Dr. rer. soc.
Universität Ulm, Forschungsstelle Allgemeinmedizin, Am Hochsträß 8, D-7900 Ulm

Harrer, Gerhart, Prof. Dr. med.
Emeritierter Vorstand des Instituts für forensische Psychiatrie der Paris-Lodron-Universität Salzburg, Ignaz-Harrer-Straße 79, A-5020 Salzburg

Heinz, Gunter, Prof. Dr. med.
Leitender Medizinaldirektor, Niedersächsisches Landeskrankenhaus Göttingen, Rosdorfer Weg 70, D-3400 Göttingen

Irle, Martin, Prof. Dr. rer. nat.
Lehrstuhl für Sozialpsychologie, Institut für Sozialwissenschaften, Universität Mannheim, D-6800 Mannheim 1

John, Mechthild, Dipl.-Psych.
Universität Bielefeld, Abteilung für Psychologie, D-4800 Bielefeld 1

Kraus, Ludwig, Dipl.-Psych.
Universität Regensburg, Lehrstuhl für Strafrecht und Kriminologie, Universitätsstraße 31, D-8400 Regensburg

Kreuzer, Arthur, Prof. Dr. jur.
Justus-Liebig-Universität Gießen,
Fachbereich Rechtswissenschaft,
Institut für Kriminologie,
Licher Straße 64,
D-6300 Gießen

Laycock, Gloria Kay, Ph. D., Dr.
Head of Research,
Section Crime Prevention Unit,
Home Office,
50 Queen Anne's Gate,
London SW1H 9AT

Pauchard, Jean-Pierre, Dr. med.
Direktor,
Psychiatrische Klinik,
CH-3110 Münsingen

Poerting, Peter, Dr. jur.
Bundeskriminalamt KI 11,
Thaerstraße 11,
D-6200 Wiesbaden

Rauch, Hans-Joachim, Prof. Dr.
Ärztlicher Direktor a. D.,
Abteilung Forensische Psychiatrie,
Psychiatrische Klinik der Universität
Voßstraße 4,
D-6900 Heidelberg

Rehm, Jürgen, Dr. phil.
Fachgebietsleiter am Bundesgesundheitsamt, Institut für Sozialmedizin und Epidemiologie des Bundesgesundheitsamtes,
General-Pape-Straße 62–66,
D-1000 Berlin 42

Ritter, Gerhard, Prof. Dr. med.
Facharzt für Neurologie
und Psychiatrie,
Psychotherapie,
Klinik und Poliklinik für Neurologie,
Georg-August-Universität Göttingen,
Robert-Koch-Straße 40,
D-3400 Göttingen

Rolinski, Klaus, Prof. Dr. jur.
Universität Regensburg,
Lehrstuhl für Strafrecht und Kriminologie,
Universitätsstraße 31,
D-8400 Regensburg

Rössner, Dieter, Prof. Dr. jur.
Juristisches Seminar der
Georg-August-Universität
Platz der Göttinger Sieben 6,
D-3400 Göttingen

Schöch, Heinz, Prof. Dr. jur.
Juristisches Seminar der
Georg-August-Universität,
Platz der Göttinger Sieben 6,
D-3400 Göttingen

Servay, Wolfgang, Dipl.-Soz.
Mitarbeiter der Abteilung Bildungspolitik und Schulungskoordination der Deutschen Lufthansa AG
Friedrich-Friesen-Straße 7
D-5300 Bonn 3

Ulsenheimer, Klaus, Prof. Dr. jur.
Dr. rer. pol.
Rechtsanwalt,
Mechthildenstraße 17,
D-8000 München 19

Venzlaff, Ulrich, Prof. Dr. med.
Leitender Medizinaldirektor i. R.,
Tuckermannweg 3,
D-3400 Göttingen

Wuermeling, Hans-Bernhard,
Prof. Dr. med.
Institut für Rechtsmedizin der
Friedrich-Alexander-Universität Erlangen-Nürnberg,
Universitätsstraße 22,
D-8520 Erlangen

Inhaltsverzeichnis

I. Der Sachverständige im Strafrecht

II. Kriminalitätsverhütung

I. Der Sachverständige im Strafrecht

Stellung und Aufgaben des Sachverständigen im Strafverfahren

Klaus Ulsenheimer

Die faktische Macht des Sachverständigen im Prozeß

Angesichts der rasanten Entwicklung der medizinischen Wissenschaft, ihrer zunehmenden Spezialisierung, immer komplizierterer Untersuchungs- und neuen diagnostischen und therapeutischen Behandlungsmethoden sowie angesichts der fortschreitenden Perfektionierung der Technik hat sich der Abstand zwischen dem, was „man weiß", d. h. dem Allgemeinwissen, und dem „Stand der jeweiligen Wissenschaft" enorm ausgeweitet. Eine riesige Lücke klafft zwischen dem, was der Richter an Kenntnissen für die zu entscheidenden Sachverhalte mitbringt, und dem, was er wissen muß, um die Verantwortung für seine Entscheidung tragen zu können. [1] Dadurch bedingt haben im Strafprozeß der Richter, im Ermittlungsverfahren der Staatsanwalt und gegebenenfalls der Verteidiger immer häufiger auf Gutachten zurückzugreifen, um sich die nötige Sachkunde zu verschaffen. Auf diese Weise wird der Sachverständige „weitgehend eine den Tathergang ermittelnde und die Entscheidung vorprogrammierende Institution" [2], aus dem „Richtergehilfen" oder neutralen „Richterberater" ist de facto in den zentralen Fragen des Falles der „Gerichtsherr" geworden. Die Autorität des Richters, die auf der staatlichen Gewaltenteilung, seiner Unabhängigkeit und Bindung an Recht und Gesetz beruht, wird de jure zwar nicht angetastet, aber doch erheblich relativiert. Denn überall da, wo es um Spezialwissen geht, beherrscht der die Szene, der über dieses Wissen verfügt, und das ist eben der Sachverständige.

Diese „Übermacht" mag man von juristischer Seite aus als bedauerliche Fehlentwicklung beklagen. Sie ist jedoch in meinen Augen ein unabänderliches Faktum, der Tribut der Rechtsprechung an die geradezu revolutionäre Entwicklungsdynamik der Naturwissenschaften, den man durch eine „fundiertere Ausbildung" unserer Strafrichter [3] zwar vielleicht verkleinern, nicht aber beseitigen kann. Wenn aber der Sachverständige in so herausragender Funktion an so exponierter Stelle der Rechtspflege mitwirkt, ist es unabdingbar, daß er seine verfahrensrechtliche Stellung und die damit verbundenen Rechte und Pflichten genau kennt.

Die prozessuale Ausgestaltung der Sachverständigenrolle

Auf der Grundlage des geltenden deutschen Strafprozeßrechts lassen sich Aufgabe und Funktion des medizinischen Sachverständigen im Strafverfahren in folgenden 10 Punkten zusammenfassen:

1. Der Sachverständige ist ebenso wie der Zeuge oder die Urkunde ein prozessuales *Beweismittel.* Der Richter (§ 74 StPO) bzw. im Ermittlungsverfahren die Staatsanwaltschaft wählt ihn aus und bestellt ihn, um über bestimmte Fragen Auskunft zu erhalten.
   Anders als der Zeuge jedoch, der aufgrund *eigener* konkreter Wahrnehmung über vergangene Tatsachen und Zustände vernommen wird und daher *nicht* durch andere Personen jederzeit ersetzt werden kann, ist der Sachverständige – jedenfalls theoretisch – beliebig austauschbar, solange eine andere sachkundige Person zur Verfügung steht.

2. Die *Aufgabe* des Sachverständigen zerfällt allgemein in 3 Teilbereiche:
   a) Vermittlung *allgemeiner Erfahrungssätze*, d. h. „genereller theoretischer Erkenntnisse", mit deren Hilfe das Gericht „in eigener selbständiger Gedankenarbeit" den prozeßerheblichen, oftmals komplizierten Tatsachenstoff zu erfassen und zu bewerten vermag. [4]
   b) Anwendung seines Fachwissens auf einen für erwiesen erachteten Sachverhalt, d. h. die Mitteilung konkreter, fallbezogener medizinischer Aussagen, Wertungen, Schlußfolgerungen, Alternativen, Annahmen, regelmäßiger Geschehensabläufe u. a.
   c) Eigenständige Ermittlung der für das Gutachten relevanten medizinischen Befunde und Tatsachen, soweit dies nur „aufgrund besonders fachkundiger Beobachtung" möglich ist und die Zurverfügungstellung des wissenschaftlichen Rüstzeugs, „das die sachgemäße Auswertung ermöglicht" [5].

Die Haupttätigkeitsfelder des medizinischen Sachverständigen im Strafprozeß sind konkret:

- Blutalkoholbestimmung, wobei nur in besonders schwierig gelagerten Fällen, z. B. im Falle des Nachtrunks oder bei Medikamenteneinnahme ein medizinischer Sachverständiger herangezogen werden muß, [6]
- Beurteilung der Schuldfähigkeit des Angeklagten, die regelmäßig von einem Psychiater oder Neurologen bzw. auf diesem Fachgebiet hinreichend erfahrenen Gefängnis- und Gerichtsärzten vorzunehmen ist; [7]
- Feststellung eines Behandlungs-, Aufklärungs- oder Kooperationsfehlers im Arzthaftungsprozeß;
- Feststellung des Todeszeitpunkts, der Todesart und der Todesursache;
- forensisch-toxikologische Untersuchung vorhandenen Materials auf etwaige Giftstoffe oder Medikamente;
- körperliche Untersuchung eines Tatopfers und Untersuchung von Blutspuren, Spermaspuren und anderen Ausscheidungen.

3. Der Sachverständige muß sein Gutachten streng objektiv, ausschließlich sachbezogen und in jeder Hinsicht unvoreingenommen erstatten. Anderenfalls kann er wegen „Besorgnis der Befangenheit" gemäß §§ 24, 74 StPO abgelehnt werden, wobei schon der Eindruck der Parteilichkeit aus der Sicht eines verständigen Beschuldigten, Staatsanwalts oder Nebenklägers genügt. Ein solcher Ablehnungsgrund wäre beispielsweise die Übernahme eines Gutachtenauftrags für den geschädigten Patienten bzw. die am Verfahrensausgang interessierte Versicherungsgesellschaft, enge berufliche Zusammenarbeit im Rahmen ge-

meinsamer Publikationen oder grundlegende wissenschaftliche Meinungsverschiedenheiten gerade bezüglich des in Rede stehenden Fragenkomplexes. Objektivität geht vor Kollegialität oder Rivalität!
Auch das sog. Privat- oder Parteigutachten darf also nicht „parteiisch" sein. Deshalb ist es an sich gänzlich gleichgültig, wer dem Sachverständigen den Gutachtensauftrag erteilt. Ob das Gericht bzw. – im Vorverfahren – die Staatsanwaltschaft gemäß §§ 73, 161 a Abs. 1 StPO den Sachverständigen auswählt oder aber der Verteidiger bzw. Nebenklägervertreter den Sachverständigen um ein Gutachten bittet, ändert nichts an dessen Pflicht zu unbedingter Objektivität. Daher ist für eine „Zweiklassengesellschaft" der Gutachter – je nach dem Auftraggeber – kein Raum. Leider ist jedoch festzustellen, daß im Justizalltag der von der Verteidigung geladene Sachverständige oftmals seitens des Gerichts und der Staatsanwaltschaft mit Mißtrauen und Argwohn betrachtet wird und unterschwellig Zweifel an seiner Unbefangenheit spürbar sind. Für einen pflichtbewußten Sachverständigen, der auf seinen Ruf bedacht und als wissenschaftliche Kapazität in Fachkreisen anerkannt ist, erscheint ein solcher Affront unverständlich und führt dazu, daß es zunehmend schwieriger wird, Klinikdirektoren und hochqualifizierte Professoren für die Übernahme eines Gutachtenauftrags zu gewinnen.
Die Pflicht zu Unparteilichkeit und Objektivität gebietet es dem Sachverständigen, bei streitigem Sachverhalt oder nicht eindeutigem Beweisergebnis sein Gutachten *alternativ,* entsprechend den verschiedenen Möglichkeiten der Beweiswürdigung, zu erstatten und auf Unklarheiten, Mängel und Widersprüche in der Beweisaufnahme hinzuweisen, um evtl. die Vervollständigung des für die Gutachtenserstattung erforderlichen Sachverhalts zu erreichen. Keinesfalls darf der Sachverständige jedoch in solchen Fällen ohne Anhaltspunkte bestimmte Tatsachen – zugunsten oder zuungunsten des Beschuldigten – einfach unterstellen.

4. Der Sachverständige muß sein Gutachten nach bestem Wissen und Gewissen erstatten. Er darf deshalb – weder zugunsten noch zuungunsten des Beschuldigten – keine falschen Tatsachen behaupten oder unvollständige Angaben machen. Anderenfalls kann er wegen einer Fehlbegutachtung vor Gericht wegen Meineids oder fahrlässigen Falscheids, ansonsten wegen vorsätzlicher uneidlicher Falschaussage bestraft werden. Daneben kommt bei absichtlicher oder wissentlicher Erstattung eines unrichtigen Gutachtens zugunsten des Beschuldigten der Tatbestand der Strafvereitelung (§ 258 StGB) in Betracht, der auch den Versuch, einen anderen der Bestrafung zu entziehen, für strafbar erklärt. Im umgekehrten Fall, also bei wissentlich falschen Angaben zu Lasten des Beschuldigten, kann u. U. der Tatbestand der wissentlich falschen Anschuldigung (§ 164 StGB) gegeben sein.
Zumindest bei grob fehlerhafter Begutachtung kommt darüber hinaus die zivilrechtliche Haftung des Sachverständigen auf Schadensersatz im Rahmen des § 823 Abs. 1 BGB in Betracht.[8]

5. Nach dem im deutschen Strafprozeß geltenden Mündlichkeits- und Unmittelbarkeitsprinzip ist für das Urteil entscheidend immer nur, was in der mündli-

chen Verhandlung vor Gericht vorgetragen wird. Deshalb darf sich der Sachverständige, der ein schriftliches Vorgutachten erstattet hat, in der Hauptverhandlung nicht einfach darauf berufen und nur „einige ergänzende Anmerkungen“ machen, vielmehr hat er den Inhalt seines Gutachtens erschöpfend, unter Berücksichtigung der gesamten Beweisaufnahme, darzulegen. Dabei kann es leicht vorkommen, daß sich durch gegenüber dem Vorverfahren divergierende Zeugenaussagen, später aufgefundene Protokolle u. a. eine andere Sicht und Wertung der Dinge ergibt. Dann aber ist es im Hinblick auf das Gebot der Unparteilichkeit und Unvoreingenommenheit nicht nur ein „nobile officium“, sondern die Rechtspflicht eines Sachverständigen, frühere Aussagen richtigzustellen und sein Vorgutachten abzuändern. Dies mag angesichts unserer aller Neigung, „an einer einmal geäußerten Meinung festzuhalten und sie gegen alle Einwände zu verteidigen“ [9], schwerfallen, muß aber von jedem Sachverständigen ebenso verlangt werden wie das Eingeständnis eines sachlichen Fehlers oder Irrtums. Es spricht „nur für die Qualität des Sachverständigen, wenn dieser sich nicht scheut, seine eigene Meinung zu revidieren und sich selbst zu widerlegen“ [10]. Denn „sachverständig sein“ heißt nicht „Allwissenheit“ oder „Unfehlbarkeit“! Falsch verstandenes Prestigedenken, Selbstherrlichkeit und der mitunter anzutreffende „Ehrgeiz und die Eitelkeit, bei Gegengutachten à tout prix etwas anderes, wenn auch Falsches feststellen zu wollen“, oder der Versuch, „auch nach Widerlegung, also wider besseres Wissen, bei diesem Fehlgutachten zu beharren“ [11], sind mit der hohen Verantwortung und Stellung des Sachverständigen im Strafverfahren schlechterdings unvereinbar.

6. Die *rechtliche Subsumtion,* d. h. die rechtliche Würdigung der Tatsachen ist *ausschließlich* dem Richter vorbehalten. Dieser darf sie weder dem Sachverständigen überlassen noch darf jener quasi die Richterfunktion an sich reißen. Der Sachverständige sollte sich deshalb hüten, das Gebiet der rechtlichen Wertungen zu betreten, z. B. ein Verhalten als „schuldhaft“ oder gar „strafbar“ zu bezeichnen, da er „im Bereich der Rechtsbegriffe genauso Dilettant ist, wie etwa der Richter“ im speziellen Fachbereich des Sachverständigen. [12] Dieser muß sich vielmehr stets vor Augen halten, daß „nicht *er* den Rechtsstreit entscheiden, sondern nur die medizinischen Grundlagen zusammentragen und in ihren Zusammenhängen und Gesamtauswirkungen so darstellen“ soll, „daß sich der Jurist ein eingehendes und schlüssiges Bild über die medizinischen Tatbestände machen und den Fall entsprechend rechtlich qualifizieren kann“. [13] Deshalb ist der Richter auch verpflichtet, im Rahmen seiner freien richterlichen Beweiswürdigung das Gutachten nicht einfach – unter Berufung auf die Autorität des Sachverständigen – unbesehen hinzunehmen, sondern selbständig-kritisch auf seine Überzeugungskraft hin zu überprüfen. Mit Recht hat der Bundesgerichtshof dies als „wichtige und unentbehrliche Aufgabe für den Tatrichter“ [14] bezeichnet, obwohl es sich letztlich in den meisten Fällen nur um eine bloße Plausibilitätskontrolle handelt.

7. Nach den einschlägigen deutschen Gesetzesregelungen (§§ 75 StPO, 407 ZPO) sind nicht nur die Hochschullehrer der Medizin, sondern *alle* approbierten Ärzte verpflichtet, auf Anforderung des Gerichts oder der Staatsanwaltschaft

gutachtlich tätig zu werden und sich im Falle einer unmittelbaren Ladung seitens der Verteidigung (§§ 214 Abs. 3, 220 Abs. 1 StPO) als Sachverständige zur Verfügung zu stellen. Nur stichhaltige Gründe, z. B. Terminschwierigkeiten, Arbeitsüberlastung, Befangenheit oder mangelnde Sachkunde können von dieser Gutachterpflicht befreien.
Sie läßt sich auch nicht einfach auf Mitarbeiter oder andere „abschieben", da es sich insoweit um eine *höchstpersönliche* Verpflichtung handelt. Das schließt nicht aus, Hilfskräfte hinzuzuziehen, wenn diese technische Vorgänge ausführen, z. B. Laboruntersuchungen, EKG oder Röntgenaufnahmen vornehmen. „Aufgrund der fortschreitenden Spezialisierung der gerichtlich bestellten Sachverständigen wird in der Regel auch nicht beanstandet werden können, wenn diese einen Spezialisten einer anderen Fachrichtung hinzuziehen, wenn also z. B. im medizinischen Bereich der beauftragte Internist oder Chirurg einen Röntgenologen zur Erhebung erforderlicher Befunde heranzieht. Voraussetzung ist allerdings, daß es sich bei den übertragenen Tätigkeiten um Einzeluntersuchungen handelt, die Vorfragen, allenfalls Teilaspekte des Gutachtenauftrags betreffen."[15] Entscheidend ist, daß die volle persönliche Verantwortung für das Gutachten uneingeschränkt bei dem bestellten Sachverständigen liegt und der Charakter einer persönlichen Stellungnahme erhalten bleibt. Der Vermerk „einverstanden" z. B., mit dem etwa ein Klinikdirektor das von einem seiner Mitarbeiter erstellte schriftliche Gutachten unterzeichnet, macht nicht genügend deutlich, daß der Sachverständige die volle Verantwortung für das Gutachten trägt. Dazu ist bei klinischen Untersuchungen vielmehr erforderlich, Zusätze wie „nach eigener Kenntnis und Beurteilung" oder „aufgrund eigener Untersuchung und Urteilsbildung genehmigt" anzubringen.

8. „Spannungsfeld und Verständigungsschwierigkeiten zwischen Jurist und Mediziner in ihren theoretischen Ansätzen sind auf keinem Rechtsgebiet größer als auf dem Gebiet des Strafrechts."[16] Deshalb ist es besonders wichtig, daß der Sachverständige die oft schwierigen medizinischen Zusammenhänge so klar und anschaulich darlegt, daß ein mit normaler Intelligenz ausgestatteter Jurist diese versteht. Das bedeutet nicht den völligen Verzicht auf medizinische Termini, wohl aber die Vermeidung unnötiger Fremdwörter und Begriffe. Wenn ein Richter, Staatsanwalt oder Verteidiger ein Gutachten nur unter Zuhilfenahme klinischer Wörterbücher lesen kann, besteht nicht nur die Gefahr von Mißverständnissen[17], sondern auch die Gefahr des Fehlurteils bzw. der Unbrauchbarkeit des ganzen Gutachtens. Präzise Ausdrucksweise und allgemeinverständliche Erörterung der an den Gutachter gestellten Fragen müssen – und dürfen (!) – keine unüberbrückbaren Gegensätze sein.
Außer der Verständlichkeit steht und fällt die Überzeugungskraft des Gutachters mit seiner intellektuellen Redlichkeit. Damit meine ich die Pflicht des Sachverständigen, einen „Schulenstreit" unvoreingenommen darzulegen und die daraus sich ergebenden Konsequenzen, z. B. verschiedene Behandlungsmethoden, aufzuzeigen, bei nicht eindeutigen Ergebnissen bzw. Sachaussagen entsprechende Vorbehalte und Einschränkungen zu machen, das benutzte Schrifttum zu zitieren, kurzum: Argumente nicht durch „Autorität" zu ersetzen. Gerade wegen der Dynamik des medizinischen Fortschritts und der damit

zwangsläufig verbundenen wissenschaftlichen Spezialisierung und Subspezialisierung besteht die Gefahr, daß Gutachter ihre Fachkompetenz überschreiten oder nicht mehr auf dem neuesten Wissensstand des eigenen Fachgebietes in Wissenschaft und Praxis sind. Mit Sorge ist zu beobachten, daß manche Sachverständige nicht die Fähigkeit oder nicht den Mut haben, ihre mangelnde Kompetenz zu erkennen oder zu bekennen. Wer aber unter diesen Umständen zu schwierigen medizinischen Fragen und komplexen klinischen Sachverhalten Stellung nimmt, schafft dadurch eine besonders naheliegende, an sich vermeidbare Fehlerquelle für das spätere Strafurteil. Die Reputation eines Sachverständigen hängt nicht davon ab, daß er sofort jede Frage zu beantworten und die ihm übertragenen Fälle stets „vollständig abzuklären vermag, sondern daß er durch seine Beweisführung überzeugt“[18].

9. Gemäß Nr. 72 der Richtlinien für das Straf- und Bußgeldverfahren ist dem Sachverständigen vom Gericht oder von der Staatsanwaltschaft ein „genau umgrenzter Auftrag zu erteilen“, wobei „nach Möglichkeit bestimmte Fragen zu stellen sind“. Hiergegen wird in der Praxis – bedingt durch die fehlende Sachkunde des Auftraggebers – häufig verstoßen, indem nicht präzise, sondern ganz pauschal nach einem „Kunstfehler“, einem ärztlichen Versäumnis, einem Organisationsmangel oder einem sonstigen „Verschulden“ gefragt wird.
Anders als im Zivilprozeß, wo der Sachverständige über das ihm gestellte Beweisthema nur dann hinausgehen darf, wenn sich konkrete Anhaltspunkte hierfür geradezu aufdrängen, darf und muß der Gutachter im Strafprozeß im Interesse der Wahrheitsfindung den ihm möglicherweise durch die Fragestellung vorgegebenen zu engen Beweisrahmen sprengen, wenn er erkennt, daß die Entscheidung für oder gegen den Beschuldigten von anderen wichtigen, vom Gericht oder von der Staatsanwaltschaft nicht erkannten Umständen abhängt. Denn im Strafprozeß gilt der Amtsermittlungsgrundsatz, das sog. Offizialprinzip, wonach „zur Erforschung der Wahrheit die Beweisaufnahme von Amts wegen auf alle Tatsachen und Beweismittel“ zu erstrecken ist, „die für die Entscheidung von Bedeutung sind“ (§ 244 Abs. 2 StPO). Wird also beispielsweise der Sachverständige danach gefragt, ob ein bestimmtes Medikament den Tod des Patienten verursacht hat, und ist dies zu verneinen, muß der Sachverständige etwaige Anhaltspunkte für eine andere Todesursache (z. B. eine unerkannte Blutung) darlegen. Tut er dies in klarer Kenntnis der – für die Aufklärung des Sachverhalts ungenügenden – Formulierung seines Beweisthemas nicht, erstattet er ein falsches Gutachten mit allen sich daraus ergebenden, auch strafrechtlichen Konsequenzen.

10. Dies bedeutet jedoch nicht – wie mit Nachdruck zu betonen ist – daß der Sachverständige im Strafprozeß die Funktion eines „medizinischen (Ersatz-)Staatsanwalts“[19] übernimmt, um eigene Ermittlungen zur Gewinnung neuen belastenden Tatsachenmaterials durchzuführen. Denn die Aufklärung des Sachverhalts ist Aufgabe der Strafverfolgungsbehörden und dem Sachverständigen nur in dem Umfang zugemessen, in dem es um Tatsachenfeststellungen geht, für die eine besondere Sachkunde erforderlich ist und die deshalb nur ein Sachverständiger treffen kann. Der Beschuldigte wäre jedoch „von Anfang

an auf der Verliererstraße, wenn der Staat der Versuchung erliegt, den Sachverständigen insgesamt als Organ der staatlichen Wahrheitsforschung zu vereinnahmen. Das böse Wort vom ‚Büttel der Polizei' kennzeichnet die letzte Konsequenz dieser Strategie, an der niemandem gelegen sein kann"[20]. Der medizinische Sachverständige, „der sich als Ermittler der Strafverfolgungsbehörden profiliert" und „kriminalistischem Jagd- und Verfolgungseifer"[21] erliegt, widerspricht der Rollenverteilung unseres Strafprozesses.

Dementsprechend darf der Sachverständige ebensowenig wie im Zivilprozeß selbständig Zeugen über wesentliche Streitpunkte vernehmen, den Beschuldigten bzw. Angeklagten nicht ausforschen oder gar mit Versprechungen oder Drohungen zum Reden bringen. Soweit der Sachverständige für sein Gutachten Tatsachen von bestimmten Personen benötigt, kann er diese gemäß § 80 Abs. 1 StPO durch die Staatsanwaltschaft oder das Gericht als Zeugen *vernehmen lassen,* dabei anwesend sein und an sie unmittelbar Fragen stellen. Selbst dies „darf aber nicht dahin ausarten, daß die ganze Vernehmung des Beschuldigten an den Sachverständigen übergeht"[22].

Keine Bedenken bestehen gegen informatorische Gespräche des Sachverständigen mit dem Beschuldigten oder Zeugen, um z. B. andere Tatbeteiligte zu ermitteln oder die medizinisch-technische Ausstattung der Klinik zu erkunden, Krankengeschichten und behördliche Akten heranzuziehen oder Auskünfte einzuholen. Allerdings ist insoweit Vorsicht geboten und der „allzu eifrige Sachverständige" vor einer Kompetenzüberschreitung zu warnen.[23] Mit Recht hat der Bundesgerichtshof im Hinblick auf die „strengen Vorschriften für die Beweisaufnahme im Strafprozeß" und die Freiheitsgarantien (z. B. die Belehrungspflichten nach §§ 52, 55 StPO) gewichtige Vorbehalte gegen eine ausgedehnte eigene Ermittlungstätigkeit des Sachverständigen erhoben. Abgesehen davon kann aus einem solchen Vorgehen auch leicht ein Befangenheitsgrund erwachsen. Jeder Sachverständige ist daher gut beraten, entsprechend seinem Selbstverständnis soweit wie möglich in seiner beruflichen Stellung als Experte zu bleiben und ausschließlich die ihm dabei abverlangte Sachkunde vorzutragen.

Die berufliche Selbständigkeit des Sachverständigen findet ihr Korrelat in der strafrechtlich nach § 203 StGB geschützten ärztlichen Schweigepflicht. Diese gilt jedoch nach herrschender Meinung in Rechtsprechung und Literatur nicht im Verhältnis des Sachverständigen zum Probanden. „Der Arzt, der mit einem Beschuldigten oder einem Zeugen nur dadurch in Berührung kommt, daß er in dem Strafverfahren gegen den Beschuldigten als Sachverständiger tätig wird und sein Gutachten vorzubereiten hat, nimmt Mitteilungen von vornherein in der deutlich erkennbaren Absicht entgegen, sie vor Gericht in seinem Gutachten zu verwerten. Von einem Anvertrautsein . . . kann dabei nicht die Rede sein. Das gleiche gilt von Tatsachen, die dem Sachverständigen auf andere Weise bekannt geworden sind . . . Der Sachverständige darf daher in dem Verfahren, in dem er das Gutachten erstattet, die Wiedergabe derartiger Befundtatsachen nicht verweigern. . . Dabei macht es keinen Unterschied, ob der Beschuldigte oder der Zeuge die Untersuchung nur geduldet oder ob er sich mit ihr freiwillig einverstanden erklärt hat. Denn ein Vertrauensverhältnis wie sonst zwischen Arzt und Patient kommt in keinem Fall zustande."[24]

Die Notwendigkeit zur rechtlichen Schulung des Sachverständigen

Die herausragende und immer noch zunehmende Bedeutung des medizinischen Sachverständigen im Strafprozeß steht in einem eigenartigen Gegensatz zur Ausbildung und Vorbereitung des Mediziners auf diesem Teilgebiet seiner beruflichen Tätigkeit. Zwar muß das Gericht den Sachverständigen „leiten" (§ 73 StPO), doch ist dies nur schwer möglich, wenn der Sachverständige über seine Aufgabe und Funktion im Strafprozeß nicht informiert ist und nicht wenigstens über einige wenige grundlegende Rechtskenntnisse verfügt. Hinzu kommt, daß Sachverständige und Juristen häufig aneinander vorbeireden und der eine die Terminologie des anderen nicht versteht, woraus Vorbehalte und Vorurteile gegeneinander erwachsen. Mit Recht hat Schreiber „von einer tiefen Vertrauenskrise zwischen den Gerichten und den medizinischen Sachverständigen"[25] gesprochen. Meine Darlegungen mögen dazu beitragen, diese Kluft überwinden zu helfen.

Anmerkungen

1. Vgl. Meyer KH (1976) in: Loewe E, Rosenberg W (Hrsg) StPO, 23. Aufl. De Gruyter, Berlin, Rdnr. 10 ff. vor § 72; Kaufmann A (1985) Das Problem der Abhängigkeit des Strafrichters vom medizinischen Sachverständigen. Juristenzeitung 23:1065.
2. Krauß D (1971) Richter und Sachverständiger im Strafverfahren. ZStW 73:320.
3. Kaufmann A, a.a.O., S 1071.
4. Schmidt E (1957) Lehrkommentar zur StPO, Teil II. Schwarz, Göttingen, Rdnr 7 vor § 72.
5. BGHSt 7:239.
6. Vgl. Kleinknecht T, Meyer K (1987) StPO, 38. Aufl. Beck, München, Rdnr 6 zu § 73.
7. Vgl. BGHSt 23:311 = JR (1971) 116 mit Anmerkung Peters K.
8. BVerfG NJW (1979) 305.
9. Lürken G (1968) Auswahl und Leitung des Sachverständigen im Strafprozeß. NJW 21/25:1162
10. Schimanski W (1986), Die Ablehnung des medizinischen Gutachters. Sozialgerichtsbarkeit 10:408.
11. Lürken G, a.a.O., S 1162.
12. Schmidt E, a.a.O., Rdnr. 1 zu § 78.
13. Schwarz E (1956) Festschrift für Pfenninger. S 151.
14. BGH MDR (1984) 660.
15. OLG Frankfurt MDR (1983) 849.
16. Haddenbrock S (1972) Strafrechtliche Handlungsfähigkeit und „Schuldfähigkeit" (Verantwortlichkeit); auch Schuldformen. In: Göppinger H, Witter H (Hrsg) Handbuch der forensischen Psychiatrie, Bd II, Teil C, Springer, Berlin, Heidelberg, New York, S 863.
17. So mit Recht Franzki H (1988) Das Gutachten des ärztlichen Sachverständigen. Frauenarzt, 3:290.
18. Brettel HF (1986) Das ärztliche Gutachten. In: Forster B (Hrsg) Praxis der Rechtsmedizin. Thieme, Stuttgart, S 659.
19. Janssen W (1970) Kriminalistik, 24. Jahrg., Heft 9, S 436.
20. So mit Recht Krauß D (1985) Schweigerecht und Schweigepflicht des ärztlichen Sachverständigen im Strafprozeß, ZStW 97:85.
21. Dahs H, Dahs H (1984) Die Revision im Strafprozeß. Beck, München, Rdnr 220.
22. Schmidt E, a.a.O., Rdnr 1 zu § 80.
23. Vgl. Heinitz E (1969) Festschrift für Engisch. Thieme, Stuttgart, S. 694.
24. Meyer K (1976) In: Loewe/Rosenberg, a.a.O. § 76, Rdnr 2, m.w.N.; anders Krauß D (1985) ZStW 97:86 ff.
25. Schreiber HL (1979) Chirurg 203.

Forensisch-psychiatrisch-psychologische Begutachtung

Methodik und praktische Probleme der Begutachtung in der Bundesrepublik Deutschland

Ulrich Venzlaff

Die Schuldunfähigkeit

Die Schuldunfähigkeit ist durch das Strafgesetzbuch der Bundesrepublik Deutschland (§ 20) in der Fassung vom 01. 01. 1975 wie folgt definiert:

Schuldunfähigkeit wegen seelischer Störungen: Ohne Schuld handelt, wer bei Begehung der Tat wegen einer krankhaften seelischen Störung, wegen einer tiefgreifenden Bewußtseinsstörung oder wegen Schwachsinns oder einer schweren anderen seelischen Abartigkeit unfähig ist, das Unrecht der Tat einzusehen oder nach dieser Einsicht zu handeln.

Bei den 4 im § 20 StGB aufgezählten Exkulpierungsmerkmalen handelt es sich nicht um medizinische Diagnosen, sondern um *Rechtsbegriffe,* unter die sehr unterschiedliche psychopathologische Störungen bzw. psychiatrische Krankheitsgruppen subsumiert werden. Hieraus folgt, daß die Zuerkennung eines bestimmten Exkulpierungsmerkmals prinzipiell in die richterliche Kompetenz fällt. Andererseits bedarf der Richter aber einer Beratung durch den Sachverständigen bezüglich der Diagnose, Ätiologie und Klassifizierung der festgestellten psychischen Störungen, so daß es auch in der Rechtsprechung als legitim angesehen wird, wenn der Sachverständige seine Auffassung über die Zuordnung zu einem der Exkulpierungsmerkmale vorträgt.

Das Merkmal „krankhafte seelische Störung" umfaßt die Gruppe der endogenen Psychosen einschließlich der nicht klassifizierbaren Wahnsyndrome, psychische Störungen auf hirnorganischer Grundlage, die symptomatischen und toxischen Psychosen einschließlich aller toxischen Bewußtseinsveränderungen, z. B. durch Alkohol, Drogen u.a., ferner alle Intelligenzdefekte aufgrund faßbarer genetischer oder hirnorganischer Defekte.

Das Merkmal „tiefgreifende Bewußtseinsstörung" meint ausschließlich die nicht durch definierbare Krankheiten entstandenen „psychologischen" Störungen (Zustände von Übermüdung, Erschöpfung, Schlaftrunkenheit, von Schreck, Zorn, Panik, Erregung oder Gefühlsabstumpfung in extremen bedrängenden Situationen). Mit der Kennzeichnung „tiefgreifend" fordert die Rechtsprechung, daß es zu einer „Zerstörung" oder „erheblichen Erschütterung des seelischen Gefüges" gekommen sein muß, und trifft hier eine klare Abgrenzung gegenüber landläufigen Affektaufwallungen in lebenstypischen Krisensituationen.

Das Merkmal „Schwachsinn" umfaßt die nicht durch erkennbare biologische Ursachen bedingten, aber als solche klar definierbaren Verstandesmängel.

Das Merkmal der „schweren anderen seelischen Abartigkeit" umfaßt die akuten, protrahierten und chronifizierten Konfliktreaktionen, die Neurosen, die Persönlichkeitsstörungen und die Triebdeviationen. Mit der Anforderung an eine „schwere" Abartigkeit ist klargestellt, daß in diesem Bereich nur psychopathologisch relevante Normabweichungen gemeint sind, die erst dann ein Exkulpierungsgrund sein können, wenn sie quantitativ in ihren Auswirkungen auf die Fähigkeit zu sozial sinnvollem Handeln denen einer „krankhaften seelischen Störung" vergleichbar sind.

Diese 4 Exkulpierungsmerkmale stellen wohlgemerkt keine hierarchische Rangordnung dar, sondern sind als analoger Diagnosenkatalog zu verstehen, der zwar verschiedene psychopathologische Kategorien trennt, die sich in ihren Auswirkungen auf die Einsichts- oder Handlungsfähigkeit jedoch in etwa gleichen müssen. Gegen die Unterteilung und die Formulierung sind allerdings Einwände angebracht: Da die auf biologischen Ursachen beruhenden Schwachsinnszustände dem Merkmal „krankhafte seelische Störung" zuzuordnen sind, besteht im Grunde keine Notwendigkeit für ein weiteres gesondertes Merkmal „Schwachsinn", da zumindest erheblichere und mithin forensisch-relevante Intelligenzdefekte praktisch immer auf biologischen Ursachen beruhen, auch wenn diese sich im Rahmen der Begutachtung einer exakten Feststellung entziehen. Das Merkmal „schwere andere seelische Abartigkeit" ist sprachlich denkbar unglücklich, denn es erweckt unschöne Assoziationen über alte Psychopathiebegriffe bis zu den Degenerationstheorien des 19. Jahrhunderts und verschleiert, daß es hier um Menschen geht, die in schweren seelischen Krisen, am Kulminationspunkt abnormer Entwicklungen oder unter dem Druck des unabwendbaren Verhängnisses einer abnormen Triebstruktur stehen. Nicht nur wegen dieser unverkennbar diskriminierenden Tendenz, sondern aus systemlogischen Überlegungen wäre es besser, von einer „schweren anderen seelischen Störung" zu sprechen, um den Bogen zum ersten Exkulpierungsmerkmal zu spannen.

Die verminderte Schuldfähigkeit

Mit der am 01. 01. 1934 in Kraft getretenen Neufassung des § 51 StGB a.F. ist der Begriff der verminderten Schuldfähigkeit mit dem § 51 Abs. 2 in das deutsche Strafrecht eingeführt worden. In der Fassung des StGB vom 01. 01. 1975 wurde die folgende Formulierung gewählt:

§ 21 Verminderte Schuldfähigkeit:

Ist die Fähigkeit des Täters, das Unrecht der Tat einzusehen oder nach dieser Einsicht zu handeln, aus einem der im § 20 bezeichneten Gründe bei Begehung der Tat erheblich vermindert, so kann die Strafe nach § 49 Abs. 1 gemildert werden.

Mit der Annahme einer verminderten Schuldfähigkeit ist damit dem Gericht die Möglichkeit gegeben, eine Strafe zu mildern. Voraussetzung ist aber nach dem Gesetzestext eine *erhebliche* Verminderung der Einsichts- oder Handlungsfähigkeit durch eines der 4 Exkulpierungsmerkmale des § 20, d. h. also, daß nicht jede feststellbare psychiatrische Normabweichung automatisch eine Dekulpierung nach sich ziehen muß. Die Annahme verminderter Schuldfähigkeit eröffnet für das Gericht aber auch aus §§ 63 und 64 StGB die Möglichkeit, bei Wiederholungsgefahr und erheblicher Gefährdung der Rechtssicherheit die Unterbringung in einem psychiatrischen Krankenhaus oder in einer Entziehungsanstalt anzuordnen, die nach § 67 Abs. 1 StGB im Regelfall vor der Strafvollstreckung zu vollziehen ist.

Methodische Probleme der Begutachtung der Verantwortungsfähigkeit

Die pragmatische Sachfrage nach der Einsichts- oder Handlungsfähigkeit zeigt, daß es bei der Begutachtung nicht um das unlösbare metaphysische Problem der Willensfreiheit, sondern um die Frage nach menschlichen Entscheidungs- und Motivationsspielräumen geht. Das Problem der Verantwortlichkeit kann nur im Kontext des Rechts als einem sozialen Regulativ gesehen werden, das den vollsinnigen Erwachsenen unter lebenstypischen Umständen als verantwortlich für sein Tun und Lassen ansieht. Die Einsichts- und die Steuerungsfähigkeit sind psychische Gegebenheiten, denen wir in Selbst- und Fremdbeobachtung begegnen, und es geht bei ihrer Beurteilung nicht um das abstrakte Problem der Willensfreiheit, sondern um empirisch faßbare psychiatrisch-psychologische Gegebenheiten und Voraussetzungen, die medizinisch erfaßbar und quantifizierend bezüglich ihres Einflusses auf das Täterverhalten zumindest abgeschätzt werden können (Erhardt 1964). Hieraus folgt, daß im Rechtsleben von einem *empirisch-sozialen Verantwortlichkeitsbegriff* ausgegangen wird, der nicht nur von der Überlegung ausgeht, daß sonst ein geordnetes menschliches Zusammenleben unmöglich wäre, sondern von der Erfahrung, daß ein Mensch unter normalen Sozialisationsbedingungen ausreichende Fähigkeiten erwirbt, sein Verhalten im sozialen Raum nach bekannten bzw. erkennbaren Normen einzurichten. *Kriminelles Verhalten* ist also als solches *keine psychiatrische Krankheit,* obwohl es natürlich auch seine tiefenpsychologischen, biographischen und sozialen Determinanten hat, denn jeder Täter hat sein Motiv und seine individuelle Psychologie. *Kriminelles Verhalten kann aber klinische Anteile haben* (Venzlaff 1989), und um die Aufdeckung dieser geht es bei der psychiatrischen Begutachtung.

Die Formulierung „bei Begehung der Tat“ bedeutet, daß es bei der Begutachtung um die *Rekonstruktion der Tatzeitpersönlichkeit* geht. Dies ist in Fällen chronischer Erkrankungen (Psychosen, Oligophrenien, Demenzen usw.) meist problemlos, im Regelfalle aber – zumal die Begutachtung meist erst Wochen, wenn nicht viele Monate nach der Tat erfolgt – mit Schwierigkeiten verbunden. Erhebliche psychische Gestörtheit in Begutachtungssituationen oder aber weitestgehende Unauffälligkeit können zwar von diagnostischem Wert sein, andererseits aber auch erhebliche Täuschungsmöglichkeiten beinhalten. Dies betrifft z. B. nach der Tat inzwischen weitestgehend remittierte zyklothyme Psychosen, posttraumatische Durchgangssyndrome, in deren Rahmen es nach Verkehrsunfällen z. B. zur Körperverletzung oder Widerstandshandlung gekommen war, zum anderen die mitunter kaum lösbare Frage, ob erst Monate nach der Tat manifestierte psychische Erkrankungen (akute Schizophrenie, dezente dementive Abbauerscheinungen) doch bereits die Tatzeitpersönlichkeit für die Umwelt noch nicht erkennbar unterminiert hatten. Nicht minder problematisch ist in den meisten Fällen die Rekonstruktion der Wirkung von Alkohol- oder Drogeneinfluß, in besonderem Maße aber die Analyse der Tatzeitpersönlichkeit bei Konflikt- und Beziehungstaten.

Gewissermaßen in einem zweiten Akt vollzieht sich dann die Aussage zur Schuldfähigkeit nach der sog. *gemischten biologisch-psychologischen Methode.* Das rechtliche Begriffssystem der Voraussetzungen für eine Schuldausschließung oder Schuldminderung erfordert zunächst im „biologischen Stockwerk“ die Definition der psychopathologischen Voraussetzungen mit der Zuordnung zu einem der 4 Exkulpierungsmerkmale. Liegen solchermaßen definierte Voraussetzungen vor, so sind im „psychologischen Stockwerk" die tatkausalen psychischen Auswirkungen auf die Einsichts- oder Handlungsfähigkeit zu untersuchen. Da eine Ex- oder Dekulpierung zwar an das Vorliegen eines psychopathologischen Zustands gebunden ist, indessen nur bei zumindest erheblicher Beeinträchtigung der Einsichts- oder Handlungsfähigkeit erfolgen darf, kann am *Primat des psychologischen Stockwerks* kein begründeter Zweifel aufkommen, d.h. also an der Frage nach den gesetzlich klar definierten Auswirkungen bestimmter Krankheiten oder Störungen.

Das biologische und das psychologische Stockwerk des § 20 StGB stehen deshalb in einer untrennbaren Relation und gegenseitigen Bindung, wodurch das zweite Stockwerk zum Regulativ gegenüber einer Überbewertung psychiatrischer oder körperlicher Befunde, das erste Stockwerk wiederum in bezug auf die Überbewertung psychologisch-situativer Gegebenheiten ohne Bindung an diagnostische Kriterien wird (Witter 1972).

Die *zentrale Erfahrungsquelle* für den Gutachter ist natürlich die psychiatrische Untersuchung, die bis auf wenige Ausnahmefälle aber eine allgemeinärztliche und neurologische Untersuchung einschließen muß. Oft sind technische Untersuchungen (Labor, EEG, CT) ebenso unerläßlich wie testpsychologische Prüfungen. Im Regelfall muß der Gutachter aber seine Diagnose – wie auch sonst in der klinischen Psychiatrie – auch an möglichst umfassenden objektiv-anamnestischen Erhebungen (früheren Krankengeschichten, Jugendamtsberichten, fremdanamnestischen Angaben usw.) weiter absichern, insbesondere aber seine Sachverständigenaussage auch an den objektiven Gegebenheiten der Tat und ihrer Begleitumstände, wie sie sich aus den Akten, v.a. aber in der Hauptverhandlung darstellen, messen. Da andererseits die Beweiswürdigung ausschließlich in die Kompetenz des Gerichts fällt, kann sich schon im schriftlichen Gutachten, noch mehr in der Hauptverhandlung beim mündlichen Vortrag sehr wohl die Notwendigkeit ergeben, dem Gericht *alternative Beurteilungsmöglichkeiten* in die Hand zu geben, wenn sich Zeugenaussagen widersprechen, wichtige Beurteilungsgrundlagen fehlen (z.B. Blutalkoholbestimmung) oder aber wenn sich die Angaben des Angeklagten und der Anklagevorwurf entgegenstehen. Dies erfordert vom Gutachter naturgemäß neben einem sorgfältigen Durchdenken und kritischen Abwägen aller Erkenntnismöglichkeiten auch eine genügende Flexibilität in der Hauptverhandlung.

Neben der Überlegung, ob alternative Beurteilungsmöglichkeiten nicht auszuräumen sind, muß sich der Gutachter schließlich über das *erkenntnistheoretische Begriffssystem*, mit dem er arbeitet, im klaren sein. Im Gegensatz zu den wissenschaftlich überprüfbaren rechnerischen oder experimentellen Beweiskategorien basiert die Sachverständigenaussage – und ebenso natürlich das Urteil des Gerichts – auf einem sog. *historischen Beweis*, der zumindest abstrakte Irrtums- und Fehlermöglichkeiten niemals ausschließt. Es kann daher nicht darum gehen, einen Vorgang oder Zustand mit letzter Sicherheit zu beweisen oder auszuschließen (und mit solchen Fragen versuchen gelegentlich Anwälte, insbesondere jüngere und weniger erfahrene Sachverständige gewissermaßen aufs Glatteis zu führen), sondern es geht in der Aussage um abschätzbare Wahrscheinlichkeitsgrade. In der gleitenden Skala zwischen einem weitestgehend freien Entschluß bis zum hilflosen Ausgeliefertsein an pathologische Impulse sind ja auch die Voraussetzungen von §§ 20 und 21 nur Markierungspunkte, die einen bestimmten Pegel anzeigen, ohne naturwissenschaftlich bestimmbare Quantifizierungsmerkmale zu geben.

Praktische Probleme der Begutachtung der psychiatrischen Erkrankungsgruppen

Obwohl die Voraussetzungen der Schuldfähigkeitsbeurteilung im Gesetzestext präzise definiert sind, ergeben sich in der Praxis oft aus der unendlichen Vielfalt der Möglichkeiten psychischer Gestörtheit und ihrer Auswirkungen außerordentlich schwierige Probleme. Der Vorschlag von Schneider (1948), sich bei der Sachverständigenaussage auf das biologische Stockwerk und mithin die Feststellung körperlich bedingter oder als körperlich postulierter Krankheiten entsprechend dem von ihm entworfenen psychiatrischen Krankheitsbegriff zu beschränken, da die psychologischen Fragen nach der Einsichtsfähigkeit und der Fähigkeit zum einsichtsgemäßen Handeln kein Mensch beantworten könne (wohlgemerkt: auch nicht der Richter), hat zwar – nicht zuletzt wegen seiner breiten Resonanz in juristischen Kreisen – über Jahrzehnte die deutsche forensische Psychiatrie maßgeblich beeinflußt. Er hat sich aber aus 2 Gründen als nicht tragfähig erwiesen: Der Gesetzgeber fordert ja eine klare Aussage zur Einsichts- und Handlungsfähigkeit, die der Psychiater aufgrund seiner klinischen Erfahrung über die Auswirkungen psychopathologischer Zustände sehr wohl innerhalb der durch die Sache gebotenen Grenzen zu geben vermag (Meyer 1980). Ferner entspricht die Überbewertung organischer Krankheitsbilder unter Ausklammerung aller anderen psychopathologischen Zustände als „Spielarten menschlichen Seins" nicht einer modernen Psychiatrie, in der genetische, organische, psychodynamische und soziale Faktoren von gleichrangiger Wertigkeit sind, als Orientierung für die klinische Tätigkeit gelten und mithin auch Entscheidungsparameter für den Gutachter sein müssen. Mit dem Rückzug auf eine normativ abstinente Position läßt der Gutachter ja auch den Richter gewissermaßen im Stich, da diesem allein mit einer Diagnose nicht gedient ist, sondern er für seine Entscheidung der Beratung durch den Sachverständigen über die Auswirkungen der festgestellten Störungen auf die Tatdynamik bedarf.

Die folgenden Ausführungen können keine umfassende Begutachtungslehre für alle psychiatrischen Krankheitserscheinungen darstellen, sondern sie beschränken sich auf grundsätzliche Fragen der Beurteilung bei den verschiedenen psychiatrischen Krankheitsgruppen.

Bei den *endogenen Psychosen* liegen die Dinge dort einfach, wo aus schizophrenem Wahn, depressiver Selbstentwertung, manischer Enthemmung oder nicht klassifizierbaren Wahnsyndromen Straftaten gewissermaßen herauswachsen: Aggressionen gegen wahnhaft erlebte Gegner, erweiterter Suizid im Rahmen einer Depression, Scheck- oder Zechbetrügereien bei Manikern, wahnbedingte Eifersuchtstaten usw. Daß hier Schuldunfähigkeit im Sinne von § 20 StGB anzunehmen und oft die Krankenhauseinweisung nach § 63 StGB unumgänglich ist, versteht sich von selbst. Außerordentlich schwierig kann sich aber die Entscheidung bei den sog. *schizophrenen Initial- oder Prodomaldelikten* (Stransky 1950; Willmans 1940) gestalten, bei denen die Straftat gewissermaßen das erste „Wetterleuchten“ einer sich mitunter erst nach Monaten entwickelnden Psychose ist. Unter den von Rink (1982) untersuchten Fällen schizophrener Gewalttäter machten diese immerhin ca. 5 % aus. Ein ähnlich schwieriges Problem ist es, darüber zu entscheiden, ob bei voller oder weitestgehend remittierter schizophrener Psychose eine Exkulpierung auch dann gerechtfertigt ist, wenn der Täter aus den gleichen Gründen und Motiven wie ein Gesunder eine Straftat (Diebstahl, Körperverletzung u. a.) begeht. Eine Exkulpierung nur deshalb, weil eine schizophrene Erkrankung in der Vorgeschichte besteht, ist ohne Hinweis auf eine psychopathologische Motivation in der Regel nicht statthaft und im übrigen auch aus arztethischen Überlegungen deshalb nicht gerechtfertigt, weil es in der rehabilitativen Psychiatrie ja nicht nur darum gehen kann, den Patienten zur Familie und zum Arbeitsplatz zurückzuführen, sondern auch darum, ihn wieder in die Rolle des verantwortlichen Mitbürgers zu versetzen. – Große diagnostische Schwierigkeiten können sich bei *zyklothymen Psychosen* daraus ergeben, daß bis zum Begutachtungszeitpunkt eine Vollremission eingetreten ist, so etwa bei Wiederholungsstraftaten im Rahmen periodischer, nicht zur Klinikeinweisung führender Manien, bei Eigentumsdelikten oder Brandstiftungen im Rahmen eines depressiven Verarmungswahns und schließlich bei *erweiterten Suizidhandlungen.* Bei letzteren ist für die Annahme einer depressiven Psychose die „altruistische Motivation“ des Mitnahmesuizids richtungweisend, mit dem Ziele, die Angehörigen vor Unheil, Krankheit und Elend zu bewahren. Sie stehen im eindeutigen Gegensatz zur Tötung von Kindern aus Rache und Vergeltungsimpulsen durch hysterische und gefühlskalte Persönlichkeiten (Medea-Situation). Es ist schließlich bei den depressiven Syndromen zu berücksichtigen, daß auch reaktive oder neurotische Depressionen über den Vorgang der Vitalisierung einen Schweregrad erreichen können, der z. B. zu Suizidhandlungen mit strafbaren Implikationen (Straßenverkehr, Brandstiftung, Sprengstoffanwendung u. a.) führen kann. Die *Differenzierung zwischen endogener oder reaktiver Genese* ist zwar für die Therapie von entscheidender Bedeutung, *für die forensisch-psychiatrische Aussage* i. allg. nur ein *Scheinproblem,* da auch vitalisierte reaktive oder neurotische Depressionen gewissermaßen nach einem „endogenen Muster“ ablaufen und ausschließlich der Schweregrad und die Ich-Fremdheit der Handlung exkulpierungsrelevant sind.

Nicht minder problematisch kann die Beurteilung *hirnorganischer Störungen* außerhalb des Bereichs eindeutig dementiver Zustände, schwerer Persönlichkeitsveränderungen nach Schädel-Hirn-Traumen, im Rahmen entzündlicher bzw. hirnatrophischer Prozesse oder klarer Defektzustände bei erheblichen infantilen Zerebralschäden sein. Liegt bei diesen eine klare Entscheidung in Richtung von Schuldunfähigkeit oder zumindest verminderter Schuldfähigkeit auf der Hand, so ist auf der anderen Seite *keineswegs ein organischer Befund als solcher bereits exkulpierungsrelevant.* Dies gilt sowohl für die häufig überbewertete oder völlig fehleingeschätzte kriminogene Bedeutung geringfügiger Symptome einer *frühkindlichen Hirnschädigung,* noch mehr für den Mythos der „minimalen zerebralen Dysfunktion“. Gerade in der Beurteilung von Jugendlichen und Heranwachsenden verleiten solche Befunde (dezente feinmotorische Störungen, leichte EEG-Unregelmäßigkeiten, mäßiger Intelligenzrückstand) sehr häufig dazu, den prägenden Umweltfaktoren sowie den sozialen und situativen Bedingungen als eigentlichen Kausalfaktoren der Straftat keine hinreichende Aufmerksamkeit zu widmen. Nicht anders liegen die Dinge bei *Folgezuständen nach leichten bis mittelschweren traumatischen Hirnschäden,* deren Feststellung oft vorschnell als exkulpierungsrelevant angesehen wird. Gewiß müssen die oft zu erheblichen Persönlichkeitsveränderungen führenden Stirnhirnschäden mit besonderer Sorgfalt erforscht und z. B. der häufigen Alkoholunverträglichkeit von Hirntraumatikern Rechnung getragen werden, andererseits dürfen umschriebene Rindenprellungsherde, kleinere hypodense Zonen im CT oder minimale Reflexdifferenzen nicht vorschnell ursächlich für eine Straftat verantwortlich gemacht werden und zur Ex- oder Dekulpierung gereichen. Die Erfahrung an einer übergroßen Zahl von Hirnverletzten des letzten Krieges, an Verkehrs- und Arbeitsunfallopfern mit Schädel-Hirn-Traumen haben gezeigt, daß diese Patienten gerade aufgrund der Besonderheiten des posttraumatischen Psychosyndroms (Antriebsminderung, Verkargung der Persönlichkeit, Einengung und Verlangsamung) in der Gesamtkriminalität deutlich unterrepräsentiert sind.

Bei *Anfallsleiden* muß der Gutachter besonders sorgfältig prüfen, ob Straftaten – insbesondere Aggressionsdelikte – im Rahmen von Dämmerzuständen oder prä- bzw. postparoxysmalen Verstimmungen begangen wurden. Ferner sind die oft verminderte Alkoholverträglichkeit, aber auch die Anfallsprovokation bei Abklingen der Blutalkoholkonzentration (BAK) mit vorausgehenden psychischen Alterationen zu berücksichtigen. Schließlich ist stets sehr sorgfältig der Frage nach epileptischen Wesens- oder Persönlichkeitsveränderungen nachzugehen. Der hohe Stand der modernen antikonvulsiven Therapie und die dadurch bedingte weitestgehende Anfallsfreiheit verhindern aber weit mehr als früher das Auftreten solcher Wesensänderungen, so daß das Vorliegen eines Anfallsleidens als solches, auch bei seltenen Anfallsmanifestationen, noch keinen hinreichenden Grund für die Annahme einer Schuldminderung hergibt (Venzlaff 1977).

Die *Oligophrenien* sind ein wichtiges Beispiel dafür, daß die – selbstverständlich grundsätzlich optimal anzustrebende – Quantifizierung der psychischen Normabweichung nicht der alleinige Maßstab für die Zurechnungsfähigkeitsbegutachtung sein kann. Oligophrene sind in der Gesamtkriminalität nur geringfügig überrepräsentiert. Das Beispiel guter Familien oder Institutionen, in denen solche Menschen leben, zeigt auch, daß sie vielfach sehr wohl in der Lage sind, die wichtigsten sozialen Normen zu internalisieren. Die Straffälligkeit ist vielmehr meist das Produkt einer Wechselwirkung zwischen niedriger Intelligenz und daraus resultierender leichter Verführbarkeit, mangelnder Überschau sowie verminderter Kritikfähigkeit und zusätzlichen psychosozialen Faktoren, die aus der besonderen sozialen Situation vieler Oligophrener erwachsen: Frustration des Besitzstrebens aufgrund des niedrigen ökonomischen Niveaus, frustrierte Sexualproblematik durch häufig erlebte Ablehnung wegen ihrer geistigen Insuffizienz und Frustration durch die leidvoll erlebte Außenseiterrolle. Hieraus erwachsen dann kurzschlüssig und primitiv angelegt Eigentumsdelikte, sexuelle Ersatzhandlungen (Exhibitionismus, Voyeurismus usw.), Vergehen an leicht erreichbaren Sexualzielen (Unzuchtshandlungen), aber mitunter auch äußerst erschreckende und brutale sexuelle Durchbruchshandlungen. Ihre Außenseiterrolle verleitet diese Patienten mitunter dazu, sich an schlechte Gesellschaft anzubiedern und sich von dieser in ihrer Verführbarkeit und Kritiklosigkeit ausnutzen zu lassen (Auftragsdiebstähle, Hehlerei, „Schmierestehen“ usw.). Im Rahmen der Begutachtung ist daher nicht nur der Intelligenzquotient als solcher der Parameter für die Ex- und Dekulpierung, sondern es sind diese psychosozialen Bedingungen mit zu gewichten, die gerade in Grenzfällen zwischen Unterbegabung und Debilität die Entscheidung wesentlich mittragen müssen.

Ein weiteres Beispiel dafür, daß scheinbar klare Quantifizierungsmöglichkeiten noch keine gerichtspsychiatrische Aussage erlauben, sind *Straftaten unter Alkohol- oder Drogeneinfluß*. Nicht nur die erschreckende Zunahme des Alkoholismus als solchem, sondern die ständige Ausweitung des nichtsüchtigen Alkoholkonsums in einer Wohlstandsgesellschaft erfordern es, im Regelfall andere Maßstäbe an die Alkoholverträglichkeit zu legen als noch vor 30 oder 50 Jahren. Die zunehmende Alkoholgewöhnung weiter Kreise rechtfertigt es z. B. nicht mehr, nach der alten Faustregel zu verfahren, wonach jenseits einer BAK von 2‰ grundsätzlich verminderte Schuldfähigkeit und jenseits von 3‰ Schuldunfähigkeit anzunehmen ist. Der Maßstab für die Beurteilung der strafrechtlichen Verantwortlichkeit kann – abgesehen von Extremwerten – nicht allein die Höhe der BAK sein, sondern in erster Linie konkrete Feststellungen über eine psychopathologische Abwandlung der Täterpersönlichkeit unter Alkohol- oder Drogeneinfluß durch eine psychotoxische oder Entzugssymptomatik und ein hierdurch bedingtes eindeutiges Abweichen vom Normalverhalten bzw. klare Hinweise auf eine Depravation der Persönlichkeit im Rahmen einer Suchtkrankheit.

Zu wenig wird bedacht, daß die Verbindung von Alkoholisierung und Straftaten vielfach gar keine kausale Verknüpfung, sondern nur gewissermaßen eine Gleichzeitigkonstellation darstellt. Viele Rückfalltäter, die ja im subkulturellen Milieu leben, begehen nicht nur Straftaten, sondern trinken aus ihrer schichtbedingten Konditionierung gleichzeitig häufig und viel Alkohol. Solche Überlegungen sind gerade für die Frage der Anwendung von Maßregeln wichtig, weil der Alkoholabusus dieser Täter oder die Alkoholisierung zur Tatzeit nicht als Ursache der Straftaten anzusehen sind, so daß keine Rede von einem „Hang" im Sinne des § 64 StGB sein kann, der die Einweisung in eine Entziehungsanstalt vor der Strafvollstreckung rechtfertigen würde. Mutatis mutandis gilt dies auch für Täter, die – meist milieuabhängig – mehr oder minder regelmäßig Drogen konsumieren, ohne daß sie im engeren Sinne süchtig oder toxisch depraviert sind.

Eine Sonderstellung im Rahmen der Alkoholdelinquenz nehmen die sehr seltenen *alkoholtoxischen Bewußtseinsstörungen* ein, die mit Umdämmerung, Situations- und Personenverkennung einhergehen, meist akut auftreten und in eine Amnesie einmünden, in deren Rahmen es zu situativ völlig unverstehbaren und motivisch nicht zu erhellenden aggressiven Delikten kommen kann. Sie sind ja im Regelfall an mitwirkende konstellative Faktoren (konsumierende Erkrankung, hochgradige Erschöpfung oder hirnorganische Leiden) gebunden. Entgegen dem früheren, nicht mehr tragfähigen Konzept vom „pathologischen Rausch" (ein Rausch ist ohnehin immer ein pathologisches Geschehen), bei dem logisch unbegründet gerade auf die pathologische Wirkung geringer Alkoholmengen abgestellt wurde, haben solche seltenen Ereignisse erfahrungsgemäß stets eine doch erhebliche Alkoholzufuhr zur Voraussetzung (Venzlaff 1965).

Mit der *Beurteilung von Konfliktreaktionen, Neurosen und Persönlichkeitsstörungen* begibt sich der Gutachter in einen Bereich, in dem er sich nicht mehr auf quantifizierbare körperliche oder psychopathologische Befunde bzw. psychometrische Feststellungen stützen kann. Er ist trotzdem nicht freiem Ermessen ausgeliefert, sondern das richtig angewandte, weil sorgfältig ausgeschöpfte Instrumentarium der psychiatrischen und psychologischen Persönlichkeitsdiagnostik, die Rekonstruktion der Täterpersönlichkeit anhand ihres biographischen Gewordenseins unter Berücksichtigung der Auswirkungen in anderen sozialen Bereichen, die Aufdeckung evtl. psychopathologischer Abwandlungen im Tatvorfeld und der Entwicklung der Täter-Opfer-Beziehungen geben ebenso gewichtige Parameter für die Begutachtung her wie das Abwägen der Frage nach spezifischen Beziehungen zwischen der besonderen Psychopathologie des Täters, den tatkonstellativen Faktoren und der Tat als solcher. Die Anreicherung der Aussage mit biographisch-psychopathologischem Material in Verbindung mit einer sorgfältigen Analyse der situativen Tatgegebenheiten ermöglicht es dem Sachverständigen doch in den meisten Fällen, seine Aussage in weiten Bereichen konkret zu untermauern. Noch mehr als bei den medizinisch im engeren Sinne definierbaren psychiatrischen Erkrankungen ist in diesem Bereich aber zu bedenken, daß die Aussage zur strafrechtlichen Verantwortlichkeit aus dem „psychologischen Stockwerk" des § 20 StGB herzuleiten ist, d. h. also, daß eine psychiatrische Diagnose nicht automatisch auch eine De- oder Exkulpierung nach sich ziehen kann. Ein hoher Prozentsatz von Straftätern weist in Biographie und Persönlichkeitsprofil z. T. deutlich erkennbare Normabweichungen oder neurotische Strukturanteile auf, eine gestörte Über-Ich-Entwicklung, Frustrationsintoleranz oder internalisierte subkulturelle Verhaltensmuster, die zweifellos in kausaler Beziehung zum Tatverhalten stehen.

Überlegungen in Richtung einer Schuldminderung oder Schuldausschließung sind aber erst dann gerechtfertigt, wenn die Persönlichkeitsstörung bzw. die neurotische Struktur im Rechtssinne als „schwer" zu bezeichnen ist, wofür der Umstand, daß aus ihr eine Straftat erwächst, noch nicht der alleinige Paremeter sein kann. Eine seelische Abartigkeit ist vielmehr erst dann als „schwer" zu klassifizieren, wenn sie generell zu einer *erheblichen Einschränkungen der sozialen Kompetenz* führt (Rasch 1986), wenn sie die soziale Entfaltung auch in anderen als strafrechtlichen Bereichen entscheidend und konstant einschränkt, die soziale und mitmenschliche Integration inhibiert oder zu einem erkennbaren Ausgeliefertsein an eine neurotische Symptomatik führt.

Oft reicht aber eine solche rein statische Betrachtung zur Erhellung der psychologischen Tatsituation nicht aus, vielmehr ist gerade im weiten Bereich der Konflikt- und Beziehungstaten auch die *Dynamik der psychopathologischen Entwicklung im Tatvorfeld* eingehend zu untersuchen; z. B. ob es bei einer bislang zumindest nicht schwer gestörten Persönlichkeit unter permanentem Konfliktdruck oder Kränkungserlebnissen zu einer fortschreitenden Unterminierung der rationalen Handlungskompetenz gekommen ist, so daß nunmehr für die spezielle Tatsituation von einer schweren Abartigkeit oder aber von einer weitestgehenden Einschränkung rationaler Wahrnehmungs- und Handlungskontrollen in Richtung einer tiefgreifenden Bewußtseinsstörung auszugehen ist. Dies gilt vornehmlich für den Bereich der *Affekt- und Konflikttaten,* bei denen erst neben der subtilen Analyse der Persönlichkeit die Entwicklung der Täter-Opfer-Beziehungen und das Maß der psychopathologischen Abwandlung im Tatvorfeld – neben möglichen konstellativen Faktoren – eine verläßliche Aussage darüber erlauben, in welchem Umfang die Steuerungsfähigkeit durch die „affektive Vorgeschichte" eingeengt oder gar aufgehoben war.

Parameter für die *Beurteilung der abnormen seelischen Entwicklungen* (depressive, querulatorische oder wahnhafte Eifersuchtsentwicklung) ist das Ausmaß der psychotischen Qualitäten des Prozesses, d. h. also bei den depressiven Entwicklungen z. B. der Grad der Vitalisierung oder bei expansiven Entwicklungen die Einschränkung oder der Verlust der Fähigkeit zur Ich-Abgrenzung und Realitätsprüfung, die zunehmende Ausweitung eines querulatorischen Syndroms mit fortschreitender Einbeziehung weiterer Personen und Ereignisse mit Übergang in eine wahnähnliche Unkorrigierbarkeit. In einer Reihe dieser Fälle ist sicherlich die Qualität einer psychotischen Erkrankung erreicht, so daß dann auch eine Vollexkulpierung aus § 20 StGB gerechtfertigt ist.

Besondere Schwierigkeiten bereitet schließlich oft die *Beurteilung der strafrechtlichen Verantwortlichkeit bei Neurosen.* Die Feststellung einer neurotischen Symptomatik oder Störung als solcher, auch wenn sie nach objektiven klinischen Kriterien als schwer zu bezeichnen ist, reicht naturgemäß allein nicht aus, vielmehr ist zu erforschen, ob *spezifische Beziehungen zwischen der individuellen neurotischen Konfliktdynamik und der Straftat* bestehen, und ferner, ob die Neurose hinreichend schwer war, um zumutbare Handlungsdeterminanten erheblich einzuschränken. Dies erfordert eine Aussage über die Stabilität oder Instabilität des Ich, die Wirksamkeit oder das Versagen von Abwehr- und Kontrollmechanismen, um zu einer Vorstellung darüber zu kommen, ob ein zumutbares Anderskönnen in der Tatsituation nur noch mit Einschränkung oder gar nicht mehr möglich war. Große Zurückhaltung ist hier aber gegenüber der Annahme einer Wirksamkeit unbewußter neurotischer Motive als schuldminderndem oder schuldausschließendem Faktor geboten. Zunächst einmal sei darauf hingewiesen, daß die Besonderheit der Begutachtungssituation mit ihren psychologischen Implikationen und den bei der Kürze der zur Verfügung stehenden Zeit kaum sicher zu entflechtenden Übertragungs- und Gegenübertragungsprozessen es kaum erlaubt, über mehr oder minder tragfähige Vermutungen hinaus zu verläßlichen Aussagen über die unbewußte Motivlage zu kommen. Darüber hinaus ist zu bedenken, daß unbewußte Motive, besonders kriminelle oder asoziale Impulse von der Ich-Instanz nur zugelassen werden, wenn sie von der Person – und sei es auch nur in bestimmten Situationen – grundsätzlich bejaht werden. Besser als tiefenpsychologische Spekulationen eignen sich klinische Parameter, um zu einer Aussage über den Schweregrad einer Neurose zu kommen, die etwa in einer konstant verfehlten sozialen Anpassung mit sich wiederholenden selbstschädigenden Verhaltensweisen gesehen werden können, in einem rasch progredienten oder malignen Verlauf der Symptomatik oder aber in den sich wie ein verhängnisvolles Schicksal vollziehenden Verwahrlosungserscheinungen sowie in süchtigen oder sexuell perversen Entwicklungen. Auch die erkennbare Konditionierung neurotischer Wiederholungszwänge, die bis zum *Ausgeliefertsein an ein triebhaft ausagiertes Verhalten* reichen können, kann bei machen neurotischen Impulshandlungen (triebhaftes Stehlen, Exhibitionismus, Entgleisungen im Rahmen einer Anorexietherapie usw.) ein wichtiger Maßstab sein. Solche Maßstäbe lassen sich aber weniger aus theoretischen Grundlagenpositionen als anhand von Vergleichen mit Erfahrungen aus dem klinisch-therapeutischen Bereich gewinnen, wobei auch hier wieder die dynamische Verflechtung mit situativen Faktoren aus dem Tatvorfeld zu berücksichtigen ist.

Schlußbetrachtungen

Auch die Begutachtung ist unstreitig eine ärztliche Aufgabe der Psychiatrie, in deren Rahmen sich der Sachverständige als Berater des Gerichts nicht aus seiner Rolle als Arzt entlassen kann. „Der Arztberuf, auch der des Gerichtsarztes, ist ein sozialer Beruf. Er muß sich als Partner auch der Bedrängten, der Leidenden und der in Konflikt Geratenen sehen" (Hallermann 1973). Seine Aufgabe ist es nicht nur, psychisch Kranke vor ungerechtfertigter Bestrafung zu schützen oder dem Gericht Grundlagen für eine mildere Bestrafung zu vermitteln, sondern gleichrangig, Möglichkeiten der therapeutischen und sozialen Hilfen aufzuzeigen. Hierdurch erhält die Sachverständigentätigkeit auch eine wichtige kriminalpolitische Funktion. Der Sachverständige würde gerade deshalb seine ärztliche Aufgabe falsch verstehen, wenn er sich berufen fühlte, an der Wiederherstellung von Recht und Ordnung mitzuwirken oder aber aus unreflektierter Gegenübertragung einen Täter zum Kranken hochzustilisieren, weil er ihm damit ein in einer rechtsstaatlichen Ordnung unantastbares Grundrecht leichtfertig aberkennt, nämlich für sein Tun und Handeln verantwortlich zu sein.

Literatur

Ehrhardt H (1964) Die Schuldfähigkeit in psychiatrisch-psychologischer Sicht. In: Frey E (Hrsg) Schuld, Verantwortung, Strafe. Schultheiss, Zürich, S 227

Ehrhardt H, Villinger W (1961) Forensische und administrative Psychiatrie. In: Gruhle HW et al. (Hrsg) Soziale und angewandte Psychiatrie. Springer, Berlin Göttingen Heidelberg (Psychiatrie der Gegenwart, Bd 3, S 181)

Hallermann W (1973) Einführung in die Rechtsmedizin. In: Eisen G (Hrsg) Handwörterbuch der Rechtsmedizin. Enke, Stuttgart, S VII

Meyer, JE (1976) Psychiatrische Diagnosen und ihre Bedeutung für die Schuldfähigkeit im Sinne der §§ 20/21. Z Gesamte Strafrechtswiss 88:46

Meyer JE (1980) Der psychiatrische Gutachter im Strafprozeß. Anstöße 27:135

Rasch W (1986) Forensische Psychiatrie. Kohlhammer, Stuttgart Berlin Köln Mainz

Rink W (1982) Tötungsdelikte schizophrener Geisteskranker unter besonderer Berücksichtigung der Sozialkontrollen im Tat-Vorfeld, der Täterpersönlichkeit und der Rehabilitationschancen. In: Laux G, Reimer F (Hrsg) Klinische Psychiatrie, Tendenzen, Ergebnisse, Probleme und Aufgaben heute. Hippokrates, Stuttgart, S 314–330

Schneider K (1948, [4]1961) Die Beurteilung der Zurechnungsfähigkeit. Thieme, Stuttgart

Stransky E (1950) Das Initialdelikt. Arch Psychiatr Z Neurol 185:395

Venzlaff U (1965) Die pathologischen Alkoholreaktionen – Ätiologie, Klinik und forensisch-psychiatrische Beurteilung. Med Welt 60:2623–2631

Venzlaff U (1977) Forensisch-psychiatrische Probleme der Epilepsie. Internist (Berlin) 18:96–100

Venzlaff U (1986) Psychiatrische Begutachtung. Ein kurzes Handbuch für Mediziner und Juristen. Fischer, Stuttgart New York

Venzlaff U (1989) Was ist Delinquenz und wie kann man sie behandeln? Monatsschr Kriminol 72:161–168

Willmanns K (1940) Über Morde im Prodromalstadium der Schizophrenie. Z Gesamte Neurol Psychiatr 170:583

Witter H (1972) Die Beurteilung Erwachsener im Strafrecht. In: Göppinger H, Witter H (Hrsg) Handbuch der forensischen Psychiatrie. Springer, Berlin Heidelberg New York, S 966

Rechtsgrundlagen der forensischen Begutachtung in Österreich

Christel Frank, Gerhart Harrer

Die Grundlagen der forensischen Psychiatrie in der Bundesrepublik Deutschland und in Österreich, v. a. in bezug auf die Psychopathologie, Diagnostik, Systematik, Terminologie und Therapie, unterscheiden sich nicht mehr voneinander als etwa die diesbezüglichen Lehrmeinungen der einzelnen psychiatrischen Schulen in den beiden Ländern. Relevante Unterschiede bestehen lediglich hinsichtlich der Rechtsgrundlagen, von denen der Sachverständige auszugehen hat.

Das österreichische Strafrecht ist, wie auch in der Bundesrepublik Deutschland und in der Schweiz, ein „Schuldstrafrecht". Dies bedeutet, daß die Würdigung der Täterpersönlichkeit eine entscheidende Rolle spielt. Dazu bedarf es in vielen Fällen der Mitwirkung eines erfahrenen Psychiaters bzw. Psychologen

Das am 01. 01. 1975 in Kraft getretene österreichische Strafgesetzbuch regelt in § 11 die *Zurechnungsunfähigkeit:*

Wer zur Zeit der Tat wegen einer Geisteskrankheit, wegen Schwachsinns, wegen einer tiefgreifenden Bewußtseinsstörung oder wegen einer anderen schweren, einem dieser Zustände gleichwertigen seelischen Störung unfähig ist, das Unrecht seiner Tat einzusehen oder nach dieser Einsicht zu handeln, handelt nicht schuldhaft.

Bestehen Zweifel, ob der Beschuldigte zur Zeit der Tat den Gebrauch der Vernunft besessen bzw. ob er an einer Geistesstörung gelitten hat, wodurch seine Zurechnungsfähigkeit aufgehoben war, so ist nach § 134 (1) StPO „die Untersuchung seines Geistes- oder Gemützustandes durch einen oder nötigenfalls zwei Ärzte zu veranlassen". Die Sachverständigen haben „über das Ergebnis ihrer Beobachtungen Bericht zu erstatten, alle für die Beurteilung des Geistes- und Gemützustandes des Beschuldigten einflußreichen Tatsachen zusammenzustellen, sie nach ihrer Bedeutung sowohl einzeln als auch im Zusammenhang zu prüfen und, falls sie eine Geistesstörung als vorhanden betrachten, die Natur der Krankheit, deren Art und Grad zu bestimmen und sich sowohl nach den Akten als auch nach ihrer eigenen Beobachtung über den Einfluß auszusprechen, den die Krankheit auf die Vorstellungen, Triebe und Handlungen des Beschuldigten geäußert hat und noch äußert, und ob und in welchem Maße dieser getrübte Geisteszustand zur Zeit der begangenen Tat bestanden hat". Die 4 in § 11 des österreichischen StGB angeführten möglichen „biologischen" Gründe für eine Zurechnungsunfähigkeit entsprechen weitgehend den in § 20 des deutschen StGB aufgezählten Exkulpierungsvoraussetzungen. Lediglich die Zuordnung bestimmter psychiatrischer Krankheitsbilder zu den einzelnen Gruppen wird unterschiedlich gehandhabt. So werden z. B. in Österreich zum „Schwachsinn" nicht nur die Formen ohne nachweisbare pathologisch-anatomische Veränderungen des Gehirns gezählt, sondern auch solche Schwachsinnsformen mit einbezogen, die als Folge eines intrauterinen, geburtstraumatischen oder frühkindlichen Hirnschadens aufgetreten sind. In der Bundesrepublik Deutschland hingegen ist der Schwachsinnsbegriff auf die angeborene Intelligenzschwäche ohne nachweisbares Substrat beschränkt, d. h. organisch bedingte Intelligenzminderungen werden in der Bundesrepublik Deutschland unter die „krankhaften seelischen Störungen" subsumiert.

Während im deutschen Strafrecht die tiefgreifende Bewußtseinsstörung eine grundsätzlich nicht krankhafte Trübung oder Einengung des Bewußtseins (z. B. bei Schlaftrunkenheit oder Erschöpfung) umfaßt, werden im österreichischen Strafrecht auch die pathologischen Bewußtseinsstörungen, z. B. epileptische Dämmerzustände, dieser Merkmalskategorie zugezählt, im deutschen Recht hingegen den krankhaften seelischen Störungen zugeordnet.

Den Begriff einer *„verminderten Schuldfähigkeit"*, wie er in § 21 des deutschen StGB und in Art. 11 des schweizerischen StGB umschrieben wird, gibt es im österreichischen Recht nicht. Vielmehr wird hier davon ausgegangen, daß die Zurechnungsunfähigkeit die Schuld und damit die Strafbarkeit ausschließt, während eine verminderte Zurechnungsfähigkeit keinen Schuldausschließungsgrund darstellt, sondern sich allenfalls auf das Strafmaß auswirkt. In § 34 StGB sind taxativ 18 besondere Milderungsgründe angeführt, die zu einer Strafmilderung innerhalb des gesetzlichen Strafrahmens, nicht jedoch zu einer Strafsatzänderung führen können. Ein Milderungsgrund ist es nach § 34 Z 1 StGB insbesondere, wenn der Täter „die Tat nach Vollendung des 18., jedoch vor Vollendung des 21. Lebensjahres oder wenn er sie unter dem Einfluß eines abnormen Geisteszustands begangen hat, wenn er schwach am Verstand ist oder wenn seine Erziehung sehr vernachlässigt worden ist." In Z 11 sind auch jene Fälle berücksichtigt, bei denen die verminderte Zurechnungsfähigkeit bereits in den Grenzbereich zur Zurechnungsunfähigkeit reicht.

Zipf (1978) bezeichnet diese Regelung als ausgesprochen „anwendungsfreundlich". Zudem komme ihr der Vorteil der größeren „Flexibilität und Variabilität" zu. Die strafmildernden Auswirkungen einer verminderten Zurechnungsfähigkeit können in Österreich durch andere erschwerende Umstände (z. B. selbstverschuldete Berauschung) verwirkt werden, während dies im deutschen Strafrecht nicht möglich ist.

Auf die österreichischen Gesetzesgrundlagen für die forensische Beurteilung von *Straftaten unter Alkoholeinfluß* oder anderen berauschenden Mitteln kann in diesem Rahmen nicht näher eingegangen werden. Sie entsprechen jedoch weitgehend der rechtlichen Behandlung von Trunkenheitsdelikten in der Bundesrepublik.

Bestehen bei einem *Jugendlichen*, dem eine mit Strafe bedrohte Handlung angelastet wird, konkrete Anhaltspunkte für Zweifel an seiner strafrechtlichen Verantwortungsfähigkeit, ist – in der Regel durch ein Sachverständigengutachten – zu klären, ob entweder

a) die Voraussetzungen für eine *Zurechnungsunfähigkeit* infolge von Geisteskrankheit, Schwachsinn, tiefgreifender Bewußtseinsstörung oder einer anderen

schweren gleichwertigen seelischen Störung gemäß dem dann zur Anwendung kommenden *§ 11 StGB* vorliegen oder
b) im Unterschied dazu ein auf besondere Umstände zurückführbarer normabweichender Entwicklungsrückstand mit *erheblich verzögerter Reife* als Schuldausschließungsgrund gemäß *§ 4 Abs. 2 Z 1* des neuen österreichischen *Jugendgerichtsgesetzes 1988* in Frage kommt. (Bei Unmündigen, d. h. Personen, die das 14. Lebensjahr noch nicht vollendet haben, wird die Unreife unwiderleglich vermutet und besteht daher – in Übereinstimmung mit der Schuldunfähigkeit des Kindes nach § 19 des deutschen StGB – gemäß § 4 (1) JGG 1988 ohnehin Straflosigkeit).
§ 4 (2) JGG:

Ein Jugendlicher, der eine mit Strafe bedrohte Handlung begeht, ist nicht strafbar, wenn
1. er aus bestimmten Gründen noch nicht reif genug ist, das Unrecht der Tat einzusehen oder nach dieser Einsicht zu handeln,
2. er vor Vollendung des sechzehnten Lebensjahres ein Vergehen begeht, ihn kein schweres Verschulden trifft und nicht aus besonderen Gründen die Anwendung des Jugendstrafrechts geboten ist, um den Jugendlichen von strafbaren Handlungen abzuhalten oder
3. die Voraussetzungen des § 42 StGB (Anmerkung: mangelnde Strafwürdigkeit der Tat) vorliegen.

Auch nach der Reform des Jugendgerichtsgesetzes (mit Anhebung der Altersgrenze für Jugendliche auf das vollendete 19. Lebensjahr) ist eine gesonderte rechtliche Behandlung der „Heranwachsenden" bis zum 21. Lebensjahr grundsätzlich nicht vorgesehen. Allerdings besteht (§ 35Abs. 3–6 JGG 1988) die Möglichkeit der Anwendung des Jugendstrafvollzugs auch für von allgemeinen Strafgerichten verurteilte Heranwachsende, zudem der besondere, bereits erwähnte Milderungsgrund der Begehung der Tat vor Vollendung des 21. Lebensjahres (§ 34 Z 1 StGB) und die Ausnahmeregelung bezüglich der lebenslänglichen Freiheitsstrafe (§ 36 StGB).

Vom psychiatrischen bzw. psychologischen Sachverständigen ist jeweils in bezug auf den konkreten Rechtsnormenverstoß unter Heranziehung biologischer, psycho(patho)logischer und sozialpsychologischer Kriterien zu untersuchen, ob eine derartig ausgeprägte seelisch-geistige und sittliche Unreife als Folge besonderer psychosozialer oder auch krankheitsbedingter Störeinflüsse auf den Entwicklungsprozeß vorliegt, daß der Jugendliche dadurch unfähig war, das Sozialschädliche und mit einem geordneten menschlichen Zusammenleben nicht vereinbare Rechtswidrige der Tat zu erkennen oder die ihm mögliche Unrechtseinsicht in einer entsprechenden Willensbildung und rechtsmäßigem Handeln wirksam werden zu lassen.

Das neue Jugendgerichtsgesetz bietet eine umfassende Erweiterung der Voraussetzungen, den in der Straffälligkeit Jugendlicher zum Ausdruck kommenden Integrationsproblemen in den Sozialbereich Erwachsener nicht nur mit strafrechtlichen, sondern auch z. B. mit sozialpädagogischen und psychologischen Maßnahmen (wie dem außergerichtlichen Tatausgleich) begegnen zu können.

Im Jahr 1975 wurde im österreichischen StGB neben dem Strafensystem auch ein System *vorbeugender Maßnahmen* als zweite Spur der Verbrechensbekämpfung eingeführt.

Die Unterbringung in einer Anstalt für geistig abnorme Rechtsbrecher wird in § 21 Abs. 1 und 2 StGB geregelt:

§ 21. (1) Begeht jemand eine Tat, die mit einer ein Jahr übersteigenden Freiheitsstrafe bedroht ist, und kann er nur deshalb nicht bestraft werden, weil er sie unter dem Einfluß eines die Zurechnungsfähigkeit ausschließenden Zustandes (§ 11) begangen hat, der auf einer geistigen oder seelischen Abartigkeit von höherem Grad beruht, so hat ihn das Gericht in eine Anstalt für geistig abnorme Rechtsbrecher einzuweisen, wenn nach seiner Person, nach seinem Zustand und nach der Art der Tat zu befürchten ist, daß er sonst unter dem Einfluß seiner geistigen oder seelischen Abartigkeit eine mit Strafe bedrohte Handlung mit schweren Folgen begehen werde.

(2) Liegt eine solche Befürchtung vor, so ist in eine Anstalt für geistig abnorme Rechtsbrecher auch einzuweisen, wer, ohne zurechnungsunfähig zu sein, unter dem Einfluß seiner geistigen oder seelischen Abartigkeit von höherem Grad eine Tat begeht, die mit einer ein Jahr übersteigenden Freiheitsstrafe bedroht ist. In einem solchen Fall ist die Unterbringung zugleich mit dem Ausspruch über die Strafe anzuordnen.

Die freiheitsentziehenden vorbeugenden Maßnahmen dienen nicht der Ahndung der Anlaßtat, sondern dem Schutz der Gesellschaft vor der Gefährlichkeit des Rechtsbrechers. Die Dauer der vorbeugenden Maßnahmen richtet sich daher nach dem voraussichtlichen Fortbestehen der Gefährlichkeit eines Täters. Die Anhaltezeit ist unbegrenzt, jedoch hat das Gericht von Amts wegen mindestens alljährlich zu prüfen, ob die Unterbringungsvoraussetzungen noch vorliegen. Der Sachverständige hat dabei zur Kriminalprognose Stellung zu nehmen.

Die Unterbringung in einer Anstalt für entwöhnungsbedürftige Rechtsbrecher wird in § 22 StGB geregelt:

§ 22. (1) Wer dem Mißbrauch eines berauschenden Mittels oder Suchtmittels ergeben ist und wegen einer im Rausch oder sonst im Zusammenhang mit seiner Gewöhnung begangenen strafbaren Handlung oder wegen Begehung einer mit Strafe bedrohten Handlung im Zustand voller Berauschung (§ 287) verurteilt wird, ist vom Gericht in eine Anstalt für entwöhnungsbedürftige Rechtsbrecher einzuweisen, wenn nach seiner Person und nach der Art der Tat zu befürchten ist, daß er sonst im Zusammenhang mit seiner Gewöhnung an berauschende Mittel oder Suchtmittel eine mit Strafe bedrohte Handlung mit schweren Folgen oder doch mit Strafe bedrohte Handlungen mit nicht bloß leichten Folgen begehen werde.

(2) Von der Unterbringung ist abzusehen, wenn der Rechtsbrecher mehr als zwei Jahre in Strafhaft zu verbüßen hat, die Voraussetzungen für seine Unterbringung in einer Anstalt für geistig abnorme Rechtsbrecher vorliegen oder der Versuch einer Entwöhnung von vornherein aussichtslos scheint.

Die Höchstdauer der Unterbringung ist mit 2 Jahren begrenzt. Die Prüfung des Fortbestehens der Unterbringungsvoraussetzungen hat durch das Gericht von Amts wegen mindestens alle 6 Monate zu erfolgen.

Der § 23 StGB regelt die Unterbringung in einer Anstalt für gefährliche Rückfallstäter. Die Unterbringung ist auf höchstens 10 Jahre beschränkt, die Prüfung muß mindestens alljährlich erfolgen. In der Praxis wird von diesem Rechtsinstitut des § 23 StGB allerdings nur sehr wenig Gebrauch gemacht.

Die Einführung der freiheitsentziehenden vorbeugenden Maßnahmen in Österreich in Analogie zum Maßregelvollzug in der Bundesrepublik Deutschland stellt fraglos einen Fortschritt dar, bedeutet jedoch für den Sachverständigen ein Mehr an Verantwortung, da er bei seiner Stellungnahme zur Kriminalitätsprognose auf nur wenige gesicherte empirische Grundlagen zurückgreifen kann.

Literatur

Foregger E, Serini E (Hrsg) (1988) Strafgesetzbuch (StGB), 4. Aufl. Manz, Wien

Jesionek U, Held K (Hrsg) (1989) Jugend-Gerichtsgesetz 1988. Juridica, Wien

Zipf H (1978) Juridische Aspekte der verminderten Zurechnungsfähigkeit. Forensia 2:4–10

Rechtsgrundlagen der forensischen Begutachtung in der Schweiz

Jean-Pierre Pauchard

In der Schweiz kann jeder praktizierende Psychiater vom Gericht für die Erstellung eines Gutachtens beauftragt werden; aus praktischen Gründen werden allerdings in der Regel an Kliniken oder Polikliniken tätige Ärzte mit dieser Aufgabe betraut. Das psychiatrische Gutachten wird vom Untersuchungsrichter oder vom urteilenden Richter in Auftrag gegeben; Parteiengutachten sind unüblich. Die Berichterstattung erfolgt üblicherweise schriftlich, außer in Prozessen, die dem Unmittelbarkeitsprinzip folgen (Geschworenengericht). Psychiatrische Expertenberichte werden in Strafrechts- und Zivilrechtsfällen häufig verlangt, im Versicherungsrecht sind sie seltener.

Das schweizerische *Strafgesetz* versucht, sowohl dem Sühnegedanken als auch dem Zweckgedanken des Strafrechts gerecht zu werden. Spezialprävention und Resozialisierung der Täter sind wichtige Anliegen. Die Frage der Zurechnungsfähigkeit ist in den Art. 10 und 11 des Strafgesetzbuches geregelt:

Art. 10 StGB

Wer wegen Geisteskrankheit, Schwachsinn oder schwerer Störung des Bewußtseins zur Zeit der Tat nicht fähig war, das Unrecht seiner Tat einzusehen oder gemäß seiner Einsicht in das Unrecht der Tat zu handeln, ist nicht strafbar. Vorbehalten sind Maßnahmen nach den Artikeln 43 und 44.

Art. 11 StGB

War der Täter zur Zeit der Tat in seiner geistigen Gesundheit oder in seinem Bewußtsein beeinträchtigt oder geistig mangelhaft entwickelt, so daß die Fähigkeit, das Unrecht seiner Tat einzusehen oder gemäß seiner Einsicht in das Unrecht der Tat zu handeln, herabgesetzt war, so kann der Richter die Strafe nach freiem Ermessen mildern (Art. 66). Vorbehalten sind Maßnahmen nach den Artikeln 42 bis 44 und 100bis.

Auch im schweizerischen Recht wird also unterschieden zwischen Einsichtsfähigkeit (intellektueller Anteil) und der Fähigkeit, einsichtsgemäß zu handeln (voluntativer Anteil), wobei nicht nur Wissen um das Unrecht der Tat, sondern Einsicht, also auch genügende psychische Reife, verlangt werden. Gesondert beurteilt werden selbstverschuldete Minderung der Zurechnungsfähigkeit (Art. 263 StGB) und zum Zweck der Verbrechensbegehung herbeigeführte Minderung (Art. 12 StGB). Ohne daß dies gesetzlich vorgeschrieben wäre, wird in der Regel vom Experten verlangt, den Grad der Verminderung festzulegen (leicht, mittel, schwer), um dem Gericht weitere Anhaltspunkte zu geben, doch ist natürlich klar, daß es sich hierbei nur um eine Schätzung der Zurechnungsfähigkeitsverminderung handeln kann. Ist die Zurechnungsfähigkeit völlig aufgehoben, ist Bestrafung nicht mehr möglich, allenfalls eine „sichernde Maßnahme“. In den anderen Fällen unterliegt das psychiatrische Gutachten der freien Beweiswürdigung durch den Richter, wobei dieser bei ernsthaften Zweifeln an den Schlußfolgerungen verpflichtet ist, eine Oberexpertise einzuholen.

Das psychiatrische Gutachten hat sich nicht nur über die Zurechnungsfähigkeit eines Angeschuldigten auszulassen, sondern in einem zweiten Teil über die Frage, ob allenfalls anstelle einer Strafe andere (therapeutische) Maßnahmen die Rückfallsgefahr verhindern oder vermindern könnten (Art. 13 StGB). Drei Gesetzesartikel geben hierüber Auskunft:

- *Art. 43 StGB:*
  Straftaten, die durch psychische Störungen (mit)bedingt worden sind.
- *Art. 44 StGB:*
  Straftaten, die durch Suchtkrankheiten (Alkohol, Rauschgift) (mit)bedingt sind.
- *Art. 100bis StGB:*
  Wenn Arbeitserziehung erforderlich ist (nur bei 18- bis 25jährigen Erwachsenen).

Die Maßnahmen sehen Einweisung in ärztlich oder nichtärztlich geleitete Anstalten oder ambulante Therapie während des Strafvollzugs vor, ausnahmsweise auch mit Strafaufschub (beispielsweise ambulante Psychotherapie bei Kleptomanie, Disulfirambehandlung bei Alkoholikern). Die Maßnahme ist zeitlich nicht begrenzt, sondern dauert bis zum Eintritt eines Erfolgs. Gefährdet der Angeschuldigte wegen seines Geisteszustands die öffentliche Sicherheit in schwerwiegender Weise, kann der Richter zum Schutz der Öffentlichkeit auch dessen Verwahrung auf unbestimmte Zeit anordnen, ohne daß der Täter behandlungsbedürftig sein muß.

Das *Jugendstrafrecht* ist im Schweizerischen Strafgesetzbuch in den Art. 82–99 integriert. Ihm liegt der Gedanke zugrunde, daß nicht so sehr Vergeltung, als vielmehr Betreuung und Erziehung im Vordergrund zu stehen haben. Unterschieden wird zwischen 7- bis 14- und 15- bis 18jährigen. Einschließungen sollten die Ausnahme bilden, nach Möglichkeit werden erzieherische Maßnahmen in Freiheit gesucht, allenfalls ist Unterbringung in ein geeignetes Heim vorgesehen.

Im Bereich des *Zivilrechts* hat der psychiatrische Experte in der Schweiz v. a. mit Fragen der Vormundschaft und der sog. „fürsorgerischen Freiheitsentziehung“ zu tun, während Stellungnahmen zu Urteils-, Testier-, Ehe- oder Erziehungsfähigkeit eher seltener sind. Über die Errichtung einer Vormundschaft wegen Geisteskrankheit oder Geistesschwäche (Art. 369 ZGB) darf nur aufgrund eines Sachverständigengutachtens entschieden werden, ebenso über deren Aufhebung. Gelegentlich wird auch bei Art. 370 ZGB (Vormundschaft wegen Verschwendung, Trunksucht oder lasterhaftem Lebenswandel) die Meinung des Psychiaters eingeholt.

Seit 1981 ist zwangsweise Unterbringung von Erwachsenen in Anstalten und Heimen im Zivilgesetzbuch geregelt (Art. 397 „Gesetz über die fürsorgerische

Freiheitsentziehung"; FFE). Danach darf über Unterbringung oder Zurückbehaltung von psychisch Kranken in therapeutischen Institutionen nur unter Beizug von Sachverständigen entschieden werden. Dies bedeutet z. B., daß behördlich angeordnete Zwangshospitalisationen in psychiatrischen Kliniken nicht ohne ärztliches Zeugnis oder Gutachten erfolgen können.

Zusammenfassend läßt sich sagen, daß sich das schweizerische Strafrecht in den Bereichen, in denen der psychiatrische Experte tätig ist, formal nur sehr unwesentlich vom deutschen oder österreichischen Strafrecht unterscheidet. In der forensisch-psychiatrischen Beurteilung der einzelnen Fälle sind erst recht keine Unterschiede erkennbar. Die Zahl der strafrechtlichen Begutachtungen steigt auch in der Schweiz ständig an. Auf die Hilfe des psychiatrischen Sachverständigen zur differenzierten Beurteilung von Täterpersönlichkeit sowie zu differenzierten Aussagen über empfohlene Maßnahmen zur Resozialisierung und zur Rückfallprophylaxe können Gerichte heutzutage kaum mehr verzichten.

Fehlerquellen bei der Begutachtung und Fragen der Haftung des Sachverständigen

Gunter Heinz

Der Sachverständige hat die Aufgabe, ein objektives, unparteiisches, der Sache angemessenes Gutachten zu erstatten. Begutachtungen stützen sich auf Materialauswahl, Befunderhebung und wertende Stellungnahme, wobei psychiatrische Gutachten sich im Prinzip nicht von Begutachtungen im Rahmen anderer medizinischer Disziplinen unterscheiden. Trotz sach- und fachgerecht durchgeführter Untersuchung sind unterschiedliche Beurteilungen ebensowenig zu vermeiden wie normative Entscheidungen (Schreiber 1977). Selbst scheinbar so objektive Bereiche wie Materialauswahl und Anamneseerhebung sind nicht frei von Ermessensentscheidungen des jeweiligen Untersuchers. So gibt es nach Rasch (1982) keine verläßliche Methode, die Vorgeschichte eines Falles objektiv zu erheben. Akten und Zeugenaussagen unterliegen bezüglich der enthaltenen Tatsachen einer Selektion. Sie werden ebenso „gefiltert und entsprechend gewissen Annahmen strukturiert" (Rasch 1982) wie die Erhebung der Krankheitsanamnese, des Lebenslaufs und der Tatumstände durch den Gutachter. Hypothesen über Kausalwirkungen bzw. über die Entstehung menschlichen Verhaltens sind für Art, Umfang und Richtung der Befragung durch den Gutachter ebenso bestimmend wie zugrundegelegte wissenschaftliche Theorien und persönliche Erfahrung.

Die besonderen Schwierigkeiten des forensisch-psychiatrischen Interviews hat u. a. Barbey (1980) aufgezeigt. Aber auch dann, wenn Vorgeschichte und Befunde „richtig" erhoben wurden, zeigt sich immer wieder, „daß mit einer erheblichen Varianz in der Beurteilung der erhobenen psychologischen und psychopathologischen Befunde und ihrer diagnostischen Zuordnung zu rechnen ist. Dieser bedauerliche Sachverhalt stört die klinische Arbeit erheblich und kann besonders bei forensischen Fragestellungen schwerwiegende Folgen haben" (Mende 1983). Nach wie vor geht es somit um die Frage, ob und wie Vorgeschichte, Befunde sowie deren diagnostische und forensisch-psychiatrische Zuordnung in objektiv richtiger Weise erhoben und abgeleitet werden können.

Es ist Venzlaff (1983) zuzustimmen, daß die Gutachtenerstattung im Regelfall höhere Anforderungen an die Verifizierung von anamnestischen Tatsachen stellt als die Behandlungsmedizin: „So kann für die Einleitung einer Therapie zunächst die Angabe des Patienten über frühere psychiatrische Behandlungen eine ausgezeichnete anamnestische Information sein, im Rahmen einer Begutachtung müssen aber nach Möglichkeit alle erreichbaren Behandlungsunterlagen aus früheren Zeiten beigezogen werden." Eine Reihe von Fehldiagnosen kommt durch unvollständige Anamneseerhebung oder mangelnde Beachtung der biographischen Entwicklung zustande. Ihr Fehlen erweist sich nach Mende u. Bürke (1986) als verpaßte Chance, wichtige Belege für die Diagnostik zu gewinnen. Eine ausführlich erhobene biographische Anamnese gilt hingegen als „diagnostische Methode ersten Ranges".

Die fehlerhafte Interpretation erhobener Befunde bewirkt Fehldiagnosen ebenso wie der gelegentlich immer noch festzustellende vollständige Verzicht auf die Erhebung von Befunden. Eine Fehlbewertung geringfügiger körperlich-neurologischer und technischer Befunde wie Unreifezeichen oder konstitutionelle Dysrhythmien im EEG führt nicht selten in psychiatrischen Gutachten zur Diagnose einer frühkindlichen Hirnschädigung, einer latenten Epilepsie oder eines „postcontusionellen Schadens" (Venzlaff 1983). Umgekehrt werden organische Psychosyndrome verschiedener Genese zumal dann übersehen, wenn sie mit einer depressiven Verstimmung einhergehen. Melancholische Phasen, die Ursache eines forensischen Geschehens sind, werden mit reaktiven Depressionen verwechselt, die als Ausdruck eines forensisch relevanten Ereignisses auftreten. Beginnende Erkrankungen aus dem schizophrenen Formenkreis sind in der Begutachtungssituation besonders schwer zu diagnostizieren. Gefäßleiden, Alters- und Verschleißerkrankungen, Polyneuromyopathien und choreatische Störungen können das Gepräge „demonstrativer, hysterischer oder psychopathischer" Verhaltensweisen annehmen (Heinz 1981). Mit Weitbrecht (1966) ist davon auszugehen, daß letztlich kein psychiatrisches Krankheitsbild denkbar ist, das nicht übersehen oder fehlinterpretiert werden könnte.

Dagegen gibt es nur wenige systematische Untersuchungen, die über Fehlerquellen bei der Befunderhebung Auskunft geben.

In einer Untersuchung von 1951 stellte Seyffert in Heidelberg an dortigem Gutachtenmaterial (n = 1247) fest, daß bei Zweitgutachten die Ansichten der einzelnen Untersucher häufiger auseinandergingen als übereinstimmten (54,3 % zu 45,7 %). Bei zwei Drittel der Fälle differierten die Diagnosen, bei einem Drittel die Beurteilung der Zurechnungsfähigkeit. Die Fälle mit abweichender Diagnosestellung wurden näher untersucht. Während die neurologische Diagnostik zumeist übereinstimmend ausfiel, setzten Meinungsverschiedenheiten regelmäßig beim psychischen Befund ein. Auch in Fällen unterschiedlicher Beurteilung erwiesen sich Unsicherheiten bei der Erhebung des psychischen Befundes als maßgeblich.

Pfäfflin (1978) fand bei einer Nachuntersuchung von 317 psychiatrischen Gutachten, die von 1964 bis 1971 im Landgerichtsbezirk Hamburg über Sexualstraftäter erstattet wurden, erhebliche methodische Mängel. Neben fehlender oder unvollständiger Vorgeschichte etwa im Bereich der Eigenanamnese oder Sexualanamnese ergaben sich schwere Mängel im Bereich der Befunderhebung. Pfäfflin fand, daß in 56 % aller Gutachten ein körperlicher Befund nicht erhoben wurde. Intelligenzstörungen wurden behauptet ohne testpsychologischen Nachweis (28 %). Anstelle psychischer oder psychopathologischer Befunde standen Ausdrücke wie „dürftig", „kümmerlich", „gerissen", „gewissenlos", „primitiv", „heimtückisch," „unterwertig" oder gar „minderwertig".

Eine Untersuchung zur Frage der Voreingenommenheit aus *gerichtsmedizinischer* Sicht stammt aus Sjövall (1970). Hier wurden 34 Fälle von traumatisch bedingter Subarachnoidalblutung nach Körperverletzung gesammelt, die hinsichtlich des Verursachungszusammenhangs bereits gerichtsmedizinisch beurteilt worden waren. Dabei ließ sich eine deutliche Beeinflussung der Gutachter durch die „mitmenschlichen (subjektiven) Umstände des Falles“ nachweisen: War die Tat von einem als allgemein rücksichtslos vorgehenden und vorbestraften Täter begangen worden, so bejahte der Obduzent die Kausalität zwischen Tod und Trauma eher als bei einem gut beleumundeten Täter: Hier tat der Obduzent sein Möglichstes, um die Kausalität zwischen Trauma und Tod „aufzulockern“ oder gar auszuschließen, indem intensiv nach einem Aneurysma oder einer anderen Anomalie gesucht wurde.

Allgemein gesehen ist medizinisches Erkennen und Beurteilen stets begrenzt durch den aktuellen Stand des fachlichen Wissens und durch das verfügbare diagnostische Instrumentarium (Gross 1974).

Von seiten des Patienten muß als Fehlerquelle die Möglichkeit mangelnder Kooperationsbereitschaft ins Auge gefaßt werden. Objektive Hindernisse sind anatomische Besonderheiten, Varianten zur Norm ohne Krankheitswert, atypische Verläufe, oligosymptomatische Störungen, Interferenz mehrerer Krankheiten, Verwischung durch Alter, Medikamente und Lebensgewohnheiten sowie eine zu kurze Beobachtungsmöglichkeit. Fehlerquellen von seiten des untersuchenden Arztes sind – neben den bereits genannten Unterlassungen im Bereich der Anamneseerhebung – eine schlechte Untersuchungstechnik, mangelnde differentialdiagnostische Kenntnisse, Festhalten an früheren Diagnosen, Verwechslung von Befunden und Deutungen, voreilige Schlüsse (sog. Blickdiagnosen) sowie Voreingenommenheit auf verschiedensten Gebieten (z. B. emotionale oder ideologische Vorurteile, Überheblichkeit, Laborgläubigkeit oder Ignorierung technischer Daten).

In einer eigenen Untersuchung wurden aus 1115 Wiederaufnahmeverfahren, die in der Bundesrepublik Deutschland von 1951 bis 1964 durchgeführt worden waren, diejenigen herausgezogen, die nervenärztliche Begutachtungen sowohl im Grund- als auch im Zweitverfahren aufwiesen, ($n = 67$ bei 50 Probanden) (Heinz 1982). Insgesamt handelte es sich um 128 Gutachten.

Die vorliegenden Gutachten wurden in bezug auf Anamneseerhebung, Befunderhebung, Diagnostik und forensisch-psychiatrische Stellungnahme miteinander verglichen. Dabei ergaben sich, auswahlbedingt v. a. in den Grundgutachten, Untersuchungsfehler, die nach Anamnese- und Befunderhebung unterteilt wurden, sowie Wertungsfehler, unterteilt in probandenbezogene Abwehrhaltung und Perzeption von Prozeßrollen.

Nachweisbare Fehler im Bereich der Anamneseerhebung waren die Nichtbeiziehung früherer Krankenblätter und Gutachten, die Nichterhebung wesentlicher früherer Erkrankungen, die Erhebung von falschen Daten, ferner der gänzliche Verzicht auf Anamneseerhebung sowie die thematische Beschränkung auf einzelne Teile der Anamnese. Im Rahmen der Befunderhebung fanden sich als hauptsächliche Fehlerkategorien Gutachten ohne jeden psychiatrischen bzw. neurologischen Befund, Gutachten mit grob unvollständigen psychischen Befunden sowie Gutachten, deren Befunde erhebliche innere Widersprüche aufwiesen bzw. nicht auf Untersuchungen, sondern auf Vermutungen basierten.

Anamneseerhebung, körperlich-neurologische Untersuchung, psychiatrische Untersuchung sowie ggf. neurophysiologische, neuroradiologische und testpsychologische Zusatzuntersuchungen bilden den ersten wesentlichen Bestandteil der psychiatrischen Begutachtung. Wenn die genannten Erhebungen lückenhaft sind oder Fehldaten enthalten, wenn in Gutachten ganze Befundteile fehlen, unvollständig oder durch Vermutungen und Widersprüche gekennzeichnet sind, resultieren diagnostische Fehleinschätzungen fast zwangsläufig. Bemerkenswert ist, daß sich in unserem selektionsbedingt hochfehlerhaften Material gravierende Fehler bei der Erhebung der Vorgeschichte in 48 %, grobe Befundfehler in 60 % der Grundgutachten fanden.

Marx (1981) ist darin beizupflichten, daß der Gutachter in seinen Schlußfolgerungen nicht ausführen kann, „was er möchte, sondern was sich zwingend und objektiv aus dem Befund ableitet. Alle seine Feststellungen und Folgerungen, insbesondere Zusammenhangsfragen, müssen beweisbar oder wenigstens überwiegend wahrscheinlich sein". Die eingehende Untersuchung und Erhebung objektiver Befunde ist eine Forderung, die – wie gezeigt – nicht immer ausreichend beachtet wird. Aber auch wenn genau untersucht wurde, ergibt sich daraus die „richtige" gutachterliche Schlußfolgerung nicht zwangsläufig. Untersuchungs- und Meßergebnisse müssen vielmehr umgesetzt werden. Die früher in der Literatur häufig anzutreffende Ansicht, daß der psychiatrische Sachverständige allein schon aufgrund der festgefügten Regeln seines Fachgebiets mehr oder weniger automatisch zum richtigen Gutachtenergebnis kommen müsse, läßt sich in dieser Form nicht aufrechterhalten. Was Bock (1981) über internistische Gutachten gesagt hat, gilt in gleicher Weise für nervenärztliche Begutachtungen: „Die Schwierigkeit liegt im Subjektiven, denn es ist weitgehend auch Ermessen und Erfahrung, wenn man vorgegebene, individuelle, meist naturwissenschaftlich erhobene Daten einordnet."

Fehler und Irrtümer im Bereich der objektiven Befunderhebung und Erhebung der Vorgeschichte sind demnach grundsätzlich von solchen Fehlerquellen zu unterscheiden, die im Bereich der wertenden Zuordnung liegen. Hier sollte jedes Gutachten eine deutliche Zäsur setzen, um beide Bereiche entsprechend voneinander abzuheben.

Die in der eigenen Untersuchung gefundenen Fehlerquellen im Bereich der wertenden gutachterlichen Entscheidung wurden unterteilt in eine „probandenbezogene Abwehrhaltung" und in eine „falsche Übernahme von Prozeßrollen". Probandenbezogene Abwehrhaltung ist erkennbar, wenn der Sachverständige dem Probanden gegenüber *Vorwürfe und Verdächtigungen* erhebt, wenn er Tatsachenmaterial offensichtlich *einseitig* auswählt oder sog. *Verdammungsurteile* ausspricht. Unzulässige Prozeßrollenauffassungen fanden sich in unserem Material einerseits als übersteigerte Perzeption der „Gehilfenrolle," ferner als anklagendes bzw. *tatermittelndes Interesse* und schließlich als *tatrichtendes Interesse* von seiten des Sachverständigen.

Mehr im Grenzbereich zwischen fehlerhafter Befunderhebung und -bewertung liegen solche Beschreibungen des psychischen Befundes, die Rasch bereits 1967 als „Verdammungsurteil" bezeichnet hat. Dabei handelt es sich um eine Charakterisierung, die den Eindruck hervorruft, als habe der Gutachter seine Aufgabe darin gesehen, möglichst negative Attribute für die Person und das Verhalten des Untersuchten zu finden. Rasch schreibt dazu, es handle sich um eine „Befundbeschreibung", die aller humanen Qualitäten entkleidet sei.

Einige Beispiele:

In einem Gutachten heißt es, das zentrale Persönlichkeitsbild des Untersuchten zeige „ein unbeherrschtes, jähzorniges Wesen sowie Reizbarkeit gepaart mit Brutalität, die nur die Befriedigung seiner Wünsche und seiner Triebe kennt". Weiter heißt es, der Proband sei gesellschaftsfeindlich, voller Ressentiments, mißtrauisch, haltlos und egoistisch. Es handle sich um einen „ausgeprägt brutalen Querulanten" (tatsächlich handelte es sich um eine Demenz bei Hirnschädigung unklarer Genese und Verdacht auf hirnorganisches Anfallsleiden).

Zur sprachlichen Formulierung derartiger „Verdammungsurteile" ist zu bemerken, daß es sich dabei in der Regel um eine Mischung aus fach- und umgangssprachlichen Begriffen handelt, die eine besonders heftige verbale Aggressivität erlauben. Hier ist eine Durchdringung für den Nichtfachmann besonders schwierig, weil die Terminologie den Eindruck erweckt, es handle sich um eine wissenschaftliche Fachsprache, die ein bestimmtes Zustandsbild beschreibt, während tatsächlich Leerformeln angeboten werden, die wissenschaftlich zumindest nicht gebräuchlich sind. – In ähnlicher Weise finden sich auch pseudoexakte Beschreibungen, die im Gewand scheinbar objektiv-klinischer Befundbeschreibung oder Diagnosebezeichnung einherkommen: So heißt es einmal, es liege ein „Schwachsinn auf breiter charakterologischer Grundlage" vor; in anderem Zusammenhang heißt es, der Patient habe bei der Reflexprüfung „in haftpsychotischer Weise gelacht".

Vorwürfe und Verdächtigungen sind dagegen aus dem Gutachtentext heraus leichter erkennbar. Es wird z. B. durch den Sachverständigen ein Tatverdacht geäußert, von dem bisher nicht die Rede war. Vorwürfe finden sich im Hinblick auf das Sexualverhalten oder auf das Tatverhalten, auf das ethische Verhalten und auf das Sozialverhalten allgemein. Hierbei ergibt sich, daß Gutachten, die eine derart ausgeprägte affektive Voreinstellung aufweisen, in der Regel auch erhebliche Untersuchungsmängel haben.

Einseitige Materialauswahl schließlich wurde von uns ebenfalls unter der Rubrik „probandenbezogene Abwehrhaltung" eingeordnet. Dies bezieht sich auf die Berücksichtigung von Anknüpfungstatsachen (z. B. Aktenmaterial) einerseits und auf die Verwertung von Befundtatsachen andererseits. So zitiert ein Sachverständiger psychopathologisch belanglose Briefe, in denen der Proband den Gutachter lobt, während andere Briefe, die deutliche Wahn- und Beziehungsideen äußern, den Gutachter aber zugleich kritisieren, nicht zitiert werden. Im gleichen Fall wird die auffällige medizinische und biographische Vorgeschichte nicht dargestellt, sondern lediglich die deliktische Vorgeschichte. Die Diagnose, es handelte sich um eine akute psychotische Erkrankung, wurde verfehlt.

Hier zeigt sich, daß Gefühle der emotionalen Abwehr oder Antipathie, die an sich nicht vorwerfbar sind und im Sachverständigen genau wie in jedem anderen Menschen auftauchen können, erkannt werden müssen, damit Objektivität und Richtigkeit eines Gutachtens nicht beeinträchtigt werden.

Abgesehen von emotionalem Abwehrverhalten gegenüber dem Untersuchten findet sich in unserem Material häufig eine Neigung zur Übernahme von Prozeßrollen, die dem Sachverständigen nicht zustehen.

Eine übersteigerte Perzeption der Gehilfenrolle stellt sich nach unserem Material dahingehend dar, daß insbesondere auch unerfahrene Sachverständige bisweilen die Verpflichtung fühlen, Entscheidungen konstruieren zu müssen in Fällen, die medizinisch unentscheidbar sind. Offenbar gehört besonderer Mut dazu, einem Gericht zu erklären, daß eine Frage nicht geklärt und ein Problem nicht gelöst werden kann. Wissenschaftlich unhaltbare Konstrukte sollen es in diesem Fall dem Gericht erleichtern, Tatablauf und Tatmotivation zu erkennen.

So heißt es in einem Gutachten, in dem dem Probanden eine angebliche „Mordfertigkeit" attestiert wird: Der Proband habe seinen Großvater nur deswegen töten können, weil Infantilismus, „gepaart mit Aggressivität und Kaptativität" zu dieser Mordfertigkeit geführt haben. „Bewiesen" wird diese These mit einer Novelle von Kleist, die in dem 175 Seiten langen Gutachten komplett abgedruckt ist.

Anklagendes bzw. *tatermittelndes* Interesse zeigt sich v. a. in solchen Gutachten, die sich zum Ziel setzen, den nichtgeständigen Täter zu überführen, und dies mit Stolz auch erreichen. In Fällen unseres Materials ist nachweisbar, daß dabei die eigentliche medizinisch-psychiatrische Aufgabe auf der Strecke bleibt und nicht einmal die wichtigsten Untersuchungen durchgeführt wurden.

Tatrichtendes Interesse als 3. große Fehlerquelle dieser Gruppe findet sich schließlich unabhängig von dem bereits erwähnten „Verdammungsurteil" dort, wo der Gutachter eine besonders harte Bestrafung des Patienten ausdrücklich verlangt, ebenso audrücklich die Anerkennung mildernder Umstände ablehnt.

Der Sachverständige drängt das Gericht, eine Freiheitsstrafe auszusprechen, die „seelisch nachhaltig fühlbar" sein müsse und „von exemplarischer Dauer". Der Gutachter schreibt, er fühle sich ausgesprochen gedrängt, Sicherungsverwahrung zu empfehlen, da der Untersuchte „des Unguten genug getan" habe. Das Vorliegen einer schizophrenen Erkrankung wurde in diesem Fall ebenfalls übersehen.

Erhebung von Vorwürfen bzw. Verdächtigungen gegenüber dem Untersuchten, einseitige Auswahl von Tatsachenmaterial sowie Äußerung eines sog. Verdammungsurteils fanden sich in 50 % der von uns untersuchten Erstgutachten. Erstaunlicherweise waren die genannten Wertungs- und Einstellungsfehler häufiger bei fachärztlichen Gutachten anzutreffen, während bei nichtfachärztlichen Gutachten die reinen Untersuchungsfehler überwogen. Eine unzulässige Perzeption von Prozeßrollen fand sich bei einem Viertel der Erstgutachten, nicht jedoch bei den Wiederaufnahmegutachten.

Schon Mezger hat 1918 darauf hingewiesen, daß zwischen tatsachenfeststellenden und tatsachenbewertenden Anteilen des Gutachtens gut unterschieden werden müsse. Befunderhebung und die sich daran anschließende Auswertung sind unterschiedliche, zeitlich nachgeordnete Arbeitsgänge, die beide ein eigenes Fehlerspektrum aufweisen.

Mende forderte 1983 den Aufbau einer quantitativen Psychopathologie für die forensischen Disziplinen in der Erwartung eines wesentlichen Erkenntnisgewinns und einer solideren Basis für die Sachverständigenbeurteilung. Ein Arbeitskreis für Methoden und Dokumentation in der forensischen Psychiatrie wurde zwischenzeitlich gegründet. Vorläufige Ziele dieses Kreises sind u. a.: Verbesserung der vorhandenen Dokumentationssysteme, Entwicklung von Verbundforschung, Zusammenführung von Universitäten und Maßregelvollzug bei wissenschaftlichen Projekten sowie interdisziplinäre Zusammenarbeit. Einige erste Ergebnisse wurden zwischenzeitlich von Nedopil (1988) vorgelegt. Danach scheint die vorgeschlagene Befunddokumentation eine praktische Hilfe bei der Verbesserung der Standards psychiatrischer Begutachtungen zu sein. Es kann jedoch nicht übersehen werden, daß noch keines der bisher verwendeten operationalisierten Diagnosesysteme hinreichend validiert ist (Huber et al. 1989). Außerdem sind derartige Diagnosesysteme nicht geeignet, Merkmale zu erfassen, die außerhalb einer individuellen Psychopathologie liegen (vgl. Mende u. Mende 1986, S. 263: „Wer in einem so schwer gestörten intrafamiliären Beziehungsgeflecht letztlich Täter und wer Opfer geworden ist, das wurde offensichtlich nicht durch individuelle psychopathologisch bedingte Erlebens- und Verhaltensweisen entschieden"). Dennoch ist zu hoffen, daß in absehbarer Zeit die Entwicklung zumindest so weit vorangetrieben wird, daß Diagnosen wie „haltloser, hyperthymer Psychopath", „degenerativer Kümmerling", „konstitutionelle Minusvariante", „Sexualdelinquent" oder „unverbesserlicher Vergewaltiger" (Leygraf 1988) oder sonstige offensichtliche Zirkelschlußdiagnosen (Maisch 1985) nicht mehr auftreten. Als Zirkelschluß gilt bekanntlich ein logischer Denkfehler, bei dem das zu Beweisende schon im Beweisgrund vorausgesetzt bzw. enthalten ist. Dabei ist die primitivste Form einer tautologischen Diagnose „die Ableitung von Charaktereigenschaften aus der strafbaren Handlung selbst" (Maisch 1985). Als besonders eindrucksvolles Beispiel wird eine Zirkelschlußdiagnose mitgeteilt, deren Quelle eine unzulängliche sexualwissenschaftliche Untersuchung war und die gleich mehrere Fehlerarten auf einmal enthält: Außer dem obligaten Fehlen entsprechender Befunde (empirischer Begründungsmangel) fanden sich bezüglich der Anwendung der Begriffe Perversion und Süchtigkeit Verstöße gegen wissenschaftlich gesicherte Erkenntnisse sowie Zuschreibung unbewiesener Anknüpfungstatsachen.

Zur Frage der Haftung des Sachverständigen findet sich nur wenig neuere Literatur. Unterschieden wird zwischen zivilrechtlicher Verantwortlichkeit im Sinne der allgemeinen ärztlichen Berufshaftung und der Haftung des Sachverständigen im engeren Sinne. Die Berufshaftung bezieht sich auf Schäden, die der Arzt dem Patienten im Rahmen vorgenommener Diagnostik oder Behandlung sorgfaltswidrig zufügt. Auch dann, wenn einem Probanden im Rahmen einer gutachtlichen Untersuchung ein Schaden zugefügt wird, haftet der Arzt kraft seiner ärztlichen Berufshaftung (Deutsch 1986).

Im übrigen wird nach Deutsch die zivilrechtliche Verantwortung psychiatrischer Sachverständiger selten eingreifen. Dabei ist nicht umstritten, daß mangelnde fachliche Qualität des Gutachtens die Frage der Haftung des Sachverständigen nach sich ziehen kann. Haftungsbegründend sind im wesentlichen Vorsatz und Fahrlässigkeit. Zumindest im Falle grober Fahrlässigkeit darf eine zivilrechtliche Verantwortlichkeit des psychiatrischen Sachverständigen nach einem Beschluß des Bundesverfassungsgerichts nicht ausgeschlossen werden (BVerfGE 49, 304). Dabei ist eine verbindliche Definition des Begriffs „grobe Fahrlässigkeit" nach der juristischen Literatur bis heute nicht endgültig gelungen. Grobe Fahrlässigkeit stellt nach Deutsch „einen beweglichen Begriff dar, der an vielen Stellen, vom gutgläubigen Erwerb bis zur Haftungsbeschränkung reichend, verwendet wird". Daß der gerichtliche Sachverständige nur von einem besonderen Grad der Fahrlässigkeit an haftbar gemacht wird, ist Ausfluß des richterlichen Haftungsprivilegs, das „irgendwie auch auf den Sachverständigen zu erstrecken sein" wird (Deutsch 1986). Diese Auffassung wird wiederum von Krauß (1985) nicht geteilt.

Krauß verweist darauf, daß das sog. Spruchrichterprivileg nicht nur das Urteil selber, sondern jeden Akt richterlicher Tätigkeit, der unmittelbar auf die Entscheidungsfindung bezogen ist, umfaßt. Dies ergibt sich aus Struktur und Funktion des richterlichen Erkenntnisakts. Ein Sachverständigenprivileg analog dem Richterprivileg könne nicht in Betracht kommen, weil wissenschaftliche Erkenntnis ganz anderen Voraussetzungen unterliegt als der Akt der Rechtsfindung. „Der Richter, der ein Urteil über eine Körperverletzung abgibt, schafft in diesem Augenblick für diesen Fall *das* Recht – alles Weitere ist nur noch ein Problem der Bestandskraft seines Spruches" (Krauß 1985). Ein Sachverständiger hingegen schuldet dem Gericht nicht nur die objektive wissenschaftliche Wahrheit, sondern auch die vollständige Aussage. Persönliche Überzeugung hingegen kann im Rahmen eines wissenschaftlichen Gutachtens nicht den Rang eines „konstitutiven Faktors" (Krauß 1985) erlangen, wohingegen Rechtsprechung unabhängig vom Wertungsakt des zuständigen Rechtsanwenders nicht denkbar ist.

Die Kommission für das Zivilprozeßrecht hatte im Jahre 1977 vorgeschlagen, einen neuen § 839a in das BGB einzufügen. Dieser Paragraph sollte lauten:

§ 839a: Wer als gerichtlicher Sachverständiger vorsätzlich oder grob fahrlässig ein unrichtiges Gutachten erstattet, ist zum Ersatz des Schadens verpflichtet, der einem Prozeßbeteiligten durch eine auf der Unrichtigkeit beruhende, das Verfahren abschließende Entscheidung entsteht.

Dieser Vorschlag ist nicht Gesetz geworden. Demnach fehlt für die Haftung des psychiatrischen Sachverständigen nach wie vor eine einheitliche Anspruchsgrundlage (Deutsch 1986).

Literatur

Barbey J (1980) Das forensisch-psychiatrische Interview. Untersuchungen zur Problematik psychiatrischer Begutachtung. Reimer, Berlin

Bock HE (1981) Von den Schwierigkeiten des Gutachters bei der objektiven Beurteilung des Patienten. Med Sachverständ 77:3–6

Deutsch E (1986) Zivilrechtliche Verantwortlichkeit psychiatrischer Sachverständiger. In: Pohlmeier H, Deutsch E, Schreiber HL (Hrsg) Forensische Psychiatrie Heute. Ulrich Venzlaff zum 65. Geburtstag. Springer, Berlin Heidelberg New York Tokyo, S 322–328

Gross R (1974) Die Grenzen medizinischer Erkenntnisse und Urteilsfähigkeit. Öff Gesundheitswes 36:462–467

Heinz G (1981) Sozialmedizinische Begutachtung neurotischer Patienten. In: Mester H, Tölle R (Hrsg) Neurosen. Springer, Berlin Heidelberg New York, S 164–170

Heinz G (1982) Fehlerquellen forensisch-psychiatrischer Gutachten. Eine Untersuchung anhand von Wiederaufnahmeverfahren. Kriminalistik-Verlag, Heidelberg

Huber G, Gross G, Klosterkötter J (1989) Konzepte und Kriterien affektiver Psychosen. Nervenarzt 60:90–94

Krauß D (1985) Zur Haftung des psychiatrischen Sachverständigen im Strafprozeß. Strafverteidiger 5:512–517

Leygraf N (1988) Psychisch kranke Straftäter. Epidemiologie und aktuelle Praxis des psychiatrischen Maßregelvollzugs. Springer, Berlin Heidelberg New York Tokyo

Maisch H (1985) Fehlerquellen psychologisch-psychiatrischer Begutachtung im Strafprozeß. Strafverteidiger 5:517–522

Marx HH (1981) Die medizinische Begutachtung von Herz- und Lungenkrankheiten. Erfahrungen und Ausblicke. Med Sachverständ 77:2

Mende W (1983) Zur Frage der Quantifizierung in der forensischen Psychiatrie. Monatsschr Kriminol 66:328–333

Mende W, Bürke H (1986) Fehlerquellen bei der nervenärztlichen Begutachtung. Forensia 7:143–153

Mende W, Mende M (1986) Forensische Aspekte intrafamiliärer Kommunikationsstörungen – Tötungsdelikte in der Kernfamilie. In: Pohlmeier H, Deutsch E, Schreiber HL (Hrsg) Forensische Psychiatrie heute. Ulrich Venzlaff zum 65. Geburtstag. Springer, Berlin Heidelberg New York Tokyo, S 249–265

Mezger E (1918) Der psychiatrische Sachverständige im Prozeß. Mohr, Tübingen

Nedopil N (1988) Operationalisierung und Standardisierung als Hilfen bei der psychiatrischen Begutachtung. Monatsschr Kriminol 71:117–128

Pfäfflin F (1978) Vorurteilsstruktur und Ideologie psychiatrischer Gutachten über Sexualstraftäter. Enke, Stuttgart

Rasch W (1967) Schuldfähigkeit. In: Ponsold A (Hrsg) Lehrbuch der gerichtlichen Medizin. Thieme, Stuttgart, S 55–89

Rasch W (1982) Richtige und falsche psychiatrische Gutachten. Monatsschr Kriminol 65:257–269

Schreiber HL (1977) Was heißt heute strafrechtliche Schuld und wie kann der Psychiater bei ihrer Feststellung mitwirken? Nervenarzt 48:242–247

Seyffert H (1951) Über Verschiedenheiten bei der psychiatrischen Begutachtung Krimineller. Nervenarzt 22:194

Sjövall H (1970) Objektivität und Subjektivität bei der Begutachtung. MMW 112:725

Venzlaff U (1983) Fehler und Irrtümer in psychiatrischen Gutachten. NStZ 3:199–203

Weitbrecht HJ (1966) Psychiatrische Fehldiagnosen in der Allgemeinpraxis. Thieme, Stuttgart

Krise des Sachverständigenbeweises

Paul H. Bresser

Situation

Dürfen wir – hier im Hinblick auf die psychologisch-psychiatrische Begutachtungspraxis – von einer Krise sprechen? Eine – wie sie sich versteht – „empirische Untersuchung" kam unlängst (V. Dittmann et al. 1988) zu dem Ergebnis, daß kein Anlaß bestehe, von einer „Krise des Sachverständigen-Beweises" zu sprechen. Aber bekanntlich liefern die (in manchen Bereichen der Forschung so geschätzten) Meinungsumfragen – wenn überhaupt – nur ein außerordentlich oberflächliches Meinungs- und keinesfalls ein Tatsachenbild. Jedenfalls klingt die Aussage von Mende (1983) ganz anders, wenn er meint, daß „gute Übereinstimmungen psychiatrischer Gutachten über den nämlichen Probanden (. . .) Seltenheitswert" (S. 331) haben. Eigene Akzente zu dieser Frage setzt Rasch, der in einem Thesenpapier formuliert hat. „Die vielfach beschworene Krise des Sachverständigen-Beweises ist eigentlich keine Krise, sondern ein permanenter Prozeß der Auseinandersetzung zwischen den beteiligten Disziplinen" (Diskussionsgrundlage am 12. 11. 1988 in Düsseldorf). Vielfältig sind die Aspekte, die in die Literatur Eingang gefunden haben. Mit journalistischem Engagement hat Moser (1971) sympathisierend mit den Denkmodellen der Psychoanalyse seine „Streitschrift" unter dem Titel *Repressive Kriminalpsychiatrie – Vom Elend einer Wissenschaft* verfaßt. So wagt Schüler-Springorum (1984) bei seinem distanzierten Verhältnis zum Schuldstrafrecht sogar den „Vorschlag einer Radikalkur", wonach die Juristen „ohne Hilfe von Sachverständigen judizieren müßten" (S. 77). Das alles ist Ausdruck der Krise.

Teilweise verknüpft sich die dissonante Diskussion auch mit der Frage einer Kompetenzabgrenzung zwischen psychiatrischen und psychologischen Sachverständigen und nicht zuletzt mit dem Problem, inwieweit „therapeutische" Intentionen in die Aufgabe des Sachverständigen vor Gericht einbezogen werden dürfen (oder müssen?).

Für die inhaltliche Aufklärung der Krise lassen sich unterschiedliche Schwerpunkte setzen. In der hier gebotenen Kürze läßt sich die Situation nicht in vollem Umfang durchleuchten. Die unumgänglichen Akzentuierungen werden zweifellos Widerspruch herausfordern, so daß das Meinungsspektrum die Krise verdeutlichen und vielleicht zur Neubesinnung beitragen wird.

Die Unterschiede des Sach- und des Selbstverständnisses lassen sich aus einem Vergleich der grundlegenden Kapitel in den jüngsten (Lehr-)büchern herauslesen: Rasch (1986), Venzlaff (1986) und Witter (1987).

Entwicklung

Mit dem Beginn des vorigen Jahrhunderts gewann der psychiatrische Sachverständigenbeweis im Rahmen der Strafjustiz allmählich eine eigenständige Bedeutung. Ursprünglich wurden psychisch Kranke, soweit sie in ihrem Verhalten erheblich gefährlich waren, ohnehin gemeinsam mit den „Verbrechern" in Verließen oder an Ketten untergebracht. Das Kriterium der Gefährlichkeit wurde weitgehend einheitlich als „Bösartigkeit" ausgelegt. Verständigungsschwierigkeiten gab es nicht. Erst mit der selbständigen Entwicklung einer Seelenheilkunde (um 1800 mit Philippe Pinel in Paris; erster Lehrstuhl in Deutschland Heinroth im Jahre 1811 in Leipzig) wurden die „Irren" von den „Verbrechern" zunehmend getrennt behandelt oder untergebracht. Es erscheint ein erstes eigenständiges *System der psychisch-gerichtlichen Medizin* von Heinroth im Jahre 1825. Dabei trat das Problem in den Vordergrund, zwischen dem (seelisch) freien und dem (seelisch) unfreien Menschen, zwischen den Auswirkungen von „Lasterhaftigkeit" und von „Irresein" oder zwischen „Kriminalität" und „Krankheit" eine Grenze zu bestimmen oder die Unterschiede zu verdeutlichen. Zunächst wurden in den Kreis der Krankheiten auch ungewöhnlich erscheinende Verhaltensbilder einbezogen, bei denen lediglich (einzelne oder serienmäßige) Rechtsverletzungen als beweisende Symptome einer Krankheit gewertet worden sind. So hat Esquirol seine Monomanienlehre aufgestellt (1827, dtsch. Übersetzung), indem er ein umschriebenes Irresein beispielsweise bei solchen Menschen annahm, die bei ansonsten geistiger Gesundheit nur ein hervorstechendes dissoziales Merkmal boten: Dafür prägte er die Begriffe Kleptomanie, Pyromanie, Poriomanie und Dipsomanie.

Was damals mit kasuistischen Hinweisen auf ganz außergewöhnliche Einzelfälle geltend gemacht und begrifflich besonders etikettiert worden ist, wurde später in unterschiedlichem Umfang verallgemeinert. Obwohl die Monomanienlehre längst obsolet ist, wie beispielsweise auch Janzarik (1972, S. 592) und Glatzel (1985, S. 194) es formuliert haben, wird mit den einschlägigen Begriffen gelegentlich immer noch argumentiert – teilweise mit der am Rechtsverständnis vorbeizielenden Begründung, es sei bei der Begutachtung im Strafverfahren eine „ärztliche Aufgabe, dem durch das Strafverfahren in Not geratenen Patienten zu helfen" (zit. nach Witter 1987, S. 45).

In der Mitte des vorigen Jahrhunderts stützte sich die psychiatrische Krankheitslehre zunehmend auf ärztliche Beurteilungskriterien. Hierzu trug ganz wesentlich auch Griesinger (1845) mit seinem Leitsatz „Geisteskrankheiten sind Gehirnkrankheiten" bei. Aber schon bald kam es zu einer ganz anderen Entwicklung. Hierüber schreibt Janzarik (1972): „Zur Verwirrung der Diagnostik hat nach Griesingers Tod wesentlich die Lehre von der Entartung beigetragen" (S. 600). Zu den „Entarteten" wurden sowohl die Geisteskranken als auch die „Degenerierten" einschließlich der „Delinquenten" gerechnet. Das führte im weiteren Verlauf zu einer betont erbbiologischen Denkweise in der Psychiatrie und in der Kriminologie zu der Lehre von Lombroso über den „geborenen Verbrecher". Unter den „psychischen Entartungen" führte v. Krafft-Ebing (1892) nicht nur das „impulsive Irresein" (im Sinne der Monomanien) und das „moralische Irresein", sondern auch die „Anomalien der Vita sexualis als funktionelle Degenerationszeichen" auf. Koch (1891) sprach auch von „psychopathischen Minderwertigkeiten".

Um die Jahrhundertwende verdichteten sich dann die Bemühungen um eine psychiatrische Krankheitslehre. Pauschale Typisierungen unterschiedlicher Zustandsbilder wurden zunehmend differenziert, präzisiert und mit Herausarbeitung von nosologischen (d.h. Krankheits)Einheiten systematisiert. Wegweisend war v.a. Kraepelin (1856–1926). Eine begriffliche und methodische Fundierung erfuhr diese Krankheitslehre von Jaspers (1913), der mit überlegener Verarbeitung der Erfahrung v.a. auch den Unterschied von Krankheit als Prozeß einerseits und persönlichem Sosein als Entwicklung (oder Fehlentwicklung) andererseits verdeutlichte.

Die konsequenteste Auslegung dieses Menschen- und dieses Psychiatrieverständnisses für die Belange der forensischen Psychiatrie hat Schneider (1948) vollzogen und damit verständnisfördernd den Dialog mit den Juristen weitergeführt. Als stärker in der forensischen Psychiatrie verankerter Gutachter hat insbesondere Gruhle mit zahlreichen Beiträgen das Grundkonzept dieser Sichtweise weiter begründet und überzeugend vertreten. Wo die Strenge der Systematik in der Praxis nach einem allgemeinen Menschen- und Rechtsverständnis etwas flexibel zu handhaben und argumentativ zu differenzieren war, blieb doch der Rückhalt an einem klaren Krankheitskonzept gewahrt. Die Position war kontrollierbar. Man kann sagen: Die heutige Krise lebt von einer vorherrschenden „In-Frage-Stellung" der von Schneider (1948) und Gruhle (1957) vertretenen Konzeption.

Kernpunkte der Krise

Die Analyse einer Krise kann von sehr unterschiedlichen Ausgangspositionen erfolgen. Ihr liegen immer auch übergeordnete Wandlungsprozesse zugrunde. In ihrer Dynamik und in ihren Bedingungen sind Krisenentwicklungen nicht leicht zu entflechten. Ein Kernpunkt im Bereich unserer Thematik ist die Frage nach dem „maßgebenden" Menschenbild: Wie sehen wir den im Spannungsfeld von Freiheit und Verantwortung lebenden Menschen? Was verstehen wir unter seiner Verantwortlichkeit und deren Beeinträchtigung? Was mindert die „innere" Freiheit? Im Vorfeld der Erörterung ist kurz auf wesentliche Rahmenbegriffe einzugehen, über die der Konsens teilweise verlorenging. Dieser Umstand ist mit entscheidend dafür, daß die Krise aktuell geworden ist und fortbesteht. Umstritten ist der *Begriff der Willensfreiheit.* Demzufolge unklar ist der *Schuldbegriff* und gänzlich unübersichtlich ist der *Krankheitsbegriff.* Dies alles wäre weitläufig zu belegen, kann hier aber nur verdeutlichend und damit herausfordernd skizziert werden.

Die *Willensfreiheit* wird aus einer aufgeklärten Denkweise vielfach als „Fiktion" (so auch von Rasch 1986, S. 61), als „wissenschaftlich weder beweisbare noch widerlegbare Annahme" deklariert. Das Strafgesetzbuch setzt jedoch eine Willensfreiheit des Menschen voraus, sonst würde es auch seine Legitimation verlieren. Willensfreiheit ist zudem eine psychologische Denknotwendigkeit. Wenn wir dem Mündigkeitsanspruch des Bürgers gerecht werden wollen und den Menschen als eine sittlich-geistige (und nicht nur psychosomatische) Persönlichkeit ansehen, dann ist seine Willensfreiheit ein spezifisches Merkmal. Wer die Willensfreiheit mit naturwissenschaftlichen Beweisanforderungen und rationalistischen Erklärungsansprüchen in Frage stellt, spricht dem Menschen – das ist eine unausweichliche Folgerung – auch die vom Grundgesetz als unantastbar zuerkannte Würde ab.

Infolge des skrupelbeladenen Umgangs mit dem Begriff Willensfreiheit ist auch das Verständnis für den *Schuldbegriff* unsicher geworden. Innerhalb der Rechtsdogmatik und der Strafrechtskritik werden viele scharfsinnige Diskussionen geführt, wie der Schuldbegriff und das Vorwerfbarkeitsprinzip ohne die selbstverständliche (oder nicht mehr selbstverständliche?) Verknüpfung mit einer Freiheit des Wollens zu retten oder zu rechtfertigen seien. Kennzeichnend für die Situation ist beispielsweise, daß ein Jurist wie Schreiber (1986), der sich besonders um den Dialog mit psychologisch-psychiatrischen Sachverständigen bemüht, zu der einerseits resignierenden und andererseits destruktiven Formulierung kam: „Das Schuldprinzip ist aus vielen Gründen heute anscheinend ebenso unverzichtbar wie undurchführbar" (Schreiber 1981, S. 51). So hält er zwar „Konventionen" für notwendig („insofern ist Bresser . . . zuzustimmen"), läßt sie jedoch undefiniert. Schreibers Ausführungen sind sowohl in der juristischen (Blau 1986, S. 27) als auch psychiatrischen Fachwelt (Witter 1987, S. 12ff.) auf Skepsis und Kritik gestoßen.

Die Schwierigkeiten im Umgang mit dem Schuldbegriff erwachsen aus einer unsicheren Einschätzung der Determinanten des menschlichen Handelns. Die Motivationen (Bewegkräfte und Beweggründe), aber auch die persönlichen Dispositionen (Eigenschaften und Gewohnheiten) *innerhalb* der individuellen Freiheit und die Determinanten der Erlebnisverarbeitung *außerhalb* der Selbstbestimmbarkeit des Menschen werden nicht mehr ausreichend deutlich differenziert.

„Ohne Schuld handelt", wer selbstverfügbar in einem „entschuldigenden Notstand handelt" (§ 35 StGB). – „Ohne Schuld handelt", wer nicht mehr selbstverfügbar schuldfähig ist (§ 20 StGB). Der Jurist weiß das zwar scharfsinnig zu unterscheiden, aber der Gleichklang der Formulierungen verleitet bei geringerem Rechtsverständnis zur Assimilation von Rechtfertigung oder Entschuldigung oder Nichtzurechnung – wie die Tendenz vieler Gutachten deutlich macht.

Wenn der *Sachverständige* in erster Linie als *„Beweismittel"* für die Feststellung herangezogen wird, ob bei einem Täter Bestimmungsfaktoren der Erlebnisverarbeitung vorliegen, die außerhalb seiner primär zu unterstellenden Selbstverfügung liegen, dann muß Einvernehmen darüber herbeigeführt werden, was als „außerhalb liegend" bewiesen werden soll und auch bewiesen werden kann. Beweisen läßt sich nur das bestmöglich Definierte. Der Gesetzgeber hat in § 20 StGB die bekannten 4 Rechtsbegriffe festgelegt. Was läßt sich davon (nur oder in erster Linie) sachverständig beweisen? Bei den Juristen ist die Erwartungshaltung, und bei den Sachverständigen der wissenschaftliche Erkenntnisanspruch oft zu hoch gespannt – dieses Spannungsfeld ist Nährboden der Krise.

Wohldefinierte, in einer Nosologie mit ihren Symptomen und ihren Verlaufskriterien entsprechend beschriebene Krankheitsbilder lassen sich feststellen oder ausschließen, also als vorhanden oder nicht vorhanden beweisen. Für den erfahrenen und mit diagnostischen Differenzierungen vertrauten Gutachter bleiben ganz selten Einzelfälle, bei denen ein begründeter Verdacht nicht ausgeräumt werden kann. Oft wird geltend gemacht, bei psychischen Zustandsbildern gäbe es

„überall fließende Übergänge". Das ist irreführend. Krankheitsprozesse mögen eine gewisse Randunschärfe haben – etwa bei leichtesten Defektbildungen oder in der Anfangsphase, gelegentlich auch bei vordergründigen Ähnlichkeiten mit Reifungskrisen oder mit besonderen Persönlichkeitszuspitzungen –, aber es gilt doch nach wie vor die Alternative: Entweder liegt eine eigengesetzliche Krankheit vor oder nicht (Witter 1976; Bresser 1987). Beim Nachweis einer Krankheit sind diagnostische *Unterscheidungen* die Grundlage für alle therapeutischen *Entscheidungen* – und auch die Voraussetzung, etwas „außerhalb der Selbstbestimmung" Geschehendes zu unterstellen. Im Unterschied dazu sind alle seelischen Fehlentwicklungen, die neurotischen oder psychopathischen Zustandsbilder sowie die sexuellen Devianzen nicht nosologisch (grenzziehend) zu definieren, sie gehen überall fließend in Variationen der Erlebnisverarbeitung über. Jeder Mensch mit seinen Schwächen ist vielleicht ein bißchen neurotisch (gehemmt, selbstunsicher, leidend). Viele sind ein bißchen psychopathisch oder ein bißchen abnorm bis pervers in ihren sexuellen Motivationen, aber sie sind nicht gleichermaßen ein bißchen geistes- oder gehirnkrank.

Die Beweislage im Umfeld des Begriffes *krankhafte seelische Störung* ist dadurch erschwert, daß der Begriff Krankheit in der Orientierung an dem Gesichtspunkt „Behandlungsbedürftigkeit" extrem ausgedehnt wurde, was sich etwa im Sozialrecht ganz einschneidend ausgewirkt hat. Alle aus der Eigengesetzlichkeit des einzelnen Menschen erwachsenden Fehlentwicklungen und jede mißlungene Erlebnisverarbeitung, an der der Mensch leidet, also alle neurotischen, psychopathischen, psychogenen, sexuellen Symptombildungen oder Abweichungen von der Verhaltensnorm, bei denen Psychotherapie, Erziehung, Entziehung oder ärztlich-psychologische Beratung angezeigt erscheinen, werden zu den Krankheiten gerechnet, *weil* sie behandlungsbedürftig sind. Wenn nun unter Anwendung *dieses* (erweiterten) Krankheitsbegriffes auf eine krankhafte seelische Störung im Sinne des § 20 StGB geschlossen wird – wie das oft von psychologischer und manchmal auch von psychiatrischer Seite geschieht – dann ist der „Beweis" verfehlt, daß fremdgesetzliche Faktoren das Handeln bestimmen. Alles, was der Psychotherapie zugänglich ist, bleibt potentiell oder prinzipiell im Bereich der Selbstverfügbarkeit des Menschen, auch dann, wenn „Nachhilfe" bei der Überwindung oder bei der Leidensminderung notwendig sein kann.

Gänzlich ungeeignet, aber teilweise anspruchsvoll propagiert, ist ein „sozialer Krankheitsbegriff", der alle sog. Verhaltensstörungen, alle mißlungenen Formen der Lebensbewältigung und fast alle Randgruppen- oder Unterschichtpopulationen einbezieht. Eine solche Inflation des Krankheitsbegriffes hat die von der WHO vorgeschlagene Definition des (komplementären) Gesundheitsbegriffes begünstigt, wonach Gesundheit der „Zustand körperlichen, seelischen und sozialen Wohlbefindens" ist. Wer ist danach noch über einen längeren Zeitraum gesund? Vorübergehend wurde sprachverwirrend auch von einem „juristischen Krankheitsbegriff" gesprochen, wenn z. B. nur sexuell deviante Handlungen mit postulierten Persönlichkeitsstörungen vorlagen, ohne daß hierfür überprüfbare diagnostische Kriterien definiert wurden. Bei den Juristen herrschte der gute Glaube, der Sachverständige wird das ggf. schon definieren und beweisen können. Ob sich die Erwartung erfüllt, der von Rasch (1986) eingeführte „strukturell-soziale Krankheitsbegriff" (S. 43) diene einer besseren Verständigung, mag offen bleiben. Er bleibt zunächst genauso verwaschen wie der „pragmatisch-soziale Schuldbegriff" von Schreiber (1986). Das Beweisen hat hier sein Ende, und dem Ermessen ist alles offen. In der Praxis mag überall der Pragmatismus vorherrschend sein, aber im Konzept müssen klare Orientierungslinien definiert werden. Es muß dann in Sonderfällen argumentativ begründet werden, wann und warum von der strengen Definition abgewichen werden kann. Der Vergleich mit den „echten Krankheiten" hilft dabei noch am besten weiter.

Die Beweislage im Bereich der *Bewußtseinsstörungen* ist erst problematisch geworden, nachdem nicht mehr wie früher hinreichend definierte Trübungen des Bewußtseins (beispielsweise delirante Bilder bei krankhaften Prozessen, epileptische Störungen, Berauschungszustände sowie die z. B. von Hoche (1901) noch erwähnten, extrem seltenen, aber doch definierbaren Bewußtseinsveränderungen wie Somnambulismus, Nachtwandeln, Schlaftrunkenheit und Hypnose) zu diagnostizieren sind. Die jetzt bevorzugt unter diesem Rechtsbegriff subsumierte („normalpsychologische") affektive Ausnahmeverfassung ist nicht definierbar (de finis = von der Grenze her bestimmbar). Es gibt keine eindeutige Abgrenzung, die sich sachverständig erkennen oder beweissichernd diagnostizieren läßt. Affekte sind bei allen Aggressionshandlungen wirksam. Der Täter wird mehr oder weniger „kopflos", und die Dynamik der Gefühle entlädt sich in der Aggression. Ist er dann noch „ichbestimmt"? Und wann ist er es nicht mehr? Diagnostizieren oder beweisen läßt sich das nicht. Die von Psychologen wie Undeutsch (1957) und Thomae u. Schmidt (1967) als diagnostische Hilfe vorgeschlagenen Begriffe Persönlichkeitsfremdheit, Inkonstanz des Verhaltensstils, Sinnlosigkeit der seelischen Abläufe, Orientierungsmängel, Amnesie (Nicht-erinnern-Können) für die Zeit des Tatablaufes sind weder im einzelnen noch in ihrer Zusammenschau spezifisch. Der Mensch verliert vielfach bei überstürztem äußeren oder inneren Geschehen seine Besonnenheit (überlegt nicht mehr, reagiert ungesteuert) und ist nicht mehr der, der er sonst ist. Gelegentlich setzt die Überstürzung durch ein von ihm in Gang gesetztes Handlungsgeschehen erst ein. Ist er dann bewußtseinsgestört? Und wann ist der Zustand tiefgreifend und schuldfähigkeitsrelevant?

Alle Anknüpfungspunkte für die sachverständige Beweisführung sind ausschließlich aus der Tatbestands- und Situationswürdigung sowie aus der Glaubwürdigkeitsbeurteilung (des Täters und der Zeugen) herzuleiten. Der Gutachter als „Beweismittel" vermag überhaupt keine eigenen Feststellungen über die Tatzeitverfassung zu treffen. Das aus der Biographie und aus dem eigenen Eindruck ablesbare Persönlichkeitsbild stellt zwar auch eine Dimension der Beurteilung dar, aber alle zustandsrelevanten Folgerungen sind auf dem Hintergrund vergleichbarer Taten, aus dem Beziehungsgeflecht der Situation, aus den Gegebenheiten im Tatvorfeld und aus dem Nachklang der Tat abzuleiten. Was dann u. U. gefolgert werden kann, ist der Verlust der *Steuerung*. Es gelingt mit Vorbehalt der Nachweis eines ungesteuerten Handlungsablaufs. Aber gelingt damit auch der Beweis eines „verlorengegangenen *Steuerungsvermögens*" (Lenckner 1972)? Meist wird von dem Standpunkt einer vermeintlichen Unverstehbarkeit oder doch mit einem Seitenblick auf die Vorwerfbarkeit geurteilt, ohne auch nur irgendein definiertes Symptom einer „tiefgreifenden Bewußtseinsstörung" festgestellt zu haben. Undeutsch (1954) meint, es sei „von untergeordneter Bedeutung", nachzuweisen, ob die vom Gesetz geforderte „Fähigkeit" aufgehoben war.

Am ehesten aufschlußreich für einen tiefgreifenden Ausnahmezustand ist das Verhaltensbild nach der Tat: Hineingeraten in einen Affektstupor, also in einen Zustand des Gelähmtseins und der Regungslosigkeit, oder der Fortbestand einer panischen Erregung. Dann bleibt aber noch die Frage offen, ob das Außersichsein erst mit der Eigendynamik der in Gang gesetzten Handlung eintrat oder schon bei Beginn des Handlungsablaufs vorlag. So stellt sich die Beweislage als vielschichtig problematisch dar, und es kann bei Berücksichtigung der kurz angesprochenen Gesichtspunkte am ehesten einleuchtend argumentiert werden, wenn der Vergleich mit Präzedenzfällen ähnlicher Art einerseits und mit definiert krankhaften Zuständen andererseits herangezogen wird. Faustregeln, begriffliche Präzisierungen oder Konventionen sind hier kaum zu formulieren. Es muß abwägend und nicht apodiktisch (mit Beweisansprüchen) geurteilt werden, um dem Richter die Einschätzung der Argumente möglich zu machen.

Die Beweislage beim *Schwachsinn* ist unproblematisch. Ein schuldfähigkeitsrelevanter Tiefstand der Intelligenz dürfte jedem lebenserfahrenen Laien erkennbar sein. Er kann allenfalls in seinem Schweregrad sachverständig bestätigt werden, ist aber nicht mit der pseudoexakten Millimeterschraube eines Intelligenztestes erkenntnisfördernd zu beweisen.

Die Beweislage hinsichtlich der *schweren anderen seelischen Abartigkeit* ist – begriffs- und methodenkritisch – völlig ungeklärt. Die Kerngruppe der Rechtsbrecher, die dissozialen Problemfälle, die Hangtäter, v. a. die Sexualdelinquenten, und alle als gefährlich einzuschätzenden Menschen bieten Merkmale, die deutlich von der Norm abweichen; sie sind seelisch auf unterschiedliche Weise und in unterschiedlichem Grade abartig. Persönliche Schwächen, menschliche Züge oder individuelle Eigenschaften sind bei ihnen im Gesamtgefüge der Erlebnisverarbeitung überproportional oder akzentuiert ausgebildet mit mehr oder weniger neurotisch-psychopathisch-soziopathischer Prägung. Ein sozialer oder auch ein strukturell-sozialer Krankheitsbegriff ist dabei stets anwendbar. Wenn man die Hypothese einer moralischen Krankheit („moral insanity") akzeptiert, läßt sich auch damit leicht (manchmal sogar sehr einleuchtend) argumentieren. Heute wird der Begriff „Persönlichkeitsstörung" vorgezogen. Bei einem betont geltungsbedürftig-selbstgefälligen Menschen wird von einer narzißtischen, bei einem in-sichgekehrt-verschlossenen Menschen von einer autistischen oder schizotypischen, bei einem lebhaft-gefühlsbetonten Menschen von einer histrionischen (früher: hysterischen) Persönlichkeits*störung* gesprochen – um nur einige Beispiele zu nennen. Soweit problematische Rechtsbrecher nicht einer dieser typischen Gruppen zuzuordnen sind, wird ihnen eine antisoziale oder eine Borderlinepersönlichkeitsstörung zugesprochen. Immer sind es menschliche Grundzüge, die überprofiliert hervortreten. Wann aber ist eine so oder anders geartete Persönlichkeit schuldfähigkeitsrelevant gestört oder „abartig"?

Der BGH legte fest, daß „Charaktermängel und sittliche Schwäche" oder „Willensschwäche und andere Charaktermängel" die strafrechtliche Verantwortlichkeit nicht beeinträchtigen sollen. Aber jede der zahlreichen Persönlichkeitsstörungen erwächst aus charakterlichen Vorgegebenheiten, Prägungen oder Eigenschaften. Als „Störung" sind sie dann ein Charaktermangel, also eine betont ausgeprägte, entweder angelegte oder durch die Erlebnisbedingungen verstärkte „menschliche Schwäche" – oder beim Begehen von Rechtsverletzungen auch eine sittliche oder moralische Schwäche. Welche der alternativen Zuordnungen (Störung *oder* Schwäche) soll nun bevorzugt werden, welche läßt sich (besser) wissenschaftlich begründen oder beweiskräftig diagnostizieren?

Die Beantwortung dieser Frage hat etwas mit dem Menschenbild zu tun und damit, was als das „bessere" Menschenverständnis oder als das „bessere" Krankheitsverständnis eingeschätzt wird. Soll mehr der Pathologisierung von normalpsychologischen Varianten zugeneigt werden, so daß nicht nur „Systemkritiker" zu Wahnkranken gemacht werden *können*, sondern erst recht alle Kernkriminellen als augenscheinlich abartige und schwerst persönlichkeitsgestörte Menschen beurteilt werden *müssen*, oder soll mehr der Unterschied zwischen fremdgesetzlichen Prozessen mit ihrem Einfluß auf das menschliche Sosein einerseits und dem Sosein des Menschen mit allen Schwächen, Leidenschaften, Versagensmöglichkeiten und eigennützigen Rücksichtslosigkeiten andererseits begrifflich und diagnostisch verdeutlicht werden, um dies dann als Leitlinie der Orientierung und der Verständigung gelten zu lassen? Dem Sachverständigen bleibt dann nur die Aufgabe, Zustände mit fremdgesetzlichen Einflüssen sachverständig zu diagnostizieren, also zu beweisen.

Wenn mehr Ansprüche an die „Psychodiagnostik" gestellt werden, wenn also nach den Motiven des Handelns gefragt wird, wenn Erklärungen für die Eigenschaften der Menschen gesucht werden, wenn andere rechtlich relevant erscheinende Fragen zur Psychodynamik des Erlebnisgeschehens gestellt werden, dann sind die Grenzen der Beweisbarkeit eng gesteckt. Praktisch relevant und verständnis- sowie verständigungsfördernd sind oft mehr die kritisch konzipierten Maßstäbe einer vergleichenden Lebenserfahrung und Menschenkenntnis als die mit wissenschaftlichem Anspruch zwangsläufig reduktionistischen und nur vermeintlich objektivierten oder operationalisierten Befunde oder Diagnosen. Diese sind entweder mehr triebabwehrdeterministisch, konditionierungsdeterministisch, sozialpsychologisch rollendeterministisch oder anderweitig hypothesenorientiert. Wie dann mit vermeintlich wissenschaftlicher Anspruchshaltung argumentiert wird, machen die Arbeiten von Maisch u. Schorsch (1983) u. a. deutlich. Kennzeichnend und zum Nachdenken anregend ist die Formulierung von einem anderen namhaften Vertreter der forensischen Psychologie. Steller (1989) schreibt:

> „Psychodiagnostik besteht in einer auf wissenschaftlichen Hypothesen basierenden Rekonstruktion der möglichen Bedingungen für das spezifische Handeln eines spezifischen Menschen in einer spezifischen Situation zu einem spezifischen Zeitpunkt. Je größer der Konsens darüber ist, welche Informationen (Daten) zu dieser Hypothesenbildung beitragen, desto größer ist die Wahrscheinlichkeit, daß auch Übereinstimmung erreicht werden kann in der diagnostischen und forensischen Inferenz" [sic(!) – vielleicht: Interferenz].

Psychodiagnostik – wohlgemerkt: in der forensischen Begutachtung – beruht also auf „wissenschaftlichen Hypothesen" (Hypo-These = Unterstellung), sie rekonstruiert „mögliche Bedingungen" und läßt sich von der Hoffnung leiten, daß es zu einem „Konsens" über die Grundlage der Hypothesenbildung kommt, um dann (auch nur!) mit „Wahrscheinlichkeit" zu erwarten, daß es zugleich zur „Übereinstimmung" der gegenseitigen Verständigung kommt. Die Einigung über „Unterstellungen" (Hypothesen) macht einen Konsens selbstverständlich möglich. Aber was wird unterstellt: psychologischer Determinismus. Die Frage nach „richtigen und falschen" Gutachten (Rasch 1982) wird zu einer Frage nach den „richtigen oder falschen" Unterstellungen. Nicht immer sind Gutachten mit höherem (hypothetisch) wissenschaftlichem Anspruch die richtigeren oder die besseren Beweismittel.

Wenn sich die Persönlichkeitsbeurteilung durch den Richter, der insgesamt nur selten dafür einen Sachverständigenbeweis beizieht, in aller Regel auf „Lebenserfahrung und Menschenkenntnis" (eine von vielen so gern perhorreszierte, aber vom BGH durchaus legitimierte Formulierung) stützt, dann muß diese Urteilsvoraussetzung auch einen Maßstab für psychologische Gutachten liefern. Bei Verzicht auf die Zugrundelegung von „wissenschaftlichen Hypothesen" bleiben die Aussagen zur Beurteilung eines Täters *Versuche des Verständnisses für ihn* und *die Voraussetzung für eine Verständigung über ihn.* Daß dabei ein bestmöglicher Konsens unter verständigen Gesprächspartnern erreichbar ist, darf wahrscheinlich als wahrscheinlicher angesehen werden als eine Einigung über psychowissenschaftliche Hypothesen. Vielleicht ist dann auch ein menschengerechteres, sicher aber ein lebensnäheres Urteil über den Täter als mündigen Bürger möglich. Also doch „Radikalkur" und Verzicht auf den Sachverständigenbeweis? Für die Beweissicherung von Krankheitsprozessen dürfte immer der Psychiater zuständig sein.

Das Krisenthema ist unerschöpflich. Der Stich ins Wespennest ist getan. Die gedankliche Kluft ist aufgezeigt. Wer baut die Brücken über die Kluft?

Auf die Frage, inwieweit der Sachverständige als „Beweismittel" auch therapeutische Aufgaben übernehmen soll oder darf, kann hier nicht weiter eingegangen werden. Aber wenn bewiesen werden soll, ob eine Behandlung und welche Behandlung notwendig oder erfolgversprechend sein könnte, dann wird der Boden des Beweisbaren gänzlich verlassen und ausschließlich nach einem persönlichen Therapieverständnis geurteilt. So wird nicht selten ein kaum überbrückbarer Dissens hinsichtlich der Indikation, hinsichtlich der Vorgehensweise und hinsichtlich der Erfolgsaussicht von „Behandlungsmaßnahmen" zwischen denen erkennbar, die die Therapie vorschlagen, und denen, die sie dann durchführen sollen. Selbst die ärztlichen Unterstützungen der Psychotherapie sind umstritten: Androcur bei Sexualdelikten oder (als letzte Verzweiflungslösung) eine operative Entmannung. Einschlägige Fragen sind nicht im Rahmen eines laufenden Strafverfahrens zu diskutieren oder zu lösen.

Literatur

Blau G (1986) Funktionswandel oder Funktionsverlust des Strafrichters? In: Kürzinger J, Müller E (Hrsg) Festschrift für Wolf Middendorf. Gieseking, Bielefeld, S 27–49

Bresser PH (1976) Die Ermittlung des subjektiven Tatbestands. In: Warda G, Waider H, Hippel R von, Meurer D (Hrsg) Festschrift für Richard Lange. De Gruyter, Berlin, S 665–686

Bresser PH (1987) Der nosologische Ansatz in der forensischen Psychiatrie. In: Witter H (Hrsg) Der psychiatrische Sachverständige im Strafrecht. Springer, Berlin Heidelberg New York, S 80–93

Dittmann V, Reimer C, Heinrichs W (1988) Erfahrungen von Juristen mit forensisch-psychiatrischen Sachverständigen. Forensia 9:219–229

Esquirol JED (1827) Allgemeine und spezielle Pathologie und Therapie der Seelenstörungen. Hartmann, Leipzig

Glatzel J (1985) Forensische Psychiatrie. Enke, Stuttgart

Griesinger W (1845) Die Pathologie und Therapie der psychischen Krankheiten. Krabbe, Stuttgart

Gruhle HW (1957) Zurechnungsfähigkeit der Psychopathen. In: Ponsold A (Hrsg) Lehrbuch der gerichtlichen Medizin, 2. Aufl. Thieme, Stuttgart, S 146–160

Heinroth JCA (1825) System der psychisch-gerichtlichen Medizin. Hartmann, Leipzig
Hoche A (1901) Handbuch der gerichtlichen Psychiatrie. Hirschwald, Berlin
Janzarik W (1972) Forschungsrichtungen und Lehrmeinungen in der Psychiatrie. In: Göppinger H, Witter H (Hrsg) Handbuch der forensischen Psychiatrie, Bd. 1. Springer, Berlin Heidelberg New York, S 588–662
Jaspers K (1913) Allgemeine Psychopathologie. Springer, Berlin
Koch JLA (1891–1893) Die psychopathischen Minderwertigkeiten. Maier, Ravensburg
Kraepelin E (1899) Psychiatrie, 6. Aufl. Barth, Leipzig
Krafft-Ebing R von (1892) Lehrbuch der gerichtlichen Psychopathologie. Enke, Stuttgart
Lenckner T (1972) Strafe, Schuld, Schuldfähigkeit. In: Göppinger H, Witter H (Hrsg) Handbuch der forensischen Psychiatrie, Bd. 1. Springer, Berlin Heidelberg New York, S 3–286
Maisch H, Schorsch E (1983) Zur Problematik der Kompetenz-Abgrenzung von psychologischen und psychiatrischen Sachverständigen bei Schuldfähigkeitsfragen. Strafverteidiger 3:32–45
Mende W (1983) Zur Frage der Quantifizierung in der Forensischen Psychiatrie. Monatsschr Kriminol Strafrechtsreform 66:328–333
Moser T (1971) Repressive Kriminalpsychiatrie – Vom Elend einer Wissenschaft. Suhrkamp, Frankfurt am Main
Rasch W (1982) Richtige und falsche psychiatrische Gutachten. Monatsschr Kriminol Strafrechtsreform 65:257–269
Rasch W (1986) Forensische Psychiatrie. Kohlhammer, Stuttgart
Schneider K (1948) Die Beurteilung der Zurechnungsfähigkeit. Thieme, Stuttgart
Schreiber HL (1981) Bedeutung und Auswirkungen der neugefaßten Bestimmungen über die Schuldfähigkeit. NStZ 1:46–56
Schreiber HL (1986) Rechtliche Grundlagen der Schuldfähigkeitsbeurteilung. In: Venzlaff U (Hrsg) Psychiatrische Begutachtung. Fischer, Stuttgart, S 3–77
Schüler-Springorum H (1984) Ehe? Verhältnis? – Oder was? Zur Beziehung zwischen Juristerei und forensischer Psychiatrie. In: Hippius H (Hrsg) Ausblicke auf die Psychiatrie. Springer, Berlin Heidelberg New York Tokyo, S 69–82
Steller M (1989) Anmerkungen zur Objektivierung der forensischen Begutachtung. Monatsschr Kriminol Strafrechtsreform 72:155–159
Thomae H, Schmidt HD (1967) Psychologische Aspekte der Schuldfähigkeit. In: Gottschaldt K, Lersch Ph, Sander F, Thomae H (Hrsg) Handbuch der Psychologie, Bd 11. Hogrefe, Göttingen, S 326–396
Undeutsch U (1957) Zurechnungsfähigkeit bei Bewußtseinsstörungen. In: Ponsold A (Hrsg) Lehrbuch der gerichtlichen Medizin, 2. Aufl. Thieme, Stuttgart, S 130–145
Venzlaff U (Hrsg) (1986) Psychiatrische Begutachtung. Fischer, Stuttgart
Witter H (1976) Die Bedeutung des psychiatrischen Krankheitsbegriffs. In: Warda G, Waider H, Hippel R von, Meurer D (Hrsg) Festschrift für Richard Lange. Springer, Berlin Heidelberg New York, S 723–735
Witter H (1987) Der psychiatrische Sachverständige im Strafrecht. Springer, Berlin Heidelberg New York Tokyo

Zusammenarbeit von Richter und Sachverständigem

Gerhard Ritter

Die rechtlichen Voraussetzungen

In der Strafprozeßordnung ist die Beiziehung eines Sachverständigen nicht klar geregelt. Für das Hauptverfahren gilt nach § 246a StPO, daß ein ärztlicher Sachverständiger gehört werden muß, wenn mit der Unterbringung des Angeklagten in einer psychiatrischen Klinik oder Entziehungsanstalt oder wenn mit Sicherungsverwahrung zu rechnen ist. Für das Ermittlungs- und Sicherungsverfahren soll ein Sachverständiger beauftragt werden (§ 80a, 414 StPO). Daneben regelt der § 81 StPO als Kann-Vorschrift die Möglichkeit der Unterbringung nach Anhörung eines Sachverständigen und des Verteidigers für den Fall, daß dies zur Vorbereitung eines Gutachtens über den psychischen Zustand des Beschuldigten erforderlich ist. Darüber hinaus muß das Gericht dann einen Sachverständigen heranziehen, wenn es zur Wahrheitsfindung erforderlich erscheint (§ 244 II StPO). Diese Entscheidung wird von der dem Gericht obliegenden Aufklärungspflicht bestimmt. Die Beiziehung eines Sachverständigen wird immer dort notwendig sein, wo Fragen zu beurteilen sind, für deren Feststellung oder Beurteilung das Gericht nicht selbst die erforderliche Sachkenntnis besitzt (Jessnitzer 1980, S. 115). Wenn sich das Gericht zu Unrecht keines Sachverständigen bedient, kann dies zur Urteilsaufhebung führen (Schreiber 1985, S. 1008). Das Gericht verletzt seine Aufklärungspflicht, wenn es keinen Sachverständigen bestellt, obwohl nach der Lebenserfahrung praktisch anzunehmen war, daß es aus eigener Sachkenntnis die anstehende Problematik nicht zu beurteilen vermochte (KG-VRS 8, 289, 302). Die Rechtsprechung legt diesbezüglich strenge Maßstäbe an (BGHSt 23, 8, 12). Dabei wird das richterliche Ermessen zunehmend beschränkt (Schreiber u. Müller-Dethard 1977, S. 374). Für die Entscheidung medizinischer, v. a. neurologisch-psychiatrischer Fragen sieht die Rechtsprechung die Einholung eines Gutachtens zwingend vor (BGH VHS 12, 251; BGH NJW 1964, 2213).

Die Schuldfähigkeitsbeurteilung ist zwar letztendlich eine richterliche Aufgabe, beinhaltet aber bei den neurologisch-psychiatrischen Fragestellungen in aller Regel, daß die Schuldfähigkeit aufgrund der Tat oder persönlicher Umstände des Täters von einem Sachverständigen untersucht werden muß.

Die Beiziehung eines Sachverständigen ergibt sich v. a. dort, wo psychomentale Defizite das Hemmungsvermögen gegenüber Straftatbeständen möglicherweise gemindert haben (BGH NJW 1967, 299) oder wenn Schädel-Hirnverletzungen und eine Epilepsie als mögliche schuldmindernde Umstände in Betracht kommen (BGH VRS 16, 186; BGH NJW 1969, 1578 und RG-JW 1932, 3356, 3358;

ULG-NJW 1970, 907). Eine ärztliche Begutachtung ist auch für die Feststellung der Blutalkoholkonzentration für die Tatzeit erforderlich.

Der Sachverständige muß sich innerhalb seines Fachgebietes bewegen, Kompetenzüberschreitungen dürfen nicht stattfinden. Die Sachverständigenauswahl erfolgt nach § 73 StPO durch den Richter. Er bestimmt die Person des Gutachters und dessen Fachrichtung. Er kann weitere oder neue Begutachtungen anordnen, wenn ihm dieses notwendig erscheint (Bay ObLE-NJW 1956, 1001). Im Ermittlungsverfahren hat auch die Staatsanwaltschaft das Recht zur Bestellung eines Sachverständigen (§ 161 a StPO). Diese Befugnis der Staatsanwaltschaft hat dort weitreichende Bedeutung, wo es um die Schuldfähigkeitsbeurteilung geht. Damit kann der Staatsanwalt bereits im Ermittlungsverfahren das weitere Prozedere gestalten, je nach Auswahl des Sachverständigen. Demgegenüber hat der Angeklagte selten die Möglichkeit, durch Hinzuziehung eines weiteren Sachverständigen die Dinge zu beeinflussen (Lürken 1968, S. 1163; Schreiber 1981, S. 129). Seine Möglichkeiten liegen im Beweisantragsrecht (§ 219, 220, 245 StPO). Das Gesetz schreibt vor, daß einem Beweisantrag entsprochen werden muß, falls nicht Ablehnungsgründe vorliegen (§ 244 III, IV und § 245 II StPO). Diese Ablehnungsgründe beinhalten aber, daß Anträge auf Beiziehung weiterer Sachverständiger vom Gericht aus prozeßtaktischen Gründen revisionssicher abgelehnt werden können. Nach § 244 IV S. 2 StPO kann die Anhörung eines weiteren Sachverständigen auch abgelehnt werden, wenn ein Vorgutachten das Gegenteil einer mit dem Beweisantrag behaupteten Tatsache ergab; es sei denn, daß die Sachkenntnis des früheren Gutachters zweifelhaft erscheint, das Vorgutachten von unzutreffenden Voraussetzungen ausgeht, oder wenn der neue Sachverständige über Forschungsmittel verfügt, die dem Vorgutachter nicht gegeben waren. Das Gericht kann einen Beweisantrag auch dann ablehnen, wenn es durch das erste Gutachten nach seiner Überzeugung sich die nötige Sachkenntnis erworben hat (§ 244 IV S. 1 StPO).

Wird die Heranziehung eines Sachverständigen vom Gericht abgelehnt, kann der Angeklagte und der Verteidiger diesen nach § 220 StPO selbst laden lassen. Seine Vernehmung in der Hauptverhandlung kann dann nur noch unter den engen Voraussetzungen des § 245 II StPO abgelehnt werden. Das Recht zur Selbstladung kann aber zwischen Staatsanwaltschaft und Angeklagten keine gleichgewichtigen Verhältnisse schaffen. Schon die Kosten sprechen dagegen. Viele Sachverständige lehnen auch die Erstellung von Parteiengutachten ab. Ideal ist, wenn die Verfahrensbeteiligten sich gemeinsam auf einen Sachverständigen einigen können. Wird der Gutachter vom Staatsanwalt bestellt, ist er leicht auch in der Situation des Parteiengutachters, in der er damit rechnen muß, daß die Verteidigung ihn ablehnt (Schreiber 1982, S. 130).

Wie ein Sachverständiger ausgewählt werden soll, ist nur unscharf definiert (KMR § 73, Rn. 5; LR-Meyer § 73 Rn. 9). Wer beauftragt wird, ist bei Richter und Staatsanwalt vom Zufall oder von Empfehlungen abhängig. Eine sachgerechte Auswahl hinterfragt den wissenschaftlichen Standort des Gutachters, weil schon die Lehrmeinungen prozeßentscheidend werden können. Ein Auswahlkriterium ist oft auch die Prozeßerfahrung eines Sachverständigen. Hier sollte die Person des Gutachters in Relation zur Beweisfrage stehen (Jessnitzer 1980, S. 128).

Die Pflichten des Sachverständigen

Es gibt keine Allgemeinpflicht, als Sachverständiger vor Gericht tätig zu werden. In § 75 I StPO ist das Aufgabenfeld beschrieben. Eine Verpflichtung zur Gutachtenerstellung gilt für Landgerichtsärzte nach dem Gesetz über den gerichtsärztlichen Dienst (Jessnitzer 1980, S. 44). Die Grundlagen dafür sind bundesrechtliche und landesrechtliche Regelungen. Daneben ist jeder praktizierende Arzt und Psychologe, sofern er die zur Begutachtung erforderlichen Voraussetzungen besitzt, zur Erstattung von Gutachten verpflichtet, wenn er seinen Beruf öffentlich zum Erwerb betreibt. Öffentlich bestellt im juristischen Sinne sind auch Universitätsprofessoren, sofern sie die ärztliche Approbation besitzen.

Die Verpflichtung zur Gutachtenerstattung ist begrenzt durch die Zumutbarkeit. Es gelten Forschung und Lehre sowie die sonstige berufliche Tätigkeit des Sachverständigen als gleichrangig. Der Sachverständige kann unter Hinweis auf berufliche Beanspruchung und Belastung Gutachtenaufträge ablehnen (Schreiber 1981, S. 34). Hierauf wird der Auftraggeber in der Regel Rücksicht nehmen und mit dem Gutachter eine Absprache treffen, wonach er in einem zeitlich vertretbaren Rahmen die Sachverständigentätigkeit abwickeln muß. Fühlt sich der beauftragte Sachverständige zur Gutachtenerstattung mangels fachlicher Kompetenz oder aus anderen Gründen nicht imstande, muß er dieses dem Auftraggeber mitteilen (Schreiber 1981, S. 34). Auf Antrag kann der Gutachtenauftrag auch an einen Mitarbeiter delegiert werden, wenn der Sachverständige für den Inhalt des Gutachtens die volle Verantwortung übernimmt.

Wird der Sachverständige auf Ersuchen hin vom Gericht nicht von seiner Sachverständigentätigkeit befreit, hat er das Recht der förmlichen Beschwerde. Im Interesse an einer guten Zusammenarbeit zwischen Richter und Sachverständigen sollte dieser dem Gericht möglichst umgehend – und nicht erst Monate später – mitteilen, ob er den Auftrag übernehmen kann bzw. welche Gründe dagegen sprechen.

Das Recht zur Gutachtenverweigerung steht dem Sachverständigen nach § 76 StPO wie einem Zeugen zu, z. B. für den Fall, daß er mit dem zu Begutachtenden verwandt ist oder daß er ihn außerhalb der Begutachtungssache ärztlich betreut hat (§ 52, 53 StPO). War der Proband zuvor Patient, darf der Arzt nur sachverständig tätig werden, wenn dieser ihn von der ärztlichen Schweigepflicht entbindet (Schreiber 1981, S. 34). Demgegenüber hat der psychologische Sachverständige, der den Probanden früher behandelt hat, kein Zeugnisverweigerungsrecht nach § 53 StPO, kann evtl. aber nach § 53a StPO von dieser Tätigkeit befreit werden (Kleinknecht u. Meyer 1985, § 53, Rn. 16).

Wenn der Sachverständige seine Gutachten nicht termingerecht erstellt, kann das Gericht und im Ermittlungsverfahren der Staatsanwalt Zwangsmittel einsetzen. In der Regel handelt es sich dabei um eine Geldbuße nicht unter DM 1000. Erscheint der Gutachter auf ordnungsgemäße Ladungen nicht vor Gericht bzw. der Staatsanwaltschaft, so können ihm die dadurch verursachten Kosten und ein Ordnungsgeld auferlegt werden (§ 77 Abs. I, 161a, Abs. II StPO). Die Überschreitung einer abgesprochenen Frist für die Gutachtenerstellung kann nach Androhung und Bestimmung einer Nachfrist mit der Zahlung eines Ordnungsgeldes verbunden werden (§ 77 I, II StPO).

Im allgemeinen wird es für zulässig gehalten, daß der Sachverständige bei der Vorbereitung des Gutachtens Hilfskräfte beteiligt. Dieses gilt v. a. für Zusatzuntersuchungen im Labor und Röntgenbereich etc. (LR-Meyer, § 73, Rn. 6; Jessnitzer 1980, S. 199; Hanack 1961, S. 2044 f.). Es ist aber umstritten, ob ein psychiatrischer Sachverständiger, der ein Gutachten zur Schuldfähigkeitsfrage eines Angeklagten erstatten muß, einen Psychologen oder Neurologen mit Zusatzuntersuchungen beauftragen darf.

Der Bundesgerichtshof hat dieses bejaht, wenn der Hauptsachverständige die alleinige Verantwortung für die Ergebnisse der Hilfsgutachten übernimmt (BGH St22, 268). Für den Fall von Zusatzgutachten müssen diese Partialsachverständigen aber in der Hauptverhandlung ebenfalls gehört werden, weil nach Auffassung des BGH der Hauptsachverständige für diese Spezialistentätigkeit dann nicht mehr selbst hinreichend sachverständig ist, also auch nicht die volle Verantwortung dafür übernehmen kann (Hanack NJW 1961, S. 2044 f.; Friederichs DRiZ 1975, S. 337).

Die Erteilung von Gutachtenaufträgen steht nach der Strafprozeßordnung nur Gerichten und Staatsanwaltschaften zu. Ein Sachverständiger darf nicht eigenmächtig weitere Sachverständige an seinem Gutachten beteiligen. Er muß dazu die Erlaubnis des Auftraggebers einholen. Die Zusatzgutachter müssen dann zur Hauptverhandlung geladen und mündlich vernommen werden (OLG Celle, *NJW* 1964, S. 462). Es ist auch nicht gestattet, daß ein persönlicher Gutachtenauftrag an Mitarbeiter ohne Zustimmung des Gerichts oder der Staatsanwaltschaft weitergegeben wird. Der beauftragte Sachverständige muß vielmehr dem Gericht Gründe mitteilen, warum er das Gutachten nicht selbst anfertigen kann. Er muß geeignete Mitarbeiter, die er als besonders qualifiziert kennt, dem Gericht zur Erstattung des Gutachtenauftrags benennen (Schreiber 1981, S. 33; Friederichs NJW 1965, S. 1100). Es ist auch unzulässig, von einem Mitarbeiter allein und selbständig gefertigte Gutachten mit dem Hinweis zu unterzeichnen „einverstanden aufgrund eigener Urteilsbildung“ (Hanack 1961, S. 2044; Schreiber 1981, S. 33). Das Gutachten darf vom Hauptverantwortlichen nur dann mitunterzeichnet werden, wenn er zur Entstehung des Gutachtens einen persönlichen Beitrag geleistet hat und aufgrund persönlicher Untersuchung und Befundauswertung die uneingeschränkte Verantwortung übernehmen kann. Dabei muß der Sachverständige nicht sämtliche für die Begutachtung notwendigen Tätigkeiten persönlich vornehmen. Er darf sich bei der Vorbereitung und Abfassung des schriftlichen Gutachtens auch seiner Mitarbeiter bedienen. Er darf aber nicht ungeprüft deren Untersuchungsergebnisse übernehmen. Er muß vielmehr die volle persönliche Verantwortung aufgrund eigener Kenntnisse und Überprüfung dokumentieren (BVerwG, *NJW* 1984, S. 2645; BSG *NJW* 1985, S. 1422; Bleutge NJW 1985, S. 1185). Die persönliche Verantwortung sollte nach außen hin dargelegt werden, z. B. mit dem Hinweis „als persönliches Gutachten des Klinikdirektors erstattet unter Mitwirkung von XY“ (Hanack 1961, S. 2044; Schreiber 1981, S. 33; BGH-VersR 1963, S. 655). Der beauftragte Sachverständige kann auch gegenzeichnen, indem er mit dem Zusatz „aufgrund eigener Untersuchung und Urteilsbildung“ unterschreibt, dann aber auch selbst untersucht und Befunde ausgewertet hat.

Ist der Gutachtenauftrag nicht an eine bestimmte Person, sondern an eine Institution gerichtet, kann der Leiter der Institution geeignete Mitarbeiter benennen und dem Gericht oder der Staatsanwaltschaft hiervon Mitteilung machen. Dann kann der Auftraggeber eine Delegation vornehmen. So erfährt das Gericht, wer sein Ansprechpartner ist; und die übrigen Prozeßbeteiligten haben die Möglichkeit, rechtzeitig Bedenken gegen die Person des Sachverständigen zu äußern oder einen weiteren Sachverständigen zu beantragen (Jessnitzer 1980, S. 147).

Der Sachverständige kann von allen Prozeßbeteiligten wegen Besorgnis der Befangenheit abgelehnt werden, wenn seine Unparteilichkeit zweifelhaft ist (§ 74, 24 StPO). Ob die Befangenheit tatsächlich besteht, ist nicht entscheidend, vielmehr ist maßgeblich, ob sie aus der Sicht der Prozeßbeteiligten bei verständiger Würdigung vorliegen kann; etwa weil persönliche Beziehungen bestehen oder wenn diskriminierende Äußerungen Voreingenommenheit befürchten lassen müssen. Die Besorgnis der Befangenheit kann auch seitens des Sachverständigen dann auftreten, wenn er von den Prozeßbeteiligten schriftlich oder mündlich beleidigt oder rufschädigend behandelt wird. Er ist dann in der Sache nicht mehr zu einer wertfreien Beurteilung imstande. Deshalb sollte der Anschein der Parteilichkeit stets vermieden werden, aber auch seitens der Prozeßbeteiligten eine faire Behandlung des Sachverständigen erfolgen. Die Ablehnung wird mit einem förmlichen Antrag geltend gemacht (§ 74, 26 StPO). Wird dem Antrag stattgegeben, dann ist der Sachverständige von der weiteren Mitwirkung am Verfahren entbunden.

Die Erstattung des Gutachtens

Der Sachverhalt, von dem das Gutachten auszugehen hat, wird zwischen Sachverständigem und Auftraggeber vorab definiert. In § 80 StPO ist klargestellt, daß dem Sachverständigen auf sein Verlangen hin zur Vorbereitung des Gutachtens durch Vernehmung von Zeugen oder des Beschuldigten weitere Aufklärung beschafft werden muß. Es muß ihm gestattet sein, Akten einzusehen, an Vernehmungen teilzunehmen und selbst Fragen an den Beschuldigten oder Zeugen zu stellen. In der Regel sollen dem Gutachter die gesamten Akten für das Gutachten vorliegen, damit er entscheiden kann, welche Fakten für die Beurteilung wichtig sind bzw. ob der Sachverhalt weiterer Aufklärung bedarf, etwa durch Beiziehung weiterer Akten. Hier muß sich der Richter und Staatsanwalt auf die Zusammenarbeit mit dem Sachverständigen verlassen können, weil nur dieser festlegen kann, welche Befunde medizinisch relevant sind (LR-Meyer, § 78 Rn. 9; Rauch NJW 1968, S. 1175). Die Gefahr, daß der Sachverständige über dem Aktenkonglomerat das Beweisthema verfehlt, ist bei richtiger Auswahl des Gutachters hierdurch nicht zu befürchten (Lürken 1968, S. 1165; Rudolph 1969, S. 29; Sarstedt 1968, S. 180). Im allgemeinen wird erwartet, daß der Sachverständige sein Gutachten schriftlich fertigt und darin eine Aktenzusammenfassung aus seiner Sicht abgibt. Dadurch wird ersichtlich, welche Tatsachen dem Gutachten zugrunde liegen, so daß ggf. Korrekturen möglich sind. Das schriftliche Vorgutachten ist auch erforderlich, damit sich die Prozeßbeteiligten vor der Hauptverhandlung informieren und vorbereiten können. Es ist auf diese Weise möglich, zusätzliche Untersuchungen erforderlichenfalls zu beantragen. Der Sachverständige ist in der Hauptverhandlung an den Inhalt seines schriftlichen Vorgutachtens nicht völlig gebunden. Nur das in der Hauptverhandlung Vorgetragene ist letztendlich bindend. Darin müssen auch neue Erkenntnisse berücksichtigt werden, die vielleicht bei der Abfassung des schriftlichen Gutachtens noch nicht, oder noch nicht in dieser Form, bekannt gewesen sind.

Die Zusammenarbeit zwischen Richter und Sachverständigem bzw. Staatsanwaltschaft sollte mit einer klar formulierten Beweisfrage beginnen (LR-Meyer, S. 78, Rn. 9). Bei unklaren Sachverhalten sollte man dem Sachverständigen Alternativen vorgeben, die er überprüfen muß. Ist der Auftrag für den Sachverständigen unklar formuliert, sollte er den Auftraggeber um Präzisierung ersuchen.

Ob der Sachverständige bei der Untersuchung des Probanden diesen über sein Schweige- und Zeugnisverweigerungsrecht aufklären soll, ist umstritten (Fincke 1974, S. 656ff; Arzt 1969, S. 438ff; Peters 1969, S. 232). Aus der Sicht des Beschuldigten ist der Sachverständige ein Vernehmender, rechtlich gesehen ist die Exploration einer Vernehmung nicht gleichzusetzen. Dennoch erlebt der Beschuldigte die Untersuchung so, denn er sieht im Sachverständigen zunächst den Gehilfen des Gerichts. Bei der Untersuchung können Tatsachen ermittelt werden, die für die rechtliche Bewertung der Tat vollkommen neue Aspekte ergeben. Es wird deshalb empfohlen, den Probanden wiederholt auf sein Schweige- und Zeugnisverweigerungsrecht hinzuweisen, obgleich es auch gegenteilige Standpunkte in der Literatur gibt. Dem Probanden muß aber bewußt sein, daß keine Arzt-Patienten-Beziehung vorliegt, sondern der Sachverständige seine Befunde als Gehilfe des Gerichts vortragen muß (Göppinger 1972, S. 1543).

Damit die Zusammenarbeit zwischen Richter oder Staatsanwalt als Auftraggeber und dem Sachverständigen zu optimalen Ergebnissen führt, ist eine erste Belehrung durch den Auftraggeber zweckmäßig (Heinitz 1969, S. 700). Auch wenn sich der Beschuldigte in Krankenhausbehandlung befindet, ist ein solches Prozedere zur Verbesserung des Binnenklimas von Vorteil. Die Aufgaben des Sachverständigen werden hierdurch erleichtert. Für den Fall, daß der Proband vor der Untersuchung nicht belehrt wurde, unterliegen seine Angaben zunächst der Schweigepflicht bis zum Zeitpunkt einer eventuellen späteren Belehrung.

Für die Verwertung der Befunde unterscheidet man Befundtatsachen und Zusatztatsachen. Die Befundtatsachen sind Umstände, die nur durch Sachkenntnis des Gutachters feststellbar sind. Sie dienen als Grundlage für die Hauptverhandlung (BGH St18, 108; 9, 292). Die Zusatztatsachen hingegen sind Befunde, die der Sachverständige feststellen kann, die sich aber auch mit anderen Mitteln hätten feststellen lassen (BGH St18, 108). Es handelt sich hierbei v.a. um Einzelheiten zum Tatgeschehen, evtl. auch um geständnisähnliche Äußerungen des Beschuldigten. Der Sachverständige darf dieses Wissen nicht ohne weiteres in sein Gutachten einführen, und das Gericht darf solche Mitteilungen nicht für sein Urteil heranziehen, solange der Sachverständige hierzu nicht als Zeuge vernommen worden ist (BGH St13, 1). Auch dabei ist auf ein etwaiges Aussage- und Zeugnisverweigerungsrecht zu achten (BHG St18, 107).

Auch wenn die Belehrung erfolgte, muß nicht alles, was der Gutachter bei der Exploration erfährt, dem Gericht und der Staatsanwaltschaft bekanntwerden. Es gibt durchaus Fakten, die der ärztlichen Schweigepflicht unterliegen, ohne daß hierdurch die Zusammenarbeit zwischen Richter und Sachverständigen tangiert wird (Heinitz 1969, S. 701; Peters 1969, S. 233). Man trägt damit dem Umstand Rechnung, daß sich zwischen Proband und Sachverständigem während der Begutachtung auch ein Vertrauensverhältnis entwickelt, das Mitteilungen enthält, die nichts mit dem Gutachtenauftrag zu tun haben, z. B. das Vorliegen bestimmter Erkrankungen. Der Gutachter darf sein Vertrauensverhältnis nicht mißbrauchen und dem Gericht Tatsachen mitteilen, die für die Zusammenarbeit von Nachteil sind.

Wenn der Sachverständige für die Gutachtenerstellung weitere Ermittlungen für erforderlich hält, dann ist hierfür die Zustimmung des Gerichts zur Vernehmung von Zeugen erforderlich (BGH, *NJW* 1951, S. 771; Goltdammers-Archiv 1963, 18; LR-Meyer, § 80, Rn 4; Karlsruher Kommentar, § 80, Rn. 2). Vor allem bei Personen, für die ein Zeugnis- oder Auskunftsverweigerungsrecht in Betracht kommt, darf der Gutachter nicht eigenmächtig Ermittlungen anstellen. Sie sind Aufgabe des Gerichtes (BGH-JR 1963, 111; Heinitz 1969, S. 693). Deshalb muß der Sachverständige zur Vorbereitung seines Gutachtens nach § 80 der StPO die Vernehmung von Zeugen oder des Beschuldigten durch das Gericht oder die Staatsanwaltschaft erbitten. Er kann bei solchen Vernehmungen anwesend sein und selbst Fragen stellen (BGH *NJW* 1969, S. 2297, *JR* 1969, S. 231). Dieses Vorgehen ist in der Zusammenarbeit zwischen Richter und Sachverständigem umständlich und auch zeitlich belastend. Hinzu kommt, daß eine förmliche Vernehmung in amtlichen Räumen für die ärztliche Diagnostik keine brauchbare Basis ist (Heinitz 1969, S. 697). Dennoch muß man an dem gesetzlich vorgeschriebenen Prozedere festhalten, damit der Sachverständige seine Kompetenzen nicht überschreitet und wilde Exploration betreibt. Kommt es zu solchen Störungen, werden die Aussagen in der Hauptverhandlung nicht verwertbar. Der Gutachter muß während der Untersuchung auch die Grenzen des § 136a der StPO beachten, wonach Ermüdung, Täuschung und Zwangsausübung untersagt ist (BGH-NJW 1968, S. 2297).

Eine sog. informatorische Befragung von Auskunftspersonen durch den Sachverständigen wird gestattet (BGH St9, S. 292, 296; LR-Meyer, § 80, Rn. 4 ff.; Heinitz 1969, S. 698 ff.). Danach kann der Gutachter Angehörige und ggf. auch Zeugen vorbereitend befragen und ihre spätere ordentliche Vernehmung dem Gericht vorschlagen (Heinitz 1969, S. 699). Besonders im Jugendstrafverfahren muß der Sachverständige hiervon bei Eltern oder Angehörigen Gebrauch machen. Das gleiche gilt für schwer hirngeschädigte Personen. Die Grenzen zwischen unzulässiger Vernehmung und informatorischer Befragung lassen sich schwer ziehen. Der Sachverständige sollte deshalb von seiner Befugnis zurückhaltend Gebrauch machen, um nicht die spätere Zusammenarbeit mit dem Richter zu belasten. Man weiß, daß Vernehmungen nach § 80 I StPO langwierig sind, was i. allg. aber nicht zu einer unerträglichen Einschränkung der Wahrheitsermittlung im Strafprozeß führt (Heinitz 1969, S. 699).

Wenn der Sachverständige von einer zeugnisverweigerungsberechtigten Person Tatsachen erfuhr und diese als Zeuge in der Hauptverhandlung die Aussage verweigert, darf auch der Gutachter nicht als Zeuge vernommen werden. Es wäre dies ein Verstoß gegen das Verwertungsverbot nach § 252 StPO (BGH St18, 109; Peters 1969, S. 234). Der Sachverständige darf aber Krankenakten und auch Behördenakten von sich aus heranziehen, unter Wahrung der Schweigepflicht und nur mit Zustimmung des Gerichts, ggf. im Wege der Beschlagnahmung nach § 94 StPO (Karlsruher Kommentar § 80 Rn. 2). Der Sachverständige soll aber nicht ungenehmigt und eigenmächtig Ermittlungen anstellen. Sie können die weitere Zusammenarbeit mit dem Gericht in unerträglicher Weise belasten. Es empfiehlt sich, während der Gutachtenerstellung den Richter oder Staatsanwalt von den jeweils geplanten Untersuchungsschritten zu informieren, sich nötigenfalls die Zustimmung des Gerichts für das weitere Prozedere schriftlich erteilen zu lassen.

Nach der Strafprozeßordnung muß der Sachverständige sein Gutachten mündlich und unmittelbar in der Hauptverhandlung vortragen. Es soll eine gedrängte Zusammenfassung der Befunde und der für die Beweisfrage relevanten Sachverhalte bringen (Göppinger 1972, S. 1553). Das schriftliche Vorgutachten sollte bis dahin allen Beteiligten vorgelegen haben. Wenn die Stellungnahme in der Hauptverhandlung vom schriftlichen Gutachten abweicht, muß der Gutachter diesen veränderten Standpunkt überzeugend begründen. Die Prozeßbeteiligten haben das Recht, dem Sachverständigen Fragen zu stellen. Die dabei mögliche Kritik an dem Begutachtungsergebnis soll im Interesse der Zusammenarbeit mit größter Sachlichkeit zur Diskussion gestellt werden und nicht in Grundsatzdiskussionen oder wissenschaftliche Redeschlachten ausarten.

Der Angeklagte bleibt während der Vernehmung des Sachverständigen im Gerichtssaal. Nach § 247 S. 3 StPO kann das Gericht aber für Erörterungen von Behandlungsaussichten etc. seine Entfernung anordnen, wenn ein gesundheitlicher Nachteil aus der Befundschilderung zu befürchten ist, z. B. bei der Erörterung unheilbarer Krankheiten mit schlechter Prognose. Der Gutachter sollte das Gericht auf solche Umstände hinweisen. Nach § 247 S. 4 StPO muß der Gerichtsvorsitzende den Angeklagten nachträglich aber über den Inhalt des Besprochenen unterrichten.

Der Sachverständige muß während der Hauptverhandlung nicht kontinuierlich anwesend sein (§ 226 StPO). Es steht im Ermessen des Gerichts, ihn zeitweilig zu beurlauben (BGH St19, 367; Karlsruher Kommentar, § 80, Rn. 4). Die ständige Anwesenheit des Sachverständigen wird dann erforderlich, wenn für das Gutachten das Verhalten des Angeklagten in der Hauptverhandlung von Bedeutung ist, wenn die Tatrekonstruktion in der Beweisaufnahme sachverständiger Hilfe bedarf oder wenn besondere Persönlichkeitsmerkmale des Angeklagten beurteilt werden müssen.

Inwieweit der Sachverständige von seiner Anwesenheitspflicht befreit werden kann, obliegt dem Vorsitzenden, an den der Sachverständige einen entsprechenden Antrag richten muß. Wird die Anordnung des Vorsitzenden nicht allgemein akzeptiert, dann entscheidet das Gericht nach § 238 II StPO. Im Interesse der Zusammenarbeit empfiehlt es sich, Terminabsprachen bereits vor der Übernahme des Gutachtenauftrages zu treffen. Ergibt sich während der Abwesenheit des Sachverständigen eine für die Begutachtung wesentliche neue Erkenntnis, sollte der Vorsitzende nachträglich über den Verlauf dieses Teils der Hauptverhandlung berichten (BGH St2, 25; Karlsruher Kommentar, § 226 Rn. 9). Nur ausnahmsweise kann die Aufklärungspflicht die Wiederholung dieses Verhandlungsteils erfordern (LR-Gollwitzer § 226, Rn. 17).

Es liegt im Ermessen des Gerichts, den Sachverständigen auf sein Gutachten zu vereidigen (§ 79 I S. 1 StPO). In der Regel wird davon abgesehen, ohne daß es eines besonderen Gerichtsbeschlusses bedarf (BGH St21, S. 227). Wurde der Sachverständige allgemein für die Gutachtenerstattung vereidigt, so genügt die

Berufung hierauf (§ 79 III StPO). Auf Antrag der Staatsanwaltschaft, des Angeklagten oder des Verteidigers ist das Gericht zur Vereidigung des Sachverständigen verpflichtet (§ 79 I S. 2 StPO). Wurde der Gutachter auch als Zeuge vernommen, gelten die Regeln über den Zeugeneid (§ 59ff. StPO).

Resümee: Der Sachverständige und sein Richter

Der medizinische Sachverständige nimmt im zivil- und strafrechtlichen Verfahren eine zentrale Position ein. Da dem Richter medizinisches Fachwissen zur Beurteilung entscheidungserheblicher medizinischer Tatsachen fehlt, muß ihm der ärztliche Gutachter die erforderliche Sachkunde vermitteln. Er muß dem Gericht mit seinem Fachwissen zur Urteilsbildung verhelfen.

Einer Ernennung zum Sachverständigen muß der bestellte Arzt Folge leisten (§ 75, 161a, Abs. I StPO, 407 ZPO). Er kann auch durch ein Ordnungsgeld gezwungen werden, sein Gutachten zu erstellen (§ 77 StPO, 409 ZPO). Der Sachverständige kann eine Begutachtung aber auch verweigern, mit denselben Gründen, mit denen auch ein Zeuge die Aussage verweigern darf (§ 76 Abs. I StPO, 408 Abs. I ZPO). Das Gericht kann den Sachverständigen auch aus zwingenden Gründen von seiner Verpflichtung befreien (§ 76 Abs. I StPO, 408 Abs. I ZPO).

Der ärztliche Sachverständige hat kein Schweigerecht hinsichtlich der Tatsachen, die er als Gutachter im Rahmen des ihm erteilten Auftrages festgestellt hat. Denn diese Tatsachen hat er nicht im Rahmen eines Arzt-Patienten-Verhältnisses erfahren, sondern als bestellter Gutachter. Damit unterliegen diese Tatsachen nicht der Schweigepflicht. Die Aussagepflicht des Sachverständigen erstreckt sich auf den erhobenen Befund und evtl. festgestellte Zusatztatsachen. Es handelt sich dabei um allgemein-körperliche und neurologisch-psychiatrische Befunde. Als Zusatztatsachen gelten Ergebnisse aus der Exploration, etwa auch ein gegenüber dem Arzt abgelegtes Geständnis. Dazu muß der ärztliche Sachverständige sich äußern, unabhängig davon, ob die Untersuchung mit Einverständnis des Untersuchten oder gegen dessen Willen erfolgte. Diese Aussagepflicht betrifft aber nur das jeweilige Verfahren und den gutachterlichen Auftrag. Ein Wissen, das dem Sachverständigen außerhalb des Auftrages zugeflossen ist, z. B. aus früherer Behandlung im Rahmen eines echten Arzt-Patienten-Verhältnisses, darf der Gutachter nur mit Einverständnis des Probanden preisgeben.

Im Strafprozeß kann das Gericht den Sachverständigen vereidigen (§ 79 Abs. I StPO) auf Antrag der Staatsanwaltschaft, der Verteidigung oder des Angeklagten. Die vorsätzlich falsche uneidliche Gutachtenerstattung ist mit einer Freiheitsstrafe von 3 Monaten bis 5 Jahren bedroht (§ 153 StGB). Wenn bewußt die Richtigkeit eines falschen Gutachtens mit Eid bekräftigt worden ist, wird wegen Meineides mit Freiheitsstrafe nicht unter 1 Jahr bestraft (§ 154 StGB). Eine Freiheitsstrafe bis zu 1 Jahr oder eine Geldstrafe trifft den Sachverständigen, der fahrlässig die Richtigkeit eines falschen Gutachtens beschwört (§ 163 StGB). Die fahrlässige Erstattung eines falschen uneidlichen Gutachtens ist hingegen straflos.

Kommt ein Verfahrensbeteiligter infolge eines fehlerhaften Gutachtens zu Schaden, so gelten für die Haftung des behördlichen oder gerichtlichen Sachverständigen folgende Grundsätze: Eine Vertragshaftung scheidet aus, weil zwischen

Sachverständigen und Verfahrensbeteiligten keine Vertragsbeziehungen bestehen. Die Schadensersatzansprüche können sich aus unerlaubter Handlung nach § 823 ff. BGB ergeben. Ein solcher Anspruch setzt voraus, daß der Sachverständige durch ein falsches Gutachten die Ursache für eine Verletzung von Rechtsgütern gesetzt hat. Ein bloßer Vermögensschaden reicht nicht aus. In der Praxis wird ein Anspruch aus § 823 Abs. I BGB hauptsächlich dann entstehen, wenn ein falsches Gutachten für den Beschuldigten zu einer Unterbringung und Freiheitsentzug führte. Ist ein Sachverständiger nicht vereidigt worden, so haftet er für die Folgen seines Gutachtens nur bei Vorsatz und grober Fahrlässigkeit (§ 826 BGB). Eine Haftung kann sich auch aus § 823 Abs. II BGB in Verbindung mit den § 153, 154, 156 und 163 StGB ergeben, wenn ein vorsätzlich falsches uneidliches oder eidliches Gutachten erstattet wurde. Zum Schadensersatz verpflichtet auch das nur leicht fahrlässig falsche eidliche Gutachten.

Wenn ein Verfahrensbeteiligter nicht durch das Gutachten zu Schaden kommt, sondern durch die Sachverständigentätigkeit bei der Untersuchung, dann haftet dieser Sachverständige für jede Fahrlässigkeit. Der gerichtlich bestellte Sachverständige übt in der Regel keine öffentliche Gewalt aus. Deshalb besteht keine Staatshaftung nach Art. 34 GG und § 839 BGB.

Literatur [1]

Arzt G (1969) Anmerkung zu BGH JR 1969, 231. JR 11:438

Bleutge P (1985) Die Hilfskräfte der Sachverständigen-Mitarbeiter. NJW 38,1/21:1185–1191

Fincke M (1974) Die Pflicht des Sachverständigen zur Belehrung des Beschuldigten. Z Gesamte Strafrechtswiss 86:656–675

Friederichs H (1965) Anmerkung zu BSG NJW 1965, 368. NJW 18, 1/23:1100

Friederichs H (1974) Sachverständigengruppe und ihr Leiter – Fortentwicklung des Sachverständigenbeweisrechts? JZ 8:257–258

Friederichs H (1975) Sachverständigenernennung, Hilfskraft und Gutachtenerläuterung. DRiZ 53:336–337

Göppinger H (1972) Das Verfahren. In: Göppinger H, Witter H (Hrsg) Handbuch der forensischen Psychiatrie, Bd II. Springer, Berlin Heidelberg New York, S 1531

Gschwind M, Petersohn F, Rautenberg EC (1982) Die Beurteilung psychiatrischer Gutachten im Strafprozeß. Kohlhammer, Stuttgart Berlin Köln Mainz

Hanack E-W (1961) Zum Problem der persönlichen Gutachterpflicht, insbesondere in Kliniken. NJW 14,2/45:2041–2045

Heinitz E (1969) Grenzen der Zulässigkeit eigener Ermittlungstätigkeit des Sachverständigen im Strafprozeß. In: Bockelmann P (Hrsg) Festschrift für Karl Engisch. Klostermann, Frankfurt am Main, S 693

Hellmer J (1964) Bewährung und Nichtbewährung des Jugendstrafrechts. NJW 17,1/5:177–181

Jessnitzer K (1980, 1988) Der gerichtliche Sachverständige. Ein Handbuch für die Praxis. Heymanns, Köln

Karpinski K (1968) Der Sachverständige im Strafprozeß. NJW 21, 1/25:1173

Kleinknecht T, Meyer K (1985) Strafprozeßordnung, 37. Aufl. Beck, München

[1] Nach einem Aufsatz von H. L. Schreiber (1986), in: Venzlaff U (Hrsg) Psychiatrische Begutachtung. Fischer, Stuttgart New York. Vgl. auch Bochnik HJ (1989) Richter und psychiatrischer Sachverständiger. Psycho 15/3:193–202; Wömpner HB, Kinzler E (1987) Schwierige Patienten – Der Arzt als Sachverständiger. Perimed, Erlangen, S 289–294

Löwe E, Rosenberg W (1976) Strafprozeßordnung, Großkommentar, 23. Aufl., Bd. 1. De Gruyter, Berlin
Lürken G (1968) Auswahl und Leitung des Sachverständigen im Strafprozeß. NJW 21,1/25:1161–1165
Peters K (1969) Anmerkung zu BGH JR 1969, 231. JR 4:232–234
Peters K (1969) Anmerkung zu BGH JR 1969, 231. JR 6:232–234
Peters K (1969) Anmerkung zu BGH JR 1969, 231. JR 11:428–429
Pfeiffer G (Hrsg) (1982) Karlsruher Kommentar zur Strafprozeßordnung, Beck, München
Rasch W (1967) Gerichtliche Psychiatrie. In: Ponsold A (Hrsg) Lehrbuch der gerichtlichen Medizin, 3. Aufl. Thieme, Stuttgart, S 55
Rauch H-J (1968) Auswahl und Leitung des Sachverständigen im Strafprozeß. NJW 21,1/25: 1173–1175
Sarstedt W (1968) Auswahl und Leitung des Sachverständigen im Strafprozeß. NJW 21,1/5: 177–182
Schaffstein F (1965) Die Jugendzurechnungsunfähigkeit in ihrem Verhältnis zur allgemeinen Zurechnungsfähigkeit. Z Gesamte Strafrechtswiss 77:191–208
Schreiber H-L (1981) Aufgaben und Probleme des chirurgischen Sachverständigen im Arzthaftungsprozeß. In: Heberer G, Schweiberer L (Hrsg) Indikation zur Operation. Springer, Berlin Heidelberg New York, S 13
Schreiber H-L (1985) Zur Rolle der psychiatrisch-psychologischen Sachverständigen im Strafverfahren. In: Broda C (Hrsg) Festschrift für Rudolf Wassermann. Luchterhand, Neuwied, S 1007
Schreiber H-L (1977) Müller-Dethard G (1977) Der medizinische Sachverständige. Dtsch Ärztebl 74:373

Sozialpsychologie des Gerichtsverfahrens und der Entscheidungsfindung im Begutachtungsprozeß

Mechthild John, Jochen Haisch

Einleitung

Das Sachverständigengutachten ist eines von vielen unterschiedlichen Beweismitteln. Es wird in der Beweisführung dann herangezogen, wenn zu bestimmten Sachverhalten aus anderen zur Verfügung stehenden Beweismitteln kein ausreichender Erkenntnisgewinn gezogen werden kann und wenn diese Sachverhalte ein fachspezifisches Wissen erfordern, welches außerhalb juristischer Kompetenz liegt (vgl. Wegener 1981).

Wir werden uns im vorliegenden Beitrag der Frage widmen, wie effektiv die Hilfestellung eines psychologischen Sachverständigen grundsätzlich während des Verfahrens und im Rahmen der richterlichen Entscheidungsfindung sein kann bzw. welchen Stellenwert sie insgesamt hat. Dabei werden wir auch solche Faktoren behandeln, die im Laufe des Verfahrens die interdisziplinäre Kooperation von Richter und Sachverständigem beeinflussen können, wobei wir uns auf empirische und theoretische Erkenntnisse der Sozialpsychologie stützen. Zu diesem Zweck wollen wir zunächst herausarbeiten, an welchen Stellen des verfahrenstechnischen Ablaufs psychologische Einflüsse wirksam werden; anschließend wird der gegenwärtige Stand der empirischen Forschung beschrieben.

Das richterliche Entscheidungssystem

Das in Großteilen Kontinentaleuropas etablierte Strafgerichtsverfahren ist das sog. inquisitorische Verfahren. Hierbei geht dem eigentlichen Strafverfahren ein Ermittlungsverfahren voraus, das von Polizei und Staatsanwaltschaft vorbereitet wird. Bevor das Hauptverfahren eröffnet wird, prüft der zuständige Richter die bisherigen Ermittlungsergebnisse auf ihre Stichhaltigkeit (vgl. Kühne 1988).

Psychologische Theorien über richterliche Entscheidungsfindung

Offenbar ist der erste Eindruck, den ein Richter von einem Fall bzw. einem Angeklagten hat, ganz entscheidend und prägend für den weiteren Verhandlungsverlauf (vgl. Lautmann 1972). Es wurde wiederholt festgestellt, daß aufgrund von Vorinformationen und dem daraus gebildeten Eindruck in der nachfolgenden Verhandlung Informationen während der Beweisaufnahme selektiv ausgewählt bzw. unterschiedlich gewichtet werden, je nachdem, ob sie den ersten Eindruck stützen oder nicht. Hagan (1975) stellte fest, daß dieser Effekt nicht nur durch einen selbstgebildeten ersten Eindruck zustande kommt, sondern daß Richter häufig während des Aktenstudiums Beurteilungen des Beschuldigten durch die vorab ermittelnden Instanzen (Polizei, Bewährungshilfe) übernehmen (vgl. auch Brusten u. Malinowski 1983).

In ihrer sog. Kontrolltheorie unterscheiden Thibaut u. Walker (1978) verschiedene Ziele, die in Gerichtsverfahren erreicht werden können, zum einen die „Wirklichkeitsrekonstruktion", zum anderen die „Gerechtigkeitsverwirklichung". Welches dieser Ziele erreicht wird, ist abhängig von der Aufteilung der Kontrolle unter den Beteiligten. „Kontrolle" hat dabei 2 Aspekte: 1) das Ausmaß, in dem ein Verfahrensbeteiligter das Ergebnis eines Verfahrens bestimmen kann (Entscheidungskontrolle), 2) das Ausmaß, in dem ein Beteiligter die relevanten Informationen sammelt und bewertet (Prozeßkontrolle). Für das adversarische Verfahren gilt nun, daß die Entscheidungskontrolle beim Richter und die Prozeßkontrolle bei den Parteien liegt, die Kontrolle im Verfahren also so aufgeteilt ist, daß die Parteien im Interessenkonflikt optimal ihre Position vertreten können und deshalb das Verfahren als gerecht betrachten. Für das inquisitorische Verfahren gilt, daß der Richter sowohl Entscheidungskontrolle als auch Prozeßkontrolle besitzt, er somit sowohl den Ablauf des Verfahrens als auch die Beweisaufnahme und die daraus resultierenden Verfahrensergebnisse steuert. Thibaut u. Walker (1978) nehmen an, daß Strafverfahren üblicherweise von Interessenkonflikten dominiert werden und daher das geeignete Verfahrensziel nur die Gerechtigkeitsverwirklichung sein kann.

Die Theorie der kognitiven Dissonanz

Eine urteilsverzerrende Tendenz durch Vorinformationen kann v. a. mit der Theorie kognitiver Dissonanz (vgl. Festinger 1957; Irle 1975; Frey 1986) erklärt werden. Demzufolge erzeugen Informationen, die nicht mit einer subjektiven Hypothese bzw. dem ersten Eindruck übereinstimmen, einen Spannungszustand. Dieser Spannungszustand wird reduziert, indem die „dissonanten" Informationen entweder gar nicht aufgenommen oder aber abgewertet werden.

Es scheint allerdings keine Lösung zu sein, das vorherige Aktenstudium des Richters abzuschaffen und damit die Bildung des ersten Eindrucks zu verhindern, da an die Stelle der Vorinformation durch das Aktenstudium andere Informationsquellen, z. B. die Argumente der zuerst vortragenden Partei oder die Wahrnehmung situationsspezifischer Bedingungen (z. B. der Eindruck während der Aussage; Bürkle 1984) treten können. Unabhängig vom praktizierten Verfahrensgrundsatz scheint also die urteilsverzerrende Tendenz aufgrund von Urteilsperseveranz (Beibehalten einer einmal gefaßten Meinung) bestehen zu bleiben (Schünemann u. Bandilla 1989).

Der hier berichteten Orientierung am „Fehler" im Entscheidungsprozeß widerspricht interessanterweise eine Übersichtsarbeit von Frey (1986) teilweise. Der Autor kommt zu dem Schluß, daß systematische Fehler an eine Reihe persönlicher, situativer und normgebender Voraussetzungen gebunden seien. Frey (1986, S. 73) nennt verschiedene Bedingungen, unter denen sog. Selbstbestätigungsfehler (z. B. Perseveranz, Inertiaeffekt etc.) nicht auftreten: 1) Wenn Personen in der Lage sind, gegen widersprechende Informationen zu argumentieren, 2) wenn widersprechende Informationen langfristig nützlich sind, 3) wenn Personen unterstützende Informationen genau kennen und 4) wenn eine Gerechtigkeitsnorm besteht. Gerade Richter, aber auch Sachverständige sind im (Straf)verfahren in der Lage, gegen widersprechende Evidenz zu argumentieren. Gerade ihnen ist der langfristige Nutzen widersprechender Evidenz aufgrund der möglichen Aufhebung ihrer Entscheidungen bewußt. Sie kennen die unterstützenden Informationen (aus den Akten) genau und gerade sie unterliegen bei ihren Entscheidungen normativen Regelungen wie der Gerechtigkeitsnorm.

Dennoch lassen sich zumindest bei Richterentscheidungen Fehler in der Informationsverarbeitung konsistent nachweisen (vgl. Lautmann 1972; Haisch 1973). Möglicherweise spielen gerade bei solchen Entscheidungen die von Haisch (1973) als für die Fehlerentstehung zentral bezeichneten Variablen „Zeitdruck" und „Entscheidungszwang" eine wichtige Rolle.

Einstellung und Verhalten

Die soziale Distanz zum (potentiellen) Straftäter wird als um so größer beschrieben, je schwerer das zur Last gelegte Delikt eingeschätzt wird (Abele u. Giesche 1981; Abele u. Nowack 1978). Die Schwereeinschätzung ihrerseits ist abhängig von der potentiellen eigenen Nähe zum Delikt (Arold 1977). Das als angemessen eingeschätzte Strafmaß schließlich variiert mit dem sozialen Status des Täters (Opp u. Peuckert 1971; Peters 1973). Nach Fishbein u. Ajzen (1975) ist die affektive Komponente der Einstellung, d. h. die positive oder negative Bewertung des Einstellungsgegenstandes, ausschlaggebend für das in dem Einstellungszusammenhang nachfolgend gezeigte Verhalten. Tatsächlich wurde gefunden, daß Täter, die in geregelten Verhältnissen leben und denen eine positive Sozialprognose gestellt wurde, eher zu Geldstrafen verurteilt wurden, während Täter, die in ungeregelten Verhältnissen leben, eher zu Freiheitsstrafen verurteilt wurden (Peters 1973).

Theorie der sozialen Vergleichsprozesse

Die richterliche Vermittlung zwischen Gesetz und konkretem Fall erfolgt u. a. über den Einsatz persönlicher Meinungen, Werte und Normen. Nach Festinger (1954) ist das Individuum bestrebt, die Gültigkeit seiner Meinungen, Werte und Normen zu überprüfen. Wenn kein objektives Kriterium zur Verfügung steht, ist die einzige Möglichkeit, zumindest eine subjektive Validierung vorzunehmen, die, andere Personen zu finden, die der eigenen Person in relevanten Charakteristiken (z. B. Status, Beruf, Alter) ähnlich sind. Je größer die Übereinstimmung der eigenen Meinung mit der „ähnlicher" Personen ist, desto mehr ist man von ihrer Richtigkeit überzeugt, desto größer ist die soziale Distanz gegenüber „unähnlichen" Personen und desto eher ist man geneigt, Abweichungen von den eigenen Meinungen, Werten und Normen abzuwerten und den Abweichenden auszugrenzen. Bedenkt man, daß der überwiegende Teil der Richter aus Mittelstandsfamilien kommt (Dahrendorf 1964), wohingegen ca. 95% aller Verdächtigen und Angeklagten aus der Unterschicht stammen (Lautmann u. Peters 1973), so können letztere von den Richtern nur als „unähnlich" identifiziert und von der Meinungsvalidierung ausgeschlossen werden.

Attributionstheorien

Ein die Ursachenzuschreibung erklärender theoretischer Ansatz ist die Attributionstheorie (Kelley 1973). Dieser Ansatz geht davon aus, daß die Ursachen für ein Ereignis bzw. Verhalten aufgrund bestimmter Informationen geschlußfolgert werden. Kelley unterscheidet 3 Arten von Informationen, die zur Attribution herangezogen werden: a) Informationen, ob eine Person zu verschiedenen Zeitpunkten das gleiche Verhalten zeigt (Konsistenz), b) ob andere Personen das gleiche Verhalten ebenfalls zeigen (Konsensus) und c) ob eine Person ein (bestimmtes) Verhalten nur zu bestimmten Anlässen zeigt (Distinktheit). Die Zuschreibung einer Ursache erfolgt aufgrund der Informationen gemäß dem „Kovariationsprinzip", d. h. eine Ursache wird dann als verantwortlich angesehen, wenn sie gemeinsam mit dem Verhalten auftritt und gemeinsam mit dem Verhalten fehlt. Mögliche Ursachen können entweder in der Person selbst liegen oder in der Umwelt (Raum-Zeit-Bedingungen, äußere Anreize, andere Personen), sie können stabil oder variabel sein.

Im Zusammenhang mit der Beurteilung delinquenter Handlungen ist es notwendig, aufzuklären, ob eine Handlung absichtlich begangen worden ist oder nicht. Heider (1958) schlägt vor, zur Attribution auf eine zugrundeliegende Intention zum einen Informationen darüber heranzuziehen, ob einer Person verschiedene Wege zur Erreichung ihres Zieles zur Verfügung standen und sie einen bestimmten Weg gewählt hat, zum anderen darüber, ob sie die Fähigkeit besessen hätte, auch andere Wege zu wählen. Nach Maselli u. Altrocchi (1969) liegen Absichtsattributionen dementsprechend dann nahe, wenn eine Motivation zu abweichendem Handeln bekannt ist und wenn dem Beschuldigten Art und Folgen seiner Handlung bewußt waren. Absicht kann um so eher unterstellt werden, je mehr Zwischenschritte sowohl in der Planung als auch in der Ausführung Voraussetzung dafür waren, daß die delinquente Handlung zustande kam (vgl. Hart u. Honoré 1959).

Insbesondere Lloyd-Bostock (1983) diskutiert die differenziertere Betrachtungsweise von Ursachen- und Schuldattributionen seit Kelley: Während Kelley Schuldattributionen noch als geeignetes Maß für Ursachenzuschreibungen anzusehen scheint, plädiert Lloyd-Bostock für eine zusätzliche Betrachtung von Attributionen innerhalb sozialer Akte, etwa als Erklärung von Ereignissen gegenüber anderen Personen. Was also ein Richter beispielsweise in seiner Urteilsbegründung schreibt, kann demnach nicht im Rahmen der Schuldzuschreibung als kognitivem Vorgang, sondern nur im Rahmen der Ursachen- und Schuldzuschreibung als sozialem Akt verstanden werden (vgl. Oswald 1989). Beide allerdings werden von Lloyd-Bostock (1983) als untereinander verwoben angesehen, so daß der spezifische Ablauf der verschiedenen Arten der Schuldzuschreibung von besonderem Interesse ist.

Wie Bestrafungsziele des Richters die Schuldzuschreibung als sozialem Akt und die Strafzumessung beeinflussen, zeigt beispielsweise Haisch (1981). In dieser Untersuchung wird vorhergesagt und bestätigt, daß die „kognitive" Schuldzuschreibung von der „Normgeleitetheit" oder „Normabweichung" eines Tatmotivs abhängt und daß diese kognitive Schuldzuschreibung die Schuldzuschreibung als sozialem Akt, also das Bestrafungsziel und das Strafmaß, bestimmt.

Im günstigsten Fall liegen die für eine Ursachen- und Schuldzuschreibung notwendigen Informationen durch Akten, Protokolle oder Zeugenaussagen vor. Ist dies nicht der Fall, so können andere Informationsquellen herangezogen werden. Die so gewonnenen Informationen werden allerdings häufig nicht adäquat ausgewertet. So stellten Bierhoff et al. (1989) fest, daß Ansehen und Attraktivität des Beschuldigten einen Einfluß darauf haben, ob die Person selbst oder aber äußere Umstände für die Handlung verantwortlich gemacht werden. Insgesamt hat die Attribution einer (delinquenten) Verhaltensweise auf internale oder externale, stabile oder variable Ursachen einen erheblichen Einfluß auf die Schwereeinschätzung des Deliktes, die Einschätzung des Rückfallrisikos und die Strafzumessung (vgl. Caroll u. Payne 1977; Haisch 1973; Bierhoff et al. 1989).

Das Entscheidungssystem des Sachverständigen

Ähnlich wie dem Richter stehen auch dem psychologischen Sachverständigen zu Beginn seiner Tätigkeit relevante Informationen zur Verfügung, er hat Kenntnis vom Tathergang, von eventuellen (einschlägigen) Vorstrafen des Beschuldigten, Zeugenaussagen und Beurteilungen durch andere Instanzen. Wie sich dieses Wissen auf die Informationsverarbeitung und Entscheidungsfindung auswirkt, ist für Sachverständige wenig untersucht (vgl. Wegener et al. 1988). Die Anwendung der im vorangegangenen Kapitel vorgestellten Theorien auf die gutachterliche Entscheidung ist daher noch wenig empirisch untermauert (Haisch 1983).

Psychologische Theorien zur Entscheidungsfindung des Sachverständigen

Zum Zeitpunkt des Aktenstudiums ist dem Sachverständigen die Fragestellung seines Gutachtens bekannt, die er in (psychologische) Hypothesen umsetzt, welche er im Verlauf seiner Ermittlungen zu prüfen hat (vgl. Kaminski 1970). Aufgrund des Aktenstudiums bildet sich der Sachverständige einen ersten Eindruck von der von ihm zu begutachtenden Person, den er im Verlaufe seiner weiteren Untersuchungen „bestätigt“ oder „falsifiziert“.

Die Theorie der kognitiven Dissonanz

Im Falle eines hypothesengeleiteten wissenschaftlichen Vorgehens, wie es im Rahmen der Sachverständigentätigkeit vorausgesetzt wird, ist die Gefahr gegeben, daß hypothesenkonforme Informationen subjektiv bevorzugt aufgenommen und verarbeitet werden, um Spannungszustände im kognitiven System zu vermeiden.

Auch im Zusammenhang mit dem Sachverständigengutachten ist es vermutlich keine Lösung des Problems, das vorherige Aktenstudium zu unterbinden, da dem Sachverständigen das Aktenstudium (neben der Befragung des Probanden) als einzige Informationsquelle z. B. bezüglich zeitlich konsistenten Verhaltens des Beschuldigten dient. Diese Informationen wiederum enthalten Hinweise darauf, auf welche Aspekte bei einer Befragung abgezielt werden soll bzw. in welche Richtung psychologische Untersuchungen zielen sollten.

Eine Reihe von Autoren hat sich bemüht, diesen Selektionsprozessen mit Hilfe eines Leitfadens zur Erstellung von Gutachten entgegenzuwirken, indem sie u. a. spezifizieren, zu welchen Teilfragen des Gutachtens mittels welcher Informationsquellen Aussagen getroffen werden sollten (vgl. Boerner 1982; Kipnowski 1981). So wurden z. B. zur Erfassung der Glaubwürdigkeit von Aussagen spezielle Kriterienkataloge entwickelt (vgl. Undeutsch 1967; Arntzen 1970).

Einstellung und Verhalten

Ein Faktor, der im Rahmen von Einstellungen die Gutachtenerstellung nachhaltig beeinflussen kann, ist die Einstellung des Sachverständigen gegenüber dem Täter. Im Anschluß an Jones u. Aronson (1973) kann beispielsweise vermutet werden, daß einem als „respektabel" angesehenen Angeklagten der gröbere Normverstoß unterstellt wird als dem weniger „respektablen". Karraß u. Asam (1976) konnten zeigen, daß professionelle Diagnostiker bei der abschließenden Beurteilung der von ihnen gewonnenen Informationen nicht den normativen Regeln (des Urteilens unter Unsicherheit) folgen, sondern nach dem sog. Repräsentativitätsprinzip vorgehen. Das heißt, obwohl sie wissen, daß bestimmte Informationen und Beobachtungen nur geringfügige Validität z. B. bezüglich einer Beurteilung des psychischen Zustandes einer Person besitzen, legen sie eben diese ihrer abschließenden Beurteilung zugrunde, da ihnen der Zusammenhang als besonders typisch und repräsentativ erscheint. Unterstützt werden kann die Anwendung des „Repräsentativitätsprinzips" u. a. durch das Vorhandensein „impliziter Persönlichkeitstheorien". Implizite Persönlichkeitstheorien begründen den subjektiven Inferenzprozeß von einer wahrgenommenen Eigenschaft auf das Vorhandensein einer anderen (nicht beobachteten) Eigenschaft. Implizite Persönlichkeitstheorien können sich beim Sachverständigen z. B. aufgrund fachspezifischer Erfahrungstatsachen, der „Schule", der er angehört, oder aufgrund seiner Berufserfahrung bilden (vgl. Warr u. Knapper 1968; Grabitz u. Haisch 1982).

Die Theorie sozialer Vergleichsprozesse

Insbesondere bei der Beurteilung der Schuldfähigkeit und bei Prognosen über das zukünftige Verhalten des Beschuldigten ist der Sachverständige neben objektiven Befunden aus psychologischen Tests angewiesen auf persönliche Wahrnehmungen und Einschätzungen. Um zu beurteilen, inwieweit das Verhalten einer Person normabweichend bzw. gestört ist, benötigt er eine Bezugsgröße, anhand welcher er die Abweichung feststellt. Dazu kann der Sachverständige die Person des Beschuldigten mit sich selbst vergleichen. Ergibt ein Vergleich der eigenen Meinungen, Werte und Normen mit denen des Beschuldigten „Unähnlichkeit", so kann die Beurteilung des Beschuldigten negativer und die Prognose bezüglich zukünftigen Verhaltens ungünstiger ausfallen, als wenn der Vergleich „Ähnlichkeit" ergibt.

Attributionstheorien

Für den Sachverständigen spielt die Schlußfolgerung auf Motive des Angeklagten eine zentrale Rolle. Diese Attribution enthält letztendlich die meisten Hinweise bezüglich Einsichtsfähigkeit oder Rückfallrisiko (Carroll u. Payne 1977). Auf eine zugrundeliegende Intention wird dann geschlossen, wenn einer Person zur Erreichung ihres Ziels verschiedene Wege bzw. Mittel zur Verfügung stehen und sie sich frei für ein bestimmtes Vorgehen entschieden hat („Äquifinalität"; Heider 1958), obwohl sie die Möglichkeit und Fähigkeit besitzt, auch andere Wege zu wählen und auszuführen („lokale Kausalität"; Heider 1958).

Erhält der Sachverständige über Akten oder Erzählungen des Beschuldigten die Information, daß bestimmte Verhaltensweisen des Beschuldigten bereits früher und auch unter anderen Umständen aufgetreten sind, so kann er schlußfolgern, daß dessen Verhalten relativ stabil und situationsunabhängig ist. Weiß er darüber hinaus, daß diese Verhaltensweise bei anderen Personen wenig verbreitet ist, liegt es nahe, die Ursache in der Person selbst und nicht in den Umständen zu vermuten.

Nach Kelley (1972) haben Personen für den Fall, daß sie nicht alle notwendigen Informationen einholen können, sog. kausale Schemata zur Verfügung, anhand derer sie trotz fehlender Informationen Schlußfolgerungen ziehen können. Kausale Schemata basieren auf durch Erfahrung erworbenen Vorstellungen über das Zusammenwirken von mehreren Ursachenfaktoren bezüglich bestimmter Effekte. Kelley unterscheidet hierbei zwischen „multipel hinreichendem Schema" und „multipel notwendigem Schema". Verwendet der Sachverständige bei seiner Ermittlung das multipel hinreichende Schema, so wird ihm eine gefundene Ursache ausreichen, während er bei der Anwendung des multipel notwendigen Schemas nach weiteren Ursachen für das Ereignis sucht. Bezüglich der Prognose zukünftigen Verhaltens reicht bei Anwendung des multipel hinreichenden Schemas das Vorhandensein einer potentiellen Ursache aus, um das Ereignis wieder zu erwarten, während bei Anwendung des multipel notwendigen Schemas nur ein Zusammenspiel mehrerer Faktoren das Ereignis wieder erwarten lassen würde.

Die Kooperation von Richter und Sachverständigem

Auch in der Zusammenarbeit zwischen Richter und psychologischem Sachverständigen können sich, ähnlich wie in der Betrachtung der einzelnen Entscheidungssysteme, systematische Fehler bei der Informationsverarbeitung ergeben. Hartmann (1970) gibt eine Auflistung möglicher Fehlerquellen aufgrund von Selektionen während des gesamten Begutachtungsprozesses. Als Lösung schlägt Kühne (1988) eine rechtzeitige Absprache und Präzisierung der Fragestellung zwischen Auftraggeber und Sachverständigem vor.

Psychologische Theorien zur Kooperation zwischen Richter und Sachverständigem

Bei der Frage nach der Kooperation von Richter und Sachverständigem rückt der sozialpsychologische Aspekt der Sprache deutlich in den Vordergrund. Insbesondere wenn andere deutliche Hinweise für eine Differenzierung interpersonaler Urteile fehlen, ist die Sprache bedeutsam (Giles et al. 1979) und kann Hinweise auf die Person des Sprechers geben. Entsprechende Schlußfolgerungen des Empfängers bestimmen die Interaktion entscheidend.

In der Arbeitsgruppe um O'Barr (z.B. Erickson et al. 1978) sind diese Zusammenhänge im adversarischen Kontext untersucht worden. Beispielsweise wird ein Sprecher (Zeuge) dann als glaubwürdig eingestuft, wenn er ohne Zögern und ohne Füllwörter spricht. Spricht ein Zeuge dagegen im ausführlichen Erzählstil, dann wird der Befrager (Richter, Anwalt) als wenig autoritär und Kontrolle ausübend erlebt. Dem Befrager wird darüber hinaus Sympathie zum Sprecher unterstellt, wenn er diesem z. B. den ausführlichen Erzählstil (gegenüber einem knappen Bericht) erlaubt oder wenn z. B. ein männlicher Befrager mit einer weiblichen Sprecherin interagiert.

Analysiert man diese Zusammenhänge im Austausch von Richter und Sachverständigem, dann sind die normativen Zwänge hinsichtlich des Sprachstils bei Richter und Sachverständigern verschieden und die Schlußfolgerungen dementsprechend unterschiedlich. Die verschiedenen möglichen sprachlichen Abweichungen von den normativen Zwängen sollten demnach auch zu unterschiedlichen Kontroll-, Glaubwürdigkeits-, Kompetenz- und Sympathiezuschreibungen der Kommunikationspartner untereinander führen (vgl. Hewstone 1983).

Kanouse (1972) widmete sich der Nachvollziehbarkeit der von einem Sprecher gezogenen Schlußfolgerungen. Er fand, daß Schlußfolgerungen auf der Grundlage von Aussagen über beobachtete Vorgänge leichter und schneller vom Empfänger nachvollzogen werden können als solche auf der Grundlage von Aussagen über subjektive Vorgänge, wie etwa Emotionen.

Die Theorie der kognitiven Dissonanz

Der Richter als Auftraggeber formuliert die Fragestellung aufgrund eines von ihm gebildeten Eindrucks über die zu begutachtende Person, d. h. er hat mehr oder weniger konkrete Hypothesen zum Sachverhalt, die er zu bestätigen sucht (s. oben). Entspricht nun das Gutachten nicht den Hypothesen bzw. enthält es Informationen, die dissonant zu einem vorab gebildeten Eindruck sind, so können Informationen umbewertet werden.

Dies geschieht, indem z. B. diejenigen Informationen, die konsonant zu den eigenen Hypothesen sind, mehr gewichtet werden, und diejenigen Informationen, die dissonant zu den eigenen Hypothesen sind, abgewertet werden. Widerspricht das Gutachten gänzlich dem eigenen Eindruck, kann der Richter die entstehende Dissonanz reduzieren, indem er die Kompetenz des Sachverständigen abwertet und damit die Aussage des Gutachtens in Frage stellt und im Zweifelsfall ein weiteres Gutachten in Auftrag gibt.

Einstellung und Verhalten

Die Kooperation zwischen Richter und psychologischem Sachverständigen ist häufig geprägt von einer großen sozialen Distanz zueinander. Dies läßt sich darauf zurückführen, daß der psychologische Sachverständige einerseits Stellung nimmt zu klinischen Sachverhalten, andererseits aber kein Mediziner (wie der psychiatrische Sachverständige) ist. Diese Einstellung gegenüber dem psychologischen Sachverständigen kann ein Verhalten bedingen, das eindeutig durch die affektive Komponente der Einstellung geprägt ist. Ein Richter mißtraut beispielsweise der Kompetenz des psychologischen Sachverständigen und begrenzt damit den Wert der Aussage des Gutachtens. Der psychologische Sachverständige seinerseits wird die Kompetenz des Richters etwa dann in psychologischen Fragen bestreiten, wenn Alltagserfahrungen mit psychologischem Fachwissen gleichgestellt werden. Bei der Zusammenarbeit von Richter und psychologischem Sachverständigen kann so der eigentliche Sachverhalt in den Hintergrund treten. Kühne (1988) schlußfolgert daraus, daß eine psychologische Weiterbildung von Richtern die einzige Möglichkeit sei, um eine fachkompetente Auseinandersetzung zwischen Richter und psychologischem Sachverständigen zu ermöglichen.

Die Theorie sozialer Vergleichsprozesse

Vergleicht sich ein Richter mit einem psychologischen Sachverständigen, so kann er diesen unähnlich zur eigenen Person einschätzen aufgrund des unterschiedlichen Status, unterschiedlich ausgerichteter Ausbildung oder unterschiedlicher Meinungen. Ist der Richter vom Zutreffen seiner Meinungen, Werthaltungen und Normorientierungen überzeugt, und weicht der Sachverständige davon ab, so wird der Richter den Sachverständigen als Vergleichsperson evtl. ausgrenzen. Dies wird um so eher geschehen, je unähnlicher der Sachverständige vom Richter eingeschätzt wird. Dagegen könnte die Betonung der Gemeinsamkeiten von Richter und Sachverständigem (akademische Ausbildung, Sprachniveau, etc.) eingesetzt werden, um Richtern die Sachverständigen als Bezugsgruppe für die Validierung eigener Meinungen, Werte und Normen akzeptabel erscheinen zu lassen.

Attributionstheorien

Um sich darüber klar zu werden, welchen Stellenwert die Aussagen eines vorliegenden Gutachtens haben sollen, wird der Richter sich bemühen, herauszufinden, vor welchem Hintergrund das Gutachten zustande gekommen ist. Zu diesem Zweck kann er im Rahmen einer Ursachenzuschreibung das sog. Kovariationsprinzip (Kelley 1973) anwenden. Folgt er dem Kovariationsprinzip, so wird er Informationen darüber einholen, welcher Art frühere Gutachten des Sachverständigen waren bzw. welcher Art eventuelle frühere Beurteilungen des Beschuldigten waren (Konsistenz). Darüber hinaus kann er in Erfahrung bringen, wie andere Sachkundige den gleichen Sachverhalt beurteilen (Konsensus). Letztlich wird er erfragen, ob bei der Begutachtung besondere Umstände vorgelegen haben, die ansonsten nicht vorhanden sind, um die Distinktheit zu prüfen.

Stellt der Richter fest, daß der Sachverständige auch früher bereits Gutachten in dieser Form erstellt hat, daß andere Personen seine Einschätzung nicht teilen und auch keine außergewöhnlichen Umstände vorgelegen haben, so wird er das Gutachten eher der Person des Gutachters zuschreiben und es anzweifeln. Stellt er allerdings fest, daß andere Personen die Einschätzung des Sachverständigen teilen, so wird er die Aussage des Gutachtens eher der Person des Beschuldigten zuschreiben und für glaubwürdig halten.

Diskussion

Unser Beitrag besteht zu großen Teilen in der spekulativen Anwendung ausgewählter sozialpsychologischer Theorien auf das Entscheidungssystem von Richter und Sachverständigem sowie auf die Kooperation der beiden Entscheider. Erhebliches empirisches Wissen liegt allein zur Entscheidungsfindung des Richters vor (vgl. Löschper 1989), allerdings wird auch dieses Wissen einer heftigen Kritik unterzogen, die in der Diskussion um den Stellenwert von „Simulationsstudien" großen Anteil hat (Haisch 1989).

Wir glauben, daß unser spekulativer Überblick über Möglichkeiten der Theorieanwendung zunächst einmal die potentielle Fruchtbarkeit gerade sozialpsychologischer Theorien zeigt: Ein gesamtes empirisches Forschungsprogramm im Bereich des Rechtssystems ließe sich so begründen. Wir glauben aber auch, daß unsere Schwerpunktsetzung bei den „Fehlern" in den Entscheidungen Bedeutung hat für das Zusammenspiel von Rechtswissenschaft und Psychologie. 1) Offenbar kann die Psychologie vom Recht nicht nur erfahren, wie Verhalten zu beeinflussen ist (Hommers 1983), vielmehr kann sie auch erfahren, wie Verhalten nicht zu steuern ist; insbesondere die „Fehler“ im Entscheidungsprozeß trotz weitreichender normativer Regeln können die psychologische Theoriebildung weiter anregen und gleichzeitig die ausschließlich normative Orientierung im Recht erschüttern. 2) Es ist sicherlich an der Zeit, verstärkt psychologische Ausbildungs- und Trainingsprogramme bei rechtlichen Entscheidern einzusetzen und zu evaluieren, um Fehlerquellen im Sinne der Zielsetzung des inquisitorischen Gerichtsverfahrens zu vermeiden. 3) Sicherlich wäre es ein besonders lohnendes Unterfangen, die alltagspsychologischen Entscheidungstheorien von Richtern und Sachverständigen zu erfassen und zu prüfen, ob diese mit den hier vorgestellten (und anderen) sozialpsychologischen Theorien vereinbar sind. Im Falle von empirisch gesicherten Abweichungen könnte die Psychologie vom rechtlichen Entscheidungswissen oder das Recht vom psychologischen Wissen profitieren.

Zentral wird in der Zukunft die empirische Prüfung der hier vorgestellten Theorieanwendungen sein. Dabei ist selbstverständlich entscheidend, wie „offen“ für empirische Forschung das Gerichtsverfahren ist. An anderer Stelle (Haisch 1989) wurde bereits die Relevanz von Simulationsstudien für die Theorienprüfung betont, doch ist für die externe Validität der Befunde eine Überprüfung der Theorien in der Praxis unumgänglich. Nach dem Schock, den die frühere rechtssoziologische Forschung (Opp u. Peuckert 1971; Lautmann 1972) im Recht ausgelöst hat, scheint es jetzt an der Zeit, daß Psychologie und Recht gemeinsam empirische Forschung auf der Grundlage einschlägiger Theorieperspektiven, wie etwa den oben dargestellten, betreiben.

Literatur

Abele A, Giesche S (1981) Kognitionen über Straftäter bei Justizvollzugsbeamten. Z Sozialpsychol 12:145–161

Abele A, Nowack W (1978) Welchen Zusammenhang haben Kontakt mit Straftätern und Opfererfahrung mit den Einstellungen gegenüber Straftätern? Monatsschr Kriminol Strafrechtsreform 61:229–237

Arntzen F (1970) Psychologie der Zeugenaussage. Verlag für Psychologie, Göttingen

Arold R (1977) Einstellungen zur Wirtschaftskriminalität. Kriminol J 9:48–57

Bierhoff HW, Buck E, Klein R (1989) Attractiveness and respectability of the offender as factors in the evaluation of criminal cases. In: Wegener H, Lösel F, Haisch J (eds) Criminal behavior and the justice system. Springer, New York, pp 193–210

Boerner K (1982) Das psychologische Gutachten, Beltz, Weinheim

Brusten U, Malinowski P (1983) Sozialpsychologie der polizeilichen Vernehmung. In: Lösel F (Hrsg) Kriminalpsychologie. Beltz, Weinheim, S 147–162

Bürkle J (1984) Richterliche Alltagstheorien im Bereich des Zivilrechts. Mohr, Tübingen

Caroll JS, Payne JW (1977) Crime seriousness, recidivism risk, and causal attributions in judgments of prison term by students and experts. Appl Psychol 62:595–602

Dahrendorf R (1964) Zur Soziologie der juristischen Berufe in Deutschland. Anwaltsblatt 14:216–234

Erickson B, Lind EA, Johnson BC, O'Barr W (1978) Speech style and impression formation in a court setting: The effects of 'powerful' and 'powerless' speech. J Exp Soc Psychol 14:266–279

Festinger L (1954) A theory of social comparison processes. Hum Relat 7:117–140
Festinger H (1957) A theory of cognitive dissonance. Evanston, Row Peterson
Fishbein M, Ajzen I (1975) Belief, attitude, intention and behavior. Addison-Wesley, Reading/MA
Frey D (1986) Recent research on selective exposure to information. In: Berkowitz L (ed) Advances in experimental social psychology, vol 19. Academic Press, London, pp 41–80
Giles H, Scherer K, Taylor DM (1979) Speech markers in social interaction. In: Scherer K, Giles H (eds) Social markers in speech. Cambridge Univ Press, Cambridge
Grabitz HJ, Haisch J (1982) Subjective hypotheses in diagnosis problems. In: Irle M (ed) Studies in decision making. De Gruyter, Berlin, pp 235–277
Hagan J (1975) The social and legal construction of criminal justice: A study of the pre-sentencing process. Soc Probl 22:620–637
Haisch J (1973) Informationsbewertung und Strafurteil durch Juristen und Laien. Dissertation, Universität Mannheim
Haisch J (1981) Vollständigkeit der Attributionsanalyse und Ursachen delinquenten Verhaltens: Zur Vorhersage der Strafzumessung durch Juristen und Laien. Psychol Prax 25:1–9
Haisch J (1983) Rechtspsychologische Forschung in der Bundesrepublik Deutschland. In: Lüer G (Hrsg) Bericht über den 33. Kongreß der Deutschen Gesellschaft für Psychologie in Mainz. Hogrefe, Göttingen, S 873–878
Haisch J (1989) Legal thought, attribution, and sentencing: Introduction. In: Wegener H. Lösel F, Haisch J (eds) Criminal behavior and the justice system. Springer, New York, pp 129–135
Hart HLA, Honoré AM (1959) Causation in the law. Clarendon, Oxford
Hartmann H (1970) Psychologische Diagnostik. Kohlhammer, Stuttgart
Heider F (1958) The psychology of interpersonal relations. Wiley, New York
Hewstone M (1983) The role of language in attribution processes. In: Jaspars J, Fincham FD, Hewstone M (eds) Attribution theory and research: Conceptual, developmental, and social dimensions. Academic Press, London, pp 241–259
Hommers W (1983) Zur quantitativen Theorie von Wiedergutmachungskognitionen unter Gewinnung ihrer Grundmerkmale aus der Jurisprudenz. In: Lüer G (Hrsg) Bericht über den 33. Kongreß der deutschen Gesellschaft für Psychologie. Hogrefe, Göttingen, S 588–595
Irle M (1975) Lehrbuch der Sozialpsychologie. Hogrefe, Göttingen
Jones C, Aronson E (1973) Attribution of fault to a rape victim as a function of respectability of the victim. J Pers Soc Psychol 26:415–419
Kaminski G (1970) Verhaltenstheorie und Verhaltensmodifikation. Entwurf einer integrativen Theorie psychologischer Praxis am Individuum. Klett, Stuttgart
Kanouse DE (1972) Language, labeling, and attribution. General Learning Press, Morristown/NJ
Karraß W, Asam U (1976) „Repräsentativität" und klinische Urteilsbildung. Eine Untersuchung zum Urteilsverhalten klinischer Experten. Z Exp Angew Psychol 2:240–252
Kelley HH (1972) Causal schemata and the attribution process. General Learning Press, New York
Kelley HH (1973) The process of causal attribution. Am Psychol 28:107–128
Kipnowski A (1981) Hinweise für die Gestaltung psychologischer Gutachten. Psychol Prax 4:190–193
Kühne A (1988) Psychologie im Rechtswesen. Deutscher Studien Verlag, Weinheim
Lautmann R (1972) Justiz – Die stille Gewalt. Athenäum, Frankfurt
Lautmann R, Peters D (1973) Die Ungleichheit vor dem Gesetz: Strafjustiz und soziale Schichten. Vorgänge 12:45–54
Lloyd-Bostock S (1983) Attributions of cause and responsibility as social phenomena. In: Jaspars J, Fincham FD, Hewstone M (eds) Attribution theory and research: Conceptual, developmental, and social dimensions. Academic Press, London, pp 261–292
Löschper G (1989) Relevanz psychologischer Urteilsforschung im Bereich der Rechtssprechung. Z Sozialpsychol 20:230–253
Maselli MD, Altrocchi J (1969) Attribution of intent. Psychol Bull 71:445–454
Opp KD, Peuckert R (1971) Ideologie und Fakten in der Rechtsprechung. Goldmann, München
Oswald M (1989) Schadenshöhe, Strafe und Verantwortungsattribution. Z Sozialpsychol 20:200–210

Peters D (1973) Richter im Dienst der Macht. Zur gesellschaftlichen Verteilung der Kriminalität. Enke, Stuttgart

Schünemann B, Bandilla W (1989) Perseverance in courtroom decisions. In: Wegener H, Lösel F, Haisch J (Hrsg) Criminal behavior and the justice system. Springer, New York, pp 181–192

Thibaut JW, Walker L (1978) A theory of procedure. Calif Law Rev 66:541–566

Undeutsch U (1967) Beurteilung der Glaubhaftigkeit von Zeugenaussagen. In: Undeutsch U (Hrsg) Forensische Psychologie. Verlag für Psychologie, Göttingen (Handbuch der Psychologie). Bd 11, S 26–181

Warr P, Knapper C (1968) The perception of people and events. Wiley, New York

Wegener H (1981) Einführung in die forensische Psychologie. Wissenschaftliche Buchgesellschaft, Darmstadt

Wegener H, Köhnken G, Steller M (1988) Recht. In: Frey D, Hoyos CG, Stahlberg D (Hrsg) Angewandte Psychologie. Psychologie Verlags Union, Weinheim, S 343–362

Ethik des Sachverständigen

Hans-Bernhard Wuermeling

Eine der wichtigsten Grundhaltungen des Arztes ist das Wohlwollen, das er seinem Patienten entgegenbringt und mit dem dieser fest rechnet. Vom Arzt wird erwartet, daß er für seinen Patienten Partei ergreift, nicht nur gegen die Krankheit, sondern auch gegen deren Ursachen; wenn diese im zwischenmenschlichen Bereich liegen, dann erwartet der Patient, daß er im Arzt auch dort einen Bundesgenossen hat, der für seine, des Patienten, Interessen eintritt und der die Interessen anderer nachrangig oder am besten überhaupt nicht wahrnimmt. Im Rahmen des Arzt-Patienten-Verhältnisses wird dieses Wohlwollen und die Erwartungshaltung, auf die es antwortet, für richtig gehalten, ja geradezu als grundlegend dafür angesehen, daß die Beziehung zwischen Arzt und Patient auf ihr Ziel hin, nämlich Heilung oder Hilfe für den Patienten zu bringen, gelingt. Ethik ist die Wissenschaft vom richtigen, also gelingenden Verhalten des Menschen. Das Wohlwollen des Arztes und seine Parteilichkeit werden als „ethisch" angesehen, weil es zum Gelingen des ärztlichen Handelns gehört.

Im Gegensatz dazu wird vom Sachverständigen Unparteilichkeit gefordert. Er darf demjenigen, dem er bei der Untersuchung gegenübersteht, kein Wohlwollen im Sinne des Arzt-Patienten-Verhältnisses entgegenbringen. Er soll vielmehr lediglich der Wahrheitsfindung dienen.

Für den ärztlich Erzogenen stellt die Anforderung, als Sachverständiger tätig zu sein, deshalb ethisch etwas Ungewohntes dar. Er muß aus seiner traditionellen Rolle heraustreten und sich nur der Wahrheit verpflichtet fühlen. Nur dadurch wird er seiner Aufgabe, bei der Wahrheitsermittlung in sozialen Konflikten mitzuwirken, gerecht. Das Wohlwollen, das er sonst seinen Patienten entgegenbringt, wird sich deshalb auf letztlich unverbindliche Höflichkeit verkürzen müssen.

Gelingt dem Arzt diese Einstellungsänderung, so ist damit die Erwartungshaltung des Untersuchten noch keine andere geworden. Ihm fällt es noch schwerer als dem Arzt, sich des Unterschiedes der Situation gewärtig zu sein. Er erwartet von seinem ärztlichen Gegenüber, daß er auch in der Gutachtersituation wohlwollende Zuneigung entwickelt. Die Bereitschaft des Probanden, mit dem Untersucher zu kooperieren, hängt mit dieser Erwartungshaltung zusammen. Sie ist nicht situationsgerecht.

Der Arzt als Sachverständiger wird sich deshalb nicht nur der eigenen Änderung der Rolle bewußt sein müssen. Vielmehr wird er darüber hinaus auch seinem Probanden in geeigneter Form zu vermitteln haben, daß ein Arzt-Patienten-Verhältnis in der vom Patienten erwarteten Weise nicht vorliegt. Diese Forderung ist für den Arzt um so schwerer, als er erwarten muß, daß bei richtiger „Aufklärung" in diesem Sinne die Kooperationsbereitschaft seines Probanden schwinden wird. Weiter kompliziert wird die Situation zwischen Arzt und Proband häufig dadurch, daß die Untersuchung informations- oder behandlungsbedürftige Tatbestände aufdeckt. Zu denken ist etwa an einen Infektionsverdacht nach einer Vergewaltigung oder an Verletzungen. Als Sachverständigem obliegt dem Arzt in diesem Falle keine Pflicht. Als derjenige, der von einem behandlungsbedürftigen Zustand einzig Kenntnis bekommt, ist er aber in seiner Funktion als Arzt zum Handeln verpflichtet. Die Rolle des Sachverständigen und des Arztes können in einer solchen Situation kollidieren.

Aus der Struktur des Verhältnisses zwischen dem Sachverständigen und dem Probanden ergibt sich zunächst weder ein Recht des Probanden auf Information noch eine Pflicht des Sachverständigen, den Probanden zu informieren. Da aber der Sachverständige als Arzt seine Rolle als Arzt nicht einfach aufgeben kann, und da der Patient nicht einfach ein zu untersuchendes Werkstück, sondern ein als Person zu respektierender Mensch ist, spielt das Arzt-Patienten-Verhältnis auch ohne eigenen Behandlungsvertrag immer wieder in das Verhältnis zwischen Sachverständigem und Arzt hinein.

Auch bezüglich der Schweigepflicht und des Schweigerechtes sind die Verhältnisse zwischen dem Sachverständigen und seinem Probanden anders als die zwischen Arzt und Patient. Der Auftraggeber des Sachverständigen hat Anspruch auf die Information, die aus der Sachverständigentätigkeit entsteht. Ihm gegenüber besteht prinzipiell kein Schweigerecht, und dem Probanden gegenüber besteht ebenso prinzipiell keine Schweigepflicht. Dennoch führt die Untersuchung des Sachverständigen häufig zu Informationen, die gesundheitlicher Art sind, die Geheimnisse darstellen und die für die vom Sachverständigen zu beantwortende Frage nicht oder nicht unmittelbar von Bedeutung sind. Ethisch muß man für solche Geheimnisse durchaus Schweigepflicht und Schweigerecht annehmen.

Es sei dies an einem Beispiel aufgezeigt: Für eine Vaterschaftsfeststellung ist die Genotypaufklärung des Präsumptivvaters erforderlich. Dazu werden dessen Eltern untersucht. Die Untersuchung deckt auf, daß der Vater des Präsumptivvaters nicht sein biologischer Vater sein kann. Diese Tatsache ist, für sich gesehen, für die dem Sachverständigen gestellte Frage, ob der Präsumptivvater der biologische Vater des kleinen Kindes ist, nicht von Bedeutung. Von Bedeutung ist lediglich, daß die verwandtschaftlichen Verhältnisse die Genotypaufklärung nicht zulassen. Dies wird deshalb die notwendige, aber auch hinreichende Aussage des Sachverständigen sein, der sich über die Gründe dazu ausschweigen kann. Es wäre völlig unverhältnismäßig, viele Jahre zurückliegende Vorgänge und dadurch begründete Verhältnisse aufzudecken, die das Lebensglück der beteiligten Menschen erheblich stören könnten.

Generell läßt sich sagen, daß Geheimnisse des Probanden oder anderer beteiligter Personen, die im Rahmen einer Sachverständigentätigkeit aufgedeckt werden, der Schweigepflicht unterliegen, sofern sie für die Beantwortung der Beweisfrage nicht von Bedeutung sind. Eine Besonderheit kann auch sein, daß eine Entbindung von der Schweigepflicht deshalb nicht in Frage kommt, weil sie nur in Kenntnis des aufgedeckten Geheimnisses erfolgen könnte, dessen Aufdeckung ja gerade vermieden werden soll.

Auf der anderen Seite ist es selbstverständlich, daß relevante Geheimnisse der Schweigepflicht nicht unterliegen können. Dies ist z. B. von praktischer Bedeutung da, wo die Sektion eines nach Unfall Verstorbenen dessen Alkoholisierung ergab. Der Lebensversicherer beispielsweise, dem gegenüber der Versicherte zu Lebzeiten alle vor und nach dem Tode wirkenden Ärzte von der Schweigepflicht entbunden hat, hat einen Anspruch auf Mitteilung dieses Ergebnisses. Es kann auch dann nicht zurückgehalten werden, wenn die Sektion zunächst nicht im Auftrage des Versicherers erfolgte.

Als besonderes Problem wird heute der Umgang mit der Information über eine HIV-Infektion betrachtet, die ja auch bei der Sachverständigentätigkeit entdeckt werden kann. Es gilt dafür das Gesagte, und zwar dem Patienten gegenüber aus der Arztpflicht und dem Auftraggeber gegenüber je nach Sachlage aus der ärztlichen Schweigepflicht.

Ethische Probleme der Sachverständigentätigkeit gibt es bereits bei deren Beginn, nämlich in der Übernahme eines Sachverständigenauftrages. Viele Sachverständige lehnen es ab, für Private tätig zu werden. Sie übernehmen Aufträge von Institutionen und Gerichten. Zweifellos ersparen sie sich damit sehr viele Konflikte. Wer aber zum Sachverständigen öffentlich bestellt ist oder so zu handeln pflegt wie ein öffentlich bestellter Sachverständiger, muß jedem, der ihn darum fragt, mit seinem Sachverstand zur Verfügung stehen und kann seine Dienste nicht auf bestimmte Einrichtungen beschränken.

Dagegen kann der Sachverständige von jedem seiner Auftraggeber verlangen, daß er über den Sachverhalt, der zugrunde liegt, so ausführlich wie möglich informiert wird. In der Regel bedeutet dies Akteneinsicht. Die Beantwortung von Einzelfragen ohne Kenntnis der Zusammenhänge mag von manchen Auftraggebern gerne gewünscht werden. Wird aber die Kenntnis des Gesamtzusammenhanges dem Sachverständigen verweigert, so geschieht dies gewöhnlich, um seine Aussage passend zu machen oder gar zu mißbrauchen. Dieser Gefahr braucht sich ein Sachverständiger nicht auszusetzen. Eine Verweigerung eines Gutachtens wegen unzureichender Vorinformation oder z. B. mangelnder Akteneinsicht ist deswegen ohne weiteres vertretbar.

Hinsichtlich des Ausmaßes und der Tiefe der angestellten Untersuchungen kann man sich als Sachverständiger ebenso wie als Arzt außerordentlich verschieden verhalten. Die Intensität der Untersuchung ist in jedem Falle irgendwo begrenzt. Die Grenzziehung erfolgt nicht ohne Willkür. Die Kunst, das Angemessene und Verhältnismäßige herauszufinden, ist auch hierfür gefordert.

Da eine systematische Ethik des Sachverständigen noch nicht existiert, wird hier versucht, vor dem Hintergrund des Arzt-Patienten-Verhältnisses Besonderheiten im Verhältnis zwischen dem Sachverständigen und dem Probanden aufzudecken. Dabei wird erkennbar, daß der Arzt als Sachverständiger aus seiner Rolle als Arzt nie ganz heraustreten kann.

Situation und Tendenzen der forensischen Psychiatrie *

Hans-Joachim Rauch

Die forensische Psychiatrie befindet sich in einer schwierigen Lage; sie kämpft um ihre Existenzberechtigung – und dies, obwohl die Dienste der forensischen Psychiater heutzutage von den Gerichten häufiger beansprucht werden als in früheren Jahrzehnten. Vielleicht ist dies sogar der Hauptgrund für die verstärkte Kritik, die von den sog. Nachbarwissenschaften, den anderen Psychowissenschaften (beides die wirklichen Verhältnisse und Beziehungen verschleiernde Ausdrücke), der Rechtswissenschaft und der Rechtspraxis an ihr geübt wird, weil dadurch ihre Mängel und Schwächen um so deutlicher in das Bewußtsein der Öffentlichkeit treten, etwa die Unsicherheiten vieler kurativ tätiger Psychiater über die Rolle als gerichtliche Sachverständige, das geringe Verständnis für Rechtsprobleme, das die meisten Psychiater allerdings mit den Ärzten anderer Fachrichtungen außer den Rechtsmedizinern teilen, die häufig oberflächliche Beschäftigung mit theoretischen Fragen, die Neigung, die Bedeutung des eigenen Einzelfalls zu überschätzen infolge des Fehlens kriminologischer Kenntnisse. Von den praktisch tätigen Juristen wird vorzugsweise auf die Widersprüche hingewiesen, die sie regelmäßig in den Gutachten zweier Sachverständiger über denselben Täter zu finden glauben. Dabei übersehen sie, daß sich die psychiatrischen Sachverständigen meistens, auch wenn sie aus verschiedenen psychiatrischen Schulen kommen, über die medizinische Diagnose einig sind. Differenzen ergeben sich erst bei der Wertung der Befunde, bei dem Versuch darzustellen, wie die diagnostizierte Störung sich auf das Verhalten des Probanden auswirkt, also bei den Fragen nach der Einsichtsfähigkeit und der Steuerungsfähigkeit des Täters. Manche Juristen, v. a. wohl Rechtslehrer, sprechen dem psychiatrischen Sachverständigen die Kompetenz ab, ein solches „laienhaftes Rechtsgutachten" zu erstatten, z. B. Sarstedt (1968) (dazu Rauch 1968 oder Blau 1989): „Die richterliche Kompetenz beginnt also nicht erst im zweiten Stockwerk des § 20, wo sie fast unbestritten ist", sondern, so meint Blau, schon bei der Aufzählung der exkulpationsfähigen psychischen Ausnahmezustände sei methodologische Gesinnung der Juristen unerläßlich. Von den Psychiatern vertreten Haddenbrock (1972) und Glatzel (1985) die Auffassung, daß es sich sowohl bei den Eingangsmerkmalen als auch bei den Begriffen Einsichtsfähigkeit und Steuerungsfähigkeit um reine Rechtsbegriffe handle, über die sich der psychiatrische Sachverständige nicht zu äußern habe. In der Praxis wird dagegen von den Gerichten meist schon im Gutachtenauftrag –

---

* Die ausführliche Fassung dieses Beitrags kann vom Autor angefordert werden.

es wird um die Erstattung eines fachärztlichen Gutachtens über den Geisteszustand und die strafrechtliche Verantwortlichkeit des Täters zur Zeit der Tat gebeten – der Sachverständige aufgefordert, seine Meinung über die Auswirkungen des von ihm festgestellten psychischen Krankheitszustandes auf das Verhalten mitzuteilen. Damit hilft er dem Richter bei dessen Entscheidung über das Vorliegen von Schuldunfähigkeit oder verminderter Schuldfähigkeit, greift aber nicht in seine Kompetenzen ein, weder durch seine private Beweiswürdigung, die er nach anderen Gesichtspunkten vornimmt als der Richter, noch bei der juristischen Bewertung des Täterverhaltens, denn das Gutachten ist nur ein Vorschlag, der angenommen oder verworfen werden kann, es bindet das Gericht nicht. Bei der Diskussion der Frage, ob der psychiatrische Sachverständige die Schuldfähigkeit des Täters in seine gutachterliche Beurteilung einbeziehen soll, wird nach meiner Ansicht übersehen oder jedenfalls nicht genug betont, daß die bloße Mitteilung der Befunde – wie es im Kopfe des Angeklagten zur Zeit der Tat ausgesehen hat – oder die aufgrund der Befunde gestellte medizinische Diagnose dem Richter ein Urteil über die Schuldfähigkeit noch nicht ermöglicht. Denn die krankhafte psychische Störung zwingt zur Exkulpierung bzw. Dekulpierung nur, wenn sie die Persönlichkeitsstruktur zerstört, zerrüttet bzw. erschüttert hat, also eine solche Persönlichkeitsveränderung eingetreten ist, daß der Täter nicht mehr als „Normenadressat" betrachtet werden kann. Hier liegt nach meiner Ansicht die zentrale Aufgabe des Sachverständigen. Den Schweregrad der Erkrankung, d. h. die durch sie verursachte Beeinträchtigung psychischer Funktionen von Aktions- und Reaktionsmöglichkeiten kann nur der im Umgang mit psychisch Kranken erfahrene Psychiater schätzen, der in seiner beruflichen Tätigkeit zahlreiche psychisch gestörte Patienten untersucht und beobachtet hat, der die wissenschaftliche Literatur kennt und der auch weiß, was in Gesetzgebung und Rechtsprechung unter den Rechtsbegriffen Einsichtsfähigkeit und Steuerungsfähigkeit, unter aufgehobener oder verminderter Schuldfähigkeit verstanden wird. Solche Kenntnisse erleichtern die Kommunikation mit den Juristen und helfen Mißverständnisse zu vermeiden, die aus der Doppelnatur der Eingangsmerkmale als medizinisch-diagnostische Oberbegriffe und – da sie in einem Gesetzestext stehen – als Rechtsbegriffe entstehen können. Beschränkte sich die Tätigkeit psychiatrischer Sachverständiger auf die Erhebung von psychischen Befunden, auf die Diagnosestellung und auf die Einordnung des psychopathologischen Befundes unter eines der Eingangsmerkmale, so genügte die Qualifikation sagen wir als Facharzt, um als qualifizierter psychiatrischer Sachverständiger im Gerichtssaal aufzutreten. Alle an einem Strafprozeß Beteiligten sind sich aber, liest man die kritische Literatur, darin einig, daß diese Annahme nicht zutrifft.

Die ständige, sich allmählich im Kreis drehende, mit wiederkehrenden Argumenten arbeitende Diskussion über die Stellung des psychiatrischen Sachverständigen im Prozeß könnte eingedämmt werden, wenn die Beteiligten sachlicher argumentierten, nicht so viel theoretisierten und berücksichtigten, daß Veränderungsvorschläge praktikabel sein sollen. Damit ist gemeint, daß die Tätigkeit des psychiatrischen Sachverständigen den Prozeßablauf nicht verzögern oder auf andere Weise behindern sollte, aber auch, daß der Richter nicht zuviel Information von ihm erwarten sollte, insbesondere über die Persönlichkeitsstruktur, über die Art der Motivation, aber auch über Details der psychischen Verfassung des

Angeklagten zur Tatzeit. Je farbiger, je nuancenreicher das Bild ist, das der Sachverständige von den Vorgängen im Kopfe des Angeklagten zur Tatzeit malt, desto sicherer kann der Richter sein, daß es sich um subjektive Deutungen handelt, die von gewissen psychologischen Theorien oder Ideologien vorgegeben sind und sich nicht auf durch Untersuchungen gewonnene Fakten, wozu auch die in der Exploration gemachten Angaben des Probanden gehören, belegt werden können. Der Richter sollte darauf achten, daß der Sachverständige seinen Untersuchungsbefund anschaulich darstellt, wozu gehört, daß er an Beispielen erläutert, an welchen sprachlichen Äußerungen z. B. er formal eine Denkstörung festgestellt hat oder aufgrund welcher emotionaler Reaktionen er Gemütsarmut des Angeschuldigten annimmt. Der Sachverständige sollte selber die Grenzen seiner Kompetenz im Strafprozeß beachten. Er sollte sich zwar auch zu der Frage äußern, welche Auswirkungen die von ihm diagnostizierte psychische Störung auf das Verhalten des Täters im allgemeinen, nicht nur auf das strafrechtlich relevante Verhalten, ausübt, weil er, wenn er ein kompetenter Sachverständiger ist, aus seinem ständigen beruflichen Umgang mit psychisch Kranken (und die in der wissenschaftlichen Literatur niedergelegten Erfahrungen anderer ausnutzend) Erfahrungen darüber gesammelt hat; er sollte es aber ablehnen, sich zu Fragen zu äußern, deren Beantwortung allein den Juristen zusteht, etwa die Frage nach der sozialen Schädlichkeit eines wahrscheinlich rückfälligen Täters. Es geht den psychiatrischen Sachverständigen auch nichts an, ob etwa ein affektiver Erregungszustand oder ein Alkoholrausch selbstverschuldet war. Der Sachverständige sollte sich nicht scheuen, auf gewisse Erfahrungssätze, die in der Psychiatrie erarbeitet worden sind, zurückzugreifen [Anmerkung: Anderer Ansicht ist Glatzel (1985), der behauptet, es gebe in der Psychiatrie keine allgemeinen Erfahrungssätze.] – etwa über den Verlauf von psychischen Krankheiten, die es dem Sachverständigen ermöglichen, Rückschlüsse von dem Untersuchungsbefund auf die geistige Verfassung des Täters zur Tatzeit zu ziehen. Es erleichtert die Verständigung zwischen Richter und Sachverständigem, wenn dieser nicht in jedem Einzelfall erläutern muß, warum die diagnostizierte Psychose die Einsichtsfähigkeit oder Steuerungsfähigkeit beeinträchtigt. Wenn sich der Sachverständige dabei juristischer Ausdrücke bedient, bedeutet das keineswegs eine Kumpelei zwischen forensischer Psychiatrie und Justiz, wie ein solches Verhalten von mancher Seite ausgelegt wird (z. B. Moser 1972). Die Verständigungsschwierigkeiten und die Kompetenzstreitigkeiten zwischen Juristen und Ärzten waren und sind verhältnismäßig gering, solange es überwiegend um die Schuldfähigkeitsbeurteilung solcher Täter geht, die an einer medizinisch definierten psychischen Krankheit leiden, die sich nicht ausschließlich durch und bei Begehung einer Straftat manifestiert. Die Festschreibung von Persönlichkeitsstörungen, Triebabweichungen usw. als u. U. die Schuldfähigkeit möglicherweise beeinträchtigende oder aufhebende schwere psychische Abartigkeit und die Umbewertung der Bewußtseinsstörung in eine Besonnenheitsstörung (Glatzel 1985) hat die Zusammenarbeit zwischen Psychiatern und Juristen erschwert, zumal sie von Psychologen und Soziologen als Aufforderung betrachtet wird, sich der Schuldfähigkeitsbegutachtung anzunehmen. Diese Entwicklung ist historisch verständlich. Die Forderung, psychisch Kranke für ihre rechtswidrigen Handlungen nicht verantwortlich zu machen, ist nicht von ärztlicher Seite zuerst erhoben worden, sie entsprach der Volksmeinung, sie ist ein

Resultat der vielgeschmähten Vulgärpsychologie. Lange ehe sich die Psychiatrie als wissenschaftliches medizinisches Fach etablierte und psychische Störungen und psychische Krankheiten operativ differenzierte und klassifizierte, bestimmte die Volksmeinung, welche auffälligen Verhaltensweisen Zeichen von Verrücktheit seien. Der Exkulpierung solcher Täter stimmte und stimmt auch heutzutage die öffentliche Meinung zu. Damit wird aber auch die nach meiner Ansicht unabdingbare Forderung erfüllt, daß die psychische Krankheit in der forensischen Psychiatrie nach denselben Regeln diagnostiziert wird wie in der kurativen Psychiatrie, also aufgrund des Nachweises typischer krankheitsspezifischer Symptome, und daß nicht aus der angeblichen Motiv- und Sinnlosigkeit der Tat, aus der angeblichen Unvereinbarkeit der Tat mit der Persönlichkeit des Angeschuldigten, aus der angeblichen Widersprüchlichkeit zwischen der Tat und der bisherigen Lebensführung trotz des Fehlens von eindeutigen Krankheitssymptomen durch Umdeutung normaler Reaktionen und Verhaltensweisen in psychopathologische Phänomene spekulativ auf eine psychische Krankheit geschlossen wird. Das Letztere wäre ein Rückfall in verflossene Zeiten, denn bis sich das naturwissenschaftliche Denken in der Medizin durchsetzte, wurden Psychopathien, Variationen des Sexualtriebs usw. als psychische Krankheiten definiert mit der Folge ihrer Exkulpierbarkeit. Erst der Durchbruch des naturwissenschaftlichen Denkens, dem sich auch die Psychiater nicht entziehen konnten, brachte eine klare wissenschaftlich begründete Trennung zwischen psychischen Krankheiten und anlagemäßigen Variationen der Persönlichkeit (Psychopathie, Schwachsinn, abnorme Erlebnisreaktionen), die in dem psychiatrischen Krankheitsbegriff Schneiders (1948) formuliert wurde. Im Zuge der Psychologisierung der gesamten Medizin, also auch der Psychiatrie, wurde – z. T. erfolgreich – versucht, diese Entwicklung rückgängig zu machen.

Dazu ist festzustellen: Entgegen der Ansicht von Jaspers (1965) braucht auch der praktisch tätige Arzt einen Krankheitsbegriff. Zwar behandelt auch er keine abstrakte Krankheit, sondern einen realen kranken Menschen, will er aber kausal behandeln, und das ist heutzutage besonders in der Psychiatrie in einem größeren Umfange möglich als zu Japsers' Zeiten, muß er wissen, ob und welche morphologischen und/oder funktionellen Veränderungen den geklagten Beschwerden und den objektiven Symptomen zugrunde liegen, denn davon hängt die Art der Therapie ab. Die bei endogen-depressiven Verstimmungszuständen wirksame Elektroschocktherapie geriet in Verruf, als nach ihrer Einführung übereifrige und kritiklose Ärzte nach der Devise „Verstimmung gleich Verstimmung“ ohne sorgfältige differentialdiagnostische Bemühungen jede depressive Verstimmung, sei es eine abnorme Erlebnisreaktion, sei es Trauer über den Verlust eines Angehörigen, und sogar depressive Psychopathen mit Elektroschock behandelten, selbstverständlicherweise ohne den gewünschten Heileffekt zu erzielen. Daß der naturwissenschaftliche psychiatrische Krankheitsbegriff dem praktizierenden Psychiater eine gute Hilfe bei der Indikationsstellung der Therapie und bei der Verlaufsprognose sein kann, wird eigentlich nur noch von Antipsychiatern, von Sozialpsychiatern und radikal-psychologisch eingestellten Ärzten bestritten. Manche von ihnen gehören zu dem Antipsychiatertyp, den Kisker (1979) als Konventionalpsychiater bezeichnet, nämlich Menschen mit Psychiatrieerfahrung, die psychiatrisch konventionell arbeiten, aber Antipsychiatrie schreiben.

Venzlaff (1986) und andere in ihrem Selbstverständnis fortschrittliche und liberale Psychiater lehnen diesen für die forensische Psychiatrie angeblich relativ bequemen, für die Juristen „in seiner einmaligen Simplifizierung problemlos überschaubaren Krankheitsbegriff“ ab. Venzlaff (1986, S. 343 ff.) weist darauf hin, daß er schon früher von bedeutenden Psychiatern wie Kretschmer, Bleuler, Bürger-Prinz, Ewald u. a. wegen seiner angeblich formalistischen Dogmahaftigkeit nicht akzeptiert worden sei. Venzlaff beschuldigt die klassische klinische Psychiatrie, den Fortschritten der Psychiatrie im Bereich der gerichtlichen Gutachtertätigkeit nicht Rechnung getragen zu haben, drückt sich aber nicht klar aus, welche Fortschritte er damit meint; es würde ihm auch schwerfallen, echte Fortschritte der forensischen Psychiatrie festzustellen. Was er wohl als Fortschritt versteht (die Anerkennung von Persönlichkeitsvarianten, abnormen Erlebnisreaktionen, Sexualdeviationen und Neurosen als psychische Krankheiten), ist nur eine Umbewertung altbekannter psychischer Verfassungen in bezug auf die Schuldfähigkeit. Weder in der Psychologie noch in der Psychopathologie gibt es neue, bisher unbekannte psychische Phänomene zu entdecken. So erwartet zwar Köhler (1987) von den in den letzten Jahren explosionsartig angesammelten phänomenologisch-klinischen und biologisch-orientierten Daten die Konsequenz, daß dadurch eine nicht geringe Anzahl von Personen mit sog. neurotischen Zustandsbildern als krank im strengen medizinischen Sinne zu erfassen seien, erwartet aber nach seiner Formulierung den Fortschritt der Erkenntnis mit Recht von der biologischen, nicht der psychologischen Forschung.

Die Schwierigkeit im Umgang mit dem psychiatrischen Krankheitsbegriff, der klar formuliert und überzeugend begründet ist, rührt nach meiner Ansicht daher, daß er mit den Wunschvorstellungen mancher Psychiater und Psychologen nicht übereinstimmt. Die Existenz psychischer Krankheiten ist ein Präpositum, ein Faktum, das nicht zu bestreiten, nicht wegzudefinieren ist, ebensowenig wie die zerstörerische Wirkung der psychischen Krankheiten auf die Persönlichkeit, die Affektivität, den Antrieb und/oder die Intelligenz. Man sollte sich allerdings bei der Definition der psychischen Krankheiten nicht bevorzugt auf die endogenen Psychosen beziehen, weil ihre Ursache und Pathogenese noch nicht genügend aufgeklärt sind. Das Musterbeispiel einer Psychose ist etwa die progressive Paralyse, bei der Ätiologie, Pathogenese, psychopathologische Symptomatologie, pathophysiologische und morphologische Veränderungen sowie Verlauf und Ausgang bekannt sind. Niemand kann vernünftigerweise bezweifeln, daß bei der Paralyse die psychopathologischen Symptome durch die körperlichen Veränderungen verursacht werden; niemand kann bezweifeln, daß der körperliche Krankheitsprozeß zu einer Zerstörung der Persönlichkeit führt, zumindest zu einer defektuösen Persönlichkeitsveränderung, wenn er rechtzeitig durch Behandlung gestoppt werden kann. Im Falle einer symptomatologisch ausgeprägten Paralyse ist tatsächlich die Frage der Schuldfähigkeit durch die psychiatrische Diagnose vorentschieden. Die Diagnose, die sich vorwiegend auf körperliche Befunde stützt, beantwortet die Frage des „zweiten Stockwerks“ nach der Einsichts- und der Steuerungsfähigkeit verneinend. Auch wenn man nach dieser Regel vorgeht, bleiben für den Sachverständigen und für den Richter noch genügend Probleme zu lösen: Diagnostische Probleme für den Sachverständigen bei einer beginnenden Psychose, bei einer Psychose im Prodromalstadium, bei einer abgelaufenen oder abgeheilten Psychose; für den Richter die Frage nach dem Schweregrad der jeweilig festgestellten psychopathologischen Veränderungen, der von dem Stadium des Krankheitsprozesses abhängig ist. Das aber sind praktische und keine grundsätzlichen Schwierigkeiten. Wird eine psychische Krankheit mit ausgeprägter und spezieller psychopathologischer Symptomatik diagnostiziert, ist es weder notwendig noch sinnvoll, wie Glatzel (1985) es verlangt, einen psychisch kausalen Zusammenhang zwischen Krankheitssymptomen und Tat durch psychodynamische Überlegungen herzustellen, um die Exkulpation des Täters zu begründen. Nicht der Nachweis des motivischen Zusammenhangs zwischen Tat und Krankheit, sondern nur der zeitliche Zusammenhang, das zeitliche Zusammentreffen zwischen psychischer Störung und Tat wird im Gesetzestext gefordert.

Für die Erhellung der Motivationszusammenhänge ist man weitgehend auf die Mitarbeit des Probanden angewiesen, allerdings nicht davon abhängig; verweigert er die Mitarbeit, so wäre allerdings nach Glatzel u.a. eine sachgerechte Begutachtung nicht durchführbar. (Bemerkung: Tiefenpsychologische Sachverständige halten sich oft nicht an diese Regel, sie pflegen in solchen Fällen ein farbiges Bild der psychodynamischen Zusammenhänge zu entwerfen, auch wenn sie sich nicht auf Angaben des Patienten in einer „nach analytischen Gesichtspunkten durchgeführten Exploration“ stützen können. Sie wissen auch ohne Exploration, wie es im Kopf des Täters ausgesehen hat.) Es gibt noch eine Reihe anderer Gründe, die es richtig erscheinen lassen, in der forensischen Psychiatrie an dem psychiatrischen Krankheitsbegriff festzuhalten. Von vielen psychischen Krankheiten sind typische Verlaufsformen bekannt; das erleichtert dem psychiatrischen Sachverständigen, vom Zeitpunkt der Untersuchung auf die oft Monate zurückliegende Tatzeit zurückzuschließen. Bei den nichtpsychotischen psychischen Störungen, die unter das vierte Merkmal der schweren seelischen Abartigkeit zu subsumieren sind, gibt es derartige Regelverläufe selbstverständlicherweise nicht, es liegt ihnen kein Krankheitsprozeß zugrunde. Im Bereich der endogenen Psychosen erleichtert die Anwendung des psychiatrischen Krankheitsbegriffes auch die Verständigung zwischen Richter und Sachverständigem. Der Sachverständige braucht nicht in jedem Einzelfalle aufgrund der in diesem Falle gefundenen Symptome das Gericht davon zu überzeugen, daß der Angeklagte die Realitätskontrolle verloren hat. Der Verlust der Realitätskontrolle bzw. ihre Beeinträchtigung gehört zur Definition des Begriffs „psychische Krankheit“.

Die Gegner des psychiatrischen Krankheitsbegriffs (Venzlaff 1986; Mende 1986; Tölle 1979 usw.), auch Haddenbrock (1972) u.a. begründeten ihre Ablehnung damit, daß dieser Krankheitsbegriff zu eng sei, er umfasse nicht die anderen psychischen Störungen, welche angeblich die Persönlichkeit ebenso zerstörten oder erschütterten oder zerrütteten wie die psychischen Krankheiten, und schlössen dadurch die Straftäter, die an einer dieser Störungen leiden, von der Exkulpierung aus. Dadurch werde ein Unterschied gesetzt in der strafrechtlichen Behandlung psychisch kranker und nicht psychisch kranker, aber abnormer Rechtsbrecher, der dem Rechtsdenken widerspreche, welches nicht danach fragen dürfe, wie eine psychische Anomalie entstanden sei, und ihre Krankhaftigkeit nicht von ihrer Ursache abhängig machen, sondern nur danach fragen dürfe, ob die psychische Anomalie ein normenentsprechendes Verhalten des Täters unmöglich gemacht oder erheblich erschwert habe.

Darauf ist zu erwidern: Die Frage, ob die festgestellte oder besser hypostasierte psychische Anomalie es dem nicht psychisch kranken Täter unmöglich gemacht habe, sich zu einem bestimmten Zeitpunkt normengerecht zu verhalten, kann wissenschaftlich nicht beantwortet werden. Auch der an einer psychischen Krankheit Leidende handelt nicht ständig normenwidrig, er braucht auch nicht ständig psychopathologische Symptome zu bieten, manche Symptome sind z. B. situationsabhängig. Wir wissen aber aus Erfahrung, daß der Krankheitsprozeß weiter läuft, daß er die Persönlichkeit verändert – erschüttert, sagt man bildhaft – und daß er die Persönlichkeit zerstören kann. Chronisch Schizophrene, schizophrene Endzustände, demente Patienten, die als Dauerpatienten in den psychiatrischen Landeskrankenhäusern betreut werden müssen, beweisen die persönlichkeitszerstörende Kraft psychotischer Krankheitsprozesse. Es ist daher eine logische Folgerung, daß man den Tätern, bei denen man z. Zt. der Tat Symptome einer solchen zur Persönlichkeitszerstörung führenden Krankheit festgestellt hat, ihr rechtswidriges Verhalten nicht zurechnet. Bei Personen mit sog. Triebabweichungen usw. kennt man solche, die Persönlichkeit objektiv nachweisbar zerstörende Verläufe nicht. In den Landeskrankenhäusern findet man daher auch keine „neurotischen Endzustände“ oder „chronische Psychopathen“, die wegen ihrer schweren seelischen Abartigkeit der Daueranstaltspflege bedürfen, obgleich die Zahl der Menschen mit neurotischen Störungen oder psychopathischen Charakterauffälligkeiten in der Bevölkerung sicher sehr viel höher ist als die der psychisch Kranken, von den Alterskrankheiten abgesehen, so daß eine hohe Anzahl „zerstörter Persönlichkeiten“ in den Landeskrankenhäusern als Langzeit- und Dauerpatienten zu erwarten wäre, deren Persönlichkeitsschädigung nicht auf endogene oder exogene Psychosen zurückzuführen ist. Die unter der Formel schwere seelische Abartigkeit zusammengefaßten abnormen Verfassungen erzeugen also höchstens eine vorübergehende Erschütterung der Persönlichkeit, aber keine dauernde und irreversible Zerstörung. Dieser Erkenntnis wurde auch in einem der früheren Entwürfe der Strafrechtskommission Rechnung getragen. Die später unter dem Begriff schwere seelische Abartigkeit zusammengefaßten abnormen Zustände oder Verfassungen sollten nur eine verminderte Schuldfähigkeit begründen. Die jetzige Gleichstellung mit psychischen Krankheitszuständen ist das sachlich unbefriedigende Ergebnis eines Kompromisses zwischen psychiatrischen und psychologischen Sachverständigen, die von dem Ausschuß angehört wurden. Dieser Kompromiß hat die Schuldfähigkeitsbeurteilung von abnormen Persönlichkeiten usw. nicht erleichtert, wie bei der Neufassung der Schuldfähigkeitsparagraphen beabsichtigt war. Sie hat den Eifer mancher Psychiater und anderer „Psychowissenschaftler“ verstärkt, immer mehr Gesetzesbrecher als psychisch krank abzustempeln, obgleich es sich bei dem vierten Eingangsmerkmal ausdrücklich um eine nicht krankhafte seelische Störung, sondern um seelische Abartigkeit handeln soll. Aber ein Mensch ist seelisch krank, wenn er nicht fähig ist, einen Verstoß gegen die einfachsten Regeln menschlichen Verhaltens als solchen zu erkennen, obgleich er über eine genügende Intelligenz verfügt, oder wenn er, obgleich er um das Unrecht seines Handelns weiß und obgleich er die Konsequenzen, die sich durch seine Handlungsweise für ihn und sein Opfer ergeben, erkennt und die Tat deswegen ablehnt, nicht von der Tat abstehen kann. Die Schuldfreistellung aufgrund des vierten Merkmals des § 20

StGB erfolgt also aufgrund eines Paradoxons: Einerseits wird festgestellt, daß der Täter nicht psychisch krank ist, andererseits behauptet man, er habe sich, meist für sehr kurze Zeit, z. B. bei Affekttaten, in einen psychisch kranken Menschen verwandelt, bei dem elementare psychische Funktionen, die außerhalb der Tatsituation einwandfrei arbeiteten, ausgefallen seien, so daß er für sein kriminelles Verhalten nicht verantwortlich gemacht werden könne, während sich außerhalb der Tatsituation weder in seiner Motivationsstruktur noch in seinem Reaktionsverhalten grundsätzliche (qualitative) Unterschiede gegenüber dem Reaktionsverhalten seiner Rechtsgenossen finden ließen. Keiner der Psychiater und Psychologen, welche die Einführung des vierten Merkmals begrüßen, hat bisher dargelegt, welche geheimnisvolle Kraft diese plötzliche Wandlung, diese vorübergehende Zerstörung oder Zerrüttung der Persönlichkeit verursacht haben soll. Niemand hat bisher einleuchtend erklärt, warum die schwere seelische Abartigkeit sich nur bei Begehung krimineller Taten in dieser persönlichkeitszerstörenden Form manifestiert. Man versucht auf verschiedene Weise, mit diesen Problemen fertig zu werden: Entweder man begnügt sich damit, wie Tölle (1979) zu statuieren, Neurosen sind Krankheiten, oder man verwirft wie Venzlaff (1986) den strengen naturwissenschaftlichen Krankheitsbegriff und erweitert ihn auf neurotische und sexualdeviante Rechtsbrecher, auf abnorme Persönlichkeiten und sonstige bei der Sozialisation angeblich zu kurz gekommene Personen (Rasch 1986; Glatzel 1985). Rasch empfiehlt, als Maßstab für den Einwirkungsgrad der schweren seelischen Abartigkeit auf die Schuldfähigkeit den Begriff der Gleichwertigkeit mit Krankheit zu verwenden. Dadurch würde der Beliebigkeit der Anwendung des Begriffs vorgebeugt. Er betont, daß es für die strafrechtliche Bewertung einer psychischen Veränderung nicht darauf ankomme, ob man ihre Entstehung verstehe oder nicht, sondern nur, welche Auswirkungen sie auf die Verhaltensmöglichkeiten einer Persönlichkeit habe. Rasch berücksichtigt hierbei nicht, daß man die Einwirkungsmöglichkeiten einer psychischen Störung nicht direkt feststellen kann, daß man sie vielmehr aus der Art der Erkrankung ableitet. Er weiß, daß man ohne einen Krankheitsbegriff in der forensischen Psychiatrie nicht auskommt und empfiehlt einen strukturell-sozialen Krankheitsbegriff: „Die Zuerkennung von Krankheit, die Auswirkung auf die Schuldfähigkeit haben kann, hängt davon ab, ob der zu beurteilende Zustand die Struktur von Krankheit hat und ob er die allgemeine soziale Kompetenz der Persönlichkeit beeinträchtigt" (Rasch 1986, S. 23). Sein strukturell-sozialer Krankheitsbegriff sei in erster Linie an dem Aufgehen eines Menschen in Verhaltensweisen zu messen, die der spezifischen Anomalie oder Krankheit selbst eigen sind. Er unterstreicht, daß Krankheit durch charakteristische Symptome geprägt sei, die in bestimmter Beziehung zueinander stehen. Mit dem Schweregrad einer Erkrankung schwinde die individuelle Ausformung zunehmend, das sich aus der Wandlung ergebende kriminelle Verhalten selbst sei aber nicht das entscheidende soziale Beurteilungskriterium. „Dimensionen", die bei der Beurteilung der sozialen Kompetenz Beachtung verdienen (also wohl Symptome), seien Einengung der Lebensführung, Arbeitsunfähigkeit, Abbruch bzw. Verlust von Kontakten, verzerrte Realitätsbeurteilung, Stereotypisierung des Verhaltens, Festgelegtsein auf bestimmte Verhaltensmuster, Häufung sozialer Konflikte auch außerhalb strafrechtlicher Belange. Diese angeblichen Krankheitsmerkmale haben keine Ähnlichkeit mit Krankheitssymptomen, darauf brauche ich nicht weiter einzugehen; es handelt sich um allgemein gefaßte, auch allgemein verbreitete psychosoziale Phänomene, die nicht zu objektivieren sind. Eine Einengung der Lebensführung ist eine allgemein zu beobachtende Funktion des Älterwerdens, ebenso eine gewisse Stereotypisierung des Verhaltens und ein Festgelegtsein auf bestimmte Verhaltensmuster. Hier von einem Krankheitsmodell zu sprechen, wie Rasch es tut, das mühelos auf die typischen Merkmale der krankhaften seelischen Störung, des Schwachsinns und der anderen seelischen Abartigkeit anzuwenden sei, könnte als „verzerrte Realitätsbeurteilung" bezeichnet werden. Die Verwandtschaft dieses Krankheitsmodells mit dem in der Praxis unbrauchbaren Gesundheitsmodell der Weltgesundheitsorganisation (WHO) ist nicht zu verkennen, denn auch das WHO-Modell bringt die soziale Dimension ins Spiel, verlangt soziale Zufriedenheit als „Symptom" sozialer Gesundheit. Es ist nur folgerichtig, wenn soziale Unzufriedenheit als Charakteristikum seelischer Krankheit eingeführt wird.

Ebenso wie Venzlaff (1986) u. a. bleibt auch Rasch (1986) die Antwort auf eine entscheidende Frage schuldig: Aus welchen Gründen war eine Änderung des Schuldausschließungsparagraphen 51 StGB notwendig? Er spricht vage von einer Änderung des geistigen Klimas, von vielfältigen Wandlungen der Ansichten über den angemessenen Umgang mit dem straffälligen Außenseiter, von der Ansicht des Sonderausschusses für die Strafrechtsreform, eine unanfechtbare Regelung der Schuldfähigkeit stelle einen Gradmesser für die Glaubwürdigkeit des Bekenntnisses zum Schuldprinzip dar. Trotz mehrmaligen Klimawandels und trotz inzwischen mehrfacher moralischer Wenden wurde und wird die Reform der Schuldfähigkeitsbestimmungen nicht von der Volksmeinung getragen. Sie hat vielmehr zur Polarisierung der Haltungen und Einstellungen geführt. Es ist eben rational nicht zu begreifen, daß ein psychisch gesunder Mensch als schwer psychisch abartig eingestuft und damit einem psychisch Kranken gleichgestellt wird, weil er eine Straftat begangen hat, die in gleicher Weise von tausend anderen, nicht als schuldunfähig eingestuften Tätern begangen wird. Offensichtlich wird hier ein anderes Menschenbild unterstellt, als unserem Strafrecht nach höchstrichterlichen Definitionen zugrunde liegt. Wenn die Straftat das einzige Symptom für eine schwere seelische Abartigkeit darstellt, so kommt man zu dem Schluß, daß jeder Straftäter abartig ist. Dieser Gedanke ist nicht neu, ist nicht modern (Lombroso 1886, il delinquento nato), er wird aber von den Kreisen, welche die Einführung des Abartigkeitsmerkmals begrüßten, strikt abgelehnt, weil sie die Umwelteinflüsse für die kriminelle Entwicklung eines Menschen, der anscheinend nach ihrer Auffassung im Stande der Unschuld geboren ist, verantwortlich machen. Es ist auch sachlich nicht verständlich, daß sich so viele Psychiater und andere „Psychowissenschaftler" eifrig bemühen, dem vom Staat geschaffenen Konstrukt „Leben einzuhauchen", indem sie Persönlichkeitstypen aufstellen, die man unter diesem Begriff unterbringen könnte. Dabei könnte man den Umgang mit diesem Begriff vereinfachen, indem man anerkennt, daß er nun einmal geprägt worden ist, daß es sich hierbei zwar um eine Denkmöglichkeit handelt, aber nicht um einen Begriff, der aus der Realität heraus entwickelt worden ist, wie der Begriff der schweren krankhaften psychischen Störung. Psychisch kranke Menschen trifft man in der Wirklichkeit an, man filtert diejenigen heraus, deren Krankheit zu einer Zerstörung der Persönlichkeit geführt hat oder auf dem Wege ist, dorthin zu führen. Man hat diesen Begriff also induktiv geprägt. Genau umgekehrt ist es bei dem Begriff der schweren seelischen Abartigkeit; hier wurde zuerst dieser Begriff aufgestellt, man sucht nun, ihn mit Inhalt zu füllen, man sucht nach Straftätern, die den mit diesem Begriff verbundenen Vorstellungen entsprechen. Der Gesetzgeber hat zweiffelos das Recht, im Gesetzestext festzuschreiben, welche psychischen Zustände oder Verfassungen er für krank oder abnorm hält und wie er Menschen dieser psychischen Verfassungen behandeln will, wenn sie straffällig werden. Der Sachverständige braucht nicht zu beweisen, daß es diesen Menschentyp (nämlich den, der durch seine psychischen Besonderheiten zu strafbarem Handeln gezwungen wird) nicht gibt, er braucht den Begriff aber nicht anzuwenden.

Bei dem Versuch die Ausweitung der Exkulpationsmöglichkeit auf die abnormen Persönlichkeiten rational zu begründen, unterliegen verschiedene Autoren einem methodischen Irrtum. Sie setzen das durch die Analyse der Persönlichkeit, der Biographie, der Milieueinflüsse usw. erhellte Motivationsgefüge einem Determinationszusammenhang gleich. Auf eine kurze Formel gebracht: Daß dieser Täter diese Tat unter den analysierten Umständen begangen hat, bedeutet nach dieser Ansicht, daß er so und nicht anders hat handeln müssen. Daß ein solcher Schluß nicht zwingend ist, brauche ich nicht weiter zu begründen. Damit wird die absolute Determiniertheit jedes Menschen konstituiert, eine individuelle Begutachtung der Schuldfähigkeit würde überflüssig. Interessant ist noch ein anderer Aspekt: Die soziale Konstellation – „broken home", mangelhafte Sozialisation, Unterschichtzugehörigkeit usw. – bedingt kriminelles Verhalten und wird gleichzeitig als psychopathologisches Syndrom bewertet.

Davor warnt Saß (1987), der erklärt, daß Intensität und Chronizität sozialer Devianz z. B. beim Rückfalltäter ohne begleitende psychopathologische Störungen für die Frage der Schuldfähigkeit keine ausschlaggebende Bedeutung haben. Saß, der bei der Schuldfähigkeitsbeurteilung der Psychopathien/Persönlichkeitsstörungen einen Kompromiß sucht, schlägt die Orientierung an einem psychopathologischen Referenzsystem vor, das einen psychopathologischen Syndromvergleich der Auffälligkeiten bei den Persönlichkeitsstörungen mit entsprechenden Erscheinungen bei psychiatrischen Krankheitsbildern erlaube. Charakterauffälligkeiten, die als Charaktermängel aufgefaßt werden könnten, werden von ihm, wie er sich selbst ausdrückt, „in das Konstrukt der dissozialen Charakterstruktur gefaßt". Wenn bei ihnen keine anderen psychopathologischen Auffälligkeiten feststellbar sind, gehörten sie nicht zum Kreis der seelischen Störungen, die zu einer relevanten Einschränkung der Schuldfähigkeit führten. Für „neurotisch-psychopathische Abweichungen und Triebstörungen" stellt er 2 Merkmalskataloge zusammen mit für und gegen eine erhebliche Beeinträchtigung der Einsichts- und Steuerungsfähigkeit sprechenden Merkmalen. Es handle sich dabei nur um Anhaltspunkte für die Gewichtung im Einzelfall, feste Beurteilungsregeln für die forensische Begutachtung ließen sich beim jetzigen Kenntnisstand nicht aufstellen. Aus Platzgründen können diese Tabellen nicht wiedergegeben oder die einzelnen Punkte besprochen werden. Hervorzuheben ist nur, daß in beiden Tabellen kein einziges nach Wortsinn und Sprachgebrauch psychopathologisches Symptom aufgeführt wird. Saß spricht auch nur von Disposition. Disposition ist aber noch nicht das Symptom oder der Persönlichkeitszug selber. Auf eine entsprechende Disposition kann man erst nach der Manifestation des Merkmals schließen. Die Persönlichkeitsmerkmale sind aber die Konstituenten der Persönlichkeitsstruktur (Charakterstruktur), sie sind nach Cattell (1957) das, was bleibt, sind immer vorhanden und nachweisbar, entstehen also nicht als Reaktion auf einen exogenen Reiz oder eine endogene Störung. Saß selber ist offensichtlich auch dieser Auffassung, wenn er definiert: „Eine Persönlichkeitsstörung liegt vor, wenn durch Ausprägungsgrad und/oder die besondere Konstellation von psychopathologisch relevanten Persönlichkeitszügen erhebliche subjektive Beschwerden und/oder nachhaltige Beeinträchtigungen der sozialen Anpassung entstehen“ oder wenn er sagt, bei den psychopathologisch relevanten Persönlichkeitszügen handle es sich um Merkmale, die in Beziehung zu psychischen Störungen stehen. Wenn diese Persönlichkeitsmerkmale in Beziehung zu psychischen Störungen stehen, sind sie doch nicht die Störungen selber. Sie können es auch nicht sein, denn dann würden sie gleichzeitig die Persönlichkeitsstruktur abbauen und zerstören. Auch Saß hält den Übergang zwischen normalen und abnormen Persönlichkeitszügen für fließend, d. h. nicht exakt bestimmbar, und das mit Recht, weil es sich nur um quantitative Unterschiede handelt, nicht um einen Sprung in qualitativ anderes wie bei den Symptomen psychischer Krankheiten. Schon aus diesem Grunde ist der Begriff Persönlichkeitsstörung verfehlt, obgleich er in Mode gekommen ist und obgleich Saß ihn für neutraler hält als den Begriff abnorme Persönlichkeit.

In den Veröffentlichungen der letzten Jahre ist die Tendenz zur Abkehr von der Medizin und zur Psychologisierung der forensischen Psychiatrie deutlich. Witter (1987) hält zwar an dem klassischen Krankheitsbegriff insoweit fest, als der psychopathologische Grundgedanke der Unterscheidung von Krankheit und Reaktion weitergeführt wird; er sieht aber von der somatischen Begründung dieser Unterscheidung und von der nosologischen Systematik völlig ab. In der allgemeinen Medizin habe die Somatik die Zugehörigkeit der Psychiatrie zur Medizin begründet und die Fortentwicklung medizinischer Behandlungsverfahren bei psychischen Krankheiten begünstigt. Für die Fragestellung der Schuldfähigkeitsbeurteilung in der forensischen Psychiatrie sei sie aber weitgehend überflüssig. Die Psychose sei, losgelöst von der sie somatisch begründenden traditionellen Krankheitslehre, als psychopathologischer Syndrombegriff zu verstehen. In der Definition der Psychose folgt Witter der ICD, wonach die Beeinträchtigung der psychischen Funktionen, die ein so großes Ausmaß erreicht habe, daß die Einsicht und Fähigkeit, einigen der üblichen Lebensanforderungen zu entsprechen, oder der Realitätsbezug erheblich gestört seien, kennzeichnend ist. Da die Fähigkeit zur Einsicht und zum Realitätsbezug entscheidende Kriterien zum Ausschluß der Schuldfähigkeit seien, werde die Schlüsselstellung der psychopathologischen Strukturveränderung deutlich, die dem Begriff des psychotischen Syndroms entspreche. Die aus dem empirischen Wissensbestand der praktischen Psychiatrie gewonnenen Erkenntnisse der allgemeinen Psychopathologie müßten in eine forensische Psychopathologie transformiert werden. [Bemerkung: Eine spezielle forensische Psychopathologie gibt es nicht. Psychische und psychopathologische Phänomene sind biologische Phänomene, die das Sozialverhalten beeinflussen können. Bei einem Rechtsbrecher handelt es sich nicht um eine besondere menschliche Spezies mit anderen biologischen Funktionsabläufen. Der Rechtsbrecher wird sozial (juristisch) und nicht medizinisch definiert.] Die überindividuelle gesetzmäßig fortschreitende Beeinträchtigung der Ordnung des psychischen Lebens lasse sich in der Abfolge psychopathologischer Syndrome von leichten über schwere und schwerste psychische Störungen bis zur Bewußtlosigkeit aufzeigen. Das Prinzip der Ordnung des psychischen Lebens, welche im Zuge der Entordnung zunächst gestört und dann zerstört werde, sei die als formale Struktur verstandene Sinngesetzlichkeit.

Für die praktische Begutachtung hält Witter an dem bewährten „Zweischwellenverfahren" fest. Est müsse entschieden werden, ob ein bestimmtes psychopathologisches Merkmal vorliege, und wenn darüber positiv entschieden worden sei, sei zu prüfen, ob durch das psychopathologische Merkmal die Einsichtsfähigkeit oder die Fähigkeit zum einsichtsgemäßen Handeln in bezug auf eine bestimmte Tat aufgehoben oder erheblich vermindert war. Nach Witter sind die Eingangsmerkmale ausschließlich Rechtsbegriffe. Die psychiatrischen Diagnosen gäben zunächst nur die Richtung für die Merkmalssubsumption an. Damit der Richter entscheiden kann, ob die psychiatrische Diagnose zur Merkmalssubsumption berechtige, müsse der Sachverständige die sozialen Auswirkungen des diagnostizierten psychischen Zustandes erläutern. Die an den Diagnosen anknüpfenden erfahrungswissenschaftlichen Erkenntnisse über Einschränkungen der eigenständigen Lebensgestaltung, der Sozialanpassung und des Realitätsbezugs müßten zunächst abstrakt dargelegt und dann mit konkreten Tatsachen aus der Verhaltensanalyse, insbesondere der Biographie belegt werden. Die Entstehungsbedingungen der Merkmale (erlebnisbedingt = psychogen, substratbedingt = somatogen) interessierten nicht für die psychopathologische Beurteilung der Schuldfähigkeit, sie hätten nur Bedeutung bei der spezialpräventiven forensischen Beurteilung für die spezialpräventiven therapeutischen Aussagemöglichkeiten. Witter hat ein psychopathologisches Referenzsystem aufgestellt, das hier nicht wiedergegeben werden kann; jedenfalls entscheidet nach seiner Ansicht die psychopathologische Analyse zwischen einer quantitativ abnormen und einer qualitativ abnormen oder psychotischen Störung. Die Unterscheidung bleibt unabhängig von der genetischen Vermutung und der nosologischen Zuordnung der psychischen Störung und stützt sich allein auf die Syndrome, die bei der psychopathologischen Zustands- und Verlaufsuntersuchung festgestellt wurden. Ein entscheidendes Kriterium für eine Psychose sieht Witter in dem Verlust des Realitätsbezugs. Die Regelhaftigkeit oder Gesetzmäßigkeit der mit dem Störungsbild verbundenen Einschränkung des Realitätsbezugs müsse durch formale Reduktion nachgewiesen werden. Witter stellt den Wahn einer endogenen oder exogenen Psychose, den Wahn bei einer psychoreaktiven Entwicklung oder bei einer paranoisch gestörten Persönlichkeit, den Wahn einer depressiven oder manischen Verstimmung oder die Wahninhalte als Ausdruck einer von ungelösten Lebensproblemen ausgelösten Reaktion insofern gleich, als dadurch die Regelhaftigkeit und Gesetzmäßigkeit der psychopathologischen Störung nachgewiesen werde, welche die Realitätserkenntnis ausschließe. Für ihn bleibt nebensächlich, ob die klinisch definierte Orientierungsstörung eines psychisch Kranken auf eine endogen psychotische Störung, auf eine exogen verursachte Stoffwechselstörung des Gehirns oder auf eine psychoreaktiv entstandene Belastungsreaktion zurückgeführt werden könne. Es komme auf den Orientierungsverlust als solchen und die damit verbundene Einschränkung des Realitätsbezuges an. Witter gibt selbst zu, daß die Prüfung des Realitätsbezugs eine besonders schwierige Aufgabe sei, die nicht jedermann lösen könne, sondern die eine fundierte allgemeinpsychiatrische Erfahrung und einen hohen psychopathologischen Ausbildungs- und Kenntnisstand erfordere. (Obgleich Witter vielfach von den psychologisch-psychiatrischen Sachverständigen spricht, schließt er mit dieser Forderung den reinen Psychologen von der Begutachtung der Schuldfähigkeit aus.) Witters Gedankengang ist insofern richtig, als es – ich muß mich hier sehr knapp und formelhaft ausdrücken – bei der Beurteilung der Schuldfähigkeit nur darauf ankommt, ob bei dem Probanden eine Einschränkung des Realitätsbezugs wahrscheinlich gemacht werden kann. Das gilt für den Richter, dem die Genese der Orientierungsstörung oder des Verlusts des Realitätsbezugs gleichgültig sein muß; für den Sachverständigen liegt das Problem allerdings anders. Er soll prüfen, ob der Proband orientierungsgestört war, ob er den Realitätsbezug verloren hatte. Hierbei hilft die Kenntnis der Grundstörung, also die psychiatrische Diagnose in hohem Maße. Wenn ein Schizophrener erklärt, er habe plötzlich erkannt, daß es sich bei der von ihm angegriffenen Mutter um die Weltschlange, die Ursache allen Übels, um Eva handle, so ist diese „Personenverwechslung", diese Orientierungsstörung, wie man sie auch definieren könnte, als Wahnwahrnehmung einzustufen, die einen Verlust des Realitätsbezugs beweist. Dieselbe Äußerung ist bei einem Probanden, der sie im Zustand starker Erregung als Ausdruck einer psychoreaktiven Belastungsreaktion tut, anders zu bewerten, nämlich als ein bildhaftes Erlebnis, als einen Als-ob-Eindruck ohne Verlust der Realitätskritik. Für den Ausschluß einer Wahnwahrnehmung ist ausschlaggebend, daß der Proband im letzteren Fall eben nicht an einer wahnbildenden Psychose erkrankt ist. Mit seinem Begutachtungssystem hilft Witter weder dem Sachverständigen noch dem Richter. Er kompliziert die Aufgabe des Sachverständigen, der nicht nur, wie er nach dem Gesetzestext verpflichtet ist, festzustellen hat, ob der Tatverdächtige zur Zeit der ihm vorgeworfenen Tat an einer psychischen Störung litt, sondern will ihn zwingen, den Motivzusammenhang aufzuklären.

Eine Unklarheit, die den psychiatrischen Laien, aber auch den forensisch-psychiatrisch nur gelegentlich tätigen Arzt verwirren muß, sehe ich in solchen Begriffen wie Grenzfälle mit „psychoseähnlichen" oder „psychoseartigen" Störungen. Solche Störungen kann es nicht geben. Krankheitsbilder können einander ähnlich sein, auch einzelne Symptome. Eine Diagnose – und Psychose ist eine Diagnose – ein diagnostischer Oberbegriff ist durch seine Definition festgelegt. Entweder treffen die festgelegten Merkmale zu oder nicht, entweder ist ein Proband psychotisch oder er ist nicht psychotisch. Wenn ein Fall diagnostisch nicht geklärt werden kann, was in der Praxis durchaus möglich ist, wird er dadurch nicht zum Grenzfall. Es ist aufschlußreich, daß Witter (1987, S. 77) von psychoseähnlichem oder psychoseartigem Verhalten schreibt, nicht von psychoseähnlichen Symptomen. Von psychoseähnlichem oder psychoseartigem Verhalten zu sprechen hat keinen diagnostischen Sinn; es gibt kein psychosespezifisches Verhalten, das sich vom Normalverhalten grundsätzlich unterscheidet und dem eine andere normabweichende Verhaltensweise ähnlich sein könnte. Die Ansicht, aus der scheinbaren Sinnlosigkeit einer Tat könne man auf die krankhafte Motivation schließen, erscheint mir als Vulgärpsychologie. Auch für den psychisch Kranken hat seine Tat immer einen Sinn.

Janzarik (1985), der die Hypothese eines organischen Krankheitsprozesses bei der Schizophrenie anzweifelt, stellt einen dynamisch strukturellen Krankheitsbegriff auf, dem er auch für die forensische Psychiatrie eine gewisse Bedeutung beimißt. Weil die Psychose allein aufgrund ihrer psychopathologischen Symptome diagnostiziert werde, soll die Frage, ob ihnen eine Somatose zugrunde liegt, was Janzarik für die endogenen Psychosen ohnehin nicht als bewiesen ansieht, bei ihrer Bewertung als Krankheit nicht berücksichtigt werden. Janzarik klammert bei seiner Krankheitsdefinition aus, daß der Umstand, daß er zur Diagnose nur psychopathologische Veränderungen benutzt, nicht den Schluß zuläßt, daß die Ursache für die psychopathologischen Veränderungen nicht in funktionellen oder morphologischen Störungen des Nervengebietes zu suchen sind. Die psychopathologischen Symptome erlauben aber nur dann einen Schluß auf die Beeinträchtigung der Einsichts- und Steuerungsfähigkeit, wenn man sie als Hinweise auf einen somatischen Krankheitsprozeß versteht. Nur dann ist die Annahme eines Nicht-mehr-anders-Könnens berechtigt.

Daß Substanzverlust zur Entstrukturierung führt, ist eines der Einteilungsprinzipien und eine Grundlage des „strukturalen Ansatzes" von Luthe (1988). Das von Luthe entwickelte System ist in seiner theoretischen Begründung nahezu perfekt und wohl nur schwer falsifizierbar. Die theoretische Begründung ist aber zu kompliziert, als daß sie in dieser Übersicht in einigen Sätzen dargestellt werden könnte. Gesagt sei nur, daß Luthe an Witters Syndromlehre (1970) anknüpft und sie weiterentwickelt. Ich habe allerdings Zweifel, ob sich Luthes Konzept in der forensisch-psychiatrischen Praxis als Referenzsystem durchsetzt, wird doch die Mehrzahl der forensisch-psychiatrischen Gutachten von praktisch erfahrenen, aber an den theoretischen Grundlagen der Schuldfähigkeitsbegutachtung wenig interessierten Ärzten erstellt.

Auch Saß (1985a, b) versucht in verschiedenen Arbeiten von dem Kriterium der Krankhaftigkeit abnormer psychischer Verhaltensweisen und psychischer Auffälligkeiten wegzukommen und verweist auf ein psychopathologisches Referenzsystem, das einen geregelten, an bestimmten Merkmalen orientierten Vergleich abnormer psychischer Phänomene erlaube. Da er aber als Maßstab für die Relevanz nichtpsychotischer seelischer Störungen ihren Vergleich und wohl auch ihre Gleichsetzung mit den seelischen Störungen der körperlich begründbaren und der endogenen Psychosen nimmt, welche die Kernkategorie und Höhenmarke der Schuldfähigkeitsparagraphen ausmachten, stellt er die entscheidende Bedeutung des somatischen Krankheitsbegriffs, den er theoretisch verworfen hat, praktisch wieder her.

In präziser klarer Form nimmt Bresser (1987) zu dem Problem des Krankheitsbegriffs in der forensischen Psychiatrie Stellung. Er betont die Notwendigkeit einer diagnostischen oder nosologischen Unterscheidung psychisch abnormer Phänomene als das Fundament für jede therapeutische und gutachtliche Entscheidung. Krankheiten ließen sich als Gestalt und Prozeßeinheit untereinander deutlich abgrenzen und seien von dem gesunden Lebensgeschehen diagnostisch klar zu unterscheiden. Es gebe da keine fließenden Übergänge. Da das psychopathologische Bild nicht so breit gefächert sei wie die körperlichen Krankheitssymptome, reagiere das Gehirn auf unterschiedliche pathologische Vorgänge mit weitgehend einheitlichen oder ähnlichen Zustandsbildern. Wenn man die hinzukommenden körperlichen Befunde mitberücksichtige, lasse sich die Frage, ob es sich um einen krankheitsbedingten oder um einen nicht krankheitsbedingten seelischen Zustand handle, mit einem hohen Maß an Verläßlichkeit klären. Die prägnante Differenzierung zwischen Psychose und Nichtpsychose sei außerordentlich wichtig. In den weiten Bereichen außerhalb der definierten Krankheiten sei eine Nosologie nicht anwendbar. Gestalteinheiten, wie sie sich bei kritischer Betrachtung im Bereich der Krankheiten zeigen, gebe es im Bereich der Varianten des Menschseins, seiner Erlebnisverarbeitung und seiner Fehlentwicklungen nicht. Mit dem Einbruch einer Krankheit gewinnen die ihr eigenen Fremdeinflüsse je nach Schweregrad der psychischen Beeinträchtigung als prägende, nivellierende, verfremdende und u. U. weitgehend zerstörende Kräfte das Übergewicht. Die einzelnen psychischen oder psychopathischen Extremausprägungen stellten sich als Zustandsbilder zwar annäherungsweise fast wie eine Eigengestalt dar, aber ihre Grenzen seien nach allen Seiten fließend, sowohl in der Quantität, Intensität oder Fixierung ihrer Symptomausgestaltung als auch in der Spezifität, ihrer inhaltlichen Zentrierung. Im Falle einer Krankheit oder eines krankheitsbedingten organischen Defekts darf von einem fremdgesetzlichen Einfluß auf die Erlebnisverarbeitung und auf das Persönlichkeitsgefüge gesprochen werden. Der mit seelischen Symptomen einer Krankheit befallene Mensch ist nicht mehr ganz er selbst, daher wird ihm im Sinne des Strafgesetzbuches eine mit Strafe bedrohte Handlung nicht normal zugerechnet, er ist also nicht mehr voll schuldfähig.

Bresser bemerkt kritisch, daß zwar bei erwiesenen Krankheiten und Schwachsinnszuständen vor einer großzügigen Handhabung der Entmündigung gewarnt werde, aber die Entmündigung im Sinne einer Minderung der Verantwortlichkeit bei Rechtsverletzungen dagegen immer großzügiger für angebracht gehalten werde, selbst außerhalb der Diagnose von seelisch-geistigen Erkrankungen und Schwachsinnszuständen. Die weiteren differenzierten Ausführungen über die Begriffe Neurose, Psycho- oder Soziopathien, Abartigkeiten der Triebbefriedigungsbedürfnisse usw. müssen in der Originalarbeit nachgelesen werden. Ein Rückfalltäter sei vielleicht seelisch abartig, aber diese Abartigkeit sei in der Eigenart des einzelnen Menschen begründet, sie lasse sich nicht mit diagnostischen Feststellungen als zwingend schuldfähigkeitsrelevant geltend machen.

Ein Lieblingsthema forensisch-psychiatrischer Veröffentlichungen bleiben die sog. Affektdelikte. Es wird immer wieder versucht, eine normalpsychologische affektive Erregung als krankhaft zu definieren. Aber ist es abnorm oder gar krankhaft, daß sich jemand, der seine Partnerin, die sich von ihm trennen will, zu einer Rückkehr zu bewegen versucht, in einer hochgradigen affektiven Spannung befindet? Rasch (1986) sieht für die Affektdelikte als typisch an, daß der Tat eine lange Vorgeschichte vorausgeht, ein sich lang hinziehender Konflikt, meist zwischen Intimpartnern, durch den der spätere Täter in eine psychische Verfassung von psychopathologischer Qualität gerate, gekennzeichnet durch hochgradige emotionale Instabilität, durch Verzweiflung und Selbstmordneigung. Im Affekt geschehe nichts Sinnloses, sondern eine innere psychische Aufladung, ein Affektstau, werde ausgelöst, durch ein Stichwort in Handlung umgesetzt. (Bemerkung: Dann muß aber der Entwurf dieser komplizierten einmaligen Handlung schon zur Verfügung stehen.) Rasch erwähnt, ohne kritisch dazu Stellung zu nehmen, das bekannte Schichtenmodell, nach dem sich die Affekte, die aus stammesgeschichtlich älteren Hirnteilen stammen sollen, unter Umgehung der höheren Schichten und vorübergehender Ausschaltung ihrer Kontrollfunktion in Aggressionshandlungen entladen. Rasch erkennt dann eine Bewußtseinsstörung im Sinne einer Einengung an. Vegetative Erscheinungen begleiten den Affekt. Bei einer vor der Tat ausgeprägten Verstimmungssymptomatik müsse man an das Merkmal der schweren anderen seelischen Abartigkeit denken. Was soll aber daran abartig sein, wenn sich jemand in einer solchen Konfliktsituation hin- und hergerissen fühlt und wenn er das Interesse an sonst für ihn auch wichtigen Dingen verliert? Rasch bewertet offensichtlich den Affekt nur dann als tiefgreifende Bewußtseinsstörung, wenn sich der Täter vor der Tat in einer reaktiv depressiven Verstimmung befand, die als schwere Abartigkeit anzusprechen sei, so daß während der Tat ein affektiver Erregungszustand bestanden habe, der dem gesetzlichen Begriff der tiefgreifenden Bewußtseinsstörung entsprach. Rasch ist früher, 1980, soweit gegangen zu behaupten, der einer Tat vorhergehenden Konfliktsituation komme eine größere Bedeutung zu als dem Bewußtseinszustand des Täters während der Tat.

Saß (1985b) stellt Merkmale zusammen, die für und gegen eine gravierende Konstellation eines Affektdeliktes und die Möglichkeit einer durch hochgradige affektive Erregung bedingten tiefgreifenden Bewußtseinsstörung sprechen. Die positiven Merkmale sprechen *dafür*, daß sich der Täter in einer mehr oder weniger starken Erregung befunden hat. Über seine Bewußtseinslage sagen sie nichts aus. Die *gegen* die Annahme einer tiefgreifenden Bewußtseinsstörung sprechenden Hinweise sind von größerer Bedeutung. Sie beweisen, sofern man bei der nachträglichen Beurteilung eines Bewußtseinszustandes überhaupt von Beweisen sprechen kann, daß der Täter situativ orientiert war, daß der Bewußtseinsstrom nicht unterbrochen war und daß der Täter in der Lage war, sein Verhalten nach den Erfordernissen der jeweiligen Situation bzw. den Änderungen der Situation einzurichten. Für die Beurteilung der Bewußtseinslage eines Täters, der behauptet, sich an die eigentliche Tat nicht erinnern zu können oder nur Erinnerungsbruchstücke zur Verfügung zu haben, ist die Analyse des Täterverhaltens zur Tatzeit entscheidend. Die konfliktreiche Vorgeschichte, die emotionale Instabilität des Täters usw. machen vielleicht verständlich, warum er in eine starke Erregung geriet. Sie sagen aber nichts darüber aus, ob die Persönlichkeit des Täters durch die Erregung so zerrüttet war, daß er die Situation nicht mehr beurteilen konnte und sein Verhalten nicht mehr steuern konnte. Bei der Begutachtung von sog. Affekttaten wird immer die zerstörerische Wirkung des Affekts hervorgehoben. Dabei hat der Affekt in vielen Fällen eine durchaus positive Wirkung, er mobilisiert Kraftreserven, die bei einer ausgeglichenen Gemütslage nicht zur Verfügung stehen. Für die Beurteilung des Bewußtseinszustandes zur Tatzeit ist neben der genauen Tatverlaufsanalyse die Art der Erinnerungslücke wichtig. Es gibt Merkmale, die eine psychogene Erinnerungslücke von einem durch eine Bewußtseinsstörung organischer Art bedingten Erinnerungsausfall unterscheiden lassen (Rauch 1952b).

Glatzel (1985) versteht unter der tiefgreifenden Bewußtseinsstörung des § 20 StGB ausschließlich die nicht krankhaften, also die sog. normalen Bewußtseinsstörungen, während die klinische Bewußtseinsstörung, definiert durch die mangelnde Orientierung in bezug auf Zeit, Ort, Situation und Persönlichkeit, unter das

Merkmal krankhafte seelische Störung einzuordnen seien. Diese Auslegung wird von manchen Psychiatern geteilt. Unter tiefgreifender Bewußtseinsstörung versteht Glatzel die Störung der Besonnenheit, d. h. der höchsten Reflexionsstufe des Bewußtseins. Eine Störung der Besonnenheit ist aber definitionsgemäß keine tiefgreifende Bewußtseinsstörung, da alle anderen Funktionen des Bewußtseins erhalten bleiben. Das zeigt sich auch in den Fallbeispielen, die Glatzel anführt. Die Auffassung, der in höchster Erregung handelnde Täter habe keine Gelegenheit, die unmittelbaren Folgen seines Handelns, z. B. eines Messerstichs in die Herzgegend, zu überlegen, er werde von dem Tatantrieb, der aus dem Unterbewußtsein stamme, überrannt und erkenne erst nach der Tat, was er angerichtet habe, beruht auf falschen psychologischen Vorstellungen. Die Erfahrung des täglichen Lebens, insbesondere aber die eines Kampfsports, wie z. B. des Boxens, lehren, daß der Mensch in Bruchteilen von Sekunden auf eine Änderung der Situation reagiert, und zwar nicht mit „automatisierten" Abwehrbewegungen, sondern mit einem der jeweiligen Situation angepaßten zweckmäßigen Verhalten. Glatzel rechnet auch die bei Vergewaltigungsdelikten und auch bei Sexualdelikten senil abgebauter Männer an Kindern eine Rolle spielende Verkennung der Bedeutung des Verhaltens des Opfers als Aufforderung zu sexuellen Handlungen zu den Besonnenheitsstörungen und damit zu den tiefgreifenden Bewußtseinsstörungen. Er übersieht dabei, daß der Aufforderungscharakter eines Verhaltens oder einer Situation nicht in der Situation selber liegt, sondern in der Gestimmtheit des Täters. Er schreibt der Situation magische Kräfte zu, wenn er z. B. behauptet, daß die Warenhausatmosphäre harmlose Passanten in Ladendiebe „umformen" könne, die wahllos und sinnlos Gegenstände stehlen, die sie nicht gebrauchen könnten.

Glatzel ist übrigens ein Vertreter derjenigen Psychiater, welche kein Vertrauen in ihr eigentliches fachliches Können haben, die Psychologisierung der forensischen Psychiatrie betreiben und sie von der Medizin lösen wollen; so rät er, bei allen Begutachtungsfällen einen Psychologen hinzuzuziehen und selbst zur Untersuchung eines ins Gefängnis eingelieferten drogenabhängigen Jugendlichen auf Entzugserscheinungen einen Psychologen oder sonstigen drogenerfahrenen Nichtarzt zur Unterstützung zu bitten.

Der Vollständigkeit, nicht praktischer Bedeutung wegen, sei erwähnt, daß eifrige Psychowissenschaftler ein neues Krankheitsbild, das zu Schuldunfähigkeit führen kann, entwickelt haben (Kellermann u. Meyer 1989). „Sucht ist gleich Sucht" wird behauptet und der Spielautomat als Suchtmittel dem Suchtmittel Heroin gleichgesetzt. Es wäre nicht notwendig, diese Verirrung zu erwähnen, wenn nicht deutsche Gerichte den Ansichten dieser Autoren gefolgt wären und z. B. einen Spieler, der als Bankbeamter ihm zur Anlage anvertrautes Geld verspielt hatte, von der Anklage der Unterschlagung wegen Schuldunfähigkeit freigesprochen hätten. Ein solches Urteil macht die zwiespältige Haltung der Rechtsprechung gegenüber der forensischen Psychiatrie deutlich: einerseits Zweifel an ihrer Kompetenz, Skepsis gegenüber ihren Untersuchungsmethoden, Besorgnis, sie könne unzufrieden mit ihrer Helferrolle richterliche Aufgaben beanspruchen, der psychiatrische Sachverständige könne sich zum Herrn des Prozesses aufspielen; andererseits die Überschätzung ärztlicher und psychologischer Erkenntnismöglichkeit – der Sachverständige wird sagen, wie es zur Tatzeit im Kopfe des

Angeklagten ausgesehen hat – und ungeprüfte Übernahme spekulativer Theorien als wissenschaftliche Forschungsergebnisse. Die forensisch tätigen Psychiater sind nicht unschuldig an dieser Entwicklung; die Abkehr vom naturwissenschaftlich kausalen Denken, die manche von ihnen vollzogen haben, die Tendenz zur Psychologisierung der Psychiatrie und die damit verbundene Unterschätzung der somatischen Grundlage aller psychischen Funktionen, die Neigung, auf klar definierte Begriffe zu verzichten und sie durch unscharfe Begriffsbestimmungen zu ersetzen, Spekulationen mit Hypothesen zu verwechseln, läßt kritische Beurteiler an der Zuverlässigkeit ihrer Aussagen zweifeln. Die notwendige und heilsame Selbstkritik hat bei manchen forensischen Psychiatern zu einer tiefgehenden Selbstunsicherheit geführt. Sie lassen sich ihre Methoden und ihr Betätigungsgebiet von anderen Wissenschaften, v.a. der Psychologie und auch der Soziologie, vorschreiben und verzichten auf traditionelle Wirkungsfelder.

Literatur

Alexander F, Staub H (1931) Der Verbrecher und seine Richter. Internationaler Psychoanalytischer Verlag, Wien

Bernsmann K (1989) Affekt und Opferverhalten. NStZ 9/4:160–166

Bernsmann K, Kisker KP (1975) § 20 StGB und die Entschuldbarkeit von Delinquenz diesseits biologisch-psycho(patho)logischer Exkulpationsmerkmale. Mschr Krim 58/6:325–339

Blau G (1989) Methodologische Probleme bei der Handhabung der Schuldunfähigkeitsbestimmungen des Strafgesetzbuches aus juristischer Sicht. Mschr Krim 72/2:71–77

Bresser PH (1987) Der nosologische Ansatz in der forensischen Psychiatrie. In: Witter H (Hrsg) Der psychiatrische Sachverständige im Strafrecht. Springer, Berlin Heidelberg New York Tokyo, S 80–93

Cattell RB (1957) Personality and motivation. Harcourt Brave Jovanowich, New York

Glatzel J (1985) Forensische Psychiatrie. Der Psychiater im Strafprozeß. Enke, Stuttgart

Haddenbrock S (1972) Strafrechtliche Handlungsfähigkeit und „Schuldfähigkeit" (Verantwortlichkeit); auch Schuldformen. In: Göppinger H, Witter H (Hrsg) Handbuch der forensischen Psychiatrie, Bd II. Springer, Berlin Heidelberg New York, S 863–965

Heinz G (1982) Fehlerquellen forensisch-psychiatrischer Gutachten. Kriminalistik, Heidelberg

Janzarik W (1985) Klinische und forensische Konsequenzen des strukturdynamischen Ansatzes in Psychopathologie und Praxis. In: Janzarik W (Hrsg) Psychopathologie und Praxis. Enke, Stuttgart, S 79–87

Jaspers K (1965) Allgemeine Psychopathologie, 8. Aufl. Springer, Berlin Heidelberg New York

Kellermann B, Meyer G (1989) Glücksspielsucht als Krankheit. Dtsch Ärztebl 86:117–119

Kisker KP (1979) Antipsychiatrie. In: Kisker KP, Meyer JE, Müller C, Strömgren E (Hrsg) Psychiatrie der Gegenwart, 2. Aufl., Bd I/1. Springer, Berlin Heidelberg New York, S 813–814

Köhler K (1987) Der amerikanische Psychiater als Sachverständiger vor Gericht: ein Vergleich mit der Praxis in der Bundesrepublik. In: Witter H (Hrsg) Der psychiatrische Sachverständige im Strafrecht. Springer, Berlin Heidelberg New York Tokyo, S 215–227

Lange R (1963) Der juristische Krankheitsbegriff. Beitr Sexualforsch 28:17

Lenckner T (1972) Strafe, Schuld und Schuldfähigkeit. In: Göppinger H, Witter H (Hrsg) Handbuch der forensischen Psychiatrie, Bd I. Springer, Berlin Heidelberg New York, S 3–286

Lombroso C (1986) L'normo delinquente, 5. Aufl. Turin

Luthe R (1988) Der strukturale Ansatz in der forensischen Psychiatrie. In: Witter H (Hrsg) Der psychiatrische Sachverständige im Strafrecht. Springer, Berlin Heidelberg New York Tokyo, S 94–114

Marquardt H (1973) Die Stellung des Sachverständigen aus der Sicht des Strafprozeßrechts. (Vortrag III. Interdisziplinäres Symposion, Mai 1973, Köln)
Mende W (1986) Die affektiven Störungen. In: Venzlaff U (Hrsg) Psychiatrische Begutachtung. Fischer, Stuttgart New York, S 317–325
Mester H, Tölle R (1981) Neurosen. Springer, Berlin Heidelberg New York
Moser T (1972) Repressive Kriminalpsychiatrie – Vom Elend einer Wissenschaft. Suhrkamp, Frankfurt am Main
Mundt C (1985?) Der tiefenpsychologische Ansatz in der forensischen Beurteilung der Schuldfähigkeit. In: Janzarik W (Hrsg) Psychopathologie und Praxis. Enke, Stuttgart, S 124–133
Rasch W (1980) Die psychologisch-psychiatrische Beurteilung von Affektdelikten. NJW 24:1309–1315
Rasch W (1986) Forensische Psychiatrie. Kohlhammer, Stuttgart Berlin Köln Mainz
Rauch H-J (1952a) Zurechnungsfähigkeit der weitgehend geheilten Psychosen. Nervenarzt 23:249–252
Rauch H-J (1952b) Begutachtung der Zurechnungsfähigkeit bei nicht krankhaften Bewußtseinsstörungen. Med Sachverst 56/9:198–203
Rauch H-J (1968) Auswahl und Leitung des Sachverständigen im Strafprozeß. NJW 21/4:1173–1175
Rauch H-J (1984) Nochmals Kompetenzstreit zwischen Psychiatrie und Psychologie. NStZ 11:497–500
Sarstedt W (1968) Auswahl und Leitung des Sachverständigen im Strafprozeß. NJW 21:177–182
Saß H (1987) Psychopathie, Soziopathie, Dissozialität. Springer, Berlin Heidelberg New York Tokyo
Saß H (1985a) Der Beitrag der Psychopathologie zur forensischen Psychiatrie. Vom somatologischen Krankheitskonzept zur psychopathologischen Beurteilungsnorm. In: Janzarik W (Hrsg) Psychopathologie und Praxis. Enke, Stuttgart, S 134–143
Saß H (1985b) Handelt es sich bei der Beurteilung von Affektdelikten um ein psychopathologisches Problem? Fortschr Neurol Psychiatr 53:55–62
Schneider K (1948) Die Beurteilung der Zurechnungsfähigkeit. Thieme, Stuttgart
Schreiber H-L (1986) Juristische Grundlagen. In: Venzlaff U (Hrsg) Psychiatrische Begutachtung. Fischer, Stuttgart New York, S 3–77
Schulte W, Tölle R (1973) Psychiatrie. 2 Aufl. Springer, Berlin Heidelberg New York
Streng F (1983) Richter und Sachverständiger. In: Kerner HJ, Göppinger H, Streng F (Hrsg) Kriminologie, Psychiatrie, Strafrecht. Festschrift für Heinz Leferenz. Müller, Karlsruhe, S 397–409
Tölle R (1979) Neurosen sind Krankheiten. Dtsch Ärztebl H 4:39–42
Venzlaff U (1986) Konfliktreaktionen, Neurosen und Persönlichkeitsstörungen im Erwachsenenalter. In: Venzlaff U (Hrsg) Psychiatrische Begutachtung. Fischer, Stuttgart New York, S 327–359
Witter H (1970) Grundriß der gerichtlichen Psychologie und Psychiatrie. Springer, Berlin Heidelberg New York
Witter H (1986) Die Grundlagen für die Beurteilung der Schuldfähigkeit im Strafrecht. In: Witter H (Hrsg) Der psychiatrische Sachverständige im Strafrecht. Springer, Berlin Heidelberg New York Tokyo, S 37–79

II. Kriminalitätsverhütung

Zur Wirksamkeit der Generalprävention

Heinz Schöch

Generalpräventive Zielvorstellungen im Wandel der Zeiten

Der relative Strafzweck der Generalprävention betrifft nicht die Beeinflussung des *Täters* (Spezialprävention) und auch nicht die Wiederherstellung der verletzten Rechtsordnung durch Vergeltung der *Tat,* sondern die Einwirkung auf *potentielle Täter* oder die *Allgemeinheit.* Üblicherweise unterscheidet man heute 2 Aspekte (BGHSt 24, 40, 44; BVerfGE 45, 187, 256; Hirsch 1985, Vor § 46 Rn. 10; Jescheck 1988, S. 61): Die Strafe soll andere, die geneigt sind, ähnliche Straftaten zu begehen, davon abschrecken (*negative Generalprävention*), sie soll aber auch der Erhaltung und Stärkung der Rechtstreue der Bevölkerung und ihres Vertrauens in die Bestands- und Durchsetzungskraft der Rechtsordnung dienen (positive Generalprävention oder Integrationsprävention, vgl. Roxin 1979, S. 279; Müller-Dietz 1985, S. 813 und 815).

Die Entwicklung generalpräventiver Zielvorstellungen zeichnet sich durch eine zunehmende Verfeinerung und Differenzierung aus. Die fast 200 Jahre alte Theorie des psychologischen Zwangs von P. J. A. v. Feuerbach, bei der die motivatorische Wirkung präziser Straftatbestände und strenger gesetzlicher Strafdrohungen auf die Psyche des potentiellen Verbrechers im Mittelpunkt stand (Feuerbach 1805, S. 14 f.), war bereits eine Überwindung der primär generalpräventiv motivierten Strafpraxis des zu Ende gehenden Mittelalters und der frühen Neuzeit, bei der besonders grausame Leibes- und Lebensstrafen öffentlich vollzogen wurden, um den vermeintlichen Abschreckungseffekt zu steigern (Schmidt 1965, S. 67, 115, 185; speziell zur Entwicklung der Generalprävention Hauptmann 1989, S. 54 ff.). Obwohl die Thesen Feuerbachs noch auf recht pauschalen motivationspsychologischen Vorstellungen beruhten, stellen sie doch einen bedeutsamen Schritt von der archaisch-mythisch verankerten Generalprävention in Richtung auf einen rational kontrollierbaren Strafzweck dar, der die beginnende Humanisierung der Straftatfolgen begünstigte. Die Zufügung der Strafe stand jetzt nicht mehr im Mittelpunkt, sondern sollte nur noch den Ernst der Strafe für jedermann sichtbar machen.

Die Vereinigung der generalpräventiven Theorie Feuerbachs mit den absoluten Straftheorien Kants und Hegels, wie sie dem Reichsstrafgesetzbuch von 1871 zugrunde lag, führte in den folgenden 100 Jahren auf dem Gebiet der Strafzumessung zu einer relativ harten Tatvergeltungspraxis und beim Vollzug der dominanten Freiheitsstrafe zu einem eher abschreckend gestalteten Verwahrvollzug. Die übliche formelhafte Gleichsetzung von gerechter Vergeltung und wirkungsvoller Generalprävention immunisierte letztere weitgehend gegen empirische Kontrolle. Erst der von der Wissenschaft geschärfte Blick für die verschiedenen Stufen der Strafrechtsverwirklichung (vgl. z. B. Roxin 1966, S. 381; Baumann 1969, S. 144; Schmidhäuser 1975, S. 58) führte zu einer unterschiedlichen Gewichtung generalpräventiver Erwartungen. Ihr Schwerpunkt wird seither in der gesetzlichen Strafdrohung und in der Verbrechensaufklärung gesehen, bei der richterlichen Strafzumessung soll sie neben spezialpräventiven Zwecken nur ergänzende Funktionen im Rahmen der Schuldstrafe erhalten (Bruns 1985, S. 97 ff. m. w. N.; ständ. Rspr. seit BGHSt 7, 28), während sie im Strafvollzug jedenfalls seit Inkrafttreten des Strafvollzugsgesetzes (1977) keine Rolle mehr spielen darf (Kaiser et al. 1982, S. 82 ff.).

Eine neue Dimension der generalpräventiven Strategien ist in der Auseinandersetzung mit dem in der Strafrechtsreform (1969) eingeführten Begriff der „Verteidigung der Rechtsordnung" (§§ 47 I, 56 III, 59 I Nr. 3 StGB) erschlossen worden (Maurach u. Zipf 1983, S. 82), die zu der eingangs erwähnten, heute allgemein anerkannten Unterscheidung zwischen negativer und positiver Generalprävention geführt hat. Während es bei der gleichzeitig festzustellenden internationalen Renaissance der Generalprävention (vgl. Andenaes 1974; Zimring u. Hawkins 1973; Beyleveld 1980; Otto 1982) primär um das individuelle Kosten-Nutzen-Kalkül der Abschreckung geht, will die Integrationsprävention die „erzieherische Kraft" des Strafrechts, seine sozialpsychologischen Konsequenzen für das Vertrauen der Bürger in die Rechtsordnung und für die kollektive Mißbilligung von Straftaten mobilisieren (vgl. Albrecht 1985, S. 133; Roxin 1987, S. 48; Giehring 1987, S. 6 f.; zu tiefenpsychologischen Aspekten zuletzt Streng 1987, 48 m. w. N.).

Wenn darüber hinaus neuerdings von einer *allgemeinen Generalprävention* gesprochen wird, die der Begehung von Straftaten entgegenwirken und „elementare Werte des Gemeinschaftslebens schützen soll" (BVerfGE 45, 254; Dreher u. Tröndle 1988, § 46 Rn. 3), so wird deutlich, daß durch die positive Generalprävention die Brücke zu einer *allgemeinen Strafrechtstheorie* geschlagen wird, bei der es nicht nur um die im Einzelfall zu verhängende Strafe, sondern um die Funktion des Strafrechts in der Gesellschaft geht, „um die Erhaltung der Norm als Orientierungsmuster für sozialen Kontakt", wobei die Strafe nur noch dazu dient, der „Desavouierung der Norm" auf Kosten des Täters zu widersprechen (Jakobs 1983, S. 7 f.). Wenn die Strafe primär oder nur noch für die *Normstabilisierung* erforderlich ist, dann eröffnet sich auch eher die Möglichkeit (Lackner 1989, § 46 Anm. III 3 b, bb), strafmildernde oder strafersetzende Wirkungen der freiwilligen *Wiedergutmachung* in das strafrechtliche Sanktionensystem einzubauen (vgl. Roxin 1987, S. 37; Schöch 1988, S. 461).

Möglichkeit der empirischen Kontrolle der Generalpräventionstheorie

Teilweise wird die Ansicht vertreten, zumindest das moderne generalpräventive Konzept der Stabilisierung des Rechtsvertrauens und der Bekräftigung sozialer Normen durch das Strafrecht sei vollständig gegen Falsifizierung abgesichert (Hassemer 1979, S. 36, 52). Dem kann nicht zugestimmt werden.

Zwar trifft es einerseits zu, daß die positive Generalprävention ein *komplexes normativ-empirisches Geflecht* umschreibt, das nur begrenzter empirischer Prüfung zugänglich ist. Andererseits enthalten Begriffe wie „ernstliche Beeinträchtigung der Rechtstreue der Bevölkerung" (BGHSt 24, 40, 45) oder „Erschütterung des Vertrauens der Bevölkerung in die Unverbrüchlichkeit des Rechts und in den Schutz der Rechtsordnung vor kriminellen Angriffen" (BGHSt 24, 64, 66) empirisch feststellbare tatsächliche Annahmen über Einstellungen und Kenntnisse der Bürger, die für die Anwendung der Rechtsbegriffe nicht völlig bedeutungslos sein können (vgl. Maiwald 1983, S. 49, 66 ff.; Naucke 1980, S. 257 ff.; Schreiber 1983, S. 36, 37 f.). Lediglich die Gewichtung empirischer Befunde und ihre Bewertung nach den strafrechtlichen Sollensanforderungen bleibt eine normative Frage (vgl. OLG Celle JR 1980, 256 m. Anm. Naucke).

Selbst die „allgemeine Generalprävention", also die Ebene der Strafrechtstheorie, ist gegen empirische Kontrolle nicht völlig immun. Zwar ist es unbestreitbar, daß jede Sanktion der Bekräftigung der Norm dient oder eine „Bestätigung der Rechtsordnung durch Widerspruch auf den Normbruch des Täters" darstellt. Die normative generalpräventive Grundlage der „Institution Strafe" wäre nur dann aus den Angeln gehoben, wenn die völlige Entbehrlichkeit des Strafrechts zum Schutze elementarer Rechtsgüter oder die totale Wirkungslosigkeit sicherer Bestrafung auf potentielle Täter nachgewiesen wäre. Beides sind utopische Vorstellungen. Denkbar sind jedoch Alternativen zur klassischen Strafe als Mittel der Zielverwirklichung, etwa in Form der bereits erwähnten Wiedergutmachung, deren Gleichwertigkeit oder Strafentlastungsfunktion durch Umfragen in der Bevölkerung (vgl. Sessar et al. 1986, S. 86 ff.) oder durch Feldexperimente (zu bisherigen Versuchen in der Praxis Kuhn u. Rössner 1987, S. 267 ff.; Schöch 1987, S. 143 ff.) geprüft werden könnte.

Wenn man von dieser – erst in Ansätzen erkennbaren – Verlagerung des generalpräventiv wirksamen Sanktionsinstrumentariums absieht, so verbleiben auf der Ebene der realen Wirkungen der Strafe folgende empirisch prüfbare Grundannahmen, die aus der Theorie der Generalprävention abzuleiten sind (vgl. BGHSt 24, 40, 45 f.; 24, 64, 66):

- Durch Intensivierung staatlicher Strafen werden potentielle Täter von der Begehung ähnlicher Straftaten abgehalten (negative Generalprävention).
- Durch Intensivierung staatlicher Strafen wird das Gefühl der Strafrechtsgeltung in der Bevölkerung gestärkt und ihr Vertrauen in den Schutz der Strafrechtsordnung vor kriminellen Angriffen gefestigt (positive Generalprävention).

Im Rahmen beider Thesen ist die Intensivierung staatlicher Strafen auf den verschiedenen Stufen der Verwirklichung des Strafrechts denkbar und überprüfbar, von der gesetzlichen Strafdrohung über die Verbrechensaufklärung und -verfolgung durch Polizei und Staatsanwaltschaft, die Strafzumessungspraxis der Gerichte bis zu den Entscheidungen im Rahmen der Strafvollstreckung (vgl. Schmidhäuser 1975, S. 58 ff.).

Methodische Ansätze zur empirischen Prüfung der Generalprävention

Die herkömmliche Methode zur Prüfung generalpräventiver Wirkungen besteht in einem Vergleich zwischen Sanktionspraxis und Verurteilten- bzw. Straftatenziffern anhand *offizieller Statistiken* (Kaiser 1977, S. 41, 46 f. m.w.N.). Die hierfür erforderliche quasiexperimentelle Forschungsanordnung setzt voraus, daß es geographische Regionen oder verschiedene Zeitabschnitte gibt, die sich in der Sanktionspraxis unterscheiden, in anderen kriminalitätsrelevanten Bereichen aber im wesentlichen gleich sind (z.B. Wirtschafts-, Bevölkerungs- und Sozialstruktur, Urbanisierung, gesellschaftliche Moralvorstellungen, Staatsverfassung). Solche Konstellationen sind äußerst selten. Selbst wenn es gelingt, bei plötzlichem Wandel der Sanktionspolitik oder bei regional unterschiedlichen Sanktionsstrategien einigermaßen vergleichbare Verhältnisse aufzufinden, ist die *Aussagekraft* dieser kriminalstatistischen Methode *begrenzt*.

Die registrierten Straftatenziffern werden durch andere schwer kontrollierbare Faktoren des strafrechtlichen Kontrollsystems vermutlich stärker beeinflußt als durch Strafdrohungen und Strafzumessungspraxis, z. B. durch das Anzeigeverhalten der Bevölkerung oder durch die Strafverfolgungskapazität, die Verurteiltenziffern darüber hinaus durch unterschiedliche Anklage-, Einstellungs- und Verurteiltenquoten. Lediglich bei Kapitaldelikten oder Delikten mit schweren Folgen kann eine gewisse Konstanz dieser Faktoren vermutet werden; im Bereich der kleineren und mittleren Kriminalität muß jedoch mit erheblichen Schwankungen gerechnet werden.

Diese Methode ist in der Bundesrepublik Deutschland bisher nur im Bereich der *Trunkenheitsdelikte im Verkehr* einigermaßen konsequent eingesetzt worden (Kaiser 1970, S. 339 ff.; Schöch 1973, S. 197 ff.). Dabei ließen sich insbesondere die Verurteilungen wegen fahrlässiger Tötung und fahrlässiger Körperverletzung unter Alkoholeinfluß als Indikator für die tatsächliche Delinquenzentwicklung heranziehen, weil hier die Fehlerquellen der Statistik am wenigsten ins Gewicht fallen. Insgesamt konnte die generalpräventive Gleichwertigkeit der Geldstrafe gegenüber der kurzen Freiheitsstrafe dokumentiert werden (Schöch 1973, S. 203 ff., 1988). Im übrigen wurden die internationalen Befunde zur generalpräventiven Effektivität der Todesstrafe bei *Tötungsdelikten* rezipiert, die ganz überwiegend die Ersetzbarkeit der Todesstrafe durch die lebenslange Freiheitsstrafe aus generalpräventiver Sicht stützten (Kaiser 1978, S. 115 ff.; Müller-Dietz 1978, S. 91 ff.; Schöch 1973, S. 83). Für die meisten anderen Delikte liegen – wohl v. a. aus den genannten methodischen Gründen – nicht einmal solche Vergleiche zwischen Strafpraxis und Kriminalitäts- bzw. Verurteiltenziffern vor (zum internationalen Erkenntnisstand vgl. Andenaes 1974; Zimring u. Hawkins 1973; Beyleveld 1980).

In Anlehnung an neuere ausländische Forschungsansätze (Tittle 1977, S. 579 ff.; Waldo u. Chiricos 1972, S. 522 ff.; Teevan 1976, S. 155 ff.; Bailey u. Lott 1976, S. 99 ff.; Silbermann 1976, S. 442 ff.; Upper u. White 1976, S. 68 ff.) wurde deshalb in der hier zu referierenden Göttinger Untersuchung die *Methode der Befragung und Einstellungsmessung* bei Individuen eingesetzt, um differenziertere Erkenntnisse über generalpräventive Wirkungsmechanismen bei verschiedenen Deliktstypen zu erhalten. Diese Methode ist in der deutschsprachigen Kriminologie bisher noch relativ selten angewandt worden. Sie ist aber notwendig und legitim, weil nur so die *subjektive Perzeption der Sanktionswirklichkeit* ermittelt und mit deliktischem Verhalten oder mit Einstellungen zu potentieller Kriminalität in Verbindung gebracht werden kann. Sowohl für die allgemeine Abschreckung als auch für die positive Generalprävention kommt es aber entscheidend darauf an, wie die Bürger die Strafdrohungen, Strafverfolgungsrisiken und die Strafzumessungspraxis wahrnehmen und wie sich dies auf Konformität oder Abweichung und auf das Gefühl der Rechtsgeltung auswirkt. Nur auf diesem Weg kann auch das Gewicht strafrechtlicher Sanktionen im Vergleich mit anderen konformitätsrelevanten sozialen und persönlichen Merkmalen ermittelt werden, die nach kriminalitätstheoretisch begründeten Erfahrungen bedeutsam sein können.

Erste Ansätze in dieser Richtung finden sich in der Bundesrepublik Deutschland in einer Untersuchung von Breland (1975) und – zunehmend differenzierter – in Untersuchungen von Diekmann (1980) und Albrecht (1980, S. 305 ff.). Besonders hervorzuheben ist die etwa gleichzeitig mit unserer Untersuchung entstandene Längsschnittuntersuchung bei insgesamt 740 Jungen und Mädchen in Bremen (Schumann et al. 1987 a).

Hier wurden Jugendliche der Geburtsjahrgänge 1964 und 1965 zunächst 1981 über ihre Erwartungen zur Praxis der Jugendstrafrechtspflege (Strafwahrscheinlichkeit, Straferwartung), über Rahmenbedingungen für deviantes Verhalten sowie über die Begehung von 14 Straftaten im letzten Jahr befragt. 1982 wurden dieselben Jugendlichen in fast gleicher Weise erneut befragt (Schumann et al. 1987, S. 32 f., 170 ff.). Durch diese Forschungsanordnung, die eine methodische Verfeinerung generalpräventiver Effektivitätsmessung darstellt, wurde dem Einwand Rechnung getragen, daß bei gleichzeitiger Erhebung von Sanktions- und Delinquenzvariablen eine eindeutige kausale Zuordnung von festgestellten Zusammenhängen im Sinne der Abschreckungsthese nicht möglich sei. Vielmehr müsse damit gerechnet werden, daß die Einschätzung des Sanktionsrisikos von den eigenen Delinquenzerfahrungen abhänge.

Die Veröffentlichung der Bremer Untersuchungsergebnisse zeigt, daß die *Unterschiede zwischen Querschnitts- und Längsschnittsbetrachtung* hinsichtlich der Korrelationen zwischen Verfolgungsrisiko und Delinquenz *sehr gering* sind. Die Differenzen der Korrelationskoeffizienten schwanken zwischen −0,08 (bei der Leistungserschleichung) und +0,03 (bei der gefährlichen Körperverletzung), im Durchschnitt der 14 Delikte liegen sie bei +0,036 (errechnet nach Schumann et al. 1987a, S. 56, Tabelle 2.12) und sind damit nach den sonstigen Interpretationsschwellen der Autoren (vgl. z. B. Schumann et al. 1987a, S. 42 f.) nahezu bedeutungslos. Die Fehlerquelle, die sich aus der gleichzeitigen Erhebung von Sanktions- und Delinquenzvariablen ergibt, ist also so gering, daß sie angesichts der sonstigen Ungenauigkeiten derartiger Befragungen (siehe z. B. bezüglich der Delinquenzbefragung Schöch 1976, S. 216 ff.) in Kauf genommen werden kann. Dieses Ergebnis entspricht unseren Erwartungen, weil die Sanktionsperzeption ein relativ stabiles Merkmal sein dürfte, das aus langjähriger Selbst- und Fremderfahrung entsteht und in relativ geringem Umfang durch Deliktsbegehungen innerhalb eines Jahres beeinflußt wird. Wenn es anders wäre, so wäre bereits der Jahresabstand zwischen den beiden Befragungen zu lang, um die Auswirkungen des eingeschätzten Verfolgungsrisikos auf Deliktsbegehungen ohne intervenierende Lerneffekte zu prüfen.

Diese Vorbehalte ändern nichts daran, daß die Bremer Untersuchung einen wesentlichen Beitrag zur methodischen Verfeinerung generalpräventiver Effektivitätsmessung darstellt, auch wenn die dortige Kritik (Schumann et al. 1987a, S. 53 ff.) an dem hier und in vielen anderen Untersuchungen zugrundegelegten Querschnittsdesign überzogen wirkt (vgl. auch Hirschi u. Gottfredson 1983, 1985; Murray u. Erickson 1987). Nicht aufrechterhalten läßt sich nach ergänzenden brieflichen Informationen durch Schumann die frühere Vermutung (Schöch 1988, S. 233), in der Bremer Untersuchung könnten die Deliktsangaben durch Mißverständnisse der befragten Jugendlichen bezüglich der Anonymitätsgarantie beeinträchtigt sein. Nach der mir vorgelegten Beschreibung der vorbildlichen Datenschutzprozedur war diese so anschaulich dargestellt, daß Mißverständnisse der Befragten nahezu ausgeschlossen erscheinen. Um so erstaunlicher ist die sachlich nicht gerechtfertigte öffentliche Kampagne gegen das Projekt (Schumann et al. 1987a, S. 206 f.). Diese läßt sich wohl nur damit erklären, daß bei einem Längsschnittdesign das Mißtrauen der Befragten prinzipiell größer ist als bei einer einmaligen Befragung. Es ist nicht auszuschließen, daß sich dieses Mißtrauen in nicht genau abschätzbarem Umfang auf die Mitwirkungs- und Antwortbereitschaft der ausgewählten Bevölkerungsstichprobe auswirkt.

Methodische Anlage der Göttinger Untersuchung

In unserer Untersuchung wurde aus den zuletzt genannten „forschungspsychologischen“ und aus ökonomischen Gründen auf die relativ aufwendige Doppelbefragung verzichtet. Dem prinzipiellen methodischen Einwand gegen das Querschnittsdesign wurde dadurch Rechnung getragen, daß nicht nur vergangenes *deliktisches Verhalten,* sondern auch die selbsteingeschätzte künftige *Begehungswahrscheinlichkeit* als Kriterium für die Abschreckungswirkung herangezogen wurde (ebenso Tittle 1977, S. 579 ff.; zur Validitätskontrolle Murray u. Erickson 1987). Außerdem wurde zur Kontrolle möglicher Perzeptionsänderungen danach gefragt, ob sich das *eingeschätzte Sanktionsrisiko* im Laufe des letzten Jahres (Zeitraum für die erfragte Deliktsbegehung) *geändert* habe. Dieses „ökonomischere" Vorgehen machte es möglich, insgesamt 12 Delikte in die Untersuchung einzubeziehen, die formellen und informellen Sanktionen sowie die Indikatoren für generalpräventive Effekte und mögliche Moderatorvariablen relativ differenziert zu erfassen, und schließlich in 2 Stufen einen relativ großen Probandenkreis zu befragen.

Die Untersuchung wurde von 1980 bis 1983 mit Unterstützung der Deutschen Forschungsgemeinschaft durchgeführt. An ihr wirkten außer dem Verfasser mit: Prof. Dr. H.-L. Schreiber, Prof. Dr. D. Dölling (jetzt Erlangen), Dr. D. Bönitz. Im *1. Untersuchungsabschnitt* (1981) wurden 362 *junge Männer im Alter von 18–21 Jahren* im Rahmen der Eignungs- und Verwendungsprüfung bei der Musterung für die Bundeswehr zu 12 Delikten und 2 Scheindelikten (fahrlässige Sachbeschädigung und Nichtbezahlen von Schulden) befragt; in gleicher Weise wurden im Sinne einer Validitätskontrolle 82 Jugendarrestanten und 96 Jugendstrafgefangene untersucht. Im *2. Abschnitt* (1982) wurde mit Hilfe eines Meinungsforschungsinstituts eine *repräsentative Stichprobe* der strafmündigen Bevölkerung der *Bundesrepublik Deutschland* zu 4 Delikten befragt, insgesamt 2036 Männer und Frauen im Alter zwischen 14 und 87 Jahren. Sämtliche Befragungen wurden vollstandardisiert und schriftlich durchgeführt. Die Vertraulichkeit und Anonymität wurde im 1. Abschnitt durch Gruppenbefragungen mit verdeckter Fragebogenabgabe (Urne) dokumentiert, bei der Repräsentativbefragung durch nachdrückliche Versicherungen und Abgabe des vom Probanden allein ausgefüllten Fragebogens in einem versiegelten Umschlag.

Nach dem Untersuchungsplan wurden die Probanden nicht etwa gefragt, wie sie die abschreckenden oder normstabilisierenden Wirkungen bestimmter Sanktionen einschätzen. Vielmehr wurden nach einleitenden Fragen zu soziodemographischen Daten die einzelnen Merkmale der potentiellen Wirkungsfaktoren (unabhängige Variablen) und der interessierenden Auswirkungen (abhängige Variablen) getrennt voneinander erhoben, wobei mit den Fragen zur selbstberichteten Delinquenz begonnen wurde, um die Deliktsdefinitionen einzuführen und verfälschende Einflüsse auszuschließen, die sich aus der Durchschaubarkeit des Untersuchungszieles für die Befragten ergeben könnten. Diese Untersuchungsanordnung ermöglichte es, bei der Auswertung der Befragungsergebnisse ein *quasiexperimentelles Forschungsdesign* zu bilden, in dem Teilgruppen mit hohem und solche mit niedrigem perzipiertem Sanktionsrisiko im Hinblick auf Deliktsbelastung oder selbsteingeschätzte Begehungswahrscheinlichkeit verglichen wurden.

Die *methodischen Einwände,* welche die Bremer Forschungsgruppe (Schumann et al. 1987a, S. 53 ff.) gegen diese Forschungsanordnung geltend macht, beruhen auf einer Übersteigerung des Teilproblems der Veränderung der Sanktionsperzeption durch Delinquenz, das wir angesichts zahlreicher sonstiger Fehlerquellen aller einschlägigen Untersuchungen (auch der Bremer) für weniger gravierend hielten und das sich auch durch die Bremer Untersuchung als nicht besonders gewichtig herausgestellt hat (s. oben). Die gelegentlich festgestellte *Instabilität der Sanktionsperzeption* innerhalb kurzer Zeiträume (vgl. dazu Schumann et al. 1987a, S. 50; Albrecht 1985, S. 137) ist wohl weniger ein Validitätsproblem (Folge von Deliktserfahrung) als ein Reliabilitätsproblem (Unzuverlässigkeit spontaner Einschätzung) über nicht vertraute Sachverhalte; es ist damit auch in der Bremer Untersuchung nicht ganz ausgeschaltet.

Ergebnisse der Göttinger Generalpräventionsforschung

Ergebnisse aus der Befragung der jungen Männer

Die Ergebnisse aus der Befragung der männlichen Heranwachsenden mit einem Durchschnittsalter von 19 Jahren wurden im wesentlichen bereits von Dölling (1983, S. 59 ff., 1984, S. 259 ff.) dargestellt. Sie lassen sich folgendermaßen zusammenfassen:

Bei den bivariaten Korrelationsanalysen konnten in der Gruppe der Normalpopulation (Wehrpflichtige) schwache signifikante Zusammenhänge zwischen *Entdeckungsrisiko* und Deliktsbegehung festgestellt werden, und zwar für leichtere Delikte wie Diebstahl am Arbeitsplatz ($r=0{,}33$), Schmuggel (0,31), Körperverletzung (0,26), Rauschgiftgenuß (0,24), Ladendiebstahl (0,15) und Leistungserschleichung (0,13), dagegen nicht bei Raub, Einbruchsdiebstahl, sexueller Nötigung, überraschenderweise auch nicht bei Trunkenheit im Verkehr und Fahren ohne Fahrerlaubnis. Mord erwies sich erwartungsgemäß als praktisch irrelevant und wurde bei der weiteren Auswertung weggelassen. Im Vergleich dazu schätzen die Jugendstrafgefangenen und Jugendarrestanten das Entdeckungsrisiko erheblich geringer ein, weshalb es bei ihnen bis auf Ladendiebstahl und Rauschgiftgenuß auch keine signifikanten Korrelationen gibt. Wesentlich schwächer fallen bei den Wehrpflichtigen die Zusammenhänge zwischen erwarteter Strafschwere und Deliktsbegehung aus; signifikant sind sie nur bei Diebstahl am Arbeitsplatz (0,21), Rauschgiftgenuß (0,20) und Schmuggel (0,14).

Die sehr schwachen Einflüsse der Strafschwere werden praktisch bedeutungslos und die des Entdeckungsrisikos jedenfalls erheblich reduziert, wenn man mittels der *Regressionsanalyse* den Anteil berechnet, der den Strafvariablen im Verhältnis zu anderen möglicherweise konformitätsrelevanten Variablen für die Erklärung der Deliktsbegehung zukommt. Die Ergebnisse der 11 deliktbezogenen Regressionsanalysen mit je 40–44 Variablen sind in Tabelle 1 zusammengefaßt, wobei aus Raumgründen auf den Abdruck der erklärten Varianzen (insgesamt bis zu 50%) und der Regressionskoeffizienten (bis zu 0,40) verzichtet wird. Unter Berücksichtigung der Interpretationsgrenzen (Tabelle 1) zeigt sich, daß von den 3 Strafvariablen lediglich das Entdeckungsrisiko bei 5 Delikten eine gewisse Bedeutung hat, am stärksten bei Diebstahl am Arbeitsplatz mit Rangplatz 2. Die Strafschwere spielt nur noch bei Einbruchsdiebstahl und die Höchststrafe bei Diebstahl am Arbeitsplatz eine minimale Rolle ($r=0{,}10$, erklärte Varianz 1,4%). Im übrigen wird aus der Zusammenstellung der wichtigsten Erklärungsvariablen auf den Rangplätzen 1–3 deutlich, daß für die *Nichtbegehung* von Straftaten die *moralische Verbindlichkeit der Norm* am wichtigsten ist, während für die *Begehung* die geschätzte *Delinquenz im Bekannten- und Freundeskreis* das größte Gewicht hat.

Insgesamt scheint – besonders bei den schwereren Delikten – die moralische Verbindlichkeit der Norm so stark und die Distanz zur Delinquenz so groß zu sein, daß Vorstellungen über das Straf- oder Entdeckungsrisiko – jedenfalls statistisch – keine oder nur sehr geringe Bedeutung haben.

Tabelle 1. Ergebnisse der Regressionsanalysen zur Ermittlung des Einflusses von 40–44 Variablen auf die Deliktsbegehung bei 540 jungen Männern (Wehrpflichtige, Jugendarrestanten, Jugendstrafgefangene)

Delikt	Variablen mit dem stärksten Einfluß (Rangplätze 1–3) (– begehungshemmend; + begehungsfördernd)			Rangplätze[a] für		
	1	2	3	Entdekkungsrisiko	Strafschwere	Höchststrafe
1. Fahren ohne Fahrerlaubnis	– Dauer Führerscheinbesitz	+ Häufigkeit in Deutschland	+ Konfessionsdistanz	41	38	42
2. Trunkenheit im Verkehr	– Moralische Verbindlichkeit	+ Delinquenz Bekannte	– Reaktion Freunde	4	18	11
3. Schmuggel	+ Häufigkeit in Deutschland	– Moralische Verbindlichkeit	– Geschwisterzahl	24	29	12
4. Leistungserschleichung	+ Delinquenz Bekannte	+ Ethische Risikobereitschaft	+ Häufigkeit in Deutschland	21	34	27
5. Ladendiebstahl	– Höhere soziale Schicht	+ Erregbarkeit	+ Gelassenheit	6	27	21
6. Diebstahl am Arbeitsplatz	+ Delinquenz Bekannte	– Entdeckungsrisiko	+ Häufigkeit in Deutschland	2	27	9
7. Einbruchsdiebstahl	+ Delinquenz Bekannte	+ Größe des Wohnortes	– Alter	6	10	26
8. Rauschgiftgenuß	– Moralische Verbindlichkeit	+ Häufigkeit in Deutschland	+ Finanzielle Risikobereitschaft	36	19	29
9. Sexuelle Nötigung	+ Reaktion des Vaters	– Reaktion der Mutter	– Moralische Verbindlichkeit	37	44	33
10. Körperverletzung	+ Dominanz	+ Finanzielle Risikobereitschaft	– Moralische Verbindlichkeit	6	24	11
11. Raub	+ Delinquenz Bekannte	+ Trennung der Eltern	+ Ethische Risikobereitschaft	25	36	33

[a] Berücksichtigt man die hier aus Vereinfachungsgründen nicht mitgeteilten Regressionskoeffizienten (Beta-Werte) für die einzelnen Variablen, so kann man sagen, daß den Merkmalen auf den Rangplätzen 1–5 eine gewisse Bedeutung und auf den Rangplätzen 6–10 eine geringe, aber noch erwähnenswerte Bedeutung zukommt, während der Einfluß ab Rangplatz 11 so gering ist, daß er sozialwissenschaftlich nicht mehr interpretierbar ist.

Ergebnisse aus der Repräsentativbefragung

Aus den zuletzt genannten Gründen wurde die Repräsentativbefragung auf 4 leichtere bis mittelschwere Delikte beschränkt: Schmuggel, Diebstahl am Arbeitsplatz, Trunkenheit im Verkehr und Körperverletzung. In Tabelle 2 werden zunächst die Ergebnisse zu den zentralen Variablen auf *deskriptiver Ebene* dargestellt. Es handelt sich um Prozentwerte oder um Mittelwerte skalierter Einschätzungen.

Tabelle 2. Perzipierte Sanktionswirklichkeit, Tatbegehung, Gefühl der Rechtsgeltung. Prozentwerte oder arithmetische Mittel der Einschätzung auf Skalen[a] von 0 (=gar nicht schlimm oder 0%) bis 100 (=sehr schlimm oder 100%)

	Schmuggel	Diebstahl am Arbeitsplatz	Trunkenheit im Verkehr	Körperverletzung mit schweren Folgen
1. Informelle Reaktionen				
Verwerflichkeit der Straftat	38	58	80	92
Erwartete Reaktion der Mutter	62	72	78	90
Erwartete Reaktion bei Freunden und Bekannten	52	62	66	82
Erwartete berufliche Nachteile	22	52	43	58
Delikte bei Bekannten [%]	41	33	54	15
2. Formelle Sanktionen				
Geschätztes persönliches Entdeckungsrisiko [%]	48	41	55	66
Erfahrene tatsächliche Entdeckungsquote bei Tätern [%]	10	5	17	30
Subjektive Strafschwere (Einschätzung)	50	60	78	88
3. Tatbegehung				
Angegebene eigene Begehungshäufigkeit [% der Befragten]	28	20	25	5
Selbsteingeschätzte Begehungswahrscheinlichkeit [%]	36	23	21	10
4. Gefühl der Rechtsgeltung				
Geschätzter Anteil der Täter in der Bundesrepublik Deutschland [%]	54	48	49	19
	Nicht auf einzelne Delikte bezogen			
Verbrechensangst (Kriminalitätsanstieg im Wohnort)	56			
Bedürfnis nach strengeren Strafen für Verbrechensbekämpfung	64			

[a] In der Erhebung wurden nur die in der Tabelle mit Prozentwerten gekennzeichneten Merkmale auf Skalen von 0–100% erfaßt, die übrigen Merkmale auf stufigen Skalen (von 1–6) nach dem subjektiv empfundenen Gewicht eingeschätzt. Um die Anschaulichkeit und Vergleichbarkeit der Darstellung zu ermöglichen, erfolgte eine Skalentransformation der Mittelwerte auf die 100er-Skala

Abhängige Variablen

Die abhängige Variable *Abschreckungswirkung* wurde durch 3 Merkmale auf verschiedenen Ebenen erfaßt (Tabelle 2, Nr. 3): Für die *selbstberichtete Delinquenz* ergaben sich Begehungsquoten von 5% bei der Körperverletzung bis zu 28% beim Schmuggel (mindestens einmal im letzten Jahr). Diese Streuung entspricht der unterschiedlichen Deliktsschwere und der Häufigkeit der potentiellen Deliktssituation. Die im Vergleich zu anderen Dunkelfelduntersuchungen geringeren Begehungsquoten beruhen auf der Einbeziehung der erfahrungsgemäß weniger deliktsanfälligen Frauen und der älteren Jahrgänge (vgl. z. B. Schöch 1976, S. 211 ff.; Kreuzer 1979, S. 129 ff.). Noch deutlicher sind die Abstufungen bei den Durchschnittswerten des zweiten Indikators, der *selbsteingeschätzten künftigen Begehungswahrscheinlichkeit* (Tabelle 2, Nr. 3). Sie läßt sich interpretieren als Verhaltensbereitschaft, die in der Regel der tatsächlichen Begehung eines Deliktes vorausgeht (Albrecht 1980, S. 316). Als Indikator für das *Gefühl der Rechtsgeltung,* mit dem die positive Generalprävention vereinfacht erfaßt werden kann, wurde der von den Probanden geschätzte Anteil der Täter in der Bundesrepublik Deutschland herangezogen. Aus Tabelle 2, Nr. 4, ergibt sich, daß die *allgemeine Begehungshäufigkeit* durchschnittlich wesentlich höher eingeschätzt wird als die eigene (19% für Körperverletzung bis 54% für Schmuggel).

Schließlich wurden als Indikatoren für das Gefühl der *Rechtsgeltung* und *Rechtsdurchsetzung* noch die Meinungen zum Kriminalitätsanstieg in den letzten Jahren und zum Einfluß der Strenge der Bestrafung auf die Kriminalitätsbekämpfung erfragt. Diese Fragen konnten nur pauschal gestellt werden, da die Projektion auf einzelne Delikte eine Überforderung der Befragten bedeutet hätte. Bei einer Antwortskala von 0–100 und einem Neutralitätswert von 50 zeigen die in Tabelle 2, Nr. 4, angegebenen Einschätzungsmittelwerte von 56 für die *Verbrechensangst* und 64 für *strengere Strafbedürfnisse,* daß die Bevölkerung praktisch kaum einen Kriminalitätsanstieg wahrnimmt und daß Strafschärfung nur in sehr geringem Umfang als notwendiges Mittel zur Kriminalitätsbekämpfung gefordert wird. Diese Einstellungen können als sehr maßvoll bezeichnet werden.

Unabhängige Variablen

Bei den *unabhängigen Variablen* wird die *Aufklärungswahrscheinlichkeit* von den Befragten mit durchschnittlich 41% (Diebstahl) bis 66% (Körperverletzung) relativ hoch eingeschätzt. In Tabelle 2, Nr. 2, sind zum Vergleich die tatsächlichen Quoten der nach ihren Angaben von der Polizei Entdeckten unter denjenigen angegeben, die frühere Täterschaft bejaht hatten. Sie betragen bei Schmuggel, Diebstahl am Arbeitsplatz und Trunkenheit im Verkehr nur ⅛ – ⅓, bei Körperverletzung immerhin noch die Hälfte der vermuteten Aufklärungsquote. Das Entdeckungsrisiko wird also wesentlich höher eingeschätzt, als es tatsächlich ist. Man kann daher von einem beachtlichen *Propagandaeffekt der Strafverfolgungspraxis* sprechen, insbesondere auf der polizeilichen Ebene.

Nach den Ergebnissen aller bisherigen Untersuchungen konnte erwartet werden, daß gesetzliche *Strafdrohung* und gerichtliche *Strafhöhe* einigermaßen korrekt eingeschätzt werden, daß sie aber nur schwache Korrelationen mit der Deliktsneigung aufweisen (s. unten Tabelle 3). Deshalb wurde ergänzend die *subjektiv empfundene Strafschwere* erhoben (vgl. Grasnick u. Bryjak 1980, S. 471 ff.).

Dieses Merkmal erfaßt über die perzipierte Sanktionswirklichkeit hinaus die *subjektive Strafempfindlichkeit* und berücksichtigt, daß auch niedrige Strafen individuell als schwer empfunden werden können (in Ausnahmefällen auch umgekehrt).

Damit wird der Vermutung Rechnung getragen, daß viele Bürger bereits die Bestrafung als solche abschreckend empfinden, so daß es auf die Strafhöhe nicht mehr entscheidend ankommt. Die in Tabelle 2, Nr. 2, mitgeteilten Mittelwerte der subjektiven Schwereeinschätzung bekräftigen diese These: Obwohl die Probanden bei den ersten 3 Delikten ganz überwiegend nur leichte Geldstrafen erwarten, erreichen die erwarteten Strafen bereits bei Schmuggel einen durchschnittlichen Schwerewert von 50, bei Diebstahl am Arbeitsplatz von 60 und bei Trunkenheit im Verkehr von 78. Bei Körperverletzung liegt die subjektive Strafschwere mit 88 nahe an der Obergrenze, obwohl auch hier zu etwa 75% Geldstrafen oder niedrige Freiheitsstrafen mit Bewährung erwartet werden.

System sozialer Normen und informeller Reaktionen

Die strafrechtlichen Sanktionen sind eingebettet in ein *System sozialer Normen und informeller Reaktionen,* deren Bedeutung für Konformität möglicherweise größer ist als die der Strafvariablen. Aus der Vielzahl denkbarer Merkmale wurden diejenigen ausgewählt, die nach kriminalitätstheoretisch begründeten Annahmen am ehesten in einer potentiellen Deliktssituation Einfluß erlangen könnten.

Nach einem umfassenderen Katalog im 1. Untersuchungsabschnitt wurden in der Repräsentativbefragung nur noch diejenigen Faktoren berücksichtigt, die zur Erklärung der Konformität oder Abweichung am meisten beitragen: Die in Tabelle 2, Nr. 1, angegebenen Mittelwerte zeigen, daß die *Verbindlichkeit der Norm* – ausgedrückt durch den Grad der Verwerflichkeit von 0–100 – bei Schmuggel relativ gering ist, bei Trunkenheit im Verkehr und bei Körperverletzung mit schweren Folgen jedoch beachtlich hoch. Die erwartete *Reaktion der Mutter,* die man als Indikator für das durch familiäre Sozialisation vermittelte Gewissen bezeichnen kann, erreicht auch bei den beiden zuerst genannten „Bagatelldelikten" relativ hohe Werte. Das Gewicht der erwarteten *Reaktion bei Freunden und Bekannten* – Ausdruck für die eingeschätzte soziale Mißbilligung bei Deliktsbegehung – scheint nicht ganz so hoch zu sein, wird aber doch bei allen Delikten im überdurchschnittlichen Bereich angeordnet. Erstaunlich gering werden die erwarteten *beruflichen Nachteile* bewertet, doch dürften die Einschätzungen auf der realen Erfahrung beruhen, daß relativ leichte Delikte im beruflichen Bereich meist nicht bekannt werden und in der Regel auch keine gravierenden Konsequenzen nach sich ziehen.

Die *Deliktsbegehung im Bekanntenkreis* – Indikator für informelle Gruppennormen und sozialpsychologische Lernvorgänge – ist gegenläufig zu interpretieren. Die relativ hohen Werte, insbesondere bei Trunkenheit im Verkehr, signalisieren soziale Einflüsse, die der präventiven Wirkung der anderen Variablen entgegenstehen können.

Das Gewicht formeller und informeller Sanktionen im Vergleich mit anderen kriminalitätsrelevanten Variablen

In Tabelle 3 sind in Form einer Korrelationsmatrix die Ergebnisse zu den wichtigsten *generalpräventiven Hypothesen* zusammengefaßt. In den Zeilen 1–12 sind die unabhängigen Variablen, in den Spalten I–VI die abhängigen Variablen und

Tabelle 3. Zusammenhänge zwischen perzipierter Sanktionswirklichkeit, sonstigen konformitätsrelevanten Variablen und Indikatoren für Generalprävention (nur Rangkorrelationskoeffizient nach Spearman ab $r_s = 0,1414$; $p = 0,001$). *Sch* Schmuggel, *DiA* Diebstahl am Arbeitsplatz, *TiV* Trunkenheit im Verkehr, *KV* Körperverletzung mit ärztlich zu behandelnden Folgen, *FPI* Freiburger Persönlichkeitsinventar

Unabhängige Variablen	Delikt	Abhängige Variablen					
		I Delikts-begehung	II Begehungs-wahr-scheinlich-keit	III Abschrek-kungsindex (I + II) Deliktsnei-gung	IV Häufigkeit BRD Gefühl Rechts-geltung	V Ver-bre-chens-angst	VI Straf-rigi-dität
1. Gesetzliche Höchststrafe	Sch						
	DiA						
	TiV						
	KV						
2. Entdeckungs-risiko	Sch						
	DiA	−0,14	−0,14	−0,15			
	TiV						
	KV						
3. Erwartete Strafe (Art und Höhe)	Sch						
	DiA						
	TiV		−0,15	−0,16	−0,15		
	KV						
4. Subjektive Strafschwere	Sch	−0,23	−0,30	−0,29	−0,17		
	DiA	−0,21	−0,32	−0,32	−0,20		+0,15
	TiV	−0,21	−0,27	−0,26			+0,16
	KV		−0,19	−0,19			
5. Strafindex (aus 1, 2, 4)	Sch	−0,23	−0,27	−0,27	−0,15		
	DiA	−0,20	−0,28	−0,28	−0,19		+0,14
	TiV		−0,15				
	KV						
6. Moralische Verbindlichkeit der Norm	Sch	−0,30	−0,46	−0,42	−0,22		+0,15
	DiA	−0,39	−0,50	−0,51	−0,32		+0,16
	TiV	−0,35	−0,47	−0,45	−0,17		+0,14
	KV	−0,22	−0,28	−0,29			
7. Reaktion der Mutter	Sch	−0,23	−0,37	−0,33	−0,17		
	DiA	−0,26	−0,38	−0,38	−0,25		
	TiV	−0,17	−0,29	−0,27			+0,15
	KV		−0,22	−0,22			
8. Reaktion der Freunde und Bekannten	Sch	−0,32	−0,47	−0,44	−0,24		
	DiA	−0,35	−0,46	−0,46	−0,30		+0,16
	TiV	−0,25	−0,36	−0,34	−0,20		
	KV	−0,18	−0,27	−0,27			
9. Deliktbegehung bei Bekannten oder Verwand-ten	Sch	+0,49	+0,45	+0,52	+0,24		
	DiA	+0,47	+0,45	+0,49	+0,31		
	TiV	+0,35	+0,30	+0,36	+0,19		
	KV	+0,31	+0,24	+0,26			

Tabelle 3. (Fortsetzung)

Unabhängige Variablen	Delikt	Abhängige Variablen					
		I Delikts-begehung	II Begehungs-wahr-scheinlich-keit	III Abschrek-kung in der I und II Delikts-neigung	IV Häufigkeit BRD Gefühl Rechts-geltung	V Ver-bre-chens-angst	VI Straf-rigi-dität
10. Aggressivität (FPI)	Sch	+0,23	+0,38	+0,34			
	DiA	+0,20	+0,33	+0,30			
	TiV	+0,23	+0,32	+0,31			
	KV	+0,20	+0,29	+0,30			
11. Dominanz (FPI)	Sch	+0,16	+0,25	+0,23			
	DiA	+0,17	+0,23	+0,23			
	TiV	+0,17	+0,22	+0,20			
	KV	+0,22	+0,30	+0,30			
12. Offenheit (FPI)	Sch	+0,24	+0,35	+0,35	+0,15		
	DiA	+0,24	+0,33	+0,33	+0,17		
	TiV	+0,25	+0,31	+0,31			
	KV		+0,26	+0,26			

in den daraus entstehenden Feldern die jeweiligen Zusammenhänge zwischen den beiden Variablen für die 4 Delikte ausgewiesen.

Um den Überblick über wesentliche Zusammenhänge zu erleichtern, wurden in Tabelle 3 nur hochsignifikante ($p = 0{,}001$) Korrelationen ab 0,1414 aufgenommen, was einer erklärten Varianz (r^2) von mindestens 2% entspricht. Im vorliegenden Zusammenhang bedeuten Minuskorrelationen einen deliktshemmenden Einfluß, positive Korrelationen einen deliktsfördernden Einfluß.

Eine Gesamtschau der Tabelle ergibt, daß die *moralische Verbindlichkeit der Norm* und die *informellen Reaktionen* generalpräventiv das größte Gewicht aufweisen, sowohl hinsichtlich der Indikatoren für die Abschreckungswirkung als auch – in geringerem Ausmaß – hinsichtlich der Indikatoren für die positive Generalprävention. Fast genauso bedeutsam sind aber in gegenläufiger delinquenzfördernder Richtung die vermuteten *Gruppennormen* (Delikte im Bekanntenkreis) sowie – in geringerem Umfang und auf die spezielle Generalprävention begrenzt – die Persönlichkeitseigenschaften Aggressivität und Dominanz, die nach dem Freiburger Persönlichkeitsinventar erhoben wurden (FPI, vgl. Fahrenberg et al. 1973). Die beachtlichen Koeffizienten für die Offenheit (FPI) sind eher als Hinweise auf Grenzen der Erhebungsmethode zu interpretieren: Die Antworten zur Häufigkeit der Deliktsbegehung und zur Begehungswahrscheinlichkeit werden zu etwa 3–12% (r^2) durch Aufrichtigkeit und Selbstkritik der Befragten beeinflußt.

Bemerkenswert ist schließlich, daß die *Verbrechensangst* als denkbarer Indikator für positive generalpräventive Bedürfnisse von keiner der formellen oder informellen Sanktionen abhängt. Sie wird weder durch hohe Sanktionserwartungen reduziert noch aufgrund geringer Sanktionserwartungen vergrößert. Auch das Bedürfnis nach strengerer Bestrafung (*Strafrigidität*) ist nicht von einer perzipierten milden Sanktionspraxis abhängig, sondern v. a. von der höheren moralischen Verbindlichkeit der Norm; die übrigen schwachen Korrelationen sind in ähnlicher Richtung zu interpretieren.

Im Mittelpunkt des Interesses stehen die *Einflüsse der Strafvariablen.* Mit Ausnahme des Entdeckungsrisikos bei Diebstahl am Arbeitsplatz und der erwarteten

Strafe bei Trunkenheit im Verkehr sind hier zunächst keine Einflüsse feststellbar. Insoweit stimmen die Befunde im wesentlichen mit den Ergebnissen bisheriger Untersuchungen überein. Beachtlich sind jedoch die Einflüsse der *subjektiv empfundenen Strafschwere* bei allen Indikatoren für die Abschreckungswirkung, bei 2 Delikten sogar für das Gefühl der Rechtsgeltung. Diese Einflüsse sind mit Koeffizienten bis −0,32 am stärksten bei den beiden Delikten mit geringerer Normverbindlichkeit (Schmuggel und Diebstahl am Arbeitsplatz), während sie bei Delikten mit höherer Normverbindlichkeit etwas geringer sind (Trunkenheit im Verkehr, Körperverletzung). Der mit dem Strafindex erfaßte Gesamteindruck der Strafwirklichkeit (Z.5) erreicht im Vergleich dazu etwas geringere Abschreckungseffekte.

Die Autoren des Bremer Projektes halten die Zusammenhänge zwischen empfundener Strafschwere und Abschreckungsvariablen für methodisch problematisch und meinen, es handle sich um einen Zirkelschluß, weil mit der subjektiven Strafschwere nur Einstellungskorrelate der Normakzeptanz gemessen würden und die festgestellten Korrelationen deshalb nur als Konsistenzmaß für Einstellungen gelten könnten (Schumann et al. 1987a, S. 161 und 225; 1987b, S. 14). Nun ist es richtig, daß zwischen moralischer Verbindlichkeit der Norm und subjektiver Strafschwere relativ hohe Korrelationen bestehen (zwischen 0,38 und 0,51), wie überhaupt die Normakzeptanz die zentrale Variable ist, die in gleicher Weise mit den meisten anderen unabhängigen Variablen zusammenhängt, ohne daß diese deshalb bedeutungslos wären. Gleichwohl erklärt auch sie nur ca. 4–25% der Varianz der Deliktsbegehung einerseits oder der subjektiven Strafschwere andererseits. Um möglichst viel aufzuhellen, müssen die verschiedenen Merkmale nebeneinander berücksichtigt werden, ganz abgesehen davon, daß bei den erwähnten Korrelationen von einer Wechselwirkung zwischen Strafempfinden oder Normakzeptanz auszugehen ist und nicht von einseitiger Kausalbeziehung zugunsten der letzteren.

Ergebnis und kriminalpolitische Konsequenzen

Als wesentliches Ergebnis ist festzuhalten, daß die perzipierte Strafverfolgungswirklichkeit für die Einstellungen des Normalbürgers zu strafrechtskonformem Verhalten nur geringe oder keine Bedeutung hat, während die *subjektive Strafempfindlichkeit* durchaus relevant ist. Dieser scheinbare Widerspruch läßt sich folgendermaßen erklären. Für den Bevölkerungsdurchschnitt liegt die Begehung von Straftaten wegen der hohen moralischen Verbindlichkeit von Strafrechtsnormen so fern, daß selbst bei minimalem Entdeckungsrisiko oder bei mildester Strafpraxis keine verbreitete Neigung zur Deliktsbegehung besteht. Wegen dieser inneren Distanz zur Kriminalität und der geringen Varianz entsprechender Indikatoren erlangt die perzipierte Sanktionswirklichkeit keine oder nur minimale statistische Bedeutung. Allein die Vorstellung, für ein Verhalten bestraft werden zu können – und sei die Wahrscheinlichkeit oder Höhe der Bestrafung auch sehr gering – wird bereits als so gravierend empfunden (subjektive Strafschwere), daß hiervon abschreckende und positive generalpräventive Effekte ausgehen. Dies gilt jedenfalls für die große Mehrzahl potentieller Täter im Bereich der leichteren und mittelschweren Kriminalität.

Für *besondere Tätergruppen,* bei denen die höchstrichterliche Rechtsprechung besondere generalpräventive Bedürfnisse hervorgehoben hat, sind aufgrund unserer Untersuchung keine Aussagen möglich (z. B. Rauschgifthändler, Geheimdienstagenten, spezielle Wirtschaftsstraftäter, Mitglieder gewalttätiger Gruppen oder der organisierten Kriminalität). Auch die Minimalanforderungen für die Integrationsprävention sind mit dieser Untersuchung nicht ausgelotet. Insoweit trifft der Hinweis von Dölling (1989, S. 12 f.) zu, daß auch beim „an sich rechtstreuen" Bürger nicht von einer „Rechtstreue um jeden Preis" ausgegangen werden könne. Die weitere Forschung wird sich auch der damit aufgeworfenen Frage widmen müssen, bei welcher Untergrenze strafrechtlicher Sanktionen der „sozialpsychologische Gerechtigkeitsaspekt" tangiert wird und die Gefahr besteht, daß der in jedem Menschen vorhandene „homo oeconomicus" (Dölling 1989, S. 13), moralische Bindungen als nicht mehr lohnend abstreift.

Die bisherigen Erkenntnisse, insbesondere die Bedeutung des subjektiven Strafempfindens als Transformationsinstanz zwischen Strafpraxis und deliktischem Verhalten spricht für die These, daß eine *Senkung des Strafniveaus* zu einer *Sensibilisierung des Strafempfindens* führen kann, so daß schließlich durch *mildere Strafen gleiche Abschreckungseffekte* erzielt werden können. Vor dem Hintergrund prinzipieller Strafbarkeit eröffnen sich daher über die Bagatelldelinquenz hinaus auch im Bereich des Kernstrafrechts beträchtliche Spielräume für neue Sanktionsstrategien mit dem Ziel der Rehabilitation, Restitution oder Diversion, die mit der Idee der Generalprävention durchaus zu vereinbaren sind.

Literatur

Albrecht H-J (1980) Die generalpräventive Effizienz von strafrechtlichen Sanktionen. In: Forschungsgruppe Kriminologie (Hrsg) Ein Jahrzehnt kriminologische Forschung am Max-Planck-Institut Freiburg im Breisgau. Eigenverlag, Freiburg (Kriminologische Forschungsberichte des MPI, Bd 1, S 305–327)

Albrecht H-J (1985) Generalprävention. In: Kaiser G, Kerner HJ, Sack F, Schellhoss H (Hrsg) Kleines Kriminologisches Wörterbuch. Müller, Heidelberg, S 132–139

Andenaes J (1974) Punishment and deterrence. Univ Michigan Press, Ann Arbor

Bailey WC, Lott RP (1976) Crime, punishment and personality. An examination of the deterrence question. J Crim Law Criminol 67:99–109

Baumann J (1969) Aufsätze und Vorträge zum Verkehrsstrafrecht. Akademie für Verkehrswissenschaft, Hamburg (Schriftenreihe der Akademie für Verkehrswissenschaft, Bd 7)

Beyleveld D (1980) A bibliography on general deterrence research. Hampshire, Westmead

Böhm A (1985) Jugendstrafrecht, 2. Aufl. Beck, München

Bottke W (1984) Generalprävention und Jugendstrafrecht aus kriminologischer und dogmatischer Sicht. De Gruyter, Berlin New York

Breland M (1975) Lernen und Verlernen von Kriminalität. Ein lernpsychologisches Konzept der Prävention im sozialen Rechtsstaat. Westdeutscher Verlag, Opladen

Bruns H-J (1985) Das Recht der Strafzumessung, 2. Aufl. Heymanns, Köln

Deutsche Vereinigung für Jugendgerichte und Jugendgerichtshilfen (Hrsg) (1984) Jugendgerichtsverfahren und Generalprävention, Heft 13. Eigenverlag, München

Diekmann A (1980) Die Befolgung von Gesetzen. Empirische Untersuchungen zu einer rechtssoziologischen Theorie. Duncker & Humblot, Berlin

Dölling D (1983) Strafeinschätzungen und Delinquenz bei Jugendlichen und Heranwachsenden. In: Kerner HJ, Kury H, Sessar K (Hrsg) Deutsche Forschungen zur Kriminalitätsentstehung und Kriminalitätskontrolle, Bd 6/1. Heymanns, Köln, S 51–85

Dölling D (1984) Kriminalprävention durch Generalprävention? In: DVJJ (Hrsg) Jugendgerichtsverfahren und Kriminalprävention. Eigenverlag, München, S 259–271

Dölling D (1989) Generalprävention durch Strafrecht: Realität oder Illusion? Antrittsvorlesung an der Universität Erlangen-Nürnberg am 21. 7. 1989, Manuskriptfassung (erscheint in ZStW 1990)

Dreher E, Tröndle H (1988) Strafgesetzbuch und Nebengesetze, 44. Aufl. Beck, München
Fahrenberg J, Selg H, Hampel R (1973) Das Freiburger Persönlichkeitsinventar FPI. Handanweisung, 2. Aufl. Vandenhoeck & Ruprecht, Göttingen
Feuerbach PJA (1805) Lehrbuch des gemeinen in Deutschland geltenden peinlichen Rechts, 3. Aufl. Heyer, Gießen
Giehring H (1987) Sozialwissenschaftliche Forschung zur Generalprävention. KrimJ 19:2–12
Grasnick HG, Bryjack GJ (1980) The deterrent effect of perceived severity of punishment. Soc Forces 59/2:471–491
Greenberg DF (1985) Age, crime and social explanation. Am J Sociol 91:1–21
Hassemer W (1979) Generalprävention und Strafzumessung. In: Hassemer W, Lüderssen K, Naucke W (Hrsg) Hauptprobleme der Generalprävention. Metzner, Frankfurt, S 29–53
Hauptmann W (1989) Psychologie für Juristen. Kriminologie für Psychologen. Oldenbourg, München Wien
Hirsch G (1979) Kommentierung zu den §§ 46 ff. StGB. In: Jescheck H-H, Ruß W, Willms G (Hrsg) Strafgesetzbuch. Leipziger Kommentar. De Gruyter, Berlin New York
Hirsch G (1985) Kommentierung „Vor § 46 StGB". In: Jescheck H-H, Ruß W, Willms G (Hrsg) Strafgesetzbuch. Leipziger Kommentar. 10. Aufl. De Gruyter, Berlin New York
Hirschi T, Gottfredson M (1983) Age and the explanation of crime. Am J Sociol 89:552–584
Hirschi T, Gottfredson M (1985) Age and crime, logic and scholarship: Comment on Greenberg. Am J Sociol 91:22–27
Jakobs G (1983) Strafrecht. Allgemeiner Teil. De Gruyter, Berlin
Jescheck H-H (1988) Lehrbuch des Strafrechts. Allgemeiner Teil. 4. Aufl. Duncker & Humblot, Berlin
Kaiser G (1970) Verkehrsdelinquenz und Generalprävention. Mohr (Siebeck), Tübingen
Kaiser G (1977) Antrag auf Einrichtung eines DFG-Schwerpunktes „Empirische Sanktionsforschung – Verfahren, Vollzug, Wirkungen und Alternativen". MschrKrim 60:41–50
Kaiser G (1978) Wie ist beim Mord die präventive Wirkung der lebenslangen Freiheitsstrafe einzuschätzen. In: Jescheck H-H, Triffterer O (Hrsg) Ist die lebenslange Freiheitsstrafe verfassungswidrig? Nomos, Baden-Baden, S 115–124
Kaiser G et al. (1982) Strafvollzug, 3. Aufl. Müller, Heidelberg (UTB)
Kreuzer A (1979) Über Gießener Delinquenzbefragungen. In: Triffterer O, Zezschwitz von (Hrsg) Festschrift für W. Mallmann. Nomos, Baden-Baden, S129–150
Kuhn A, Rössner D (1987) Konstruktive Tatverarbeitung im Jugendstrafrecht: „Handschlag" statt Urteil. Theoretische Basis und erste empirische Ergebnisse eines Modells zum Täter-Opfer-Ausgleich. ZRP 20:267–270
Lackner K (1989) Strafgesetzbuch, 18. Aufl. Beck, München
Maiwald M (1983) Die Verteidigung der Rechtsordnung – Analyse eines Begriffs. GA 130:49–72
Maurach R, Zipf H (1983) Strafrecht. Allgemeiner Teil, 6. Aufl, Teilbd 1. Müller, Heidelberg
Müller-Dietz H (1978) Wie ist beim Mord die präventive Wirkung der lebenslangen Freiheitsstrafe einzuschätzen? In: Jescheck H-H, Triffterer O (Hrsg) Ist die lebenslange Freiheitsstrafe verfassungswidrig? Nomos, Baden-Baden, S 91–113
Müller-Dietz H (1985) Integrationsprävention und Strafrecht. Zum positiven Aspekt der Generalprävention. In: Vogler T (Hrsg) Festschrift für H.-H. Jescheck, 2. Halbbd. Dunker & Humblot, Berlin, S 813–827
Murray GF, Erickson PG (1987) Cross-sectional versus longitudinal research: An empirical comparison of projected and subsequent criminality. Soc Sci Res 16:107–118
Naucke W (1980) Anmerkung zum Urteil des OLG Celle v. 8. 2. 1979. JR 6:257–259
Otto H-J (1982) Generalprävention und externe Verhaltenskontrolle. Eigenverlag, Freiburg (Kriminologische Forschungsberichte des Max-Planck-Instituts, Bd 8)
Roxin C (1966) Sinn und Grenzen staatlicher Strafe. JuS 6:377–387
Roxin C (1978) Prävention und Strafzumessung. In: Frisch W, Schmid W (Hrsg) Festschrift für H.-J. Bruns. Heymanns, Köln, S183–204
Roxin C (1979) Zur jüngsten Diskussion über Schuld, Prävention und Verantwortlichkeit im Strafrecht. In: Kaufmann A, Bemmann G, Krauss D, Volk K (Hrsg) Festschrift für Bockelmann. Beck, München, S 279–309

Roxin C (1987) Die Wiedergutmachung im System der Strafzwecke. In: Schön H (Hrsg) Wiedergutmachung und Strafrecht. Neue Kriminologische Studien, Bd 4. Fink, München, S 37–55

Schaffstein F, Beulke W (1987) Jugendstrafrecht, 9. Aufl. Kohlhammer, Stuttgart

Schmidhäuser E (1975) Strafrecht. Allgemeiner Teil. Ein Lehrbuch, 2. Aufl. Mohr (Siebeck), Tübingen

Schmidt E (1965) Einführung in die Geschichte der deutschen Strafrechtspflege, 3. Aufl. Vandenhoeck & Ruprecht, Göttingen

Schöch H (1973) Strafzumessungspraxis und Verkehrsdelinquenz. Kriminologische Aspekte der Strafzumessung am Beispiel einer empirischen Untersuchung zur Trunkenheit im Verkehr. Enke, Stuttgart

Schöch H (1976) Ist Kriminalität normal? – Probleme und Ergebnisse der Dunkelfeldforschung. KrimGegfr 12:211–228

Schöch H (1985) Empirische Grundlagen der Generalprävention. In: Vogler T (Hrsg) Festschrift für H.-H. Jescheck, 2. Halbbd. Duncker & Humblot, Berlin, S 1081–1105

Schöch H (1987) Strafzumessung und Sanktionen. In: Kaiser G, Schöch H (Hrsg) Juristischer Studienkurs. Kriminologie, Jugendstrafrecht, Strafvollzug, 3. Aufl. Beck, München, S 108–128

Schöch H (1988) Strafrecht zwischen Freien und Gleichen im demokratischen Rechtsstaat. In: Kaufmann A, Mestmäcker E-J, Zacher HF (Hrsg) Festschrift für W. Maihofer. Klostermann, Frankfurt am Main, S 461–479

Schöch H (im Druck) Effektivität der Sanktionspraxis bei Alkoholdelikten im Verkehr in der Bundesrepublik Deutschland. In: Schweizerische Arbeitsgruppe für Kriminologie (Hrsg) Verkehrsdelinquenz. Ruegger, Grüsch

Schreiber H-L (1983) Ist eine Effektivitätskontrolle von Strafgesetzen möglich? Recht Politik 1:36–39

Schumann KF, Berlitz C, Guth H-W, Kaulitzki R (1987a) Jugendkriminalität und die Grenzen der Generalprävention. Luchterhand, Neuwied Darmstadt

Schumann KF, Berlitz C, Guth H-W, Kaulitzki R (1987b) Grenzen der Generalprävention. Das Beispiel Jugendkriminalität. KrimJ 19:13–31

Sessar K, Beurskens A, Boers K (1986) Wiedergutmachung als Konfliktregelungsparadigma. KrimJ 2:86–104

Silbermann M (1976) Toward a theory of criminal deterrence. Am Sociol Rev 41:442 ff.

Streng F (1987) Tiefenpsychologie und Generalprävention – Ein Diskussionsbeitrag. KrimJ 19/1:48–54

Teevan JJ (1976) Subjective perceptions of deterrence. J Res Crime Delinquency 13:155–164

Tenckhoff J (1977) Jugendstrafe zwischen Schwere der Schuld? JR 12:485–492

Tittle CR (1977) Sanction fear and the maintenance of social order. Soc Forces 55/3:579–596

Upper JR, White JH (1966) An experimental study of general deterrence. Ned Tijdschr Criminol 18:68 ff.

Waldo G, Chiricos T (1972) Perceived penal sanctions and self-reported criminality. Soc Probl 19:522–540

Zimring FE, Hawkins GJ (1973) Deterrence. The legal threat in crime control. Univ of Chicago Press, Chicago London

Der situative Präventionsansatz

Zur Beeinflussung von Tatgelegenheiten am Beispiel der Wirtschaftskriminalität

Peter Poerting

Tatgelegenheit und situativer Ansatz

Bei entsprechender Gelegenheit gerät nahezu jeder in Versuchung, kleinere Gesetzesverletzungen zu begehen. Manipulierte Versicherungsfälle werden als fast schon legitimes Mittel zur Refinanzierung von Versicherungsbeiträgen betrachtet. „Mogeleien" bei der Steuererklärung sind eher Regel als Ausnahme. Geschwindigkeits- und Trunkenheitsdelikte im Straßenverkehr sind wegen der als gering erachteten Kontrollintensität an der Tagesordnung. Die äußeren Umstände der Tat, die Tatgelegenheitssituation übt offensichtlich einen mitentscheidenden Einfluß auf das Entstehen von Kriminalität aus. Auch machen die Eingangsbeispiele bereits deutlich, daß die Tatgelegenheit verschiedene Strukturelemente aufweisen muß, wie die vermeintlich leichte Zugänglichkeit der Zielobjekte, die geringe Kontrollintensität oder das geringe Sanktionsrisiko. Im folgenden soll deshalb der Rolle der Tatgelegenheit in der Kriminologie, ihren Strukturen und Wirkungen sowie speziell dem sog. situativen Ansatz nachgegangen werden.

Kriminologie und Tatgelegenheit

Die Gelegenheit zur Tatbegehung spielt bereits seit langem eine Rolle in der Kriminologie. So läßt sich – beginnend in den 20er Jahren dieses Jahrhunderts – eine Reihe von Untersuchungen nachweisen, in denen in allerdings eher unsystematischer Weise gelegenheitsspezifischen Aspekten Bedeutung beigemessen wird (Clarke 1983). Die Blickwinkel, aus denen die Tatgelegenheit dabei betrachtet wird, sind allerdings durchaus unterschiedlich. Grundsätzlich voneinander zu trennen sind einerseits Ansätze, bei denen auf aggregierter Ebene Veränderungen der Kriminalitätsrate und Veränderungen der Gelegenheitssituation analysiert werden, und andererseits Ansätze, bei denen die Auswirkungen im Handlungsbereich des einzelnen Straftäters analysiert werden. Während die Gelegenheitssituation im ersten Fall als Erklärungsvariable für die Kriminalitätsentwicklung dient, wird im zweiten Fall ihre Rolle als Auslösungs- bzw. Verhinderungsfaktor beim individuellen Entschluß zu Straftaten untersucht.

Zentrale Bedeutung kommt Tatgelegenheiten in den Theorien von Merton (1957) und Cloward u. Ohlin (1960) zu. Die ungleiche Verteilung von legalen und illegalen Handlungsmöglichkeiten bildet bei ihnen den Erklärungsansatz für das Entstehen von Kriminalität und die Verfestigung krimineller Handlungsmuster. Eine der ersten Arbeiten über empirisch feststellbare Zusammenhänge zwischen

Kriminalitätsentwicklung und Tatgelegenheiten erschien 1965 (Boggs). In dieser wie auch in späteren Untersuchungen (Nachweise bei Sparks 1980; Brantingham u. Brantingham 1984) wird versucht, das Vorhandensein geeigneter Zielobjekte kriminellen Handelns als Indikator bzw. Erklärungsvariable für deliktsspezifische Kriminalitätsentwicklungen zu verwenden. Eine Sonderstellung nimmt Horoszowski (1980) ein. Er verwendet die Tatgelegenheit als Abgrenzungskriterium für eine eigenständige Gruppe von Straftaten, den von ihm so bezeichneten „economic special opportunity crimes". Darunter versteht er alle diejenigen Straftaten, die unter Ausnutzung spezifischer Gelegenheitsstrukturen zur Erzielung illegaler Profite begangen werden.

Allen kriminologischen Denkansätzen, die auf die Tatgelegenheit zurückgreifen, ist gemeinsam, daß die Tatgelegenheit – mindestens implizit – als handlungsleitendes bzw. -auslösendes Kriterium angesehen wird. Das gelegenheitsspezifische Umfeld des Täters beeinflußt seinen Tatentschluß, bewirkt seine Entscheidung oder wirkt darauf ein. Insgesamt gesehen wurde der Tatgelegenheit allerdings wenig Aufmerksamkeit geschenkt (Brantingham u. Brantingham 1984), die Bedeutung der situativen Faktoren allenfalls oberflächlich gestreift (Mayhew et al. 1976). Hier nun setzt ganz gezielt das situative Konzept an.

Theoretische Grundlagen des situativen Ansatzes

Der situative Ansatz stammt aus dem angelsächsischen Raum. Insbesondere in der Research & Planning Unit des britischen Home Office sind entscheidende Beiträge zur Begründung und Weiterentwicklung dieses Konzepts erbracht worden (Mayhew et al. 1976; Clarke u. Mayhew 1980; Clarke 1983; Clarke u. Cornish 1985; Cornish u. Clarke 1986; Heal u. Lacock 1986). Den Ausgangspunkt der Überlegungen bildete einerseits die Feststellung, daß herkömmliche Maßnahmen wie „incapacitation", abschreckende Sanktionierung, intensive Polizeitätigkeit oder Resozialisierung alleine nicht zu einer deutlichen Kriminalitätsreduzierung führen werden (Clarke 1983). Andererseits war die kriminologische Forschung zu sehr auf die Erklärung der Beteiligung einzelner Individuen an Straftaten und zu wenig auf die Erklärung krimineller Ereignisse gerichtet (Clarke u. Cornish 1985). Zu den Voraussetzungen der Tatbegehung zählen aber neben einem potentiellen Täter auch ein geeignetes Zielobjekt und ein Mangel an Sicherung oder Überwachung (Clarke 1988). Der situative Ansatz wurde deshalb von seinen Begründern bewußt als ein Konzept angelegt, das die kriminologische Konzentration auf interne Prädispositionen (Anlagen) und deren Interaktion mit gesellschaftlichen Faktoren überwinden helfen soll (Mayhew et al. 1976). Es sollte eine Erweiterung erfolgen um Fragestellungen wie:

- Wo geschehen Straftaten?
- Welche Zusammenhänge bestehen zwischen der Begehung bestimmter Straftaten und spezifischen Umweltbedingungen?

Ähnlich den Konzepten der verhaltensorientierten Kriminalökonomik (Poerting et al. 1987 m.w.N.; kritisch: Prisching 1982; Heiland 1987b) beruht der situative Ansatz auf der Vorstellung eines mehr oder weniger rational entscheidenden

Täters. Bei sich bietender Gelegenheit wägt er Vor- und Nachteile der Tatbegehung ab und entscheidet dann (meist) kurzfristig. Notwendigerweise kann eine solche (oft spontane) Entscheidung nicht vollständig rational erfolgen, schon wegen der niemals gegebenen vollständigen Information über alle entscheidungsrelevanten Daten. Vielmehr finden verkürzte Entscheidungsprozesse statt, wobei gewonnene Erfahrungen und frühere Entscheidungen zur Einschränkung des Entscheidungskalküls beitragen. Mit der Zeit verfestigen sich solche Entscheidungsmuster, so daß einzelne Individuen unter keinen Umständen einen Raub oder eine Körperverletzung begehen werden. Andere hingegen reagieren auf entsprechend günstig wirkende Gelegenheiten mit wiederholten Gesetzesverletzungen.

Neben der beschränkten Rationalität der Entscheidung muß deshalb auch die subjektive Wahrnehmung der Gelegenheitssituationen in die Betrachtung einbezogen werden (Monahan u. Klassen 1982). Die objektiv gegebenen Merkmale einer Situation werden nicht von jedem Individuum gleich wahrgenommen. Einzelne Merkmale werden überhaupt nicht wahrgenommen, andere werden unterschiedlich bewertet, je nach subjektiver Informationslage und Risikopräferenz. Als Folge davon lassen sich verschiedene Tätergruppen klassifizieren, wie etwa für den Bereich der Wirtschaftskriminalität Deliktunwillige, Deliktgefährdete und Deliktwillige (Zybon 1972). Diese Klassifikation ist nun aber nicht mehr allein Hinweis auf unterschiedliche Veranlagung. Vielmehr ist die Zugehörigkeit zu einer der Gruppen das Ergebnis eines Zusammenspiels von intrapersonalen und umweltbezogenen Elementen innerhalb eines Entscheidungsprozesses. Der Täter ist nicht länger ein passives Produkt seiner Veranlagung, sondern ein aktives Handlungssubjekt (Clarke 1983). Damit wird zugleich deutlich, daß der situative Ansatz nicht allein auf objektive Umweltbedingungen rekurriert, sondern auch individuelle, intrapersonale Faktoren notwendigerweise einbezieht. Er stellt deshalb keinen reinen Gegenentwurf zu täterorientierten Kriminalitätstheorien dar, sondern eine fruchtbare Ergänzung. Denn bislang neigten die meisten Kriminalitätstheorien dazu, das Entscheidungsverhalten der Täter zu vernachlässigen (Clarke u. Cornish 1985). Dieses Entscheidungsverhalten rückt nunmehr in den Mittelpunkt, wobei Erkenntnisse über das menschliche Entscheidungsverhalten aus anderen Disziplinen einbezogen werden (Clarke u. Cornish 1985). Damit stellt der situative Ansatz zugleich ein interdisziplinäres Konzept dar, das beispielsweise Erkenntnisse aus Ökonomik (Clarke 1983; Clarke u. Cornish 1985; Cornish u. Clarke 1986) und Psychologie (Carroll 1978; Clarke u. Cornish 1985) integriert. Diese Interdisziplinarität beschwört – nahezu zwangsläufig – Probleme herauf, da Versuche, die traditionellen Grenzen wissenschaftlicher Teildisziplinen zu überwinden, nur allzu häufig Widerstände gegen das „Fremde", Vorbehalte gegen die „Einmischung in innere Angelegenheiten" erzeugen (Lösel 1986).

Die Rezeption des situativen Ansatzes im deutschsprachigen Raum ist bislang noch gering. Lediglich Kube (1987) räumt ihm in seiner systematischen Kriminalprävention einigen Raum ein. Doch bereits die zugrundeliegende Hypothese vom rational handelnden Täter, der quasi betriebswirtschaftliche Entscheidungen trifft, hat auch in der deutschsprachigen Kriminologie zu Kontroversen geführt (Prisching 1982; Brusten u. Hoppe 1986; Heiland 1987 b). Offensichtlich machen sich auch hier Vorbehalte gegen fachfremde (ökonomische) Erklärungsansätze bemerkbar, die möglicherweise eine vertiefte Diskussion bislang verhindert haben. Auf der anderen Seite werden neuerdings sogar „gelegenheitsspezifische Kriminalitätsziffern“ als Ergänzung der Häufigkeits- und Kriminalitätsbelastungsziffern vorgeschlagen (Heiland 1987a). Auch bestätigen empirische Befunde, daß Tatgelegenheiten – mindestens im Bereich der klassischen Kriminalität – wesentlichen Einfluß auf das Täterverhalten ausüben (Maschke 1987).

Tatgelegenheitsstruktur und Prävention

Die Betonung und Analyse der situativen Zusammenhänge der Tatbegehung ermöglichen es insbesondere, Vorbeugungsaktivitäten auf spezifische Erscheinungsformen zu richten statt auf die Kriminalität als Ganzes (Clarke 1983). Nur eine derartig spezifizierende Orientierung ermöglicht nachhaltige Einflüsse auf die Effektivität der Prävention, schon wegen der damit verbundenen Reduktion von Komplexität (Clarke u. Cornish 1985). Der situative Ansatz ist daher von Anfang an v. a. als Präventionskonzept verstanden worden. Ziel dieses Präventionskonzepts ist es, das Risiko des Täters zu erhöhen und die sich ihm bietenden Gelegenheiten zu vermindern (Clarke 1983). In ökonomischen Kategorien gesprochen bedeutet dies, die Kosten der Tatbegehung zu erhöhen, die Nutzen zu vermindern und die illegalen Handlungsalternativen einzuschränken.

Dazu ist eine individualisierende Betrachtung notwendig. Denn es ist offensichtlich, daß die Tatgelegenheiten unterschiedlich verteilt sind je nach den individuellen Gegebenheiten, die bei einer konkreten Person vorliegen. Alter, Beruf, Ausbildung, Einkommensverhältnisse, Einstellungen sind nur einige der Faktoren, die sich auswirken können. So bieten sich Hausfrauen vergleichsweise zahlreichere Gelegenheiten zum Ladendiebstahl als anderen Personen. In Staaten, in denen fast jeder Haushalt über Schußwaffen verfügt, enden mehr Streitigkeiten unter Familienangehörigen und Nachbarn mit einem Schußwaffengebrauch als in Ländern mit einer strikten Waffenbesitzreglementierung.

Weiterhin ist – wie bereits eingangs bemerkt wurde – ein Blick auf die innere Struktur von Tatgelegenheiten, deren einzelne Elemente, erforderlich. Es lassen sich die nachfolgend beschriebenen Merkmale ausmachen (Kube 1987):

1. Vorhandensein geeigneter Zielobjekte:
Insbesondere der wirtschaftliche und technische Wandel läßt im Laufe der Zeit neue Zielobjekte – in der Vergangenheit etwa das Auto, in jüngster Zeit etwa die EDV – entstehen, während andere verschwinden. Auch die Rechtsordnung kann derartige Wirkungen haben, etwa in der Frage des Verbots oder der Freigabe des Betäubungsmittelbesitzes. Die Zielobjekte sind ein konstitutives Gelegenheitselement, weil es ohne sie keine Tatgelegenheit geben kann.

2. Anonymität des Opfers:
Dieses Element wurde bislang übersehen, mindestens nicht explizit als eigenständiges Strukturmerkmal behandelt. Ihm kommt jedoch in einzelnen Deliktsbereichen erhebliche Bedeutung zu, z. B. bei der Jugendkriminalität (Goldsmith et al. 1989) oder der Wirtschaftskriminalität (vgl. Abschn. „Anonymität der Opfer,“ S. 119). Die Bereitschaft zur Tatbegehung wächst in vielen

Fällen, je geringer die Bindung des Zielobjekts an ein personifizierbares Opfer bzw. je anonymer das Opfer ist.

3. Zugänglichkeit der Zielobjekte:
Die Tatbegehung wird weiterhin von der Frage nach der dazu erforderlichen kriminellen Energie bestimmt. Sie wird zum einen beeinflußt durch die benötigten Tatmittel, deren Zugänglichkeit und Aufwendigkeit. Zum anderen ist die Sicherung und Überwachung der Zielobjekte ausschlaggebend. Insgesamt gesehen handelt es sich bei diesem Element um den Aufwand, den der Täter zur Tatbegehung erbringen muß.

4. Aufdeckungs- und Sanktionsrisiko:
Hier geht es um die negativen Folgen der Tat für den Täter. Zum ersten ist die Wahrscheinlichkeit zu betrachten, mit der eine begangene Straftat aufgedeckt wird. Des weiteren ist das Risiko einzubeziehen, daß der Delinquent der Täterschaft überführt wird. Schließlich ist das Sanktionsrisiko anzusprechen, also die Fragen nach Art und Ausmaß der zu erwartenden Strafe sowie nach deren Eintrittswahrscheinlichkeit.

5. Tatertrag:
Schließlich sind die positiven Folgen der Tat für den Täter anzuführen. Im einzelnen geht es um Art, Ausmaß und Eintrittswahrscheinlichkeit der vom Täter erzielten Vorteile.

Alle diese Elemente sind – wie bereits oben (s. Abschn. „Theoretische Grundlagen des situativen Ansatzes", S. 113) ausgeführt wurde – nicht einer wie auch immer gearteten „objektiven" Betrachtung zu unterziehen, sondern aus dem Blickwinkel des Täters zu bewerten. Das gilt sowohl für die Kriminalitätsanalyse wie für die Entwicklung präventiver Konzepte.

Kritik des situativen Ansatzes

Die Entwicklung des situativen Ansatzes ist nicht ohne Kritik geblieben. Vorbehalte gelten sowohl den theoretischen Grundlagen wie der praktischen Anwendbarkeit als auch den möglichen Folgen seiner praktischen Umsetzung.

Ein grundsätzliches Problem teilt der situative Ansatz mit anderen Kontrolltheorien der Kriminalität. Die schiere Offensichtlichkeit und Plausibilität seiner Aussagen kollidieren mit dem vorwiegenden wissenschaftlichen Interesse am Unerwarteten; Forschungsergebnisse sollen verblüffen, das Hergebrachte in Frage stellen oder widerlegen (Downes u. Rock 1988). Kontrolltheorien bestätigen eher bekannte Denkmuster. Sie sind deshalb sehr leicht mit dem Odium des Trivialen, Unwissenschaftlichen behaftet.

Die theoretische Kritik gilt in erster Linie der zugrundeliegenden Hypothese vom rational handelnden Täter (Trasler 1986). Der Anwendungsbereich dieser Hypothese wird als nur sehr klein angesehen oder im Ganzen als Irrweg kriminologischer Forschung betrachtet (Prisching 1982). Trasler (1986) sieht gar das Dilemma, daß die Rationalitätshypothese bei logischer Betrachtung die totale

Präventabilität von Kriminalität zur Folge haben müsse, wenn nur das Sanktionsrisiko hoch genug geschraubt werde, was aber allen Erfahrungen und empirischen Erkenntnissen widerspreche.

Cornish u. Clarke (1986) weisen auf die Gefahr hin, daß die Rationalitätshypothese am Ende dazu führen kann, daß die Kriminologie dem Täter mehr Wohlüberlegtheit und Cleverness unterstellt, als er tatsächlich zeigt. Zudem verliere damit Kriminalität das Abnorme, werde zum Alltäglichen, Normalen. Das könne aber nicht ohne Rückwirkungen auf die moralische Bewertung von Kriminalität in der Gesellschaft bleiben.

Auf theoretischer Ebene wird weiterhin eingewandt, daß mit den Mitteln der situativen Prävention lediglich an Symptomen „herumkuriert" werde, die eigentlichen Ursachen der Kriminalität jedoch nicht beseitigt würden (MacKay 1988).

Vorliegende empirische Erkenntnisse zeigen, daß die Anwendung situativer Präventionskonzepte Schwierigkeiten bereitet. So ist beispielsweise die Mitwirkungsbereitschaft der gefährdeten Opfer vielfach gering (Clarke 1983). Viktimisierungen sind relativ seltene Ereignisse für den einzelnen. Die Bereitschaft, tatgelegenheitsverändernde Aufwendungen auf sich zu nehmen, ist entsprechend gering. Das gilt um so mehr, wenn die zu befürchtenden Schäden für den einzelnen nur gering bewertet werden. Dies ist zugleich ein Hinweis darauf, daß auch potentielle Opfer (beschränkt) rational handeln.

Einwände werden weiterhin gegen die Anwendungsbreite situativer Präventionskonzepte geltend gemacht. Derartige Ansätze könnten allenfalls auf Eigentumsdelikte (Brantingham u. Brantingham 1984) bzw. auf die Massenkriminalität (MacKay 1988) bzw. auf Delikte von Gelegenheitstätern (Trasler 1986) angewendet werden. Bei perseveranten Berufsverbrechern seien sie zum Scheitern verurteilt (Trasler 1986). Auf der anderen Seite entsprechen gerade Wirtschaftsstraftäter und klassische Berufsverbrecher dem Bild vom rational handelnden Täter.

Umfangreiche Kritik gilt schließlich den Folgewirkungen einer breit angelegten situativen Kriminalprävention. Das beginnt mit den verschiedenen Verdrängungseffekten hinsichtlich Zeit, Ort, Deliktsart u. ä. Verschlechterte Tatgelegenheiten in einem Bereich führten zu vermehrten Delikten in anderen. Statt gut gesicherter Zielobjekte „derer, die es sich leisten können", würden die ungesicherten Güter der weniger Wohlhabenden ausgewählt. Verhindern ließe sich derartiges nur um den Preis des totalen Überwachungsstaates (MacKay 1988). Dem wird entgegengehalten, daß oft schon geringfügige Veränderungen der Gelegenheitsstruktur für präventive Zwecke ausreichen, so daß persönliche Freiheitsrechte nicht in Gefahr geraten (Clarke 1983). Es bleibt aber die Frage im Raum stehen, ob Kriminalität (mindestens ein gewisses Maß) der Preis für die persönliche Freiheit des einzelnen in der Gesellschaft ist (Clarke 1983).

Insgesamt betrachtet können die aufgezeigten Einwände und Probleme weder die Hypothesen des situativen Ansatzes umfassend widerlegen noch seine Anwendbarkeit ausschließen. Vielmehr stellt er ein differenziertes und brauchbares Instrumentarium für viele Deliktsbereiche zur Verfügung.

Tatgelegenheit und Prävention von Wirtschaftskriminalität

Der situative Ansatz basiert auf der Vorstellung eines (weitgehend) rational handelnden Täters. Es ist deshalb naheliegend, dieses Konzept auf den Bereich der Wirtschaftskriminalität anzuwenden, hat man es doch dort überaus häufig mit rational Kosten und Nutzen abwägenden Tätern zu tun. So wird denn auch für Wirtschaftsdelikte bereits seit längerem auf die Bedeutung von Tatgelegenheiten hingewiesen, auch von wirtschaftswissenschaftlicher Seite und v. a. im angelsächsischen Raum (Poerting 1989). Die Bedingungskonstellationen für die Begehung von Straftaten in Unternehmen wird von Comer (1977) wie folgt strukturiert:

1) Motivationale Ebene
   - wirtschaftliche oder psychische Bedürfnisse,
   - moralische Rechtfertigung.
2) Situative Ebene
   - vorhandene Tatgelegenheiten,
   - als gering empfundene Aufdeckungswahrscheinlichkeit.

Die Tatgelegenheit wird von ihm durch die Elemente „Vorhandensein von Zielobjekten", „Zugänglichkeit" und „hohe Zielerreichungswahrscheinlichkeit" gekennzeichnet.

Eine umfangreiche empirische Studie aus den USA über die Aufdeckung von Betrugsrisiken in Unternehmen nennt 3 Haupteinflußgrößen auf die Tatbegehung:

- situationsbedingte Zwänge auf seiten der Täter,
- bestehende Tatgelegenheiten,
- persönliche Integrität der Mitarbeiter (Albrecht et al. 1982).

Auch andere Analysen von Formen der Wirtschaftskriminalität (neuerdings Klynveld et al. 1989; weitere Nachweise bei Poerting 1989) weisen zahlreiche gelegenheitsspezifische Faktoren der Tatbegehung nach.

Eine gezielte Analyse der Tatgelegenheiten im Wirtschaftsleben erfordert eine Zusammenarbeit von Kriminologie und Betriebswirtschaftslehre. Nur das Zusammenwirken von kriminologischem und betriebswirtschaftlichem Sachverstand kann zur Entwicklung wirkungsvoller Präventionskonzepte verhelfen. Bislang hat eine derartige Kooperation jedoch noch nicht in nennenswertem Umfang stattgefunden (Poerting 1985, 1989).

Vorhandensein geeigneter Zielobjekte

Zielobjekte kriminellen Handelns sind nicht gleichmäßig verteilt, vielmehr sind sie in Raum und Zeit völlig ungleichmäßig angeordnet (Brantingham u. Brantingham 1984). So läßt sich auch im Wirtschaftsleben feststellen, daß die Eignung von Gütern als Zielobjekte um so größer ist, je stärker ihre Konsum- oder Geldnähe ist. Geeignete Tatobjekte finden sich daher geballt in Bereichen, in denen Verkehr mit Bargeld oder unbaren Zahlungsmitteln stattfindet. Eine nächste Stufe bilden

Konsumgüter, die vielseitig verwendbar sind, wie Werkzeuge, Materialien und Handelswaren. Hinzu kommen für einzelne Deliktsfelder wie die Konkurrenz- und sonstige Wirtschaftsspionage Informationen, die Geschäftsgeheimnisse darstellen. Für das einzelne Unternehmen lassen sich derart gefährdete Zielobjekte zusammenstellen und nach dem Grad ihrer Gefährdung gewichten. Daraus läßt sich in einem weiteren Schritt eine Aufstellung besonders gefährdeter Unternehmensteile oder Funktionsbereiche ableiten. Dabei ist zu berücksichtigen, daß der technische und wirtschaftliche Wandel dauernd neue Gefährdungen schafft und somit auch eine ständige Anpassung des Gefährdungsbildes der einzelnen (potentiellen) Zielobjekte erfordert. Gerade die Einführung neuer Produkte schafft neue Risiken, die es umfassend abzuschätzen und abzusichern gilt (Klynveld et al. 1989).

Anonymität der Opfer

Bei Wirtschaftsstraftaten ist eine zunehmende „Verflüchtigung der Opfereigenschaft“ zu verzeichnen (Kaiser 1974). Damit wird die Beobachtung gekennzeichnet, daß Wirtschaftsstraftaten immer häufiger abstrakte Rechtsgüter gefährden, daß eine Verlagerung von individuellen, personifizierbaren Opfern hin zu kollektiven, anonymen Opfern stattfindet (Poerting 1983, 1984). Das hat unmittelbare Auswirkungen auf das Verhalten der Täter. Denn je anonymer das zu schädigende Opfer ist, desto leichter fällt der Entschluß zur Tat. Das zeigt sich beispielsweise sehr deutlich in den Bereichen Steuerhinterziehung und Versicherungsbetrug, wo die Opfer anonyme Körperschaften sind. Das Unrechtsbewußtsein der Täter ist dort regelmäßig sehr gering, so daß die Hemmschwelle zur Tatbegehung nur sehr niedrig ist. Typische Neutralisierungstechniken („dieser kleine Betrag tut der Versicherung/dem Fiskus nicht weh“) dienen dem Täter zur persönlichen Rechtfertigung.

Aber auch bei Schädigungen einzelner Personen wächst die Anonymität der Täter-Opfer-Beziehung. In Fällen des Anlegerbetrugs bestehen beispielsweise häufig nur noch telefonische Kontakte zwischen Tätern und Opfern.

Diesen Anonymisierungstendenzen ist kaum gegenzusteuern, spiegeln sie doch nur zentrale Entwicklungen in Technik, Wirtschaft und Recht wider.

Zugänglichkeit der Zielobjekte

Je schwächer die Sicherung der Zielobjekte ist, je geringer der Aufwand des Täters ist, um sie zu erreichen, desto einladender und zahlreicher sind die Tatgelegenheiten. Das hat sich in den letzten Jahren beispielsweise sehr deutlich in der Anwendung der Informationstechnologie gezeigt. Den nahezu unbegrenzten Einsatzmöglichkeiten des Computers steht eine nur unterentwickelte Sicherheitsphilosophie gegenüber. Schon von seiten der Hersteller sind EDV-Standardprodukte nur mit unvollkommenen Sicherungseinrichtungen ausgerüstet. Häufig bleiben bei der Anwendung fundamentale Sicherheitsvorkehrungen außer acht (Poerting 1988). Diese Zustände eröffnen zahlreiche Tatgelegenheiten. Schon eine Beachtung hergebrachter Organisationsprinzipien (Funktionstrennung, Vier-Augen-Prinzip) könnte Schwachstellen und damit Anreize für Täter reduzieren.

Auch die Gesetzgebung schafft Tatgelegenheiten durch unzureichend konzipierte Überwachungsmaßnahmen. Beispiele liefern der GmbH-Gründungsschwindel und der Subventionsbetrug. Die wenig strengen Formenerfordernisse der GmbH-Gründung, v.a. die unzureichende registerrichterliche Prüfung erleichtern Straftätern den Zugang zu dieser Rechtsform (Diris-Poerting 1979). Gleichzeitig erlangen sie so ein wichtiges „Tatmittel" für weitere Straftaten, ist doch die GmbH die verbreitetste Rechtsform bei Wirtschaftsstraftaten. Der Subventionsvergabe kommt erhebliche kriminogene Bedeutung zu. Schon die nicht immer fehlerfreien gesetzlichen Anspruchsgrundlagen, erst recht eine häufig unzureichend überwachte Vergabepraxis erleichtern die Zugänglichkeit des Zielobjekts Subvention für betrügerische Antragsteller.

Überhaupt erleichtert oft gerade das Verhalten der Opfer die Zugänglichkeit der Zielobjekte. Ganz generell läßt sich feststellen, daß die Intensität von Selbstschutzmaßnahmen geringer ist, wenn Schäden nicht erwartet werden oder durch Versicherungen abgedeckt sind. Nicht die Abwehr von Straftaten, sondern offensichtlich nur die Vermeidung von Schäden steht im Vordergrund (Sieben u. Poerting 1977).

Aufdeckungs- und Sanktionsrisiko

Bei Straftaten in Unternehmen ist zu unterscheiden zwischen der internen Aufdeckung auf seiten der Opfer und dem Bekanntwerden bei Strafverfolgungsbehörden. Unternehmensinternen Maßnahmen der Überwachung und Revision kommt hohe präventive Bedeutung zu. Ein funktionierendes Kontrollsystem und eine wirksame interne wie externe Revision erhöhen das Tataufdeckungsrisiko beträchtlich. Hier liegt das Gebiet der Prävention, dem sich auch die Betriebswirtschaftslehre bereits intensiv gewidmet hat (Poerting 1989). Mittlere und große Unternehmen verfügen in der Regel über ein hinreichend ausgebildetes System der Vermögenssicherung. Fälle wie der Devisenskandal im VW-Konzern zeigen allerdings, daß eine Lückenhaftigkeit dieser Systeme nie auszuschließen ist. Das Täterüberführungsrisiko wird häufig bereits dadurch eingeschränkt, daß über begangene Taten informierte Dritte ihr Wissen für sich behalten (Zybon 1972; Klynveld et al. 1989). Darüber hinaus klafft eine erhebliche Lücke zwischen Täterüberführungsrisiko und Sanktionsrisiko. Soweit Informationen darüber verfügbar sind, ist es eine verbreitete Praxis, daß bei Straftaten in Unternehmen darauf verzichtet wird, den Täter strafrechtlich anzuzeigen. Damit soll eine als unnötig angesehene negative Publizität für das Unternehmen vermieden werden (Zybon 1972). Auch andere Opfer von Wirtschaftskriminalität zögern oft mit einer Strafanzeige, sei es, daß sie sich selbst die Schädigung nicht eingestehen wollen, sei es, daß sie sich vor anderen nicht blamieren wollen (Zybon 1972). Damit wird jedoch eine wichtige Abschreckungskomponente der Tatgelegenheit beeinträchtigt. Kann der Täter schon beim Tatentschluß eine spätere strafrechtliche Sanktionierung mit einiger Wahrscheinlichkeit ausschließen, wird er von dieser, aber auch von späteren Taten an anderer Stelle kaum abzuhalten sein. Unter generalpräventiven Gesichtspunkten wirkt der Sanktionsverzicht ebenfalls kontraproduktiv. Denn die Verhaltensgeltung von Normen ist u.a. von einer funktionierenden Sanktionsgeltung in dem Sinne, daß Normverstöße grundsätzlich geahndet werden, abhängig (Kube 1987). Auf der anderen Seite zeigen empirische Befunde, daß das Täterüberführungs- und das Sanktionsrisiko nur von eingeschränkter Bedeutung für die Abschreckung sind (Berlitz et al. 1987; Karstedt-Henke 1987). Bedeutsamer ist die Existenz und die Funktionsfähigkeit sichtbarer Kontroll- und Überwachungseinrichtungen (Berlitz et al. 1987).

Sofern Wirtschaftsdelikte den Strafverfolgungsbehörden bekannt werden, ist es für das Täterüberführungs- und Sanktionsrisiko bedeutsam, welche Spezialkenntnisse bei Polizei und Justiz vorhanden sind. Denn die erfolgreiche Bearbeitung von Wirtschaftsstraftaten stellt erhöhte Anforderungen an die Strafverfolgung (Poerting 1983). Dem hat man beispielsweise in der Bundesrepublik Deutschland durch die Einrichtung von Spezialdienststellen, die auch über Sachverständige verfügen, gerecht zu werden versucht. Neben erfolgreicher Arbeit muß die Strafverfolgung im Interesse der Prävention auch Öffentlichkeitsarbeit darüber betreiben. So halten es Clarke u. Cornish (1985) denn auch für die Beurteilung des Einflusses von Strafverfolgung und Sanktionierung auf die Täter für wichtig, zu wissen, aus welchen Quellen sie sich informieren und wie sie diese Informationen bewerten.

Schließlich bilden Art und Ausmaß der tatsächlichen Sanktionen einen wesentlichen Tatgelegenheitsfaktor. Gerade Wirtschaftsstraftäter genießen hohe Diversionschancen (Lüdemann u. Bussmann 1989). Wenn aber Freiheitsstrafen nicht ausgesprochen oder nicht vollstreckt werden, gewinnt die Höhe der Geldstrafe Einfluß auf General- und Spezialprävention. Sanktionen, die nicht einmal die Höhe des Tatertrags erreichen, sind in dieser Hinsicht ineffektiv. Unter präventiven Gesichtspunkten sollte bei Wirtschaftsstraftätern auch über den Vollzug kurzer Freiheitsstrafen erneut nachgedacht werden.

Tatertrag

Die Aussicht auf einen nennenswerten und wahrscheinlichen Tatertrag bildet eines der wesentlichen Tatmotive, Bereiche der sog. Profitkriminalität wie die Wirtschaftskriminalität sind geradezu davon gekennzeichnet (Poerting et al. 1987). Bei den meisten Formen der Wirtschaftskriminalität ist die Bereicherungsabsicht unmittelbar auf Geld – in Form von Bargeld, Kreditmitteln u. ä. – gerichtet. Daneben kann die Erlangung von Geheiminformationen (Wirtschaftsspionage) unmittelbares Tatziel sein. Für diesen besonders bedeutsamen Tatgelegenheitsfaktor stehen nur vergleichsweise geringe präventive Einflußmöglichkeiten zur Verfügung. Zwei Ebenen sind zu unterscheiden, einerseits die Höhe und die Wahrscheinlichkeit der Erlangung eines Tatertrags, andererseits die Wahrscheinlichkeit des Verbleibs beim Täter.

Die Beurteilung der Höhe und der Eintrittswahrscheinlichkeit eines Tatertrags durch den Täter wird v. a. vom Verhalten der Opfer beeinflußt. Private Kapitalanleger haben in der Vergangenheit immer wieder immense Geldsummen am sog. grauen Kapitalmarkt investiert. Immer neue dubiose Initiatoren von Kapitalanlageformen wurden durch die Aussicht auf schnelle und hohe Gewinne angezogen. Ein Ende dieser Entwicklung ist nicht abzusehen. Ein anderes Beispiel liefert die Kreditvergabepraxis einiger Banken. Auch wenn traditionsgemäß wenig über Straftaten zum Nachteil von Banken bekannt wird, haben publik gewordene

Fälle immer wieder gezeigt, wie leicht es Straftätern mitunter gemacht wird, fremde Gelder zu erlangen. Wirksame Maßnahmen zur Verschlechterung der Tatertragsaussichten müssen deshalb auf seiten der Opfer ansetzen.

Die Frage nach dem Verbleib des Tatertrags beim Täter tangiert die Möglichkeiten, derartige Verbrechensgewinne wieder abzuschöpfen. Sie ist erst in den letzten Jahren, insbesondere in Zusammenhang mit Überlegungen zur effektiveren Bekämpfung des organisierten Verbrechens, in den Mittelpunkt der Diskussion gerückt (Bundeskriminalamt 1987). In einigen Ländern wie den USA, der Schweiz und Italien sind in den letzten Jahren Maßnahmen der Gewinnabschöpfung forciert worden (Poerting et al. 1987). In der Bundesrepublik Deutschland sind derzeit Gesetzgebungsvorhaben im Gange, um die strafrechtliche Gewinnabschöpfung effektiver zu gestalten. Gleichzeitig versuchen die Strafverfolgungsbehörden, das vorhandene, bislang weitgehend vernachlässigte gesetzliche Instrumentarium besser zu nutzen, um dem Täter die Aussicht auf einen sicheren Vorteil aus der Tat zu nehmen (Bundeskriminalamt 1987; Poerting et al. 1987).

Literatur

Albrecht WS, Romney MB, Cherington DJ, Payne IR, Roe AJ (1982) How to detect and prevent business fraud. Prentice-Hall, Englewood Cliffs

Berlitz C, Guth HW, Kaulitzki R, Schumann KF (1987) Grenzen der Generalprävention. Das Beispiel Jugendkriminalität. KrimJ 19:13–31

Boggs SL (1965) Urban crime patterns. Am Sociol Rev 30:899–908

Brantingham P, Brantingham P (1984) Patterns in crime. Macmillan, New York London

Brusten M, Hoppe R (1986) Greifen unsere Theorien noch? Entwicklung und Struktur der Kriminalität als Folge „betriebswirtschaftlicher Entscheidungen" am Beispiel von Ladendiebstahl und „Schwarzfahren". Kritische Kriminologie heute. KrimJ [Beiheft] 1:45–73

Bundeskriminalamt (Hrsg) (1987) Macht sich Kriminalität bezahlt? Aufspüren und Abschöpfen von Verbrechensgewinnen. BKA, Wiesbaden (BKA-Vortragsreihe, Bd. 32)

Carroll JS (1978) A psychological approach to deterrence: The evaluation of crime opportunities. J Pers Soc Psychol 36:1512–1520

Clarke RV (1983) Situational crime prevention: Its theoretical basis and practical scope. Chicago Univ Press, Chicago (Crime and justice, vol 4, pp 225–256)

Clarke RV (1988) Guest editor's introduction to the special issue on situational prevention. J Security Administration 11:2–6

Clarke RV, Cornish DB (1985) Modeling offender's decisions: a framework for research and policy. Chicago Univ Press, Chicago (Crime and justice, vol 6, pp. 147–185)

Clarke RV, Mayhew P (eds) (1980) Designing out crime. HMSO, London

Cloward RA, Ohlin J (1960) Delinquency and opportunity. Free Press, Chicago

Comer MJ (1977) Corporate fraud. McGraw-Hill, Maidenhead

Cornish DB, Clarke RV (1986) Introduction. In: Cornish DB, Clarke RV (eds) The reasoning criminal. Rational choice perspectives on offending. Springer, Berlin Heidelberg New York Tokyo, pp 1–16

Diris-Poerting B (1979) Möglichkeiten zur Verhinderung bzw. Erschwerung des Gründungsschwindels bei der GmbH und bei Publikums-Personengesellschaften. Rer. Pol. Dissertation, Universität Köln

Downes D, Rock P (1988) Understanding deviance. A guide to the sociology of crime and rule-breaking. Clarendon, Oxford

Goldsmith RW, Throfast G, Nilsson PE (1989) Situational effects on the decisions of adolescent offenders to carry out delinquent acts. Relations to moral reasoning, moral goals, and personal constructs. In: Wegener H, Lösel F, Haisch J (eds) Criminal behavior and the justice system. Psychological perspectives. Springer, Berlin Heidelberg New York Tokyo, pp 81–102

Heal K, Laycock G (eds) (1986) Situational crime prevention. From theory into practice. HMSO, London
Heiland HG (1987a) Gelegenheit macht nicht nur Diebe. Ein Vorschlag zur Verbesserung des Informationswertes der PKS: Gelegenheitsspezifische Kriminalitätsziffern. Kriminalistik 41:573–577
Heiland HG (1987b) Gelegenheitsstrukturen und Massenkriminalität. MschrKrim 70:277–287
Horoszowski P (1980) Economic special-opportunity conduct and crime. Heath, Lexington Toronto
Kaiser G (1974) Viktimologie. In: Kaiser G, Sack F, Schellhoss H (Hrsg) Kleines Kriminologisches Wörterbuch. Herder, Freiburg, S 380–386
Karstedt-Henke S (1987) Die Einschätzung der generalpräventiven Faktoren und ihrer Wirksamkeit durch die Bevölkerung – Ergebnisse einer empirischen Untersuchung. KrimJ 19:66–78
Klynveld, Peat, Marwick, Goerdeler (eds) (1989) Management fraud in banks. Peat Marwick McLintock, Amsterdam
Kube E (1987) Systematische Kriminalprävention, 2. erw. Aufl. BKA, Wiesbaden (BKA-Forschungsreihe, Sonderband)
Lösel F (1986) Kriminalprävention aus psychologischer Sicht. In: Brusten M, Häußling J, Malinowski P (eds) Kriminologie im Spannungsfeld von Kriminalpolitik und Kriminalpraxis. Enke, Stuttgart (Kriminologie. Abhandlungen über abwegiges Sozialverhalten, Nr 22, S 156–172)
Lüdemann C, Bußmann KD (1989) Diversionschancen der Mächtigen? Eine empirische Studie über Absprachen im Strafprozeß. KrimJ 21:54–72
MacKay P (1988) Crime prevention. Criminologist 12:86–94
Maschke W (1987) Das Umfeld der Straftat. Ein erfahrungswissenschaftlicher Beitrag zum kriminologischen Tatbild. Minerva, München
Mayhew P, Clarke RVG, Sturman A, Hough JM (1976) Crime as opportunity. HMSO, London
Merton RK (1957) Social theory and social structure. Free Press, Chicago
Monahan J, Klassen D (1982) Situational approaches to understanding and predicting individual violent behavior. In: Wolfgang ME, Weiner NA (eds) Criminal violence. Sage, Beverly Hills London New Delhi, pp 292–319
Poerting P (1983) Begriff und Besonderheiten der Wirtschaftskriminalität aus kriminalpolizeilicher Sicht. In: Poerting P (Hrsg) Wirtschaftskriminalität, Teil 1. BKA, Wiesbaden (BKA-Schriftenreihe, Bd 52, S 9–49)
Poerting P (1984) Opfer und Schäden der Wirtschaftskriminalität. Recht Politik 20:130–139
Poerting P (1985) Betriebswirtschaftslehre und Wirtschaftskriminalität. Betriebswirtschaftl Forsch Prax 37:344–352
Poerting P (1988) Informationstechnologie und Kriminalität. Online 5/88:82–84
Poerting P (1989) Tatgelegenheit und Prävention bei Wirtschaftsdelikten. Z Betriebswirtschaft 59:213–224
Poerting P, Seitz N, Störzer HU (1987) Gewinnabschöpfung und Umweltstraftaten. In: Schulze G, Lotz H (Hrsg) Polizei und Umwelt, Teil 2. BKA, Wiesbaden (BKA-Schriftenreihe, Bd 55, S 287–348)
Prisching M (1982) Sozioökonomische Bedingungen der Kriminalität. Über empirische Divergenzen und theoretische Kontroversen. MschrKrim 65:163–176
Sieben G, Poerting P (1977) Präventive Bekämpfung von Wirtschaftsdelikten durch Selbstverwaltungsorgane, Selbstschutzeinrichtungen und Verbände der Wirtschaftsteilnehmer. BKA, Wiesbaden (BKA-Forschungsreihe, Sonderband)
Sparks RF (1980) Criminal opportunities and crime rates. In: Fienberg SE, Reiss AJ (eds) Indicators of crime and criminal justice: Quantitative studies. GPO Washington DC, pp 18–28
Trasler G (1986) Situational crime control and rational choice: a critique. In: Heal K, Laycock G (eds) Situational crime prevention. From theory into practice. HMSO, London, pp 17–24
Zybon A (1972) Wirtschaftskriminalität als gesamtwirtschaftliches Problem. Goldmann, München

Nutzung des Täterwissens

Zur Prävention von Wohnungseinbruch in der Bundesrepublik Deutschland

Susanne Bisson, Jürgen Rehm, Wolfgang Servay, Martin Irle

Einleitung

Im Rahmen präventiver Maßnahmen hat sich gezeigt, daß systematisches Wissen über Vorgehensweise und Risikoeinschätzung von Straftätern einen wichtigen Beitrag zur Eindämmung weiterer Straftaten leisten kann. Im Vordergrund bei einer solchen Herangehensweise steht dabei nicht die primäre Prävention, d. h. der Versuch, die Kriminalitätsursachen zu beseitigen. Im Zentrum steht vielmehr die *sekundäre Prävention,* bei welcher der Beseitigung von Tatgelegenheiten besondere Aufmerksamkeit gewidmet wird (zur Unterscheidung der Dimensionen von Kriminalprävention in primäre, sekundäre und tertiäre Prävention vgl. Kube 1986).

Die Erforschung von Täterwissen kann als eine wichtige Voraussetzung für Strategien der sekundären Prävention angesehen werden. Dabei wird versucht, die Überlegungen von Tätern zu Planung und Durchführung von Straftaten zu rekonstruieren, um auf dieser Grundlage Tatgelegenheiten zum Nachteil für potentielle Täter zu verändern. Der Grundgedanke ist dabei, daß nicht nur „objektive" Gegebenheiten die Planung und Durchführung einer Straftat beeinflussen, sondern daß die Handlungen von Tätern überwiegend durch subjektive Bewertungen der Tatgelegenheiten und der damit verbundenen Risiken bestimmt sind. Kennt man die Gedankengänge von Straftätern, so kann versucht werden, die Randbedingungen ihrer Einschätzungen zu verändern.

„Diebstahl unter erschwerenden Umständen in/aus Wohnräumen", kurz: Wohnungseinbruch, ist in der Bundesrepublik Deutschland innerhalb der letzten 10 Jahre durch seine enorme Steigerungsrate bei sinkender Aufklärungsquote zu einem schwerwiegenden Problem von Justiz und Polizei geworden. Wie Abb. 1 zeigt, wuchs die Zahl der *registrierten* Wohnungseinbrüche von 100 000 Fällen im Jahr 1977 auf über 180 000 Fälle im Jahr 1987. Die absolute Zahl an *aufgeklärten* Fällen dagegen blieb im selben Zeitraum nahezu konstant, so daß relativ gesehen immer weniger Fälle zur Aufklärung kamen. Dieser rapide Anstieg führte nicht zuletzt zu einer starken Beeinträchtigung des Sicherheitsempfindens der Bürger. Wohnungseinbruch steht entsprechend im Brennpunkt präventiver Strategien.

Mit der im Auftrag des Bundeskriminalamts durchgeführten Studie *Wohnungseinbruch aus Sicht der Täter* (Rehm u. Servay 1989) sollte die Täterwissensforschung für das Delikt Wohnungseinbruch in der Bundesrepublik Deutschland genutzt werden, um daraus gewonnene Erkenntnisse als Grundlage für präventive Maßnahmen anbieten zu können. Im vorliegenden Beitrag soll zunächst ein Überblick über Methodik und Problematik der Täterwissensforschung allgemein und in bezug auf Wohnungseinbruch im besonderen gegeben werden. Anschlie-

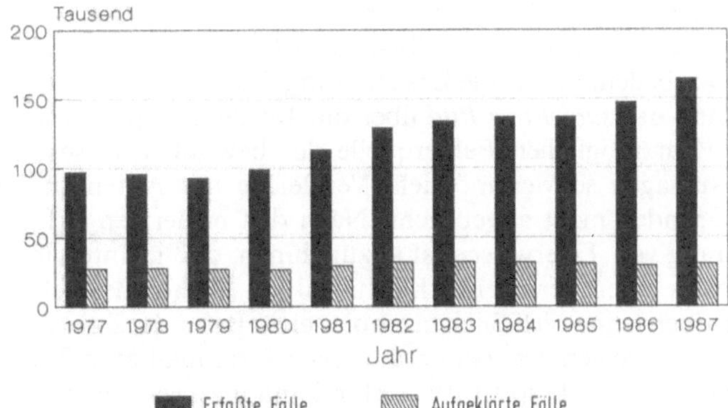

Abb. 1. Diebstahl aus Wohnräumen 1977–1987: aufgeklärte und erfaßte Fälle. (Aus Bundeskriminalamt oJ; Bundeskriminalamt 1986b; Presse- und Informationsamt der Bundesregierung 1988)

ßend wird die in den Jahren 1987/1988 durchgeführte Studie zum Wohnungseinbruch in der Bundesrepublik Deutschland mit ihren wesentlichen Ergebnissen kurz dargestellt. Überlegungen zur Prävention des Delikts Wohnungseinbruch schließen den Beitrag ab.

Methodische Aspekte der Erforschung von Täterwissen

Zu den methodischen Aspekten der Erforschung von Täterwissen gab es in den vergangenen Jahren eine lebhafte Diskussion (vgl. Bundeskriminalamt 1986a; Servay u. Rehm 1986; Rehm u. Servay 1989; die Diskussion in der Zeitschrift *Kriminalistik* sowie – zum Teil als Auslöser – die entsprechende Diskussion bei Bennett u. Wright 1984). Im folgenden sollen die Grundgedanken und Voraussetzungen der Täterwissensforschung stichwortartig dargestellt werden.

1. Das Problem jeder *Realwissenschaft* besteht darin, ein korrektes Abbild der Realität zu geben. Dieses Ziel scheint prinzipiell nicht erreichbar (Popper 1982), man kann sich bestenfalls mit verschiedenen Methoden der Realität annähern. Eine mögliche Form dieser Annäherung in der Kriminologie besteht in der Verwendung von Täterwissen.

2. Besonders zu beachtende *Fehlerquellen bei Täterbefragungen* sind

a) willentliches Lügen,
b) Erinnerungseffekte wie das Vergessen oder das unbewußte Verzerren der Ereignisse,
c) das bewußte Verschweigen.

Das Problem des willentlichen Lügens (a) wird in seiner Tragweite meist überschätzt, es ist zudem durch Stichprobenvergleiche mit Akten kontrollierbar. Vergleiche dieser Art wurden auch von verschiedenen Forschergruppen durchgeführt (z.B. Peterson et al. 1981; Reffken 1972; Servay u. Rehm 1986); es zeigte sich überwiegend eine hohe Übereinstimmung zwischen Täterbefragung und Akten.

Der zweite Punkt (b) ist für die Erforschung des Täterwissens von besonderer Bedeutung und der Schlüssel zum Verständnis dieser Methode. Man muß sich vor

Augen halten, daß *die verzerrte Erinnerung und nicht das objektive Geschehen für weitere Handlungen des Täters oder für die Weitergabe seines Wissens relevant sind.* Das bedeutet: Für die Übertragung des Täterwissens in Strategien zur Prävention muß das *subjektive Bild* über die Tat die Hauptrolle spielen.

Zur möglichen Fehlerquelle des bewußten Verschweigens (c) sind fundierte Aussagen schwer möglich. Vergleiche mit Akten sind hier aus naheliegenden Gründen nicht angebracht. Nach den bisherigen Erfahrungen mit der Verwendung von Täterwissen ist anzunehmen, daß in Interviews mit Tätern dieses Problem einen geringeren Einfluß als in Verhören spielt. Bislang gibt es darüber jedoch keine verläßlichen empirischen Befunde. Zu erwarten ist, daß wissentliches Verschweigen v.a. bei organisierter Kriminalität, z.T. aus Furcht vor Repressionen, eine Rolle spielt. Weiterhin kann man vermuten, daß dieses Problem abhängig von der Deliktart von unterschiedlicher Bedeutung ist. Bei Bankraub beispielsweise ist mit Ausnahme von politisch motiviertem Bankraub die Rolle von organisierter Kriminalität – und damit das Verschweigen – zu vernachlässigen. Beim Einbruch – v.a. in Industrieanlagen – dagegen ist nach Meinung von polizeilichen Experten mit solchen Effekten eher zu rechnen.

3. Die *Repräsentativität* der Stichprobe für die Gesamtpopulation ist nie zu erreichen, da nur unter der Bedingung einer 100%igen Aufklärungsquote eine Zufallsstichprobe aus allen Wohnungseinbrechern gezogen werden könnte. Repräsentativität wäre im Idealfall auch für die Wohnungseinbrüche der Zukunft angestrebt; solche Aussagen sind jedoch unmöglich. Ein besonderes Problem der Erforschung von Täterwissen beim Wohnungseinbruch in der Bundesrepublik Deutschland stellt die niedrige Aufklärungsquote dar (durchschnittlich 20% in den Jahren 1985–1987). Im Gegensatz zum Bankraub oder anderen Delikten mit sehr hoher Aufklärungsquote kann deshalb nicht ausgeschlossen werden, daß einsitzende Wohnungseinbrecher eine „Negativauswahl" aus der Gesamtgruppe der Wohnungseinbrecher bilden. Es ist also nicht auszuschließen, daß die gewonnenen Ergebnisse nur für eine Teilgruppe der Wohnungseinbrecher gelten. Dennoch wäre auch damit präventives Potential gegeben.

4. Welchen *Beitrag* kann die Erforschung des Täterwissens zu den *Grundfragen der Kriminologie* unter den gegebenen Umständen leisten (vgl. dazu Kaiser 1983)? Sicherlich wird das Wissen über die Verbrechenswirklichkeit und die Täter erweitert. Zusätzlich können Erkenntnisse, die durch Aktenanalysen oder die Auswertung der Kriminalstatistik gewonnen wurden, geprüft werden. Dies bedeutet nicht, daß Täterwissen als alleinige Grundlage für präventive Maßnahmen dienen soll. Dies wäre auch nicht möglich, da *Täterwissensforschung nicht andere Methoden der Kriminologie ersetzen soll; vielmehr werden diese um den wichtigen Faktor des subjektiven Bildes der Täter über von ihnen begangene Delikte ergänzt.* Ein besonderer Vorzug der Analyse von Täterwissen liegt in der Möglichkeit von Prognose und Prävention. Wie sollten beispielsweise aus Akten über vergangene Fälle Prognosen über individuelle Änderungen des Täterverhaltens z.B. nach Veränderung der Risiken gezogen werden? Genau solche und andere Probleme der Prävention und Prognose können aber mit Hilfe von Täterbefragungen gelöst werden. Dabei sollte beachtet werden, daß die Verwendung von Täterwissen bei Prognose und Prävention prinzipiell einer empirischen Erfolgs- und Effizienzkontrolle unterzogen werden kann.

Zur Tradition der Verwendung von Täterwissen für die Prävention von Wohnungseinbruch

In der Bundesrepublik Deutschland bzw. im deutschsprachigen Raum hat die Diskussion zur Verwendung von Täterwissen erst in den 80er Jahren eingesetzt (vgl. Pachmann 1984; Rinke 1984; Schwind u. Steinhilper 1984; Wieczorek 1985; Rehm u. Servay 1985). Deusinger (o. J., 1986) führte erstmals in der Bundesrepublik Deutschland eine Täterbefragung zum Delikt Wohnungseinbruch durch. Krainz (1988) setzte zur Erforschung von Wohnungseinbrüchen in Österreich die Täterwissensforschung ein.

In den USA dagegen kann man von einer Diskussion seit über 50 Jahren sprechen, dabei nehmen Autobiographien einen hohen Stellenwert ein (z.B. Sutherland 1937; Barnes 1971; David 1974). In jüngerer Zeit wird allerdings in der englischsprachigen Literatur die Notwendigkeit von systematischen Studien immer mehr in den Mittelpunkt gerückt (vgl. z. B. Shover 1971; Rangert u. Wasilchick 1985).

Die Rezeption der Studie von Bennett u. Wright (1984) kann wohl als Auslöser für die Aufnahme der Täterwissensforschung auch im deutschsprachigen Raum angesehen werden. Bennett u. Wright (1984) unternahmen in einem vom britischen Home Office finanzierten Projekt den Versuch, die Möglichkeiten von Täterwissen im Rahmen der Prävention anhand des Delikts Wohnungseinbruch genauer zu beleuchten. Die Autoren beginnen ihr Buch mit theoretischen Überlegungen zur Prävention: Nur wenn Delinquenten nicht genetisch zu ihrer Tat vorbestimmt sind, machen Generalprävention oder situative Prävention überhaupt Sinn. Mit anderen Worten, trifft der Wohnungseinbrecher keine Entscheidung zum Wohnungseinbruch, die für ihn in irgendeiner Weise begründet ist, sondern wird er von irrationalen, dumpfen Trieben geleitet, ist die Erforschung von Täterwissen sinnlos. Die Erforschung des Täterwissens setzt also einen zumindest teilweise rationalen („subjektiv rationalen") Täter voraus. Die empirischen Befunde stützen diese Grundannahme von Bennett und Wright.

Die Studie *Wohnungseinbruch aus Sicht der Täter* (Rehm u. Servay 1989) basiert sowohl in ihren theoretischen Grundannahmen, in der verwendeten Methodik als auch in ihren präventiven Zielen auf der Arbeit von Bennett u. Wright (1984). Sie versucht eine Umsetzung der bisher gewonnenen Erkenntnisse der Täterwissensforschung für die Bundesrepublik Deutschland zum Delikt Wohnungseinbruch. Biographische Methoden wurden verworfen, da sie zu wenig kontrolliert und zielgenau sind. Außerdem ist hier keine Lösung des Repräsentativitätsproblems möglich. Experimente als kontrollierte Methodik in der Täterwissensforschung scheiden deshalb aus, weil in der Bundesrepublik Deutschland zu wenig Erkenntnisse zum Wohnungseinbruch verfügbar sind. Beispielsweise konnten keine Statistiken zu den wichtigsten Zusammenhängen zwischen Tattyp, Tatzeit und Objektklasse in Erfahrung gebracht werden. Als Lösung bot sich deshalb ein mittleres Maß an Kontrolle an, wie es durch standardisierte Interviews erreicht werden kann.

Beschreibung der Studie *Wohnungseinbruch aus Sicht der Täter*

Die Studie *Wohnungseinbruch aus Sicht der Täter* (1989) wurde vom Bundeskriminalamt in Auftrag gegeben – wie auch die Pilotstudie von Deusinger (o. J.; vgl. auch Deusinger 1986) zum gleichen Thema. Grundlage bildete eine systematische Befragung von 179 inhaftierten Tätern aus 11 Justizvollzugsanstalten in 5 Bundesländern der Bundesrepublik Deutschland. In Phase I der Untersuchung wurden Deskription und Exploration in den Mittelpunkt gestellt, in Phase II die Prüfung von Kausalbeziehungen. Die Methodik bestand im wesentlichen aus standardisierten Interviews, die von entsprechend geschulten Interviewern durchgeführt wurden. In Phase II wurden zusätzlich Videos zur Bewertung von Tatobjekten eingesetzt. Die Interviews für Phase I fanden Anfang 1988 statt, eine weitere Stichprobe von inhaftierten Wohnungseinbrechern wurde einige Monate später für Phase II befragt. Die eingesetzten Fragebögen bestanden zum größten Teil aus Fragen mit offenen Antwortmöglichkeiten, wobei in der Mehrheit Mehrfachnennungen erwünscht waren. Den Tätern wurden u. a. sowohl Fragen zu einem typischen eigenen Delikt als auch zum Delikt Wohnungseinbruch allgemein gestellt.

Stichprobe

Die Stichprobe setzte sich ausschließlich aus männlichen Inhaftierten zusammen. Dies spiegelt die Tatsache wider, daß in den Justizvollzugsanstalten der Bundesrepublik Deutschland eine verschwindend geringe Anzahl von weiblichen Wohnungseinbrechern vorzufinden ist.

Verglichen mit der allgemeinen Bevölkerung der Bundesrepublik Deutschland zeichnen sich die Befragten durch folgende Merkmale aus: Die Altersgruppe von 18–30 Jahren ist überproportional repräsentiert. Vergleichsweise gering ist die Schulbildung der Befragten; 13 % in Phase I bzw. 26 % in Phase II hatten keinen Schulabschluß oder einen Sonderschulabschluß, 69 % (Phase I) bzw. 56 % (Phase II) einen Hauptschulabschluß. Außerdem fiel auf, daß ein hoher Anteil von Personen ohne bzw. mit abgebrochener Berufsausbildung vorzufinden war. Zum Zeitpunkt der letzten Tat waren in Phase I 37 % und in Phase II 51 % der Befragten arbeitslos. Schließlich ist auf einen hohen Anteil von Vorbestraften – über 90 % der Befragten – hinzuweisen.

Motivation und Risikoeinschätzung

Als Begründung für kriminelles Handeln und die Durchführung von Wohnungseinbruch gaben die Täter hauptsächlich finanzielle Gründe an (50 % der Nennungen). In 9 % der Nennungen gaben die Täter an, durch andere Personen zu ihrem kriminellen Handeln angespornt worden zu sein.

Warum wurde gerade Wohnungseinbruch als Delikt ausgewählt? Vor allem wird Wohnungseinbruch als einfach durchzuführendes Delikt angesehen (33 % der Nennungen). Die vergleichsweise niedrige Aufklärungsquote, aber auch teilweise sehr hohe Erwartungen an den Wert der Beute lassen den Täter wohl von einem günstigen Kosten-Nutzen-Kalkül ausgehen: *Mit Wohnungseinbruch läßt sich relativ schnell und relativ risikolos an relativ viel Geld kommen.* Mehr als die

Hälfte der Befragten halten das Risiko, beim Wohnungseinbruch festgenommen und verurteilt zu werden, für gering (17 %) oder sehr gering (20 %) bzw. glauben, absolut kein derartiges Risiko einzugehen (18 %; vgl. Abb. 2).

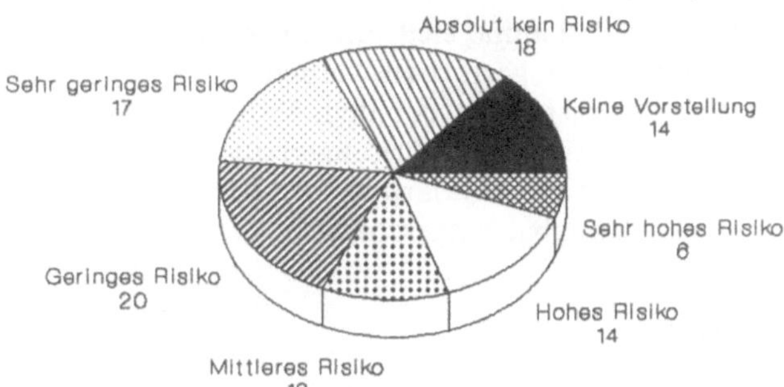

Abb. 2. Eingeschätztes Risiko, gefaßt und verurteilt zu werden (n = 101)

Die Androhung einer Strafe hatte während der Planung auf die Risikoabwägungen der Befragten einen unbedeutenden Einfluß. Darüber hinaus ist zu erwähnen, daß viele der Befragten wegen Wohnungseinbruch vorbestraft waren und dennoch angaben, die Mindeststrafe auch nicht bei der Planung der letzten Tat gekannt zu haben (39 %).

Hier stellt sich die Frage der präventiven Wirkung von Strafandrohung. Die niedrige Aufklärungsquote beim Wohnungseinbruch kann allein als Erklärung für die Risikoabwägungen nicht herangezogen werden. Denn auch bei einer hohen Aufklärungsquote wie beispielsweise beim Bankraub (im Durchschnitt um 70 %) wurde herausgefunden, daß die Strafe nicht nennenswert ins Risikokalkül einbezogen wird (vgl. Servay u. Rehm 1986). Die Täter gehen i. allg. davon aus, daß sie zur Gruppe derjenigen gehören, die nicht gefaßt werden.

Die Täter nehmen an, daß sie bei der Durchführung eines Wohnungseinbruchs nur in seltenen Fällen gestört werden. Bei erwarteten *potentiellen* Komplikationen stehen Störungen durch Bewohner an erster Stelle (39 % der Nennungen), gefolgt vom Erscheinen von Nachbarn (13 %) und dem Ansprechen von Sicherheitseinrichtungen (11 %). Die Wahrscheinlichkeit, daß eine dieser Komplikationen überhaupt eintritt, wird jedoch als sehr gering angesehen. Nur 7 % aller Befragten gehen von einem hohen bis sehr hohen Risiko diesbezüglich aus.

Etwa die Hälfte der Täter schätzt die Störung eines Einbruchs durch Alarmanlagen als mittel bis sehr hoch ein. Sie sind jedoch überwiegend der Ansicht, *daß in den von ihnen ausgesuchten Objekten entweder keine Sicherheitsanlagen vorzufinden sind oder diese leicht umgangen bzw. ausgeschaltet werden können.* Das erklärt auch die scheinbare Diskrepanz zu den im vorhergehenden Absatz angeführten Zahlen.

Als Reaktion auf alle Arten von Zwischenfällen wird von den meisten Befragten die Flucht genannt (62 %). Immerhin 18 % der Befragten erwägen allerdings, bei Komplikationen auch mit Gewalt zu reagieren. Dazu ist anzumerken, daß etwa ¼ der Befragten bewaffnet war, davon 48 % mit einer Schußwaffe, 26 % mit einer Gaspistole, und 23 % dieser Täter hatten ein Messer dabei.

Nimmt man alle Angaben zu Risiken beim Wohnungseinbruch zusammen, so ergibt sich folgendes Bild:

1. Die Risiken beim Wohnungseinbruch werden insgesamt als wenig bedeutend eingeschätzt.
2. Einzige Ausnahme stellt die antizipierte Gefahr dar, während der Tat durch Alarmanlagen gestört zu werden.
3. Die Strafe ist meist vor dem Wohnungseinbruch nicht bekannt und scheint keinerlei präventive Wirkungen auszuüben.
4. Die Gefahr der Aufklärung wird bei „fehlerloser Arbeit" seitens des Täters als vernachlässigbar eingeschätzt.

Planung

Das Auskundschaften von Objekten als Vorbereitung für einen Wohnungseinbruch wurde in verschiedenen Aspekten beleuchtet. Die Täter wurden befragt

- zur Intensität der Erkundung von Objekten,
- zur Entfernung zwischen Wohn- und Tatort,
- zu Sicherheitseinrichtungen,
- zu Informationen über die Wohnungsbesitzer,
- zu Art und Funktion von Werkzeugen sowie
- zur Bewertung und Bedeutung der Planung beim Wohnungseinbruch aus der Sicht der Täter.

Immerhin 36 % der Befragten gaben an, keinen Wert darauf gelegt zu haben, ein Objekt vor dem Einbruch anzusehen. Die übrigen haben sich überwiegend 1- bis 3mal im oder am später gewählten Objekt aufgehalten. Für 51 % der Befragten war es bedeutsam, von ihrem eigenen Wohnort entfernt einzubrechen. Rund die Hälfte der Befragten hat die Taten in einem Umkreis von 15 km um ihren Wohnort begangen, mehr als ⅓ der Befragten waren beim Einbruch über 50 km bis zu 450 km weit von ihrem Wohnort entfernt. Bestimmend für eine nahe dem Wohnort gelegene Tatortwahl waren bestimmte Täter-Opfer-Beziehungen, während die Wahl eines entfernteren Tatortes meist damit begründet wurde, daß der Täter dort unbekannt ist.

Die Besichtigung des späteren Tatortes hat als ein Ziel auch die Erkundung vorhandener Sicherheitseinrichtungen. Es zeigte sich, daß das Wissen über Sicherheitseinrichtungen in einem nicht unerheblichen Maße durch „Beobachtung" erlangt wird (53 % der Nennungen von 40 % der Befragten); als weitere wichtige Quellen wurden „Tips" (20 %) und die „eigene Erfahrung" (7 %) angeführt. Bei der Frage nach Maßnahmen gegen vorhandene Sicherheitseinrichtungen wurde in der Mehrzahl die Benutzung von Werkzeug oder das Umgehen der Schwierigkeiten genannt. Etwa 45 % der Nennungen stehen für das Unterlassen oder den Abbruch des Einbruchs. Offensichtlich können *sichtbare* Sicherheitseinrichtungen zur präventiv wirksamen Veränderung der Tatgelegenheitsstrukturen beitragen.

Besonders hervorzuheben ist, daß mehr als 50 % der Interviewten angeben, bereits vor dem Einbruch Informationen über die Bewohner gehabt zu haben. In einigen Fällen gab es vor dem Einbruch private Kontakte, viele Antworten entfielen auf Wissen über die Personalien der Bewohner, über Gewohnheiten und Lebensstil sowie deren finanzielle Situation.

Als Werkzeug wurden v.a. Schraubendreher, Zangen und Hebelwerkzeuge aufgrund ihrer vielseitigen Verwendbarkeit eingesetzt. Sägen, Bohrgeräte und Nachschlüssel benutzten die Befragten dagegen äußerst selten.

Der eigene Planungsaufwand wurde durch die Befragten bezogen auf ihre letzten Taten auf einer Schulnotenskala als ausreichend eingestuft. Dennoch wurde die Planung überwiegend als sehr wichtig oder wichtig für Wohnungseinbruch (76%) angesehen.

Man kann davon ausgehen, daß ein nicht unerheblicher Teil oberflächlich planender Täter mit einem geringen Planungsaufwand zu guten Ergebnissen kommt. Die hohe Einschätzung der Wichtigkeit des von ihnen selbst als gering beschriebenen Planungsaufwandes läßt vermuten, daß es Wohnungseinbrechern in vielen Fällen (zu) leicht gemacht wird. Hier bestätigt sich aus der Sicht des Täters, daß Aufwand und Ertrag beim Wohnungseinbruch in einem günstigen Verhältnis stehen.

Durchführung

Die meisten Täter schritten ohne Alkohol- oder Drogeneinfluß zur Tat. Von den Befragten erinnerten sich 25%, vor der Tat Alkohol und/oder Drogen konsumiert zu haben. Etwa ⅓ war vor der Tat nicht aufgeregt, rund 37% sehr wenig oder wenig, und etwa 28% waren stark oder sehr stark aufgeregt. Nur wenige haben vor der Tat Alkohol und/oder Drogen aufgrund ihrer Aufregung zu sich genommen.

Der Zugang zum Objekt erfolgte in der Mehrzahl der Fälle durch Fenster oder Türen, wofür Einfachheit und Zufall die wichtigsten Gründe darstellten. Auch von daher ist die Zufriedenheit der Täter mit ihrem geringen planerischen Aufwand verständlich.

Im Objekt durchsuchten die Befragten bevorzugt Wohnräume (82%) und Schlafräume (78%). Dort werden die Gegenstände vermutet – und in den meisten Fällen auch gefunden –, die an erster Stelle der Suchliste stehen: Bargeld (45% der Befragten) und Schmuck und Münzen (41% der Befragten). Immerhin 32% der Befragten gaben an, auch Eß- und Trinkbares gesucht zu haben, Unterhaltungselektronik nennen 19% und andere Wertgegenstände (Antiquitäten etc.) 7% der Befragten als Ziele ihres Beutezuges.

Rund 80% der Befragten haben aus ihrer Sicht Maßnahmen zur Erschwerung ihrer Identifizierung vorgenommen, wobei viele Täter zur Vermeidung von Fingerabdrücken Handschuhe trugen. Die Flucht bei einem Wohnungseinbruch erfolgt je nach Gebäude zu Fuß oder, wenn schwerere Gegenstände zu transportieren sind bzw. in weniger dicht besiedeltem Gebiet operiert wird, mit dem Auto.

Wohnungseinbruch und Hehler

Die Bedeutung von Hehlern im Zusammenhang mit Wohnungseinbruch wurde von den Befragten i. allg. recht hoch eingeschätzt. Inhaltlich stehen dabei Tips

(24%), bestelltes Beutegut (25%) und die Übernahme der Ware (24%) im Vordergrund. Hehlerinformationen über Objekte und über Opfer sind dagegen von nachrangiger Bedeutung. Insbesondere für Sachwerte läßt sich sagen, daß die meisten Befragten einen Verkauf an Hehler beabsichtigten.

Die Hehler haben vor diesem Hintergrund eine mächtige Stellung in ihrer Beziehung zum Einbrecher. Die Befragten gaben an, daß daraus häufig Schwierigkeiten entstehen, weil die Hehler aus der Sicht der Wohnungseinbrecher nicht verläßlich genug sind und oft die Situation nach dem Einbruch ausnutzen, um die Preise zu drücken. Ein Wechsel zu einem anderen Hehler wird wegen latenten Mißtrauens seitens der Einbrecher nicht in Erwägung gezogen.

Tätertypen und Objektwahl

Mit der Studie sollte u. a. versucht werden, eine empirisch begründete Typologie von Wohnungseinbrechern zu identifizieren. Es ließen sich jedoch keine Tätertypen finden, die sich auf bestimmte Objekte und/oder Tatzeiten ausschließlich spezialisierten. Die Zusammenhänge zwischen Objektklassen (Wohnblock bzw. Mehrfamilienhaus, Einfamilienhaus, Villa) und Tatzeit waren wesentlich geringer als erwartet. Zudem gab es nur geringe Beziehungen zwischen der Präferenz für eine Objektklasse in bezug auf Einbruch und der Einschätzung der Geeignetheit solcher Objekte für Wohnungseinbruch.

Objektklassen wurden unabhängig von den Objektpräferenzen der Täter relativ gleich beurteilt. Über alles gesehen werden aber Einfamilienhäuser am günstigsten für Wohnungseinbruch eingeschätzt, da hier relativ viel Beute erwartet wird und das Kosten-Nutzen-Kalkül sich insgesamt am vorteilhaftesten für die Täter darstellt. Das Risiko wird beim Einbruch in Einfamilienhäuser deutlich geringer als bei einem Einbruch in Villen eingeschätzt, v. a. deshalb, weil weniger Sicherheitseinrichtungen erwartet werden. Im Vergleich zum Wohnblock bzw. Mehrfamilienhaus wird das Risiko des Einbruchs in Einfamilienhäuser zwar höher eingeschätzt, aber in Einfamilienhäusern wird gleichzeitig auch bedeutend mehr Beute erwartet.

Die Täter wurden auch befragt, welche Sicherheitsvorkehrungen aus ihrer Sicht in den einzelnen Objektklassen am besten geeignet seien. Dabei wurde deutlich, daß die meisten Täter bei rein technischen Vorkehrungen jene empfehlen, die sie selbst in den zu beurteilenden Objekten erwarten. Etwas auffallender waren die Empfehlungen, insbesondere beim Wohnblock oder in Einfamilienhaussiedlungen, die sozialen Kontakte zu intensivieren, um einer für den Einbrecher sich günstig auswirkenden Anonymität vorzubeugen. Einzelhäuser und Villen lassen sich nach Meinung der Wohnungseinbrecher durch Hunde gut schützen (jeweils 20% der Nennungen).

Insgesamt gehen diese Schutzstrategien nicht wesentlich über die Empfehlungen von polizeilichen Experten hinaus, so daß hier die befragten Täter die Rolle eines François Vidocq nicht überzeugend eingenommen hatten. Im folgenden Teil soll eine Abschätzung des Beitrags von Täterwissen in bezug auf die Prävention von Wohnungseinbruch vorgenommen werden.

Aspekte zur Prävention von Wohnungseinbruch

Die hier vertretene Grundannahme für Kriminalität ist die einfache Theorie, daß Wohnungseinbruch wie anderes Verhalten durch ein Zusammenwirken von Person und Umwelt entsteht. Dabei spielen subjektive Kosten-Nutzen-Überlegungen eine wichtige Rolle. Kriminelles Verhalten zu verhindern kann also darin bestehen, die Bedingungen der Umwelt für potentielle Täter nachteilig zu beeinflussen.

Zunächst wurde geklärt, welche gleichwertigen Alternativen für Wohnungseinbrecher vorstellbar sind. Auf die entsprechende Frage wurde von den Befragten Diebstahl/Einbruch anderer Art mit 44% an erster Stelle genannt. Dem folgten mit 15% Raub und mit jeweils 8% Betrug und Arbeit.

Wenn sich das Kosten-Nutzen-Kalkül von Wohnungseinbruch verschlechtert, so werden Einbrecher nach anderen Möglichkeiten suchen, um einfach und risikoarm an Geld zu gelangen. Befragt nach der Deliktverlagerung, falls durch Sicherheitseinrichtungen das Risiko beim Wohnungseinbruch steigen würde, rangierten Straßenraub (25% der Nennungen) und Raub (17%) auf den ersten Plätzen der Nennungen der Täter. Hier zeigt sich, daß sich die Vorstellungswelt von Wohnungseinbrechern auf einfach durchzuführende Delikte beschränkt. Bei einer weiteren sicherheitstechnischen Aufrüstung von Wohnungen, die wahrscheinlich nicht für *alle* Wohnungen zu erwarten ist, kann wohl davon ausgegangen werden, daß Wohnungseinbrecher entweder die weniger geschützten Objekte aufsuchen oder aber die genannten Alternativen Raub und Diebstahl anwenden.

Eine Chance, diesen Verdrängungseffekt auf andere Straftaten bzw. auf die weniger geschützten Objekte zu unterbinden, liegt bei der Beeinflussung der in bezug auf Wohnungseinbruch von den Tätern genutzten Informationsquellen. „Kumpel“ (35% der Nennungen), Medien (21%) und „Knast“ (15%) stellen nach Auskunft der Täter die gewichtigsten Informationsquellen dar. Dabei ergibt sich durch die zuletzt angeführten Antworten eine Chance, indem die Bemühungen um Resozialisierung in Justizvollzugsanstalten weiter ausgeschöpft werden. Was das hohe Gewicht der Medien betrifft, können Berichterstattungen über spektakuläre Fälle zu Überschätzungen der Beute führen und die Darstellung besonders raffinierter Fälle, die nicht aufgeklärt sind, Modelle für Nachahmungen liefern. Dieser Umstand sollte unseres Erachtens bei präventiven Maßnahmen auf keinen Fall vergessen werden.

Aus der Sicht der Täter gibt es auch „typische“ Opfer: 46% der Nennungen entfielen auf Leute, bei „denen man das Geld sieht“, jeweils etwa 10% auf Angeber, ältere Leute/Frauen/Kinder alleine in Wohnungen und Leichtsinnige. Durch entsprechende Veränderungen des äußeren Erscheinungsbildes oder Vermeidung von Hinweisen auf bestimmte Konstellationen der Bewohner von Wohnungen und Häusern könnten weitere präventive Chancen genutzt werden.

Kommunale Strategien zur Förderung der nachbarschaftlichen Beziehungen, die sich in anderen Ländern bereits bewährt haben, könnten nicht nur vor Wohnungseinbruch schützen, sondern sich allgemein positiv auf die Kriminalität, d.h. auf deren Rückgang, auswirken.

Literatur

Barnes RE (1971) Are you safe from burglars? By Robert Earl Barnes (Prisoner no 33321) as told to Ronald Sarro. Doubleday, Garden City/NY

Bennett TH, Wright R (1984) Burglars on burglary. Gower, Aldershot

Bundeskriminalamt (Hrsg) (1986a) Symposium: Täterwissen. Bundeskriminalamt, Wiesbaden (BKA-Forschungsreihe, Sonderband)

Bundeskriminalamt (Hrsg) (1986b) Polizeiliche Kriminalstatistik. Bundeskriminalamt, Wiesbaden

Bundeskriminalamt (Hrsg) (oJ) Polizeiliche Kriminalstatistik – Zeitreihen. Bundeskriminalamt, Wiesbaden

David PR (1974) The world of the burglar: Five criminal lives. Univ of New Mexico Press, Albuquerque

Deusinger IM (1986) Die Nutzung des Täterwissens aus der Sicht des Psychologen – Erfahrungen aus einer wissenschaftlichen Untersuchung zum Wohnungseinbruch. In: Bundeskriminalamt (Hrsg) Symposium: Täterwissen. Bundeskriminalamt, Wiesbaden (BKA-Forschungsreihe, Sonderband, S 61–71)

Deusinger IM (oJ) Nutzung der „Sicht" des Täters und des „Täterwissens" (Objektwahrnehmung und -beurteilung, Strategien zur Tatplanung etc.) zum Deliktsbereich Einbrüche in Wohnungen. Bericht über eine Pilotstudie (unveröffentlichter Bericht)

Kaiser G (1983) Kriminologie. Eine Einführung in die Grundlagen, 6. Aufl. Müller, Heidelberg

Krainz KW (1988) Hauseinbrüche schwergemacht. Ergebnisse einer Präventionsuntersuchung von Einbruchsdiebstählen. Wien

Kube E (1986) Systematische Kriminalprävention mit praktischen Hinweisen. Bundeskriminalamt, Wiesbaden (BKA-Forschungsreihe, Sonderband)

Pachmann CW (1984) Wenn die Polizei vom Straftäter nicht lernen will ... von wem sonst? Kriminalistik 38:341–346

Peterson MA, Braiker HR, Polich SM (1981) Who commits crimes? A survey of prison inmates. Oelgeschlager Gunn & Hain, Cambridge/MA

Popper KR (1935, [7]1982) Logik der Forschung. Mohr, Tübingen

Presse- und Informationsamt der Bundesregierung (1988) Die Kriminalität in der Bundesrepublik Deutschland. Bonn (Bulletin Nr 61)

Reffken H (1972) Kriminologische Untersuchungen an Bankräubern. Schwartz, Göttingen

Rehm J, Servay W (1985) Erste Schlüsse auf Deliktsverlagerungen. Zum Sinn der Täterbefragung im Rahmen der Prävention. Kriminalistik 39:390–391

Rehm J, Servay W (unter Mitarbeit von S. Bisson) (1989) Wohnungseinbruch aus Sicht der Täter. Bundeskriminalamt, Wiesbaden (BKA-Forschungsreihe, Sonderband)

Rengert G, Wasilchick J (1985) Suburban burglary: a time and a place for everything. Thomas, Springfield/IL

Rinke H-J (1984) Vom Täter lernen? Kriminalistik 38:579–580

Schwind H-D, Steinhilper G (1984) Kann Täterwissen zur Kriminalitätsvorbeugung genutzt werden? Kriminalistik 38:317–319

Servay W, Rehm J (1986) Bankraub aus Sicht der Täter. Bundeskriminalamt, Wiesbaden (BKA-Forschungsreihe, Bd 19)

Shover NE (1971) Burglary as a profession. Univ of Illinois at Urbana-Champaign, Urbana/IL

Sutherland E (1937) The professional thief. Univ of Chicago Press, Chicago

Wieczorek E (1985) Vom Kriminalisten lernen ... von wem sonst? Kriminalistik 39:165–166

Schuldenregulierungsprogramme als Beitrag, Straffällige zu resozialisieren

Arthur Kreuzer, Harald Freytag

Einleitung

Die Resozialisierungschancen Straffälliger hängen i. allg. von der Bewältigung ihrer psychosozialen und materiellen Probleme ab. Hierzu gehört immer häufiger eine finanzielle Überschuldungslage. Bereits 1970 stellte Stehle (S. 292ff.) die Behauptung auf, daß Resozialisierung ohne Schuldenregulierung scheitern müsse. Dieser Herausforderung haben sich mit Straffälligenhilfe befaßte soziale Dienste gestellt. Langsam, aber beständig hat sich so ein neues Arbeitsfeld für sie entwickelt. Zur Verbesserung dieses Ansatzes wurden in den vergangen 15 Jahren in fast allen Ländern der Bundesrepublik Deutschland meist mit öffentlichen Mitteln sog. Resozialisierungsfonds für überschuldete Straffällige gegründet. Hilfe wird inzwischen freilich auch von einer Reihe weiterer, meist nicht zielgruppenorientierter Einrichtungen angeboten. Hierzu gehören neuerdings auch einige gewerbliche, kommerziell ausgerichtete Initiativen. Die Resozialisierungsfonds und gewerbliche Einrichtungen zur Schuldenregulierung seien hier vorgestellt. Die diesem Beitrag zugrundeliegenden empirischen Erkenntnisse haben die Verfasser in ihrer in den Jahren 1986–1987 durchgeführten und von der Deutschen Forschungsgemeinschaft geförderten Untersuchung über Entschuldungsprogramme gewonnen (Kreuzer u. Freytag 1988; Freytag 1989).

Die Schuldensituation Straffälliger

Zwar hat sich Überschuldung inzwischen fast zu einem gesamtgesellschaftlichen Problem ausgeweitet; besonders betroffen sind jedoch Straffällige. Dies gilt aus mehreren Gründen: So haben Straffällige meist höhere Schulden als eine vergleichbare Gruppe Nichtstraffälliger (zur Schuldenhöhe z. B. Zimmermann 1981, S. 12ff.; Kühne 1982, beide mit weiteren Nachweisen). Denn sie müssen in der Regel Gerichtskosten, Geldstrafen und -bußen sowie Schadensersatz- und Schmerzensgeldansprüche, die aus ihren Straftaten herrühren, tilgen. Hinzu kommt, daß während der Haft bestimmte Zahlungsverpflichtungen weiterlaufen (z. B. Versicherungen), daß Geld für Wohnungseinrichtung, Miete, Kaution, Kleidung usw. aufgebracht werden muß und überdies nicht selten ein besonderer Nachholbedarf an Konsum besteht. Auch vergrößern sich manche Schulden, oder sie entstehen neu und plötzlich mit der Haftsituation, weil z. B. Gläubiger Forderungen sofort fälligstellen oder die Zwangsvollstreckung betreiben. Im übrigen sind Straffällige häufiger überschuldet als Nichtstraffällige, da sie ihren

Verbindlichkeiten meist kein Vermögen, oftmals nicht einmal ein festes Arbeitseinkommen entgegensetzen können. Schließlich haben sie wegen des Strafstigmas und des damit verbundenen Vertrauensschwundes bei Banken, Arbeitgebern, Bekannten usw. geringere Möglichkeiten zur Sanierung aus eigener Kraft.

Bekanntlich entstehen auch in der Subkultur des Strafvollzugs Schulden der Gefangenen untereinander. Diese informellen Schulden werden jedoch in aller Regel innerhalb der Gefängnissubkultur wieder reguliert. Dies geschieht auf unterschiedliche Weise, u. a. durch „Pfändungen", Zerstörungen und Schläge sowie – bei unerwarteten Entlassungen oder Verlegungen – durch sofortige „Zwangsvollstreckung" oder Abtretung der Forderung an andere Gefangene. Nur in Ausnahmefällen werden Schulden aber noch nach der Entlassung des Schuldners beigetrieben; selten können sie also durch besonders rigide Beitreibung nach der Entlassung den Ablauf offizieller Schuldenregulierungsverfahren gefährden oder scheitern lassen. Schuldenlast sowie informelle, subkulturell entstandene und regulierte Schulden scheinen bei weiblichen Strafgefangenen von weitaus geringerer Bedeutung zu sein.

Dafür, daß auch der Staat in Gestalt einer Strafvollzugsbehörde unverhältnismäßig zu der Steigerung von Schulden und Überschuldung im Vollzug beitragen kann, stehe ein Beispiel aus jüngster Zeit, über welches die Berliner Gefangenenzeitung *der lichtblick* berichtet hat (März/April 1989, S. 20, und *Soester Anzeiger* vom 10. 03. 1989): Ein HIV-infizierter Strafgefangener aus Werl wurde aufgefordert, DM 751,90 für Krankenhaustransportkosten – entstanden aus seinem Selbstmordversuch – zu zahlen; als Arbeitsunfähiger erhält er DM 30,– monatlich an Taschengeld, und als Strafgefangener ist er nicht krankenversichert; wäre er aber – wie es § 193 StVollzG verlangt – gesetzlich sozialversichert, hätte die Versicherung solche Kosten getragen. Nach heftigem Protest ist die Aufforderung inzwischen zurückgezogen worden.

Resozialisierungsfonds

Zwischen 1974 und 1986 wurden in der Bundesrepublik Deutschland in fast allen Bundesländern insgesamt 11 große, jeweils landesweit zuständige Reso-Fonds zur Schuldenregulierung Straffälliger errichtet. Nur in Nordrhein-Westfalen gibt es noch keinen solchen Fonds. In Niedersachsen bestehen 2 Fonds nebeneinander, denn im Jahr 1980 wurde ein „staatlicher" Fonds parallel zu einer solchen schon seit 1975 bestehenden privaten gemeinnützigen Einrichtung gegründet. Die Initiative zur Gründung von Reso-Fonds ging zumeist von den Landesjustizministern oder Wohlfahrtsverbänden aus. Die Fonds haben in der Regel die Rechtsform einer Stiftung bürgerlichen Rechts. Sie werden – mit Ausnahme der „privaten" Stiftung in Niedersachen und den Fonds im Saarland und in Bayern – mit öffentlichen Mitteln finanziert oder gezielt gefördert. Im Saarland und in Nordrhein-Westfalen werden v. a. finanzielle Gründe und das sich aus dem Subsidiaritätsgrundsatz ergebende Gebot der Zurückhaltung staatlicher Hilfe gegen eine Förderung von Reso-Fonds mit öffentlichen Mitteln geltend gemacht. Eine „Konkurrenz" zwischen „staatlichen" und freien Entschuldungsprogrammen in dem Sinne, daß die freien verdrängt werden, ist jedoch allenfalls zu befürchten, wenn das Angebot an Entschuldungshilfen den Bedarf hierfür – zumindest regional – übersteigt. Dies ist jedoch – soweit ersichtlich – nirgendwo der Fall, eher das

Gegenteil. Vermieden werden kann eine solche Konkurrenz überdies, indem die „staatlichen" und freien Träger ihre Leistungen koordinieren und so ein sich regional und fachlich ergänzendes Verbundsystem schaffen (Seebode 1983, S. 180). Die Bayerische Landesregierung vertritt die Auffassung, Entschuldungsprogramme nur für Straffällige stellten eine ungerechtfertigte Besserstellung Straffälliger gegenüber Nichtstraffälligen dar; sie gewährt deshalb bislang keine öffentlichen Mittel zur Entschuldung Straffälliger (Hillermeier 1980).

Keine Besserstellung Straffälliger

Gegen die Stringenz dieser Einschätzung, die auch in der Öffentlichkeit verbreitet sein soll (Reich 1982, S. 155f.), und zur Legitimation staatlicher Entschuldungsprogramme für Straffällige läßt sich aus kriminologischer und verfassungsrechtlicher Sicht jedoch folgendes vorbringen (vgl. Seebode 1983, S. 178f.): Entschuldungshilfe ist keine generelle, allenfalls eine partielle Besserstellung Straffälliger, da die Vorteile einer Sanierung von spezifischen Schwierigkeiten und Benachteiligungen Straffälliger, insbesondere Strafgefangener, überlagert werden. So verschlechtert sich z. B. die Schuldenlage im Strafvollzug; diese Benachteiligung ist aber nicht durch das Vollzugsziel gedeckt. Daher sind Entschuldungsprogramme auch ein Akt staatlicher Wiedergutmachung im Sinne des Gegensteuerungsgrundsatzes (§ 3 Abs. 2 StrVollzG). Wie dargestellt, ist die Schuldensituation Straffälliger gravierender, und sie haben geringere Hilfsangebote durch Dritte zu erwarten. Daher muß der Staat im Sinne des Subsidiaritätsgrundsatzes einspringen, wenn niemand sonst hilft. Der Sozialstaatsgrundsatz gebietet sogar, daß dort am stärksten geholfen wird, wo Hilfe am nötigsten ist, und verbietet, nach dem Gießkannenprinzip vorzugehen. Hiermit in Einklang stehend sieht das Strafvollzugsgesetz ausdrücklich Beratung des Gefangenen in wirtschaftlichen Angelegenheiten vor, also auch Schuldnerberatung und Entschuldungshilfe (hierzu ausführlicher Baumeister 1988, S. 323ff.). Hinzu kommt, daß andere Bemühungen zur Resozialisierung Straffälliger Fehlinvestitionen darstellten, sparte man Entschuldungshilfe aus. Rückfallvermeidung, d. h. Verbrechensverhütung, ist aber staatliche Aufgabe, in gewisser Hinsicht Kehrseite des staatlichen Strafmonopols. Im übrigen entschuldet die Bewährungshilfe im Rahmen ihrer normalen Betreuungsarbeit schon seit langem, freilich unkoordiniert und naturgemäß meist unprofessionell. Entschuldungsprogramme sind v. a. eine Verbesserung dieses Ansatzes, der bislang nicht in Frage gestellt wird. Staatliche Zuschüsse für Reso-Fonds sind also nicht nur verfassungsrechtlich unbedenklich, sondern aus kriminologischer Sicht geboten. Dies dürfte auch einer breiten Öffentlichkeit zu vermitteln sein.

Kriminalpolitisches Potential

Reso-Fonds wurden v. a. als flankierende Resozialisierungsmaßnahmen eingerichtet. Das ergibt sich schon aus ihrer Namensgebung, ferner aus der Zeit ihrer Konzeption sowie v. a. aus der in ihren Satzungen festgeschriebenen Zweckbestimmung. Zwar sind bislang kausale Zusammenhänge von Überschuldung und Straffälligkeit bzw. Rückfälligkeit nicht nachgewiesen. Aber aufgrund von Erfahrungsberichten, ansatzweisen empirischen Erhebungen sowie allgemeinen Überlegungen kann es als gesichert gelten, daß Überschuldungen die Wiedereingliederungschancen von Straffälligen mindern (so z. B. bereits Stehle 1970; Zimmermann 1981, S. 73; Lumma 1988, S. 178f.). So gefährden z. B. bei dem Arbeitgeber des Straffälligen eingehende Lohnpfändungen den Arbeitsplatz des Schuldners akut. Denn der Arbeitnehmer bekommt hierdurch ein negatives Image bei seinem Arbeitgeber. Vor allem aber muß dieser den mit Lohnpfändungen verbundenen Mehraufwand kostenlos erbringen und haftet sogar für ihm hierbei unterlaufende Fehler. Daher sind in solchen Situationen Kündigungen der Arbeitsstelle durch den Arbeitgeber keine Ausnahme (vgl. z. B. Zimmermann 1981, S. 63). Aber auch Arbeitnehmer neigen bei Lohnpfändungen zur Aufgabe ihres Arbeitsplatzes, wenn sie der Auffassung sind, bei Pfändung des Lohns bis auf den gesetzlich vorgeschriebenen Mindestbetrag lohne geregelte Arbeit nicht mehr. Regelmäßige Arbeit ist aber ein wesentlicher Faktor bei der (Wieder-)Eingliederung Straffälliger. Unterliegt der gekündigte verschuldete Straffällige der Verlockung, „Schwarzarbeit" nachzugehen, so kann eine Resozialisierung im Sinne von „Führung eines Lebens in sozialer Verantwortung" bzw. „ohne über das Übliche hinausgehende Gesetzesübertretungen" bereits als gescheitert angesehen werden. Erst recht gilt all dies in der Situation des Gefangenen, der sich vor oder nach seiner Entlassung um einen Arbeitsplatz bemüht; sind seine Chancen heute ohnehin gering, so schwinden sie noch weiter angesichts fortdauernder Überschuldung und zu erwartender Lohnpfändung.

Um zur Wiedereingliederung Straffälliger umfassend Hilfe zu leisten, müßten Entschuldungsprogramme möglichst viele der Eigenschaften aufweisen, die aus dem Resozialisierungsgedanken als Zielvorgabe gefolgert werden können. So müßten sie insbesondere möglichst viele der in Betracht kommenden Straffälligen erfassen und frühzeitig einsetzen; anderenfalls kann sich deren Schuldenlage immer weiter verschlechtern, und frühzeitige Resignationshaltungen, die in kriminelle Gegenstrategien umschlagen können, sind zu befürchten.

Würde man Schuldenregulierungsprogramme derart ausweiten, daß auch Nichtstraffällige in den Genuß einer Sanierung gelangen, so könnten sie auch einen Beitrag zur Kriminalprophylaxe im Sinne primärer und sekundärer Prävention leisten. Zwar gilt die Erkenntnis, daß eine gute Sozialpolitik die beste Kriminalpolitik sei (v. Liszt 1905, S. 246), noch unverändert; es darf aber bezweifelt werden, ob ausreichende Mittel für eine Ausweitung von Entschuldungsprogrammen auf (noch) nicht straffällig gewordene Personen bereitgestellt werden können. Auch müßten zuvor verläßlichere Prognosen erstrebt werden, die Auskunft darüber geben, in welchem Bedingungsgefüge Überschuldungen kriminelles Verhalten begünstigen oder entstehen lassen. Ansatzweise entwickeln sich bereits in gesellschaftlichen Institutionen, namentlich den Wohlfahrts- und Verbraucherverbänden, solche breiter angelegten Entschuldungshilfen (Arkenstette u. Wolsing 1987, S. 12ff.; Kuntz 1988, S. 362ff.).

Soweit die Gläubiger von Straffälligen zugleich deren Opfer waren, enthalten Entschuldungsprogramme auch viktimologische Komponenten. Dieser Bedeutung wurden sich die Träger der Programme offensichtlich erst nach und nach bewußt. Mit der neuerlichen Hinwendung zum Opfer in der Kriminalpolitik als Folge der „Krise des Behandlungsgedankens" zu Beginn der 80er Jahre und wohl auch eines „neoklassischen" kriminalpolitischen Denkens wurde dem Opferaspekt der Entschuldungsprogramme zunehmend Beachtung geschenkt. Viele Programme änderten ihre Bestimmungen, indem sie Opfern günstigere Bedingungen als anderen Gläubigern einräumten. Zu Opferhilfsprogrammen oder zumindest Programmen zum Täter-Opfer-Ausgleich, die kriminalpolitisch gegenwärtig auf große Akzeptanz stoßen (s. z. B. Janssen u. Kerner 1985; Frehsee 1987; Rössner et al. 1989), lassen sich Entschuldungsprogramme wohl nicht ausbauen. Sie können aber die materiellen Voraussetzungen für einen Ausgleich zwischen Täter und Opfer schaffen.

Auch im Sinne von Entkriminalisierung könnten Entschuldungsprogramme wirken. Dies wird freilich gegenwärtig nicht einmal ansatzweise erprobt. Wenn Entschuldungsprogramme frühzeitig berücksichtigt, Entschuldungen rechtzeitig angebahnt würden, könnten sie sowohl die Art der Strafverfahrensabschlüsse – z. B. „Diversion" – als auch die Strafzumessung (vgl. § 46 Abs. 2 StGB) beeinflussen. So könnten sie Strafaussetzungen zur Bewährung stützen und Wiedergutmachungsauflagen oftmals erst sinnvoll werden lassen.

Schließlich verdienen kriminalökonomische Gesichtspunkte Beachtung. Denn Entschuldungsprogramme dürften nicht so kostenintensiv sein, wie oft unterstellt wird. Eine Kosten-Nutzen-Analyse unter Einbeziehung aller Rechnungsposten ergäbe vielleicht sogar eine positive Bilanz (Niederbühl 1987, S. 328 ff.), denn mittels Sanierungen kann die „Staatskasse" Sozial-, Arbeitslosenhilfe, Opferentschädigung, Haftkosten usw. einsparen, und sie ist zudem nicht selten selbst als Gläubigerin unmittelbar begünstigt. Bei den von der hessischen Stiftung durchgeführten Sanierungen war der Staat in etwa jedem zweiten Fall unmittelbar oder mittelbar als Gläubiger beteiligt; jedoch entfallen nur ca. 10 % der Forderungen aller Gläubiger auf ihn. Die Behauptung, institutionalisierte Schuldenregulierung haben den Charakter eines staatlichen Insichgeschäfts (Barton 1982, S. 45), hat sich insofern als überzogen erwiesen.

Sanierungsmethode

Alle Reso-Fonds gehen nach dem Prinzip der „Umschuldung" bzw. „Gesamtsanierung" vor. Dennoch sind 2 Varianten dieses Sanierungsprinzips zu unterscheiden: das Modell der direkten Darlehensvergabe und das „Bürgschaftsmodell". Wird nach dem erstgenannten Modell saniert, so wird den Gläubigern der Straffälligen zunächst verdeutlicht, daß sie in absehbarer Zeit kaum eine Chance haben, ihre Forderungen bei den Schuldnern zu realisieren. Zugleich wird ihnen aber in Aussicht gestellt, ihre Forderungen zu ca. ⅓ durch den Reso-Fonds zu befriedigen, wenn sie auf die restlichen ⅔ ihrer Forderungen verzichten. Erklären sich alle Gläubiger zu hinreichenden Reduzierungen bereit, so gewährt der Fonds den Straffälligen ein Darlehen in der erforderlichen Höhe, das den Gläubigern direkt ausgezahlt wird und von den Straffälligen in angemessenen Raten an den Reso-Fonds zurückzuzahlen ist. Angestrebt wird hierbei, die monatlichen Tilgungsraten so gering zu halten, daß der dem Straffälligen verbleibende Betrag trotz Schuldentilgung noch über dem gesetzlichen Pfändungsfreibetrag liegt. Von diesem Sanierungsmodell unterscheidet sich das Bürgschaftsmodell lediglich dadurch, daß das Sanierungsdarlehen nicht vom Reso-Fonds, sondern von einer zwischengeschalteten Bank gewährt und ausgezahlt wird. Für dieses Darlehen verbürgt sich der Reso-Fonds mit seinem Vermögen. Der Straffällige muß das Darlehen an die Bank zurückzahlen, die auch den gesamten Zahlungsverkehr abwickelt und überwacht. Nach dem Verfahren der direkten Darlehensvergabe gehen in der Bundesrepublik Deutschland lediglich der Fonds in Baden-Württemberg und die private Stiftung in Niedersachsen vor; alle anderen Reso-Fonds sanieren grundsätzlich nach dem Bürgschaftsmodell. Einige dieser Reso-Fonds vergeben aber in Ausnahmefällen – namentlich bei kleineren Beträgen oder in besonders dringlichen Fällen – auch Darlehen direkt.

Stellt man die Vor- und Nachteile der beiden Sanierungsmethoden gegenüber, so erweist sich das Bürgschaftsmodell als das vorteilhaftere. Dies gilt nicht zuletzt, weil hierbei für den Reso-Fonds nur wenig Verwaltungsarbeit anfällt, da die Bank diese übernimmt. Vorteilhaft ist aber vor allem, daß der Straffällige die Chance erhält, ein Vertrauensverhältnis zu einer seriösen Geschäftsbank aufzubauen; diese richtet ihm in der Regel sofort ein Guthabengirokonto ein, so daß der Straffällige ab sofort wieder am normalen bargeldlosen Zahlungsverkehr teilnehmen und so z. B. sein Gehalt entgegennehmen kann. Denn kaum ein Arbeitgeber ist noch zur baren Entlohnung bereit – ganz abgesehen von der Stigmawirkung der offensichtlichen Kreditunwürdigkeit eines Arbeitnehmers, der über kein eigenes Girokonto verfügt.

Obwohl alle Reso-Fonds nach demselben Sanierungsverfahren vorgehen, unterscheiden sie sich in zahlreichen Details erheblich voneinander. So ist nicht nur ihre finanzielle und personelle Ausstattung und somit ihre Kapazität uneinheitlich – als Umlaufvermögen stehen zwischen knapp DM 200000 und fast DM 5 Mio. zur Verfügung; unterschiedlich gehandhabt wird z. B. auch, ob und welche Sonderkonditionen für Opfer als Gläubiger gelten und wie mit unkooperativen Gläubigern zu verfahren ist. Voneinander abweichend und teilweise höchst phantasievoll sind ferner die Strategien, welche Mitarbeiter der meisten Programme entwickelt haben, um die zumeist sehr engen Grenzen für die Vergabe von Darlehen (insbesondere die maximal zulässige Höhe und Laufzeit der Darlehen) in Einzelfällen zu überschreiten. Die Entwicklung derartiger Umgehungsstrategien ist in anderen Bereichen strafjustiziellen, normgeleiteten Handelns bereits nachgewiesen (Kreuzer 1978, S. 342ff., 1982, S. 492ff., 1985a, S. 471f.). Sie sind i. allg. ein Zeichen dafür, daß die umgangene Vorschrift in der Praxis unbeliebt, unzweckmäßig oder zu wenig flexibel ist.

Exemplarisch: das hessische Entschuldungsprogramm

Arbeitsweise und Wirkungen von Entschuldungsprogrammen geben Aufschluß über deren aktuellen kriminalpolitischen Stellenwert. Sie seien beispielhaft am hessischen Reso-Fonds, einem der ältesten und ausgereiftesten Programme, dargestellt.

Prozeß der Selektion

Straffällige müssen einen vielfach gestaffelten Auswahlprozeß durchlaufen, bis sie in den Genuß eines Sanierungsdarlehens gelangen können. Die strenge Auswahl wird schon daraus deutlich, daß in Hessen nahezu 60000 Menschen jährlich von Strafgerichten verurteilt werden (Statistisches Jahrbuch 1988, Tabelle 15.7.1,

S. 338), aber nur ca. 60 Straffällige vom Reso-Fonds ein Sanierungsdarlehen erhalten. Eine entscheidende Vermittlerfunktion kommt der Institution Bewährungshilfe zu. Denn unter Straffälligen ist das Programm bei weitem nicht so bekannt wie unter Bewährungshelfern. Straffällige, die keinen sozialarbeiterischen Betreuer haben und den Reso-Fonds nicht kennen, sind daher von einer Hilfe durch diese Einrichtung praktisch ausgeschlossen. Aber auch wenn Straffällige einem Bewährungshelfer zugeteilt sind, ist der Zugang zum Reso-Fonds noch nicht gesichert. Nur wenige verschuldete Probanden werden von der Bewährungshilfe dem Reso-Fonds zur Sanierung vorgeschlagen. Die Gründe hierfür sind z. B., daß Bewährungshelfer die Schuldenproblematik ihrer Probanden nicht immer kennen, angesichts enormer Schuldenberge bereits resigniert haben, eine Sanierung durch den Reso-Fonds nicht für möglich oder sinnvoll halten oder wegen Arbeitsüberlastung den Aufwand einer Entschuldung scheuen, der ihnen auch bei Einschaltung des Reso-Fonds nicht erspart bleibt. Von den bei der Stiftung eingehenden Anfragen wird die Mehrzahl bereits in einem Vorprüfungsverfahren abgewiesen, zumeist wegen zu geringen Einkommens bzw. zu hoher Schulden des Probanden. Es handelt sich dabei zu einem großen Teil um Anfragen, die nicht von Bewährungshelfern stammen, sondern meist von Straffälligen selbst, die von der Existenz des Reso-Fonds erfahren haben, aber seine strengen Auswahlkriterien nicht kennen. Nur der kleinere Teil der Anfragen wird nicht von vornherein als aussichtslos eingestuft, somit weiterbearbeitet und nach erfolgreich verlaufenen Gläubigerverhandlungen dem Stiftungsvorstand des Fonds zur endgültigen Entscheidung vorgelegt. Diese Anfragen stammen hingegen in der Regel von Bewährungshelfern. Insgesamt werden von den letztlich positiv beschiedenen Anträgen knapp 90 % von Bewährungshelfern und nur ca. 2 % von Straffälligen selbst gestellt. Zur Erklärung dieses Befundes trägt u. a. bei, daß die Bewährungshelfer als Vermittler meist schon vor Antragstellung mit den gemutmaßten Maßstäben der Stiftung geprüft haben, ob der Antrag Aussicht auf Erfolg haben wird, und nur erfolgversprechende Fälle der Stiftung vorschlagen. Diese Strategie der Orientierung eigener Entscheidungen an antizipierten Entscheidungsvorbehalten übergeordneter Stellen ist bereits aus anderen Bereichen, namentlich dem Verhältnis Polizei zu Justiz, bekannt (hierzu Kreuzer 1982, S. 492). Sie kann auf unterschiedlichen Gründen beruhen; zu nennen sind nicht zuletzt arbeitsökonomische Erwägungen, aber auch das Bestreben, „Erfolge" bei der Antragstellung aufzuweisen und Eigenständigkeit im Entscheiden zu gewinnen.

Durch den spezifischen, mehrstufigen Selektionsprozeß werden letztlich v. a. Straffällige ohne sozialarbeiterische Betreuer, ohne oder mit nur geringem Einkommen, mit besonders hohen Schulden oder mit unsicherer Prognose bezüglich Rückzahlungswilligkeit bzw. -fähigkeit als für eine Sanierung ungeeignet herausgefiltert. Kehrseite dieser strengen, für den Fonds aber sehr kostengünstigen Selektion ist, daß besonders hilfebedürftige Straffällige zumeist keine Hilfe erhalten. Durch die Beschränkung der Hilfeleistung auf eher solide Straffällige zeichnen die Träger zugleich – bewußt oder unbewußt – einen gewissen Erfolg des Programms vor. Freilich wären selbst bei ausreichender Kapazität der Stiftungsmittel nicht alle herausgefilterten überschuldeten Straffälligen für ein solches Entschuldungsprogramm geeignet (z. B. Wirtschaftsstraftäter, Spieler, Straffällige, denen andere Möglichkeiten einer Sanierung offenstehen, usw.). Der strenge Selektionsprozeß bewirkt zugleich, daß die Hilfeleistung der Stiftung sehr spät einsetzt; von der Haftentlassung bis zur Darlehensauszahlung vergehen durchschnittlich 21,4 Monate. Bekanntlich müssen die Weichen für eine erfolgreiche Wiedereingliederung Strafgefangener aber frühzeitig, spätestens in den besonders rückfallträchtigen ersten Monaten nach der Haftentlassung gestellt werden (Maelicke 1977, S. 6).

Mitwirkung der Gläubiger

Das Zustandekommen von Sanierungen hängt in hohem Maße von der Kooperationsbereitschaft der Gläubiger ab. Sowohl nach der Höhe als auch nach der Häufigkeit sind Teilzahlungsbanken und Inkassobüros, gefolgt von Geschäftsbanken, an den durchgeführten Sanierungen am stärksten beteiligt. Als Indiz für die Kooperationsbereitschaft ist die Quote zu werten, auf welche die Gläubiger ihre Forderungen im Wege des Vergleichs reduzieren (sog. Sanierungsquote). Die günstigsten Quoten können die Sanierer bei Versicherungen erzielen; hohe Quoten müssen sie dagegen häufig bei Geschäftsbanken sowie Rechtsanwälten, die eigene Forderungen geltend machen, akzeptieren. Die Mitwirkungsbereitschaft öffentlicher Stellen als Gläubiger (z. B. wegen Gerichtskosten, Unterhaltsrückforderungen usw.) ist unterschiedlich, z. T. sehr gering und insgesamt nicht als vorbildlich zu bezeichnen (Wilhelm 1988, S. 187 ff.). Hier bedarf es wohl noch einiger Aufklärungsarbeit gegenüber Behördenleitern und anderen Entscheidungsträgern über die Resozialisierungsfonds und Resozialisierungsbemühungen und -chancen im allgemeinen. Die durchschnittliche Sanierungsquote lag in Hessen zwischen 1980 und 1987 bei 42,7%. Bei dieser Zahl bleibt jedoch unberücksichtigt, daß Gläubiger vereinzelt bereits im Vorfeld der Sanierung ihre Forderungen in voller Höhe erlassen haben. Unberücksichtigt bleibt ebenso, daß Gläubiger gelegentlich von der Sanierung ausgegrenzt werden, weil sie nicht oder nur zu sehr geringen Reduzierungen bereit sind. Grundsätzlich bestehen 3 Möglichkeiten der Reaktion auf letztlich unkooperative Gläubiger, die von dem hessischen Programm je nach Sachlage angewendet werden: Entweder wird die gesamte Sanierung nicht durchgeführt, oder der unkooperative Gläubiger wird nicht in die Umschuldung einbezogen, oder er wird in voller Höhe befriedigt. Für die Kooperationsbereitschaft der Gläubiger gilt allgemein, daß sie v. a. vom Lebensalter des Schuldners, von dem Alter und der Höhe der Forderung sowie vom Image des Programms und der Routine des Helfers abhängt.

Wirkungen

Aufschlußreich sind auch die Wirkungen von Reso-Fonds. Nicht durchführbar ist freilich eine quantitativ aussagefähige Untersuchung mit Ergebnissen beispielsweise zur Legalbewährung der Klienten. Zu den Gründen hierfür zählt u. a., daß die erforderliche Kontrollgruppe (hierzu z. B. Kury 1986, S. 102 ff.) nicht nachträglich gebildet werden kann und die Laufzeit des hessischen Programms noch zu kurz ist, um genügend Probanden ausreichend lange beobachten zu können. Zudem ist unsicher, ob ein solcher monokausaler Zusammenhang überhaupt besteht, zumindest quantitativ meßbar ist. Entschuldungshilfe ist eben ein einzelner Beitrag in dem umfassenden, komplexen Resozialisierungsbemühen. Möglich ist aber, aus Einzelfällen qualitative Erkenntnisse über die Wirkungen der institutionalisierten Entschuldungshilfen zu gewinnen. Erwartungsgemäß erweisen sie sich als äußerst vielschichtig. Es sind ambivalente Wirkungen des Programms auf Klienten zu verzeichnen. So beugen Sanierungen – mittelbar – Kündigungen des Arbeitsplatzes durch Arbeitgeber wie Arbeitnehmer vor und stellen die Kreditwürdigkeit der Straffälligen wieder her. Hierdurch wird ihnen die Möglichkeit eingeräumt, wieder ein eigenes Konto zu eröffnen und somit normal zu wirtschaften. Damit verbunden ist aber die Gefahr, unüberlegt erneut Schulden aufzunehmen und sich auf diese Weise in einen „Entschuldungshospitalismus" hineinzumanövrieren, also in eine Lebenshaltung, die Risiken vernachlässigt, weil sie davon ausgeht, andere würden letztlich helfend eingreifen. Die Wirkungen auf abgelehnte Antragsteller sind unterschiedlich. Zu befürchten ist, daß einige Straffällige endgültig resignieren, wenn sie erfahren, daß nicht einmal Organe der Straffälligenhilfe, wie der Resozialisierungsfonds, ihnen helfen können. Nicht wenige Straffällige haben sich offensichtlich bereits darauf eingestellt, künftig nach dem Motto: „Bei mir ist nichts zu holen" mit ihren Schulden zu leben, folglich keiner offiziellen regelmäßigen Arbeit nachzugehen, Eigentum pro forma an Verwandte oder Partner zu übertragen und weitere ähnliche Strategien anzuwenden, um Pfändungen zu umgehen. In Einzelfällen berichten Gefangene, nach einem gescheiterten Entschuldungsversuch erneut erheblich straffällig geworden zu sein, um sich auf diese Weise selbst zu sanieren. Als positive Wirkung der Ablehnung eines Sanierungsantrags ist anzusehen, daß einige Antragsteller mitunter in Eigeninitiative ohne Hilfe der Stiftung ihre Sanierungen weiterführen. Schließlich ist die Vorbildfunktion der Stiftung zu nennen, da das von ihr praktizierte Verfahren gut funktioniert und deshalb von anderen, insbesondere Bewährungshelfern, welche in Eigenregie Entschuldungen durchführen, übernommen wird. Aber auch auf weitere Organisationen, die sogar über den Bereich der Staffälligenhilfe hinausgehen, kann die Stiftung ausstrahlen und als Modell fungieren.

Insgesamt muß der hessische Resozialisierungsfonds mit einer Verlustquote von etwa $^1/_5$–$^1/_4$ der eingesetzten Mittel rechnen. Der häufigste Grund für nicht zurückgezahlte Sanierungsdarlehen ist zwischenzeitlich eingetretene Arbeitslosigkeit der Stiftungsklienten.

Kommerzielle Schuldenregulierer

Die längste Tradition hat Schuldenregulierung im Bereich der Straffälligenhilfe. Nach und nach gesellten sich nichtzielgruppenorientierte Schuldnerberatungs- und Schuldenregulierungsstellen unterschiedlicher Trägerorganisationen hinzu. Hierzu gehören auch die meist noch sehr jungen gewerblichen Initiativen. Trotz oder gerade wegen solcher neuer Initiativen sollten sich öffentliche und am Gemeinwohl orientierte Entschuldungsinitiativen aber keinesfalls aus dem Bereich der Entschuldungshilfe für Straffällige zurückziehen; sie sollten ihnen nicht das Terrain überlassen. Die Privatisierung öffentlicher oder sozialer Aufgaben wird in anderen Bereichen der Strafrechtspflege bereits vereinzelt praktiziert. Genannt seien hier nur die Ansätze zur Privatisierung des Strafvollzugs in den USA und in Frankreich, die aus deutscher Sicht aber überwiegend auf Ablehnung stoßen (dazu z.B. Jung 1988; Kreuzer 1985b, S. 11f.).

Sanierungsmethode

Kommerzielle Schuldenregulierer gehen bei der Sanierung meist nach dem Prinzip der sog. Ratenverteilung vor (Hörmann 1987, S. 341ff.): Nach Erfassung der Schuldensituation des Klienten werden die Gläubiger über das geplante Sanierungsvorhaben informiert und um Zustimmung und Mitwirkung, d.h. Unterlassung von Pfändungsmaßnahmen und Bereitschaft zur künftigen Tilgung in kleinen Raten gebeten. Sodann wird ein Tilgungsplan erstellt, indem der monatlich für die Abzahlung zur Verfügung stehende Betrag in dem Verhältnis auf die Gläubiger verteilt wird, in welchem sie an der Gesamtverschuldung des Klienten beteiligt sind. Monatlich überweist der Schuldner selbst oder der Regulierer für ihn die Beträge an die Gläubiger, bis die Schulden getilgt sind. Ihre Klienten finden die gewerblichen Schuldenregulierer meist über Werbeanzeigen oder Hauswurfsendungen. Neben kommerziellen Schuldenregulierern gehen freilich auch andere, nicht kommerziell ausgerichtete, zumeist kleinere Initiativen nach dieser Sanierungsmethode vor, wenn sie Entschuldungen durchführen.

Chancen und Gefahren

Unbestreitbarer Vorteil der Existenz gewerblicher Schuldenregulierer ist, daß sie dazu beitragen, das Defizit an Hilfsangeboten zu verringern. Mancherorts haben Schuldnerberatungsstellen Wartezeiten von bis zu 6 Monaten (Gärtner 1988, S. 24f.); auf das strenge Auswahlverfahren und die begrenzte Kapazität der Reso-Fonds wurde bereits hingewiesen. Als weiterer Vorzug mag gelten, daß – wenn sich Angebot und Nachfrage von Entschuldungshilfe einmal die Waage halten – der auf dem freien Markt übliche, am Erfolg orientierte Selbstreinigungsprozeß eintreten und zur Herausfilterung schlechter und zum Überleben der aus Sicht der Auftraggeber guten, d.h. erfolgreichen Entschuldungsstellen führen könnte. Hier sind aber bereits Zweifel angebracht, ob dieser Effekt nicht durch Schließung und Neugründung der betreffenden Initiativen unter anderem Namen verwässert werden könnte.

Die Gefahren und Nachteile gewerblicher Schuldenregulierungen sind demgegenüber immens (vgl. auch Kohl 1989, S. 15, sowie Merkblatt und Dokumentation – unveröffentlicht – der Verbraucherzentrale Nordrhein-Westfalen 1988). Schon die üblichen Gebühren (meist 10–20% der Schuldensumme zuzüglich Grundgebühr und Spesen) verschlechtern die Situation der Betroffenen so stark, daß dies alleine das Meiden gewerblicher Schuldenregulierer gebietet. Weil die Regulierer zunächst ihre eigene Vergütung aus dem Restvermögen der Schuldner oder den ersten eigentlich zur Schuldentilgung vorgesehenen Raten begleichen, dürften sie kaum vom geschäftlichen Interesse an einem Erfolg ihrer Sanierungsbemühungen, erst recht nicht von ideellem Engagement bestimmt sein. Auch haben sie kein Interesse an der wichtigen Vermittlung von Fähigkeiten zur Vermeidung eines „Entschuldungshospitalismus" im Sinne unsinniger Neuverschuldungen ihrer Klienten; vielmehr profitieren sie bei erneuter Beauftragung sogar von solchen Rückfällen. Schon gar kein Interesse und keine Kompetenz haben sie ferner, sich zugleich um die sozialen Begleit- und Folgeschäden einer Überschuldung zu kümmern. Dies ist aber gerade bei Straffälligen und anderen sozialen Randgruppen besonders wichtig (Kuntz 1988, S. 363; Lumma 1988, S. 177f.). Wenn Entschuldung zur Resozialisierung beitragen soll, muß sie nach Möglichkeit im Rahmen einer ganzheitlichen Betreuung erfolgen, zumindest muß eine gute, fruchtbare Zusammenarbeit der verschiedenen Helfer gewährleistet sein. Im Hinblick auf Resozialisierungsbemühungen für Straffällige werden also die Vorteile, die mit der Etablierung gewerblicher Schuldenregulierer verbunden sind, von den Nachteilen deutlich überlagert.

Grundpositionen zur Entschuldungshilfe

Thesenartig seien abschließend 4 Grundpositionen zu Programmen für Schuldenregulierungshilfen formuliert:

1) Entschuldungshilfebemühungen für Straffällige sollten möglichst frühzeitig einsetzen. Mit entsprechenden Vorarbeiten (Aufklärung des Straffälligen über seine Schuldensituation, realistische Beratung und Information über Entschuldungsmöglichkeiten, Auflistung der Schulden und Gläubiger, Vereinbarung von Moratorien usw.) sollte bereits dann begonnen werden, wenn noch keine Entschuldung möglich erscheint.

2) Staatliche und gemeinnützige Schuldenregulierungsprogramme sollten ausgebaut und neue gegründet werden. Die Eingangsschwellen sollten vorsichtig abgesenkt werden, damit vermehrt Straffällige ohne sozialarbeiterische Betreuer, mit besonders hohen Schulden oder mit nur mäßigem Einkommen entschuldet werden können. Durch Einführung von Regionalbeauftragten sollte der Zugang insbesondere für Straffällige ohne sozialarbeiterische Betreuer erleichtert und – wo nötig – eine begleitende wirtschaftlich-soziale Betreuung ermöglicht werden. Das Arbeitsfeld „Entschuldungshilfe" sollte gewerblichen, kommerziell ausgerichteten Schuldenregulierern nicht überlassen werden.

3) In jeder Justizvollzugsanstalt sollte ein Mitarbeiter für Schuldnerberatung zuständig und entsprechend vorgebildet sein. Er sollte die Inhaftierten beraten und Schuldenregulierungen vorbereiten. Erste Ansätze in dieser Hinsicht sind bereits zu verzeichnen. So wurde z.B. 1986 in der nordrhein-westfälischen Justizvollzugsanstalt Attendorn ein Modellprojekt mit dieser Zielsetzung durchgeführt (Baumeister 1988, S. 323ff.). In anderen Bundesländern bestehen ähnliche Projekte. Baden-Württemberg war 1988 das erste Land, das in jeder Justizvollzugsanstalt einen qualifizierten Schuldenberater eingesetzt hat (Pressemitteilung des Ministers für Justiz in Baden-Württemberg vom 12. 2. 1988, zit. nach ZfStrVo 1988, S. 176f.).

4) Die Arbeitsvergütung im Strafvollzug von gegenwärtig nur 5 % des üblichen Lohns sollte spürbar angehoben werden, damit Strafgefangene schon während der Haft mit ihrer Schuldenregulierung beginnen können, zumindest aber ihre Schuldenlage im Vollzug sich nicht verschlechtert. Auch hier deuten sich erste Verbesserungen der Situation an, die aber nicht weit genug gehen. So schlägt ein Gesetzesentwurf des Bundesrates zur Änderung des Strafvollzugsgesetzes vor, die Vergütung von 5 auf 6 % anzuheben und 1993 erneut über eine Erhöhung zu befinden (Bundesrats-Drucks. 270/88 vom 23. 9. 1988).

Literatur

Arkenstette M, Wolsing T (1987) Schuldnerberatung – Wer kann's am besten? Sozialmagazin 12:6/12–17

Barton S (1982) Schuldenregulierung für Straffällige und Kriminalpolitik. Kriminol J 14:40–48

Baumeister R (1988) Schuldnerberatung und Schuldenregulierung im Strafvollzug – Ein Projektbericht. Z Strafvollzug Straffälligenhilfe 37:323–327

Frehsee D (1987) Schadenswiedergutmachung als Instrument strafrechtlicher Sozialkontrolle. Duncker & Humblot, Berlin

Freytag H (1989) Entschuldungsprogramme für Straffällige – Eine kriminologisch-empirische Untersuchung unter besonderer Berücksichtigung des hessischen „Resozialisierungsfonds". Forum-Godesberg, Bonn (Schriftenreihe der Bewährungshilfe, Bd 9)

Gärtner S (1988) Gewerbliche Umschuldner – Das Geschäft mit der Armut blüht auch in Berlin. Informationsdienst der Bundesarbeitsgemeinschaft Schuldnerberatung 3:4/22–25

Hillermeier K (1980) Antwort an den Bayerischen Senat. Sen-Drucksache 189/80 vom 24. 9. 1980. Senatsamt, München

Hörmann G (1987) Verbraucher und Schulden. Nomos, Baden-Baden

Janssen H, Kerner HJ (Hrsg) (1985) Verbrechensopfer, Sozialarbeit und Justiz – Das Opfer im Spannungsfeld der Handlungs- und Interessenkonflikte. Selbstverlag Bewährungshilfe, Bonn

Jung H (1988) Paradigmawechsel im Strafvollzug? Eine Problemskizze zur Privatisierung der Gefängnisse. In: Kaiser G, Kury H, Albrecht HJ (Hrsg) Kriminologische Forschung in den 80er Jahren – Projektberichte. Eigenverlag Max-Planck-Institut, Freiburg (Kriminologische Forschungsreihe, Bd 35/1, S 377–388)

Kohl U (1989) Gewerbliche Schuldenregulierung. Informationsdienst der Bundesarbeitsgemeinschaft Schuldnerberatung 4:1/15

Kreuzer A (1978) Untersuchungshaft bei Jugendlichen und Heranwachsenden. Recht der Jugend und des Bildungswesens 26:337–356

Kreuzer A (1982) Definitionsprozesse bei Tötungsdelikten. Kriminalistik 36:428–495

Kreuzer A (1985a) Gefängnisüberfüllung – eine kriminalpolitische Herausforderung. In: Schwind HD (Hrsg) Festschrift für G Blau. De Gruyter, Berlin New York, S 459–486

Kreuzer A (1985b) Kriminalpolitik auf dem Prüfstand – Gefängnisüberfüllung und Kriminalitätsanstieg in der Diskussion. Aus Politik und Zeitgeschichte – Beilage zur Wochenzeitung „Das Parlament", S 3–16

Kreuzer A, Freytag H (1988) Schuldenregulierungsprogramme für Straffällige. In: Kaiser G, Kury H, Albrecht JH (Hrsg) Kriminologische Forschung in den 80er Jahren – Projektberichte. Eigenverlag Max-Planck-Institut, Freiburg (Kriminologische Forschungsreihe, Bd 35/1, S 465–479)

Kühne A (1982) Die Schuldensituation bei Strafgefangenen – Eine Untersuchung aus dem niedersächsischen Justizvollzug. In: Schwind HD, Steinhilper G (Hrsg) Modelle zur Kriminalitätsvorbeugung und Resozialisierung. Kriminalistik, Heidelberg, S 203–220

Kuntz R (1988) Aktuelle Fragen zur Schuldnerberatung. Theor Prax Soz Arbeit 39:362–368

Kury H (1986) Die Behandlung Straffälliger. Teilbd I: Inhaltliche und methodische Probleme der Behandlungsforschung. Duncker & Humblot, Berlin

Liszt F von (1905) Das Verbrechen als sozial-pathologische Erscheinung. In: Liszt F von (Hrsg) Strafrechtliche Vorträge und Aufsätze, Bd. II. Guttentag, Berlin, S 230–250

Lumma W (1988) Konjunktur der Pleitehelfer – Zur Situation der Schuldnerhilfe in Zeiten fortdauernder Armut. Bewährungshilfe 35:174–186

Maelicke B (1977) Entlassung und Resozialisierung. Untersuchungen zur Sozialarbeit mit Straffälligen. Müller, Heidelberg

Niederbühl R (1987) Einsparungen durch Schuldnerberatung. Blätter der Wohlfahrtspflege 134:238–240

Reich F (1982) Bericht über die Beratungen der Arbeitsgruppe 3. In: Bundeszusammenschluß für Straffälligenhilfe (Hrsg) Straffälligenhilfe – politische Aufgabe. Selbstverlag Bundeszusammenschluß Straffälligenhilfe, Bonn, S 154–157

Rössner D, Marks E, Hering RD (Hrsg) (1989) Die Praxis des Täter-Opfer-Ausgleichs. Forum-Godesberg, Bonn

Seebode M (1983) Verbrechensverhütung durch staatliche Hilfe bei der Schuldenregulierung Straffälliger. Rechtspolitik 16:174–181

Statistisches Bundesamt (Hrsg) (1988) Statistisches Jahrbuch 1988 für die Bundesrepublik Deutschland. Kohlhammer, Stuttgart Berlin Köln Mainz

Stehle A (1970) Ohne Schuldenregulierung scheitert die Resozialisierung. Z Strafvollzug Straffälligenhilfe 19:292–301

Wilhelm W (1988) Wenn die Justiz bei der Schuldenregulierung als Gläubiger auftritt. Ein Bericht aus der Praxis. Bewährungshilfe 35:187–190

Zimmermann D (1981) Die Verschuldung der Strafgefangenen. Erhebungen zum Schuldenstand und Erörterungen der rechtlichen Möglichkeiten für eine Schuldenregulierung. Müller, Heidelberg

Zur Evaluierung sozialer Trainingskurse

Ludwig Kraus, Klaus Rolinski

Vorbemerkung

Die sog. neuen ambulanten Maßnahmen nach dem Jugendgerichtsgesetz haben sich überraschend schnell in der Praxis der Jugendgerichtsbarkeit durchgesetzt. Unter den Sammelbegriff ambulante Maßnahmen werden so unterschiedliche Konzepte wie Arbeitsweisungen, Betreuungsweisungen, soziale Trainingskurse und der Täter-Opfer-Ausgleich subsumiert. Ihre Gemeinsamkeit besteht darin, daß sie die Maßnahmen des Jugendgerichtsgesetzes (JGG) zur Erziehung von Jugendlichen bei leichter und mittlerer Straffälligkeit um spezifische fürsorgerisch ausgestattete Instrumente erweitern, und insbesondere darin, den Arrest, das freiheitsentziehende Zuchtmittel, zu vermeiden. Wie sehr diese Modelle bereits zum Alltag der Jugendgerichtsbarkeit gehören, zeigt der im August 1988 vorgelegte Referentenentwurf zur Änderung des Jugendhilfegesetzes, wonach soziale Trainingskurse und Betreuungsweisungen als Hilfe zur Erziehung gesetzlich verankert werden sollen (Bundesminister für Jugend, Familie, Frauen und Gesundheit 1988, unveröffentlichter Referentenentwurf).

Ausgangspunkt der ambulanten Maßnahmen ist die aus dem anglo-amerikanischen Raum kommende Idee der „Diversion" (vgl. Kury u. Lerchenmüller 1981), das Vorbeileiten von Kriminalfällen um die Justiz herum mit dem Gedanken, Stigmatisierungen des staatlich strafenden Eingriffs zu vermeiden und die persönlichen und sozialen Schwierigkeiten von Jugendlichen, die als Auslöser delinquenten Verhaltens angesehen werden, durch sozialpädagogische Angebote aufzufangen (Kerner 1983, S. 3f.). Ob die bundesdeutschen ambulanten Modelle allerdings dem Begriff „Diversion" zugerechnet werden können, ist umstritten.

Die anfängliche Euphorie der ambulanten Bewegung sieht sich jedoch in jüngster Zeit einer Ernüchterung auf seiten der Kriminologie hinsichtlich des Behandlungsgedankens gegenüber (Albrecht 1985, S. 47ff.; Kaiser 1985, S. 441ff.; Kury 1986a, S. 11ff.), ebenso werden die Möglichkeiten von Verhaltenskontrolle mit strafrechtlichen Mitteln mit Skepsis diskutiert (Kerner 1984, S. 14ff.). Was das Verhältnis zwischen dem Austausch von stationären zugunsten ambulanter Maßnahmen und der Jugendkriminalitätsentwicklung betrifft, „dürfte die Kriminalitätsbewegung unabhängig von Änderungen in der Jugendgerichtspflege sein" (Albrecht 1985, S. 67). Die neu entfachte Kontroverse im Jugendstrafrecht über das Verhältnis von Erziehung und Strafe und die immer wieder öffentlich vorgetragene Behauptung, Sozialtherapie im Strafvollzug sei erfolglos geblieben, dürften nicht ohne Einfluß auf das Ansehen bleiben, das die ambulanten Maßnahmen in weiten Bereichen von Wissenschaft und Praxis gegenwärtig genießen. Ob die ambulanten Maßnahmen die an sie gestellten Erwartungen erfüllen können, bleibt abzuwarten. Aufgabe der Effizienzforschung, die allerdings noch in den Anfängen steckt, ist die Untersuchung der spezial- und generalpräventiven Wirksamkeit der unterschiedlichen ambulanten Modelle. Zu diskutieren sind die bisherigen Ergebnisse, die methodischen Schwierigkeiten und die Möglichkeiten der empirischen Forschung im Bereich der ambulanten Maßnahmen und der sozialen Trainingskurse im speziellen.

Kritik der ambulanten Maßnahmen

In der Diversionsdebatte wird häufig die Befürchtung geäußert, daß der Effekt der ambulanten Maßnahmen nicht in einer Verminderung der Sozialkontrolle, sondern in einer Ausweitung des Netzes sozialer Kontrolle besteht (Voß 1984, S. 343 f.). Aus jugendstrafrechtlicher Sicht wird daher vor der Gefahr einer sozialpädagogischen Überbetreuung gewarnt (Bundesgemeinschaft für ambulante Maßnahmen nach dem Jugendrecht 1986, S. 26 f.). Das Angebot des strafjustitiellen Systems werde lediglich durch ambulante Sanktionen erweitert, Diversion sei demzufolge keine Alternative, sondern eine Ergänzung zu freiheitsentziehenden Sanktionen (Voß 1983, S. 108 ff.).

Angenommen wird sogar, daß die ambulanten Maßnahmen lediglich den Stau vor den überbelegten Strafanstalten beseitigen helfen und damit den Vollzugsverwaltungen die notwendige Atempause zum Bau neuer Haftplätze verschaffen (Voß 1983, S. 95). Kritisiert wird auch, daß die ambulanten Maßnahmen sich deshalb nicht voll auswirken können, weil sie lediglich einen Trend zur Vielstraferei auffangen. Während nämlich seit 1954 der Anteil der stationären Sanktionen (Arrest und vollzogene Jugendstrafe) an allen Sanktionen ständig zurückgegangen ist (1983 = 27%) – unter Einschluß auch der informellen Erledigungen (Einstellungen) sind es 15% –, ist die absolute Anzahl der stationären Sanktionen gleichgeblieben (Heinz 1984 a, S. 545). Die erfolgreiche Einrichtung ambulanter Maßnahmen sei also nur eine Folge von Engpässen bei Justiz und Staatsanwaltschaft, verursacht durch eine überproportional gestiegene registrierte Jugendkriminalität (Heinz 1984 b, S. 65 ff.; Pfeiffer 1986, S. 55 ff.). Dabei handelt es sich zum Großteil um Bagatelldelikte „infolge des zunehmenden Verlustes an Nischen für jugendliches Experimentierverhalten sowie einer Verlagerung von informeller auf formelle Sozialkontrolle bei gleichzeitiger Erhöhung der formellen Kontrolldichte in Bereichen, in denen Jugendliche v. a. auffallen – Laden- und Warenhausdiebstahl, Schwarzfahren – . . ." (Heinz 1988, S. 270). Es scheint, „daß immer mehr Jugendliche mit immer mehr Bagatellen immer häufiger in die formale Kontrolle geraten" (Kerner 1984, S. 35).

Der sog. „Net-widening"-Effekt konnte empirisch bisher nicht nachgewiesen werden. Vieles spricht hingegen für die Annahme, daß justitielles Handeln ressourcengeleitet ist und mit einer Rückläufigkeit ambulanter und mit einer Zunahme stationärer Maßnahmen zu rechnen ist, wenn die geburtenschwachen Jahrgänge das strafmündige Alter erreichen.

Soziale Trainingskurse in der öffentlichen Diskussion

Soziale Trainingskurse tragen als Alternative für den Jugendarrest gesicherten kriminologischen Erkenntnissen Rechnung, wonach Mehrfach- und Wiederholungstaten kein Indiz für den Beginn einer kriminellen Karriere darstellen (Lamnek 1982; zusammenfassend Spieß 1986). Sie wirken somit einer faktisch nicht zu rechtfertigenden Expansion der Sanktionsschwere für Mehrfach- und Wiederholungstäter entgegen. Wolfgang et al. (1972) konnten in einer Längsschnittuntersuchung zeigen, daß Mehrfachregistrierungen im Jugendalter nicht den Einstieg in eine kriminelle Karriere bedeuten, sondern in der Regel altersgebunden bleiben. In einer Längsschnittstudie zum Dunkelfeld ist der Täteranteil, die Zahl der Taten und die Pro-Kopf-Belastung der Täter bei denselben befragten Personen 4 Jahre später zurückgegangen (Heinz 1985, S. 42). Untersuchungen über die spätere Auffälligkeit von polizeilich registrierten Tätern stützen ebenfalls diese These von der Episodenhaftigkeit der Jugendkriminalität (Krüger 1983; Lamnek 1983; Steffen u. Czogalla 1982; Weschke u. Krause 1983; Wolfgang et al. 1972; Villmow u. Stephan 1983). Einmal werden nur zwischen 53 % und 69 % der jugendlichen Tatverdächtigen auffällig; 1- bis 3mal auffällig werden dagegen zwischen 80 % und 90 %. Daraus folgt, daß nur ein kleiner Teil der polizeilich registrierten Tatverdächtigen, die allerdings über 50% aller Straftaten verüben, mehr als 5mal auffällig wird (vgl. zusammenfassend Heinz 1986, S. 173).

Das Hineinwachsen von Jugendlichen in die Sozialordnung wird als konfliktbehaftet angesehen, und zu diesem Prozeß gehören offenbar auch Konflikte in Form von Rechtsnormverletzungen. So weisen Dunkelfelduntersuchungen (vgl. Sessar 1984, S. 26 ff.) über die Prävalenz delinquenten Fehlverhaltens darauf hin, daß „es unter den männlichen Angehörigen der Bevölkerung vielleicht den berühmten Einzigen unter 100 (gibt), der nicht straffällig geworden wäre" (Kerner 1984, S. 22). Da statistisch gesehen nur etwa 4 % der Straffälligen der Polizei bekannt werden, kann davon ausgegangen werden, daß nur wenige registriert werden und fast alle ohne Strafverfolgung wieder aufhören, Straftaten zu begehen. Aber auch die Mehrfach- und Intensivtäter, die in einer Untersuchung in Nordrhein-Westfalen mit einem Anteil von 5 % für mehr als 30 % der gesamten registrierten Straftaten der Altersgruppe verantwortlich sind, bleiben nur 1–2 Jahre in den Strafregistern und verschwinden dann, ohne irgendwelche Spuren zu hinterlassen (Kerner 1984, S. 23). Die These von der Episodenhaftigkeit und ebenso die These von der Normalität und Ubiquität der Verbreitung, Häufigkeit und Intensität der Jugenddelinquenz (Kaiser 1977, S. 416), wird als unvereinbar angesehen mit der Annahme, daß Auffälligkeiten immer auch Symptome für manifeste Erziehungsdefizite sind (Heinz 1988, S. 270).

Der Folgerung, auf ambulante Maßnahmen zu verzichten und weitergehend auf Einstellungen zurückzugreifen, können wir dagegen nicht zustimmen. Einmal zeigen Jugendliche, die bisher an den sozialen Trainingskursen teilgenommen haben, behandlungsbedürftige Erziehungsdefizite. Hilfe ist also angezeigt. Und zum anderen kann die Einstellung gemäß §§ 45, 47 JGG einen bestimmten Anteil an allen Sanktionen nicht übersteigen, weil andernfalls die Toleranz der Gesellschaft für den Verzicht auf Sanktionen bei Regelverletzungen überschritten würde. Das faktisch vorfindbare Bedürfnis nach Sanktionen bei Regelverletzungen würde auf Strafen ausweichen, wenn ambulante Maßnahmen nicht zur Verfügung stünden.

Der Mangel, daß keine gesicherten Nachweise über Erfolge oder Mißerfolge von sozialen Trainingsmaßnahmen vorliegen, ist damit zu begründen, daß sich die Mehrzahl der Kurse noch in der Experimentierphase befindet und ihnen keine gemeinsame Form für die Durchführung gruppenpädagogischer Arbeit zugrunde liegt (Busch et al. 1986, S. 151 f.). Eine Bestandsaufnahme des Konzepts sozialer Trainingskurs ist daher aufgrund der Vielfalt der Ansätze und Methoden nicht möglich. Die einzelnen Projekte sind kaum dokumentiert, es liegen lediglich Erfahrungs- und Tätigkeitsberichte vor (vgl. Possinger 1982, unveröffentlichter Bericht). Kritik richtet sich dagegen, daß die betroffenen Einrichtungen nicht wissenschaftlich begleitet und daß sie mit unzureichenden Mitteln betrieben werden. Da die Betreuer häufig ABM-Kräfte und somit Berufsanfänger sind, wird ihnen die nötige berufliche Qualifikation abgesprochen, woran die „programmierte Erfolglosigkeit" der sozialen Trainingskurse leicht zu erkennen sei (Weinschenk 1989, S. 8). Es scheint, daß die ambulanten Maßnahmen und somit auch die Modelle sozialen Trainings mehr und mehr unter Legitimationsdruck geraten. Von der Begleitforschung, die noch weitgehend in den Anfängen steckt, werden wissenschaftlich fundierte Ergebnisse erwartet und gefordert.

Forderungen an eine wissenschaftliche Effizienzforschung

Die Forderung, die ambulanten Maßnahmen nach dem Jugendgerichtsgesetz weiter zu Lasten der stationären Sanktionen auszubauen, ist eng mit einer verstärkten theoretischen Begründung und empirischen Absicherung verbunden (Heinz 1987, S. 133). Nicht nur der Nachweis eines internen Erfolgs der ambulanten Maßnahmen ist zu leisten, auch die Überlegenheit im Vergleich zu den Sanktionen, an deren Stelle sie getreten sind, soll nachgewiesen werden. Als Folge des Subsidiaritätsprinzips, d. h. die mildere Sanktionsstufe ist der jeweils härteren vorzuziehen, spricht Heinz (1986, S. 186) von einer „Beweislastumkehr", solange die These von der Austauschbarkeit und Alternativität der Sanktionen nicht widerlegt ist. Es sei nicht der Nachweis eines größeren Erfolgs weniger eingriffsintensiver Maßnahmen den intensiveren Reaktionen gegenüber zu erbringen, sondern es bedürften umgekehrt die eingriffsintensiveren Maßnahmen der Begründung ihrer präventiven Effizienz. Dies hätte zur Folge, daß die ambulanten sozialpädagogischen Maßnahmen ihre spezialpräventive Überlegenheit gegenüber den folgenlosen oder weniger eingriffsintensiven ambulanten Reaktionen nachweisen müßten. Diese konsequente Forderung kollidiert allerdings mit der Praxis. Jugendrichter und Staatsanwälte sind daran gewöhnt, die Bagatellkriminalität einzustellen und erst der mittleren bis schweren Kriminalität zunehmend auch mit stationären Maßnahmen zu begegnen. Da die ambulanten Maßnahmen den Arrest überflüssig machen wollen, treten sie – faktisch – daher in einen Vergleich mit diesen eingriffsintensiveren Maßnahmen. Nach der Beweislastumkehrregel müßten nun die Vertreter des Arrests nachweisen, daß dieser den ambulanten Maßnahmen gegenüber erfolgreicher sei. Wer aber ein Schwert schon in der Hand hat, kann nur dadurch bewegt werden, es wegzulegen, wenn man ihm ein besseres anbietet. Die ambulanten Maßnahmen müssen daher nachweisen, daß sie geeigneter als der Arrest sind

Gegenstand der Begleitforschung im Bereich der ambulanten Behandlung delinquenter Jugendlicher ist die Frage, welche Maßnahmen für welche Adressaten hinsichtlich der späteren Legalbewährung geeignet sind. Als Auswahlkriterien für sozialpädagogische Maßnahmen schlägt Walter (1982, S. 159ff.) die Merkmale *frühere Straffälligkeit, Auffälligkeiten im schulischen/beruflichen Bereich und Auffälligkeiten im Freizeitbereich* vor. Sie sind allerdings als Mindestvoraussetzungen und Orientierungshilfe für das Merkmal kriminelle Gefährdung zu verstehen. Eine prospektive Identifizierung von Karrieretätern ist beim derzeitigen Stand der Forschung nicht möglich (Walter 1986, S. 13ff.). Wolfgang et al. (1972) konnten für Jugendliche, die mehr als 5mal auffällig wurden, keine prognostischen Kriterien angeben. Bei den Intensivtätern zeigt sich zwar eine hohe Konzentration von Familien-, Schul- und Arbeitsproblemen; vergleicht man aber die Gruppe, die anfangs Familienprobleme bzw. Schulprobleme hat, mit der Gruppe, die diese Merkmale nicht aufweist, gibt es keine signifikanten Unterschiede bezüglich der späteren Mehrfachauffälligkeit (Kerner 1984, S. 30). Somit kommt auch der Frage nach den Kriterien zur Erfassung von Karrieretätern kriminologische Relevanz zu, die gerade für die Differenzierung delinquenter Jugendlicher und deren adäquate „Behandlung" durch ambulante Maßnahmen eine entscheidende Rolle spielen.

Stand der Evaluationsforschung

Formelle versus informelle Verfahren

Vergleichende Analysen der Legalbewährung nach formellen und informellen Verfahren beschäftigen sich überwiegend mit den folgenden Fragen:

- Erhöht sich das Risiko für eine erneute Straffälligkeit durch Bestrafung oder deren Ausbleiben?
- Verringert sich durch den Übergang auf härtere Strafen die Rückfallwahrscheinlichkeit?

Bei einem Vergleich der Rückfälligkeit von jugendlichen Straftätern, gegen die ein Strafverfahren eingeleitet wurde (formelles Verfahren, auch wenn ambulante Maßnahmen angeordnet werden), mit Jugendlichen, deren Verfahren eingestellt wurde (informelles Verfahren), kommen Untersuchungen im deutschsprachigen wie im amerikanischen Raum zu dem Ergebnis, daß eine Verfahrenseinstellung keine geringere präventive Wirkung hat als eine Verurteilung (Albrecht 1984; Albrecht et al. 1981; Dunford et al. 1982; Pfeiffer 1983). Ergebnisse, wonach jugendliche Straftäter eine günstigere Legalbewährung aufweisen, wenn von einer Strafverfolgung abgesehen wurde (Klein (1975), werden von einer der methodisch anspruchsvollsten Längsschnittuntersuchungen unter Einschluß des Dunkelfeldes unentdeckter Straftaten bestätigt (West u. Farrington 1977). Jugendliche, die sich im Alter von 14 Jahren von der Kriminalitätsbelastung her nicht unterschieden, neigten zu Beginn des heranwachsenden Alters stärker zur Kriminalität, wenn sie in der Zwischenzeit verurteilt worden waren. Daß eine förmliche Verurteilung eher einen negativen als einen positiven Einfluß hat, zeigt auch eine Studie über die Prävalenz- und Wiederverurteilungsraten von männlichen Jugendlichen und Heranwachsenden. Gemäß einer Auswertung der Strafverfolgungsstatistik für die Bundesrepublik Deutschland beträgt die Wahrscheinlichkeit für eine Verurteilung vor dem 18. Lebensjahr 9 %. Nach der 1. Verurteilung steigt die Wahrscheinlichkeit einer 2. Verurteilung noch vor dem 18. Lebensjahr auf 29 % an. Von den 2mal Verurteilten werden mehr als 40 % vor dem 18. Lebensjahr ein 3. Mal verurteilt (Spieß 1985, zit. nach Heinz 1986, S. 178).

Im Vergleich von stationären und nichtstationären Maßnahmen kommen umfangreiche Sekundäranalysen der Rückfallforschung zu dem zusammenfassenden Ergebnis, daß die durchschnittliche Rückfallhäufigkeit nach ambulanten Maßnahmen geringer ist als nach stationären Maßnahmen. Es zeigte sich, daß die schärferen Sanktionen jeweils höhere Rückfallraten aufweisen und daß die freiheitsentziehenden Maßnahmen zu den höchsten Rückfallraten führen (Berckhauer u. Hasenpusch 1982, S. 284ff.; vgl. auch Hartung 1981). Diese Befunde sprechen gegen eine Praxis, die aus dem Nichtwirken milder Sanktionen auf die Notwendigkeit und Angemessenheit verschärfter Sanktionen schließt. Zusammenfassend kann gesagt werden, daß strafrechtliche Interventionen, insbesondere im Zusammenhang mit stationären Sanktionen, insgesamt eher einen negativen Einfluß auf das spätere Legalverhalten haben (Albrecht 1985, S. 54 ff.; Spieß 1986, S. 40 ff.). Allerdings läßt sich der Einwand, die verschieden harten Sanktionen sind bei verschieden gearteten Stichproben – leichte Delikte und sozial unauffällige Täter versus schwere Delikte und Täter mit sozialen Defiziten – ausgesprochen worden, nicht widerlegen.

Zwei neuere deutsche repräsentative Untersuchungen sind an dieser Stelle zu erwähnen, zum einen, weil sie sich mit jugendlicher Bagatellkriminalität beschäftigen, und zum anderen, weil hier ein Vergleich zwischen formell mit ambulanten Maßnahmen und informell mit Einstellung nach §§ 45 und 47 JGG abgeschlossenen Jugendstrafverfahren vorliegt. In einem Vergleichsgruppendesign werden die unterschiedlichen Reaktionsstrategien – Einstellung oder rechtskräftige Verurteilung nach dem JGG – von zuvor nicht registrierten männlichen Jugendlichen, die durch ein leichtes Eigentumsdelikt in Erscheinung getreten sind, verglichen (Heinz u. Spieß 1983). Die Überprüfung der beiden homogenen Gruppen innerhalb eines Zeitraums von 3 Jahren nach der Einstellung bzw. nach dem Urteil zeigte, daß die Rückfälligkeit der formell sanktionierten um 8 % höher lag als die der informell sanktionierten. Sämtliche Registrierungen ergaben für die informelle Verfahrenserledigung eine Rückfallquote von 24,2 %, für die formell Verurteilten hingegen von 32,1 % (Heinz et al. 1984, zit. nach Heinz 1987, S. 153 f.).

In der Untersuchung von Heinz u. Hügel (1987) wurden anhand einer für das Bundesgebiet repräsentativen Stichprobe Verurteilungen zu ambulanten Maßnahmen gemäß den §§ 10, 14, 15 JGG (formelle Verfahren) und Einstellungen nach den §§ 45 und 47 (informelle Verfahren) verglichen. Bei einer Bestandsaufnahme für das Jahr 1980 ergaben sich 42,5 % Verurteilungen zu ambulanten Maßnahmen und 57,5 % Verfahrenseinstellungen. Die Studie kommt zu dem Resultat, daß die Quote für Rückfälligkeit nach informeller Erledigung niedriger ist als nach formeller ambulanter Sanktion: „Bei allen Tätergruppen, die nach

Alter, Geschlecht, Beruf, Vorbelastung und Delikt gebildet wurden, und bei allen Sanktionsinhalten, bei denen nach Auflagen, Weisungen, Ermahnungen und Verwarnungen unterschieden wurde, wurde nach einer Einstellung überwiegend eine bessere Legalbewährung als nach einer Verurteilung festgestellt" (Heinz u. Hügel 1987, S. 74). Aussagen bezüglich der Wirkungsweise sozialer Trainingskurse sind auf der Basis dieser Studie allerdings nicht möglich. Der Anteil sozialpädagogischer Maßnahmen an der Gesamtheit der Weisungen für Verurteilte beträgt lediglich 1,3 %. Auffällig hingegen ist der Anteil der Arbeitsweisungen, die mit 89 % die mit Abstand am häufigsten verhängte Maßnahme darstellen. Aus diesen Zahlen geht deutlich hervor, daß die zwischenzeitlich in verstärktem Umfang angebotenen sozialen Trainingskurse ebenso wie die Betreuungsweisungen im Jahre 1980 in der Praxis der Jugendgerichtspflege noch kaum von Bedeutung waren.

Die Untersuchung zeigt jedoch, daß im Sinne einer erzieherisch gebotenen Reaktionsbegrenzung eine Abgrenzung der ambulanten Maßnahmen nach oben – zu Jugendarrest und Jugendstrafe – und nach unten – zu den eingriffsschwächeren Reaktionsformen wie Verfahrenseinstellung – nötig ist. Nur so kann Überbetreuung vermieden und die Tendenz verhindert werden, daß sich neue Hilfsangebote ihr Klientel selbst schaffen (Schüler-Springorum 1984, S. 564).

Begleitforschung und ihre Ergebnisse

Arbeiten über den Einfluß einzelner Typen ambulanter Maßnahmen auf die Verhaltensmodifikation von Jugendlichen sind verschwindend gering. Bei den vorliegenden Begleituntersuchungen in diesem Bereich nimmt die Behandlung der methodischen Schwierigkeiten einen breiten Raum ein.

In der Begleitforschung der „Brücke" München wurde primär der Erfolg bzw. Mißerfolg jugendrichterlichen Handelns untersucht. In einem quasi-experimentellen Setting konnten 2 Gruppen von Jugendrichtern gebildet werden. Eine Gruppe erledigte innerhalb eines Halbjahres etwa 24 % der Jugendstrafverfahren durch Einstellungen nach den §§ 45, 47 JGG, während die andere Gruppe fast doppelt so oft (47 %) diese Erledigungsformen anwendete. Das Verfahren kam einer Zufallsauswahl nahe, so daß sich lediglich geringe Unterschiede zwischen den Vergleichsgruppen bezüglich der Merkmale Vorstrafenbelastung, Geschlecht und Delikt ergaben. In der Gruppe der Jugendrichter mit hoher Einstellungsrate zeigte sich nach einem Untersuchungszeitraum von 18–24 Monaten eine signifikant um 9,6 % niedrigere Rückfallquote (Rückfallquote bei hoher Einstellungsrate 23,9 %, bei niedriger Einstellungsrate 33,5 %). Berücksichtigt man auch die 2. und 3. registrierten Rückfälle, beträgt der Abstand zwischen den beiden Gruppen 17,0 Prozentpunkte. Die Rückfallhäufigkeit in der Gruppe mit hoher Einstellungsrate betrug 29,5 %, die in der Gruppe mit niedriger Einstellungsrate 46,5 % (Pfeiffer 1983, S. 305 ff.). Eine Analyse des Erfolgs der von der „Brücke" betreuten Maßnahmen – Arbeits- und Betreuungsweisungen – liegt dagegen nicht vor. Eine Vergleichsgruppe zu den „Brücke"-Klienten wurde nicht gebildet. Verzeichnet wird allerdings ein Rückgang der strafenden Sanktionen für das Jugendgericht München im Zeitraum zwischen 1976 und 1980, während das Sanktionsverhalten der Jugendrichter in Bayern (ohne München) in diesem Zeitraum konstant geblieben ist. Seit Einführung der „Brücke" München 1977 ist ein Rückgang des Arrests von 25,4% (1976) auf 17,8% (1980) aller Jugendverfahren festgestellt worden (Pfeiffer 1983, S. 219).

Die Untersuchung in Uelzen sah einen Vergleich der Jugendlichen, die an einem Erziehungskurs teilnahmen, mit Arrestanden aus umliegenden Gerichtsbezirken vor. Als Untersuchungsgegenstand war die Auswirkung einer intensiven sozialpädagogischen Betreuung auf die Rückfälligkeit vorgesehen (v. Bernsdorf 1980; Steinhilper u. Fischer 1982). Der Versuch, eine Kontrollgruppe zu den im Modellprojekt betreuten Jugendlichen zu bilden, mußte aus ethischen und juristischen Gründen aufgegeben werden. Ebenso scheiterte für eine Analyse der Kriminalitätsbelastung der Versuch einer Vergleichsgruppenbildung mit benachbarten Bezirken. Durchgeführt wurde daher lediglich eine interne Messung des Rückfalls der Uelzener Projektteilnehmer. Als Ergebnis wird berichtet, daß bei einer Stichprobe von n = 74 Jugendlichen die Rückfallquote nach einem Jahr 38% betrug, wobei die Hälfte aller Rückfälligen innerhalb der ersten 6 Monate erneut straffällig wurde. Ein Zusammenhang zwischen strafrechtlicher Vorbelastung und der registrierten Rückfälligkeit zeigte sich dahingehend, daß mit der Anzahl der früheren Verfahren die Rückfallhäufigkeit stieg. Kein Zusammenhang ergab sich hingegen zwischen der Rückfallhäufigkeit und den Merkmalen Schulbesuch, Arbeitslosigkeit und Familiensituation. Da allgemein angenommen wird, daß sich Arbeitslosigkeit und Kriminalität gegenseitig bedingen, liegt hier die Vermutung nahe, daß die Projektteilnahme einer erhöhten Gefährdung entgegenwirkte. Ein weiterer Zusammenhang wurde zwischen dem Lebensalter und der Rückfallgefährdung festgestellt: jüngere Projektteilnehmer wurden häufiger rückfällig als ältere (Steinhilper 1986, S. 38 f.).

Eine Fragebogenauswertung von Weyel (zit. nach Stemmild 1988, S. 33; vgl. auch Weyel 1988, unveröffentlicht) über die Rückfälligkeit ehemaliger Trainingskursteilnehmer beim Projekt STK-Frankfurt ergab, daß 41% (n = 52) nach einem Untersuchungszeitraum von 1–2 Jahren erneut strafrechtlich auffällig wurden. Als Erfolg wurde eingestuft, daß der Anteil der Delikte Raub und Körperverletzung von 37% bei der Zuweisung zum Trainingskurs zurückging auf einen Anteil von 12,5% bei der Rückfalluntersuchung. Ein wesentlicher methodischer Mangel dieser Untersuchung dürfte jedoch darin bestehen, daß sich das Zahlenmaterial alleine auf eine Befragung der Jugendlichen über ihre eigene Rückfälligkeit stützt.

In einer Untersuchung, die der Frage nach einer statistisch relevanten Reaktion der Jugendgerichte auf das „neue" Angebot sozialer Trainingskurs nachging, kommt Weyel (1989) zu einer positiven Einschätzung. Anhand der Strafverfolgungsstatistik der Jahre 1984–1986 wurde das Sanktionsverhalten der Jugendgerichte im Landgerichtsbezirk Frankfurt mit anderen Regionen (Darmstadt, Hessen und BRD) verglichen. Es zeigte sich, daß seit Einführung der sozialen Trainingskurse (STK) in Frankfurt im Verhältnis zu den Abgeurteilten (inklusive der §§ 27 und 45 JGG) die Anzahl der Verurteilten um 4,2% stieg, wobei die Zuchtmittel um 2,8%, die Erziehungsmaßregeln um 2,5% und die Jugendstrafen um 1,8% zunahmen. Aus der Tatsache, daß der Jugendarrest um 0,3% zurückging, wird vorsichtig gefolgert, daß dieser Effekt auch auf die sozialen Trainingskurse zurückzuführen ist, auch wenn die absoluten Zuweisungszahlen sehr niedrig und hinter den Erwartungen von 50–70 Jugendlichen/Jahr zurückgeblieben sind.

Vergleichende experimentelle Untersuchungen der Begleitforschung liegen aufgrund methodischer Probleme nicht vor. Die bereits durchgeführten Studien lassen jedoch – trotz aller methodischer Schwierigkeiten – nicht erkennen, daß die Legalbewährung nach den ambulanten Maßnahmen im formellen Verfahren schlechter wäre als nach konventionellen formellen Sanktionen.

Methodische Probleme

Die Messung spezialpräventiver Wirksamkeit von Sanktionen wirft nur schwer lösbare methodische Probleme auf. Die Erfolgsmessung im individual-präventiven Bereich gibt nämlich nicht unmittelbar den Effekt unterschiedlicher Sanktionen wider, sie ist vielmehr der Ausdruck von Unterschieden in Charakterstruktur, Persönlichkeitsproblematik und Schicksal sozial Auffälliger und von unterschiedlicher Auslese und Beurteilung durch die Kontrollorgane (Kaiser 1974, S. 79). Eine Effizienzforschung, die den methodischen Ansprüchen genügen will, setzt den Vergleich von Gruppen voraus, die sich in nichts anderem als durch die jeweils verhängte Sanktion unterscheiden. Für eine valide Beurteilung eines Unterschieds ist ein Kontrollgruppendesign erforderlich: Einer behandelten Gruppe (Experimentalgruppe) muß eine nichtbehandelte Gruppe (Kontrollgruppe) gegenübergestellt werden, wobei es sich bei Experimental- und Kontrollgruppe um homogene Gruppen handeln muß (Kupke 1974, S. 223). Dabei wird die Ziehung von Zufallsstichproben immer noch als Voraussetzung für einen Vergleich und für den Nachweis eines Behandlungserfolges angesehen, wenn ein solcher methodischer Anspruch auch wegen seiner faktischen Unerfüllbarkeit als Problem häufig diskutiert wird (Kury 1983). Unerfüllbar ist dieser Anspruch aus rechtlichen und ethischen Gründen: Jeder Richter ist verpflichtet, die einzig angemessene Sanktion für den konkreten Einzelfall zu finden. Und weil er Angeklagte nicht nach Zufallskriterien mit der einen oder anderen Sanktion belegen darf, fehlt die wesentliche Voraussetzung, um den Wirkungszusammenhang zwischen spezifischer Sanktion und ihrem Erfolg nachweisen zu können. Denn nur unter der methodischen Voraussetzung, daß 2 zufällig aus einer Grundgesamtheit ausgewählte Stichproben eine unterschiedliche Behandlung erfahren und sich dann verschiedene Befunde ergeben, kann ein kausaler Zusammenhang abgeleitet werden. Derartige experimentelle Situationen sind in der Praxis in der Regel nicht zu verwirklichen (Kaiser 1969, S. 19). Der Jugendrichter in der Uelzener Untersuchung hätte z. B. würfeln müssen, um zu entscheiden, welche Jugendliche dem Betreuungsprogramm und welche einer anderen Maßnahme zugeteilt werden sollten (Steinhilper 1986, S. 31).

Die Gültigkeit von Untersuchungsergebnissen in der Behandlungsforschung wird immer wieder im Zusammenhang mit der Problematik der Zufallszuweisung diskutiert. Zum einen ist sie aber nicht verwirklichbar, zum anderen sind selbst bei echten Experimenten, insbesondere in der Feldforschung, die methodischen Probleme dadurch nicht insgesamt gelöst. Die Behandlungsforschung benötigt daher Methoden, die für ihren Gegenstand adäquat sind. Das hier angesprochene Validitätsproblem wird von Kury (1986b, S. 89 ff.) ausführlich in bezug auf die Behandlungsforschung diskutiert. Ausgehend vom Validitätskonzept von Cook u.

Campbell (1979; vgl. auch Campbell u. Stanley 1963) kommt dabei der internen Validität – ein Unterschied in einer bestimmten experimentellen Situation muß auf eine systematische experimentelle Einwirkung (Behandlung) zurückzuführen sein – besondere Bedeutung zu. Ergebnisse lassen sich demzufolge nur dann sinnvoll interpretieren, wenn die interne Validität gewährleistet ist. Sie ist aufgrund der Zufallszuweisung bei einer experimentellen Versuchsanordnung in der Regel auch höher als bei einem quasi-experimentellen Design. Experimentelle Versuchspläne haben dagegen häufig den Nachteil, daß die externe Validität – Generalisierbarkeit – reduziert ist. Wegen des Zielkonflikts einzelner Validitätsforderungen – „some ways of increasing one kind of validity will probably decrease another kind" (Cook u. Campbell 1979, S. 82) – lassen sich durch eine Zufallszuweisung der Probanden auf Experimental- und Kontrollgruppe zwar viele, aber nicht alle Störfaktoren beseitigen. Der Vorteil von Zufallszuweisungen ist daher nicht immer sofort gewährleistet. In der Behandlungsforschung schränkt beispielsweise die Bereitschaft einer Anstalt, an einem entsprechenden Experiment teilzunehmen, die externe Validität ein, weil sie von vornherein eine positive Auswahl aus allen Vollzugsanstalten darstellt. Auf diese Weise gewonnene Ergebnisse lassen sich nicht ohne Einschränkungen auf den gesamten Strafvollzug übertragen (Kury 1986b, S. 101 f.).

Wie oben dargelegt, ist es in der Sanktionsforschung der Bundesrepublik Deutschland nicht möglich, in experimenteller Weise vergleichbare Täter mit unterschiedlichen Sanktionen zu belegen (Zufallszuweisung) und somit die Effizienz dieser Maßnahmen abzuschätzen. Der Umstand, daß sich die Sanktionspraxis zeitweise und regional z. T. erheblich unterscheidet, läßt dagegen quasi-experimentelle Untersuchungsansätze zu. Eine nichtexperimentelle vergleichende Sanktionsforschung ist daher bezüglich der oben diskutierten Validitätsforderungen nicht ohne Aussagekraft. Auf diese Weise gewonnene Ergebnisse können mit Replikationsstudien überprüft werden.

Allgemein werden für die Effizienzforschung Längsschnittuntersuchungen gefordert. Sie sollten prospektiv angelegt sein, mehrere Meßzeitpunkte beinhalten, und es sollte von unausgelesenen Gruppen ausgegangen werden (Kaiser et al. 1986, S. 166). Die Mehrzahl der Untersuchungen, auf die der größte Teil kriminologischen Wissens über Entstehungszusammenhänge der Kriminalität und über Auswirkungen von Interventionen formeller und informeller Art auf das Legalverhalten zurückgeht, sind Querschnittsuntersuchungen retrospektiver Art. Für die Beantwortung dieser Fragen sind sie jedoch nur eingeschränkt verwendbar, z. B. können beobachtete Gruppenunterschiede ebenso auf Selektionseffekte wie auf bereits vorher bestehende Unterschiede zurückgeführt werden (Farrington 1979, S. 317 ff.).

Empirische Forschungsmöglichkeiten

Weder die Uelzener noch die Münchner Begleitforschung genügen den methodischen Ansprüchen einer vergleichenden Analyse. Die Bildung von Kontroll- bzw. Vergleichsgruppen ist problematisch, weil sich die Vergleichsgruppe nicht nur durch das Merkmal „Teilnahme an einer ambulanten Maßnahme" von der Untersuchungsgruppe unterscheidet, sondern auch in anderen relevanten, kaum zu kontrollierenden Merkmalen. Auch sind die in der Uelzener und der Frankfurter Untersuchung angegebenen Prozentzahlen über die Verminderung des Jugendarrests unmittelbar keine Aussage über gesunkene Delinquenz oder Rückfälligkeit, die auf die ambulante Maßnahme zurückgeführt werden kann. Sie sind vielmehr als Ausdruck für eine Änderung des richterlichen Sanktionsverhaltens anzusehen (Frehsee 1988, S. 297).

Eine umfassende Erforschung der Wirkungsweise sozialer Trainingskurse ist beim derzeitigen Entwicklungsstand aus folgenden Gründen kaum möglich:

1. Ein einheitliches Konzept sozialer Trainingskurse existiert nicht. Die einzelnen Einrichtungen sind höchst unterschiedlich nach Art, Inhalt und hinsichtlich ihres theoretischen Rahmens. Allgemein lassen sie sich zwar in freizeitbezogene, aktivitäts- und unternehmungsorientierte Konzepte einerseits und problembezogene, sozialhelfende Konzepte andererseits einteilen (Wilke 1983, S. 114). Ergebnisse über spezifische Wirkungsweisen sind aber weder übertragbar noch verallgemeinerungsfähig.
2. Die Kriterien, die Jugendrichter für die Zuweisung von Probanden zu sozialen Trainingskursen verwenden, sind regional höchst unterschiedlich.
3. Da Veränderungen der Sanktionspraxis fließend sind, können sie methodisch kaum kontrolliert werden.

Eine weitere Schwierigkeit stellen die relativ niedrigen Zuweisungszahlen dar. So stützen sich die Ergebnisse der Uelzener Untersuchung auf 74 Probanden, die Frankfurter Befragung umfaßt 52 Fälle, in der Regensburger Begleitforschung (vgl. Rolinski u. Kraus 1988) sind es ca. 60 Jugendliche. Zuweisungszahlen von 120–140 Probanden im Jahr, wie dies in Uelzen der Fall ist, sind wohl eher die Ausnahme; im Durchschnitt dürften es für die meisten Projekte nicht mehr als 30–40 Jugendliche im Jahr sein. Untersuchungen von so begrenztem Umfang sind wenig aussagefähig. Will man sich auf mehrere Meßzeitpunkte stützen und soll eine Rückfalluntersuchung angeschlossen werden, ist mit mehreren Jahren allein für die Datenerhebung zu rechnen. Die Evaluationsforschung sozialer Trainingskurse wird demnach auf einzelne Projekte und Konzepte beschränkt bleiben. Die Uelzener Gruppenarbeit unterscheidet sich z. B. von sozialen Trainingskursen dadurch, daß sie nicht als Kurse, sondern als fortlaufende Maßnahmen durchgeführt werden (Fischer 1986, S. 53). Die Ergebnisse der Begleitforschung sind daher nicht verallgemeinerbar. Sie gelten ausschließlich für das untersuchte Modell, und sie sind abhängig von den Auswahlkriterien der Jugendrichter.

Das am häufigsten verwendete Kriterium für Erfolg in der Effizienzforschung ist der Rückfall, auch wenn es erhebliche Einwände dagegen gibt. So schwankte bei unterschiedlichen Rückfalldefinitionen die Rückfallhäufigkeit ein- und derselben Untersuchungsgruppe zwischen 28 % und 72 % (Berckhauer u. Hasenpusch 1982, S. 299; Höbbel 1968, S. 264). Weil die Rückfalldefinition die Rückfallhäufigkeit bestimmt, sind Rückfalluntersuchungen kaum miteinander vergleichbar, und weil auf der Ebene der Statistik jeder Jugendliche, der sich nicht erwischen läßt, als resozialisiert gilt, ist es im Kontext sozialpädagogischer Betreuung ein höchst fragwürdiges Kriterium. Bezogen auf die Arbeitsweise sozialpädagogischer Betreuung und auf die Lebensumstände der Zielgruppe wird es als ein Mißverständnis betrachtet, wenn Erfolg allein am Rückfall gemessen wird (Steinhilper 1986, S. 23; Plewig 1984, unveröffentlichter Zwischenbericht). Rückfallquoten als Erfolgskontrolle strafrechtlicher Maßnahmen haben auch nur dann einen relevanten Aussagewert, wenn man sie vergleichen und ins Verhältnis setzen kann mit einer anderen Maßnahme, nämlich mit der, an deren Stelle sie getreten ist. Lediglich vergleichende Untersuchungen, die die Variablen der Auswahlkriterien, der Kursgestaltung und der pädagogischen Methoden systematisch kontrollieren, lassen Aussagen über die Effizienz und Wirkungsweise einzelner Modelle zu. Einer experimentellen Forschung fehlen aber auf diesem Gebiet die Voraussetzungen, ganz abgesehen von der Frage, ob sie in dieser Systematik notwendig und aus ethischen Überlegungen überhaupt wünschenswert ist.

Den in der praktischen Arbeit mit delinquenten Jugendlichen tätigen Pädagogen und Psychologen interessiert neben der bloßen Rückfallquote aber v.a. die Frage, was der Proband von der Maßnahme profitiert und welche Verhaltensänderungen durch sie hervorgerufen werden. Dieser Ansatz wurde beispielsweise in einer psychologischen Untersuchung zur Wirkung der Arreststrafe auf Jugendliche verfolgt (Eisenhardt 1977). Das Kriterium Rückfall als direkt beobacht- und registrierbares Verhalten wird ergänzt mit dem sozialpsychologischen Konzept der Einstellung. Einstellungen werden als latente Eigenschaften aufgefaßt und erlauben als Kriterium innerpsychischer Zustände Rückschlüsse auf das Verhalten, ohne daß dieses selbst erfaßt werden muß. Psychologische Testverfahren (z. B. Persönlichkeitsfragebögen wie das Freiburger Persönlichkeitsinventar) sind zur Erfassung von Persönlichkeitsveränderungen auch in der Psychotherapieforschung im Strafvollzug erfolgreich verwendet worden (Kury 1987; Ortmann 1987).

Die Untersuchung von Rolinski u. Kraus (1988; vgl. auch Rolinski u. Kraus 1988, unveröffentlichter Zwischenbericht) ist der Versuch, Verhaltensänderungen anhand psychologisch relevanter Persönlichkeitsmerkmale zu erfassen. Erwartet wird von dieser Vorgehensweise ein Einblick in die spezifische Wirkungsweise eines Trainingsprogramms, indem Einstellungs- und Erwartungsänderungen als psychische Indikatoren für zukünftiges Verhalten angesehen werden. Das Legalverhalten ist lediglich ein Aspekt dieser Verhaltensdisposition. In einer quasiexperimentellen Längsschnittuntersuchung werden die Einstellungs- und Persönlichkeitsmerkmale delinquenter Jugendlicher, die an einem sozialen Trainingskurs teilgenommen haben, erfaßt. Zur Überprüfung des Einflusses der Trainingsmaßnahme auf die Einstellungen der Probanden wurde zur Experimentalgruppe zeitlich verschoben eine Kontrollgruppe gebildet. Zwischen der Zuweisung der Jugendlichen und dem Beginn des nächsten Kurses vergehen in der Regel 2–3 Monate. Die Probanden bleiben in dieser Zeit notwendigerweise behandlungsfrei. Nach Abschluß der Experimentalphase werden die zugewiesenen Jugendlichen zum Zeitpunkt der Zuweisung und ein zweites Mal zum Zeitpunkt des Kursbeginns getestet. Bei gleichbleibender Sanktionspraxis kommt dieses Verfahren einer Zufallszuweisung sehr nahe. Die ersten Ergebnisse, für die allerdings noch die Validierung an der Kontrollgruppe aussteht, zeigen, daß das Trainingsprogramm einen insgesamt positiven Einfluß auf die untersuchten Persönlichkeitsmerkmale (z. B. Selbstkonzepte) der Jugendlichen hat. Insbesondere profitieren diejenigen Jugendlichen von der Maßnahme, die einer hohen psychischen Belastung ausgesetzt sind und die als sozial randständig einzustufen sind.

Diskussion und Zusammenfassung

Da die Begleitforschung zu den ambulanten Maßnahmen weitgehend in den Anfängen steckt, sind die Befunde noch spärlich, die als Grundlage für vergleichende Aussagen über die Effizienz von stationären und ambulanten Sanktionen herangezogen werden können. Ausgehend vom Subsidiaritätsprinzip muß die Notwendigkeit und Angemessenheit der jeweils intensiveren Sanktionsstufe der eingriffsschwächeren Maßnahme gegenüber nachgewiesen werden. Die auftretenden methodischen Probleme, denen sich die Begleitforschung dabei gegenübersieht, unterscheiden sich nicht von der Methodendiskussion in der Behandlungsforschung. Bei der Evaluationsforschung im Bereich der sozialen Trainingskurse kommt als erschwerender Faktor eine Vielfalt von Einrichtungen mit unterschiedlicher theoretischer und praktischer Ausrichtung hinzu. Ebenfalls problematisch im Sinne von statistisch zuverlässigen Bewertungen sind die relativ kleinen Probandenzahlen der jeweiligen Einrichtungen. Aussagen über die präventive Wirksamkeit sozialer Trainingskurse als Gesamtkonzept im Vergleich zu anderen Sanktionsformen scheinen daher beim augenblicklichen Entwicklungsstand nicht möglich. Die spezifischen Unterschiede der einzelnen Einrichtungen würden dabei gerade vernachlässigt werden. Psychologische Untersuchungen, insbesondere im Zusammenhang mit Rückfalldaten, könnten dagegen wertvolle Hinweise auf Persönlichkeitsmerkmale geeigneter und ungeeigneter Klienten für eine sozialpädagogische Betreuung liefern.

Literatur

Albrecht HJ (1984) Präventive Aspekte der Verfahrenseinstellung im Jugendrecht. In: Walter M, Koop G (Hrsg) Die Einstellung des Strafverfahrens im Jugendrecht. Kriminalpädagogische Praxis, Vechta, S 51–78

Albrecht HJ (1985) Alternativen zur Jugendstrafe: Kriminologische Befunde zum Vergleich freiheitsentziehender und ambulanter Sanktionen. KrimBull 11:46–74

Albrecht HJ, Dünkel F, Spieß G (1981) Empirische Sanktionsforschung und die Begründbarkeit von Kriminalpolitik. MschrKrim 64:310–326

Berckhauer F, Hasenpusch B (1982) Legalbewährung nach Strafvollzug. Zur Rückfälligkeit der 1974 aus dem niedersächsischen Strafvollzug Entlassenen. In: Schwind HD, Steinhilper G (Hrsg) Modelle zur Kriminalitätsvorbeugung und Resozialisierung. Beispiele praktischer Kriminalpolitik in Niedersachsen, Bd. 2. Kriminalistik-Verlag, Heidelberg, S 281–333

Bernsdorf C von (1980) Sozialpädagogische Betreuung junger Straffälliger in Lüneburg und Uelzen – Projektbeschreibung. In: Pomper G, Walter M (Hrsg) Ambulante Behandlung junger Straffälliger. Kriminalpädagogische Praxis, Vechta, S 174–202

Bundesarbeitsgemeinschaft für ambulante Maßnahmen nach dem Jugendrecht (1986) Ambulante sozialpädagogische Maßnahmen für junge Straffällige, 2. völlig neu bearb. Aufl. Selbstverlag der DVJJ, München

Busch M, Hartmann G, Mehlich N (1986) Soziale Trainingskurse im Rahmen des Jugendgerichtsgesetzes, 3. überarb. Aufl. Bundesministerium der Justiz, Bonn

Campbell DT, Stanley JC (1963) Experimental and quasi-experimental designs of research on teaching. In: Gage NL (ed) Handbook of research on teaching. Aldine, Chicago, pp 171-246
Cook TD, Campbell DT (1979) Quasi-experimentation. Design and analysis issues for field settings. Rand McNally, Chicago
Dunford FW, Osgood DW, Weichselbaum HF (1982) National evaluation of diversion projects. Final Report. U.S. Department of Justice. Washington
Eisenhardt T (1977) Die Wirkung der kurzen Haft auf Jugendliche. Fachbuchhandlung für Psychologie, Frankfurt am Main
Farrington D (1979) Longitudinal research on crime and delinquency. In: Morris N, Tonry M (eds) Crime and justice. An annual review of research, vol I. Univ Chicago Press, Chicago, pp 289-348
Fischer H (1986) Möglichkeiten ambulanter Betreuung junger Straffälliger in Uelzen - dargestellt an drei Fallstudien. In: Walter M (Hrsg) Diversion als Leitgedanke - über den Umgang mit jungen Mehrfachauffälligen. Selbstverlag der DVJJ, München, S 53-87
Frehsee D (1988) Zur Suche nach „alternativen Sanktionen" im Jugendstrafrecht. MschrKrim 71:281-298
Hartung B (1981) Spezialpräventive Effektivitätsmessung. - Vergleichende Darstellung und Analyse der Untersuchungen von 1945-1979. Jur Dissertation, Universität Göttingen
Heinz W (1984a) Ambulante Maßnahmen. Kriminologische Überlegungen und Ausblick. In: Kury H (Hrsg) Ambulante Maßnahmen zwischen Hilfe und Kontrolle. Heymanns, Köln, S 439-594
Heinz W (1984b) Anstieg der Jugendkriminalität - Realität oder Mythos? In: Rabe H (Hrsg) Jugend. Beitrag zum Verständnis und zur Bewertung des Jugendproblems. Universitätsverlag, Konstanz, S 53-94
Heinz W (1985) Jugendkriminalität und strafrechtliche Sozialkontrolle. PFA 1/85:35-55
Heinz W (1986) Neue ambulante Maßnahmen nach dem Jugendgerichtsgesetz: Forschung und Forschungslücken. In: Bundesminister der Justiz (Hrsg) Neue ambulante Maßnahmen nach dem Jugendgerichtsgesetz, 2. Aufl. Bundesministerium der Justiz, Bonn, S 162-195
Heinz W (1987) Neue ambulante Maßnahmen nach dem Jugendgerichtsgesetz. MschrKrim 70:129-154
Heinz W (1988) Jugendgerichtshilfe in den 90er Jahren. Bewährungshilfe 35:261-307
Heinz W, Hügel C (1987) Erzieherische Maßnahmen im deutschen Jugendstrafrecht, 2. aktual. Aufl. Bundesministerium der Justiz, Bonn
Heinz W, Spieß G (1983) Alternativen zu formellen Reaktionen im deutschen Jugendrecht. Ein Forschungsvorhaben zu §§ 45, 47 JGG und erste Ergebnisse. In: Kerner HJ, Kury H, Sessar K (Hrsg) Deutsche Forschung zur Kriminalitätsentstehung und Kriminalitätskontrolle, Bd. 2. Heymanns, Köln, S 896-955
Höbbel D (1968) Die Bewährung des statistischen Prognoseverfahrens im Jugendkriminalrecht. MschrKrim 51:263-277
Kaiser G (1969) Zum Stand der Behandlungs- und Sanktionsforschung in der Jugendkriminologie. MschrKrim 52:16-28
Kaiser G (1974) Erfolg, Bewährung, Effizienz. In: Kaiser G, Kerner HJ, Sack F, Schellhoss H (Hrsg) Kleines Kriminologisches Wörterbuch. Herder, Freiburg, S 75-81
Kaiser G (1977) Konflikte der Jugendlichen mit Institutionen. RdJB 25:404-420
Kaiser G (1985) International vergleichende Perspektiven zum Jugendstrafrecht. In: Schwind HD (Hrsg) Festschrift für G. Blau. De Gruyter, Berlin, S 441-457
Kaiser G, Heinz W, Albrecht HJ, Ortmann R, Spieß G (1986) Kohortenuntersuchungen - Anlage und methodische Probleme von kriminologischen Forschungen zur Kriminalitätsentwicklung und -entstehung. In: Kury H (Hrsg) Entwicklungstendenzen kriminologischer Forschung: Interdisziplinäre Wissenschaft zwischen Politik und Praxis. Heymanns, Köln, S 163-186
Kerner HJ (1983) Statt Strafe: Diversion? In: Kerner HJ (Hrsg) Diversion statt Strafe? Kriminalistik-Verlag, Heidelberg, S 1-13
Kerner HJ (1984) Jugendgerichtsverfahren und Kriminalprävention. In: DVJJ (Hrsg) Jugendgerichtsverfahren und Kriminalprävention. Selbstverlag der DVJJ, München, S 14-45
Klein MW (1975) Alternative dispositions for juvenile offenders. Univ Southern California, Los Angeles/CA

Krüger H (1983) Rückfallquote: rund 30 Prozent. Massenstatistische Beobachtungen der Rückfallkriminalität ausgesuchter Altersgruppen. Kriminalistik 37:326–329

Kupke R (1974) Methoden der Kriminologie. In: Kaiser G, Kerner HJ, Sack F, Schellhoss H (Hrsg) Kleines Kriminologisches Wörterbuch. Herder, Freiburg, S 215–223

Kury H (1983) Zur Methodendiskussion in der Behandlungsforschung. In: Kury H (Hrsg) Methodische Probleme der Behandlungsforschung – insbesondere in der Sozialtherapie. Heymanns, Köln, S 27–79

Kury H (1986a) Fragen und Probleme der Behandlung Straffälliger und der Behandlungsforschung. In: Kury H (Hrsg) Prognose und Behandlung bei jungen Rechtsbrechern. Eigenverlag Max-Planck-Institut, Freiburg, S 11–85

Kury H (1986b) Die Behandlung Straffälliger, Teilband 1: Inhaltliche und methodische Probleme der Behandlungsforschung. Duncker & Humblot, Berlin

Kury H (1987) Die Behandlung Straffälliger, Teilband 2: Ergebnisse einer empirischen Untersuchung zum Behandlungserfolg bei jugendlichen und heranwachsenden Untersuchungshäftlingen. Duncker & Humblot, Berlin

Kury H, Lerchenmüller H (Hrsg) (1981) Diversion. Alternativen zu klassischen Sanktionsformen, 2 Bde. Brockmeyer, Bochum

Lamnek S (1982) Sozialisation und kriminelle Karriere. Befunde aus zwei Erhebungen. In: Schüler-Springorum H (Hrsg) Mehrfach auffällig. Juventa, München, S 13–85

Lamnek S (1983) Spezialpräventive Wirkungen jugendrichterlicher Maßnahmen. Eine Analyse von Daten des Bundeszentralregisters. In: Albrecht PA, Schüler-Springorum H (Hrsg) Jugendstrafe an Vierzehn- und Fünfzehnjährigen. Strukturen und Probleme. Fink, Göttingen, S 17–65

Ortmann R (1987) Resozialisierung im Strafvollzug: Theoretischer Bezugsrahmen und empirische Ergebnisse einer Längsschnittstudie zu den Wirkungen von Strafvollzugsmaßnahmen. Eigenverlag Max-Planck-Institut, Freiburg

Pfeiffer C (1983) Kriminalprävention im Jugendgerichtsverfahren. Jugendrichterliches Handeln vor dem Hintergrund des Brücke-Projekts. Heymanns, Köln

Pfeiffer C (1986) Ambulante Maßnahmen nach dem JGG. Erfahrungen, Entwicklungstendenzen und kriminalpolitische Perspektiven. In: Bundesminister der Justiz (Hrsg) Neue ambulante Maßnahmen nach dem Jugendgerichtsgesetz, 2. Aufl. Bundesministerium der Justiz, Bonn, S 44–58

Rolinski K, Kraus L (1988) Evaluierung sozialer Trainingskurse und ihre Probleme. Bericht über ein noch nicht abgeschlossenes Forschungsprojekt am Kontakt Regensburg e. V. In: Kaiser G, Kury H, Albrecht HJ (Hrsg) Kriminologische Forschung in den 80er Jahren. Eigenverlag Max-Planck-Institut, Freiburg, S 447–464

Schüler-Springorum H (1984) Schlußreferat zu den Ergebnissen des 19. Deutschen Jugendgerichtstages. In: DVJJ (Hrsg) Jugendgerichtsverfahren und Kriminalprävention. Selbstverlag der DVJJ, München, S 558–570

Sessar K (1984) Jugendstrafrechtliche Konsequenzen aus jugendkriminologischer Forschung: Zur Trias von Ubiquität, Nichtregistrierung und Spontanbewährung im Bereich der Jugendkriminalität. In: Walter M, Koop G (Hrsg) Die Einstellung des Verfahrens im Jugendrecht. Kriminalpädagogische Praxis, Vechta, S 26–50

Spieß G (1986) Der kriminalrechtliche Umgang mit jungen Mehrfachtätern – kriminologische Befunde und kriminalpolitische Überlegungen in Fortführung des Diversionsgedankens. In: Walter M (Hrsg) Diversion als Leitgedanke – über den Umgang mit jungen Mehrfachauffälligen. Selbstverlag der DVJJ, München, S 28–50

Steffen W, Czogalla PP (1982) Intensität und Perseveranz krimineller Verhaltensweisen. Untersuchung der Möglichkeiten des datenmäßigen Abgleichs von Täterbegehungsmerkmalen zur Fallzusammenführung, Teil II. Kriminologische Forschungsgruppe der Bayerischen Polizei. Bayerisches Landeskriminalamt, München

Steinhilper M (1986) Bericht über einen Modellversuch in Uelzen mit Empfehlungen für den Aufbau ambulanter Betreuungsprogramme. In: Niedersächsischer Minister der Justiz (Hrsg) Neue ambulante Maßnahmen nach § 10 Jugendgerichtsgesetz in Niedersachsen, 2. erg. Aufl. Niedersächsisches Ministerium der Justiz, Hannover, S 1–111

Steinhilper M, Fischer H (1982) Ambulante sozialpädagogische Betreuung junger Straffälliger. Ein Modellversuch in Uelzen. In: Schwind HD, Steinhilper G (Hrsg) Modelle zur Kriminalitätsvorbeugung und Resozialisierung. Beispiele praktischer Kriminalpolitik in Niedersachsen, Bd. 2. Kriminalistik-Verlag, Heidelberg, S 113–143

Stemmild F (1988) Optimistische Bilanz beim sozialen Trainingskurs Frankfurt. Informationsdienst 4/88:29–34

Villmow B, Stephan E (1983) Jugendkriminalität in einer Gemeinde. Eine Analyse erfragter Delinquenz und Viktimisierung sowie amtlicher Registrierung. Eigenverlag Max-Planck-Institut, Freiburg

Voß M (1983) Über das keineswegs zufällige Zusammentreffen von Gefängnisausbau und der Einrichtung ambulanter Alternativen. In: Kerner HJ (Hrsg) Diversion statt Strafe? Kriminalistik Verlag, Heidelberg, S 95–116

Voß M (1984) Die ambulanten Maßnahmen auf dem Prüfstand: Mehr Hilfe oder mehr Kontrolle im Jahr 1984? In: DVJJ (Hrsg) Jugendgerichtsverfahren und Kriminalprävention. Selbstverlag der DVJJ, München, S 341–358

Walter M (1982) Das Risiko weiterer Straffälligkeit als Voraussetzung ambulanter Betreuungsangebote in der jugendrichterlichen Praxis. MschrKrim 65:152–182

Walter M (1986) Überlegungen zum kriminalrechtlichen Umgang mit jungen Mehrfachauffälligen. In: Walter M (Hrsg) Diversion als Leitgedanke – über den Umgang mit jungen Mehrfachauffälligen. Selbstverlag der DVJJ, München S 5–27

Weinschenk C (1989) Kritische Bemerkungen zu einer „optimistischen Bilanz eines sozialen Trainingskurses“. Informationsdienst 1/89:6–8

Weschke E, Krause W (1983) Auswertung polizeilicher Unterlagen in Berlin über Kinder, Jugendliche und Heranwachsende des Jahrgangs 1953. In: Autorengruppe Jugenddelinquenz (Hrsg) Handlungsorientierte Analyse von Kinder- und Jugenddelinquenz. Fachhochschule für Verwaltung und Rechtspflege, Berlin, S 211–298

West D, Farrington D (1977) The delinquent way of life. Third report of the Cambridge study in delinquent development. Heinemann, London

Weyel FH (1989) Zur Entwicklung des Sanktionsverhaltens der Jugendgerichte im Landgerichtsbezirk Frankfurt der letzten Jahre, insbesondere hinsichtlich der freiheitsentziehenden Maßnahmen Jugendstrafe und Jugendarrest. Informationsdienst 1/89:13–21

Wilke D (1983) Erzieherisch gestaltete Gruppenarbeit. In: Institut für soziale Arbeit e.V. (Hrsg) Soziale Trainingskurse. Zur ambulanten Arbeit mit straffälligen Jugendlichen. Institut für soziale Arbeit, Münster

Wolfgang M, Figlio R, Sellin T (1972) Delinquency in a birth cohort. Univ Chicago Press, Chicago

Täter-Opfer-Ausgleich und Kriminalitätsverhütung

Dieter Rössner

Wiedergutmachung – ein konstruktiv zwischenmenschlicher Weg zur Kriminalitätsbewältigung und -verhütung

Der Mensch ist im Laufe seines Lebens situativ ständig wechselnd, aber immer wiederkehrend einmal Täter und ein anderes Mal Opfer im Kontakt mit anderen Menschen. Jeder erfährt trotz aller Bemühungen und allen guten Willens laufend Verletzungen von anderen, wie auch er verletzt. Daraus resultiert Leid, Schuld und Verantwortung.

Wir sind tagtäglich – als Individuum und als Gemeinschaft, im Strafrecht sogar als Staat – herausgefordert, darauf zu reagieren. Die Verletzung – die für alle Betroffenen schlimme Situation – kann nicht mehr aus der Welt geschafft werden, so sehr man sich das auch wünschen mag. Alles geht zwar weiter, aber dennoch ist nichts mehr wie vorher. Im besten Fall können die eingetretenen Schäden wiedergutgemacht werden. Täter, Opfer und Gemeinschaft können sich wieder versöhnen. Es bleibt aber die Furcht vor der Zukunft, die Angst vor neuerlichen Verletzungen. Wie kann dies verhindert werden?

Viele Menschen werden sagen: Strafe muß sein. Wie du mir, so ich dir. Unrecht darf sich nicht auszahlen. Um den neuerlichen Rechtsbruch zu verhindern, muß die Strafe eine neue angemessene Wunde beim Täter schlagen, um die beim Opfer und der Gemeinschaft zu heilen (so die grundlegende Arbeit von Binding 1916, S. 284 ff.: „Des Täters Schmerz stillt des Verletzten Schmerz“). Strafrechtliche Gerechtigkeit und Prävention also als ein Perpetuum mobile der Gewalt?

Andere sagen: Wenn sich das Übel der Tat schon nicht mehr aus der Welt schaffen läßt, so ist doch das bestmögliche Heilen der Wunden – die Regelung des Konflikts – der Weg zu einem Neuanfang und damit die Grundlage der Verhütung weiteren Übels.

Hinter den beiden möglichen Wegen erkennen christlich orientierte Menschen die Ethik des Alten bzw. Neuen Testaments und psychologisch geschulte die autoritäre bzw. autonome moralische Grundhaltung bei der Reaktion auf Straftaten. Solche Fragen berühren uns, sowohl persönlich als auch als Gemeinschaft, und sie machen natürlich nicht vor dem Strafrecht halt, das unser sichtbarstes und zentralstes Reaktionsinstrument auf Unrecht ist.

In präventiver Hinsicht ist das Strafrecht jedenfalls in einem Dilemma: Wirksam ist es nur, wenn es nicht in Aktion treten muß, solange es also den Konflikt zwischen einem potentiellen Täter und einem potentiellen Opfer präventiv unter Kontrolle halten konnte. Der Anwendungsfall ist stets eine Niederlage. So beweist die hunderttausendfache Übertretung und Ahndung des Diebstahlsverbots im Verhältnis zu den wesentlich geringeren Verurteilungen wegen Tötungen gerade nicht die besondere Wirksamkeit des Strafrechts bei den Eigentumsdelikten, sondern vielmehr das Gegenteil.

So zeigt sich sehr schnell, daß alle Bemühungen um Verbrechensverhütung durch übelvergeltende Strafen nirgendwo auf der Welt das Verbrechen als gesellschaftliche Erscheinung verhindern konnten oder können. Die Aufstellung von Normen enthält notwendig die Abweichung in sich. So gesehen müssen wir uns mit dem Auftreten von Verbrechen abfinden. Niemand hat das so klar ausgedrückt wie der französische Kriminalstatistiker Quetelet im 19. Jahrhundert: „Es gibt einen Tribut, den der Mensch mit mehr Regelmäßigkeit leistet als den, den er der Natur zollt. Das ist der Tribut an das Verbrechen."

Es kommt hinzu, daß es *den* Täter wie *die* Kriminalität und *die* Strafe nicht gibt. Zu unterschiedlich sind die kriminellen Handlungen vom Ladendiebstahl bis zum Mord. Daher hat auch die Prävention im Hinblick auf solches Verhalten unterschiedlichen Stellenwert. Recht im Sinne von Wiederherstellung des sozialen Friedens und Verhütung weiterer Straftaten läßt sich gut veranschaulichen im Bereich der Alltagskriminalität: Diebstahl, Betrug, Sachbeschädigung und Körperverletzung. Die klassischen Straftheorien sind ausnahmslos an den Tötungsverbrechen entwickelt. Verallgemeinert wurde, was allenfalls für schwerste Straftaten gelten kann. Eine an der Kriminalitätswirklichkeit orientierte und danach differenzierte Straftheorie macht den Blick frei für die präventive Wirkung des konstruktiven Prozesses der Wiedergutmachung im zwischenmenschlichen Bereich von Täter und Opfer. In Teilbereichen kann so der Täter-Opfer-Ausgleich als sinnerfüllende Alternative zu den übrigen Sanktionen des Strafrechts betrachtet werden. Ihr präventiver Stellenwert soll daher im folgenden herausgearbeitet werden.

Historische Präventionsaspekte einer restitutiven Strafrechtspflege

Ethnologisch und historisch betrachtet ist die präventive Aufgabe dem Strafrecht immanent. Schon in primitiven Gesellschaften dient v. a. „Strafrecht" zum einen der Ordnung des sozialen Verhaltens nach verbindlichen dauerhaften Regeln und zum andern der Kontrolle des abweichenden Verhaltens durch entsprechende Reaktionen (Pospisil 1971, S. 11 ff.; Schott 1970, S. 120). Das Wesen der Prävention ist dabei v. a. in der Kontrolle bestimmter sozialschädlicher Verhaltensweisen zu finden. Die Kontrolle des gemeinschaftsschädlichen Konflikts und die eventuelle Lösung sind dabei ein einheitlicher Vorgang, der nur graduelle Abstufungen, nicht aber qualitative Sprünge, wie heute etwa vom Zivilrecht zum Strafrecht, enthält (Hoebel 1968, S. 39 f.; Rössner 1976, S. 24 ff.).

So wurden auch von den Anfängen menschlicher Gesellschaft bei den Naturvölkern bis zu hoch differenzierten Staaten der Antike, wie z. B. dem römischen Weltreich, Verhaltensweisen, die ein Individuum unmittelbar schädigten oder auf einem privaten Konflikt beruhten, wie Eigentums- oder Vermögensdelikte und Körperverletzungen, als Angelegenheit von Täter und Opfer betrachtet. Der private Konflikt zwischen einzelnen oder Gruppen war die Domäne des „privaten Strafrechts" mit der Prozeßherrschaft der Parteien, prozeßabschließenden Sühneverträgen oder wiedergutmachenden Kompositionen. Die Konfliktregelung wurde in präventiver Hinsicht als ausreichend angesehen.

Erst als die privaten Konflikte der ritterlichen Fehden das sich entwickelnde Staatsgefüge des Mittelalters bedrohten, wurde der private zum öffentlichen Konflikt stilisiert, um ihn einer besonders scharfen Kontrolle zu unterwerfen. Das Täter-Opfer-Verhältnis verlor damit bei der Aufgabe des Strafrechts jegliche Bedeutung. Abstraktes Strafrechtsdenken, nur an schwer gemeinschaftsschädigender Kriminalität entwickelte Straftheorien und die dogmatisch sich herausbildende Trennung von Zivil- und Strafrecht verstärkten in der Folgezeit diese Tendenz. Der entscheidende Wendepunkt der Strafrechtsentwicklung ist damit das Mittelalter (Frehsee 1987, S. 12; Frühauf 1988, S. 17; Martin 1988, S. 51; Rössner 1976, S. 30; Schafer 1977, S. 5; Weigend 1989, S. 28).

Ab dieser Zeit wird der Wiedergutmachungsgedanke nicht mehr im Hinblick auf eine mögliche präventive Wirkung im Strafrecht akzeptiert. Todes- und schwere Leibesstrafen demonstrieren die Macht des Staates und sollen die Opfer für ihren Verzicht auf private Konfliktlösungen entschädigen. Wiederherstellung des Rechtsfriedens und Prävention erfolgt nur noch im öffentlichen Gewaltverhältnis zwischen Staat und Täter, nicht mehr im Hinblick auf das Täter-Opfer-Verhältnis.

Auf die zu Anfang unseres Jahrhunderts erkannten Unzulänglichkeiten eines solchen Sanktionssystems reagierte die Kriminalpolitik zunächst mit der Zurückdrängung des Tatstrafrechts zugunsten täterstrafrechtlicher Elemente. Aufgrund der kriminologischen Erkenntnisse über die Ursache des Verbrechens wurde im Sinne resozialisierungsfördernder und entsozialisierungsvermeidender Spezialprävention auf Verhaltensmodifikationen beim Täter abgezielt. Doch schon heute betrachtet man die Resozialisierungsidee im Hinblick auf mögliche präventive Erfolge weit nüchterner und gerät so in das kriminalpolitische Dilemma, die Vergeltung wieder stärker zu betonen.

Diese Konsequenz ist nicht zwingend. Eine weiterführende Perspektive im Hinblick auf neue präventive Überlegungen zeigt sich, wenn die soziale Dimension der Straftaten nicht nur auf den Täter bezogen wird, sondern Tat, Täter und Opfer im Zusammenhang gesehen werden. Dann wird die neue konstruktive Möglichkeit der Tatverarbeitung im Täter-Opfer-Verhältnis erkennbar, die freilich im Strafrecht schon eine lange Tradition hat. Es gilt, ihren präventiven Gehalt neu zu bewerten.

Präventive Wirkungsfaktoren des Täter-Opfer-Ausgleichs

Die präventive Aufgabe des Strafrechts tritt besonders deutlich hervor, wenn man ausgehend von der eingangs erfolgten Analyse in jedem Anwendungsfall einen Mißerfolg sieht. Im Sinne einer traditionellen Strafauffassung könnten deshalb gegen einen Täter-Opfer-Ausgleich als Mittel des Strafrechts Bedenken bestehen, weil er zu „milde“ ist und eine entsprechende zivilrechtliche Verpflichtung ja sowieso besteht. Nun kann man aber gegen die Auffassung, viel und harte Strafe helfe auch viel, bereits anführen, daß die Freiheitsstrafe die höchste Mißerfolgsquote aller strafrechtlichen Mittel hat. Empirisch fundiert kann die Kriminologie heute feststellen, daß die Mittel der strafrechtlichen Kontrolle in weitem Umfang im Hinblick auf den Erfolg austauschbar sind und sich so flexibel gestalten lassen (Kaiser 1988, S. 233 f.). Offenbar gibt es unter präventivem Aspekt mehrere bestmögliche Problemlösungen, aber auch unerwünschte Nebenwirkungen. Entscheidend ist insoweit nur, daß jede strafrechtliche Sanktion den Normbruch deutlich machen muß. Auf Destruktivität oder möglichste Härte kommt es nicht an.

So ist zu sehen, daß der Täter-Opfer-Ausgleich durchaus in ein umfassendes präventives Konzept eingebettet werden kann. Der Rechtsfrieden ist dadurch wiederherzustellen, daß die Gemeinschaft den Konflikt mit dem Täter durch die Wiedergutmachung als erledigt ansieht. Der Täter muß sich mit dem angerichteten Schaden und der Person des Verletzten auseinandersetzen, so daß seine innere Betroffenheit resozialisierungsfördernd wirken kann, ebenso wie die konstruktive Leistung, die zur Anerkennung des Rechts hinführt (Roxin 1987; Rössner 1988). Täter-Opfer-Ausgleich oder Wiedergutmachung sind hier im Gegensatz zum Schadensersatz eine strafrechtliche Reaktion, die der Friedensfunktion des Strafrechts gerecht wird. Wiedergutmachungsleistungen können daher ideeller oder materieller Natur sein. Entscheidend ist die konstruktive Tatverarbeitung. Sie können sogar bis zu freiwilligen Resozialisierungsleistungen des Täters reichen, wenn sich z. B. der immer wieder aggressiv werdende Täter in eine autogene Trainingsgruppe begibt, der unter Alkohol delinquent werdende zu einer AA-Gruppe geht, der Exhibitionist eine freiwillige psychiatrische Behandlung aufnimmt oder gar der Umweltstraftäter das Bedürfnis hat, eine Bürgerinitiative zur Erhaltung eines Biotops zu unterstützen, sowie der Wirtschaftsstraftäter sein Wissen für Verbraucherverbände nutzbar machen will.

Die Bemühungen um den Täter-Opfer-Ausgleich im Strafrecht lassen v. a. 3 präventionsrelevante Aspekte hervortreten, denen im folgenden weiter nachgegangen werden soll: Normverdeutlichung, soziales Lernen am Konflikt und Verantwortungsübernahme.

Normverdeutlichung (Integrationsprävention)

Im traditionellen Strafrechtsverständnis liegt es zwar nahe, im Fall der Enttäuschung sozialer Erwartungen – also v. a. einer Straftat – Sanktionen zu verhängen. Nach Luhmann (1987) schränkt solches Verhalten das Repertoire an Möglichkeiten der Normverdeutlichung aber stark ein und geht von einem überhöhten Gegensatz zwischen Täter und Opfer aus. Die Norm kann durch andere Strategien ebenso aufrechterhalten werden. Man kann den Normverstoß bewußt oder unbewußt nicht zur Kenntnis nehmen; man kann den Normbrecher nicht ernst nehmen und die Norm durch Unterstützung und Bestätigung des Opfers sowohl durch Dritte als auch durch den Normbrecher selbst aufrechterhalten.

Zur Normverdeutlichung ist eine Reaktion als Erwiderung auf den Rechtsbruch unter ethischem Aspekt zwar ein notwendiges Übel, aber nicht notwendig auch ein Übel (Noll 1962, S. 17). Der Actus contrarius – also der Versuch des Täters, die Situation soweit wie möglich aktiv zu heilen – ist der Idee nach zur Normverdeutlichung mindestens ebenso geeignet wie die Verhängung eines Übels – eines Actus aequus. Die aktive Distanzierung des Täters durch den Täter-Opfer-Ausgleich stabilisiert die verletzte Norm in hervorragender Weise. Der Täter kann so zeigen, daß er trotz seiner Tat seine Identität in der Gesellschaft und ihren Normen findet, daß zwischen ihm als Person und der schlimmen Tat eine Differenz besteht, die durch den Täter-Opfer-Ausgleich beseitigt wird (Schild 1986, S. 29 ff.). Das Prinzip Gegenschlag wird durch das Prinzip Verantwortung ersetzt.

Dieser positive Strafrechtsmodus steht in unmittelbarer Beziehung zum zentralen Begriff der Schuld: Für subjektive Schuld gibt es kein ausgleichendes Äquivalent, sondern nur die Möglichkeit der selbstverantwortlichen Übernahme durch den Täter und die Wiederherstellung des Friedens mit sich, dem Opfer und der Gemeinschaft durch normanerkennende Wiedergutmachung als aktive sittliche Leistung (Kaufmann 1961, S. 206 f.; Vossenkuhl 1983, S. 121 ff.).

Schließlich darf auch nicht verkannt werden, daß Wiedergutmachung als sozialkonstruktive Leistung eher als Freiheits- oder Geldstrafe spontan von allen Beteiligten und der Gemeinschaft als sinnvoll und gerecht erlebt werden kann und damit ebenfalls unmittelbar zur Anerkennung des Rechts beiträgt.

Soziales Lernen (Resozialisierung)

Es versteht sich fast von selbst, daß Wiedergutmachung und Täter-Opfer-Ausgleich entscheidende Faktoren sozialen Lernens sind. In jeder gelingenden Kindererziehung ist „Heilmachen“ eine unverzichtbare Reaktion, wenn das Kind zum einen das Prinzip Verantwortung erkennen soll und zum anderen am konkreten Fall für die Interessen und Leiden eines Opfers sensibilisiert werden soll. Auch im übrigen durchzieht dieses Prinzip unser gesamtes privates und öffentliches Leben. Die Wiedergutmachung ist ein humanistisches Prinzip im Hinblick auf die unentrinnbare Erfahrung, daß keiner ohne Verletzung von Interessen anderer oder der Gemeinschaft zu leben vermag.

In diesem Sinn ist auch im Strafrecht der konstruktive und kommunikative Umgang im Täter-Opfer-Verhältnis gefragt. Für die resozialisierende Prävention besteht hier ein weites Feld. Besonders hervorzuheben ist, daß in dieser Perspektive die Sozialpädagogik ein eigenes Profil erhält, das Erziehung nicht mehr als funktionales Äquivalent der Strafe auffaßt, sondern offensive Sozialarbeit im sozialen Konfliktfeld ermöglicht (Müller u. Otto 1986; Rössner 1984, S. 220 ff.).

Die Erfahrung der Tat und der Versuch der Wiedergutmachung sind somit entscheidende Ansatzpunkte für tatbezogenes – also spezifisch-strafrechtliches – soziales Lernen.

Die Provokation und Zumutung der Begegnung mit dem Leid des Opfers setzen beim Täter Aufmerksamkeitsprozesse in Gang, die es ermöglichen, ihn zu anderen, sozial akzeptierten Formen des Miteinanderumgehens und Miteinanderlebens zu bringen. Vor allem geht es darum, am konkreten Fall die Entwicklung sozialer Sensibilität und einer Moral, die sich an den Bedürfnissen und Rechten der Mitmenschen orientiert, zu fördern (Pfeiffer 1983, S. 108 ff.). Das traditionelle Strafrecht wirkt insoweit eher kontraproduktiv: Viele Straftäter sehen jegliche Schuld – auch gegenüber dem Opfer – durch das Erleiden der öffentlichen Kriminalstrafe als getilgt an. Das Leid des Opfers wird dann eher ausgeblendet (Wiesnet u. Gareis 1976, S. 225 ff.). So ist nicht ausgeschlossen, daß sich bereits in der Wiedergutmachung die Sozialisierung des Täters vollzieht (Plack 1974).

Der tieferliegende, aber entscheidende Aspekt des sozialen Lernens am Konflikt durch Wiedergutmachung ist von Piaget (1954, S. 354 ff.) hervorgehoben worden: Der erzieherisch wünschenswerten Moral der Autonomie und Zusammenarbeit entspricht eine auf Gegenseitigkeit und dem Prinzip des Ausgleichs beruhende Reaktion, während nur die entwicklungsmäßig zurückgebliebene Autoritätsmoral auf die harte Vergeltung durch ein Übel setzt. So führt die gesunde Entwicklung von der einseitigen zur gegenseitigen Achtung. Nach dem moralischen Gesetz der Gegenseitigkeit und des Ausgleichs muß dem Täter der Fehler tadelnd vor Augen geführt werden, mit dem er das Band der Solidarität durchbrochen hat, das Ziel muß jedoch die Wiederherstellung der Gegenseitigkeit durch den aktiven Ausgleich des Täters sein. Der Ersatzleistung nach einem Fehlverhalten kommt so eine außerordentlich hohe moralische Bedeutung zu (Hommer 1983, S. 154).

Für einen Großteil der jugendlichen Straftäter ist der Täter-Opfer-Ausgleich noch aus einem weiteren Aspekt unter präventiver Betrachtung hervorzuheben: Überwiegend ist Jugendkriminalität heute episodenhaft und durch Spontanbewährung gekennzeichnet. Dies belegen der kriminalstatistisch erfaßte Kriminalitätsverlauf, Dunkelfeldforschungen und Geburtskohortenstudien (Kaiser 1988, S. 506 ff.). Wenn damit also der größte Teil der Jugendkriminalität im Entwicklungsprozeß normal ist und schließlich quasi von selbst verschwindet, so erscheint die konstruktive und unter moralischen Aspekten sinnvolle Maßnahme des Täter-Opfer-Ausgleichs am besten geeignet, stigmatisierende und damit möglicherweise negative Sanktionsfolgen einerseits zu vermeiden, ohne auf notwendige Lernprozesse zu verzichten. Zu Recht arbeiten daher die meisten der bisherigen Projekte des Täter-Opfer-Ausgleichs im Jugendstrafrecht. Der österreichische Modellversuch „Außergerichtliche Konfliktregelung bei Jugendstraftaten" ist heute fast schon flächendeckend eingeführt (Haidar et al. 1988).

Verantwortungsübernahme (Reintegration)

Die unterschiedlichen Ansätze der Kriminalitätsprophylaxe lassen heute dennoch ein gemeinsames Endziel deutlich werden: Nur persönliche und sachliche Bindungen an und in die Gemeinschaft wirken der Kriminalität dauerhaft entgegen. Die Kontroll- und Bindungstheorien geben insoweit wichtige Hinweise für präventive Bemühungen (Rössner 1988).

Die traditionellen Strafen wirken einer Integration zunächst einmal entgegen. Durch die Strafe wird eine große Differenz zwischen den Konformen und Nichtkonformen geschaffen. Die „Rechtschaffenen" können sich von den „Bösen" absetzen.

Anders ist die Situation, wenn man den Täter-Opfer-Ausgleich als strafrechtliches Reaktionsmittel sieht. Schon in der handlungspraktischen Normaktualisierung kann der Täter konforme Identität gewinnen und sich dadurch zu reintegrieren versuchen.

Wichtiger ist jedoch noch der Aspekt der Verantwortungsübernahme durch den Täter, der ebenfalls zu seiner Reintegration beiträgt. In diesem Zusammenhang ergibt sich eines der gewichtigsten Argumente für die präventive Wirkung des Täter-Opfer-Ausgleichs: Schon geraume Zeit wird in der Kriminologie die fundierte These vertreten, Kriminalität hänge weniger damit zusammen, daß Straftäter die Strafrechtsnormen nicht gelernt und internalisiert haben oder diese gar ablehnen, sondern daß es ihnen mit bestimmten Techniken gelingt, die Norm trotz der dann auftretenden kognitiven Dissonanz wirksam auszuschalten oder zu neutralisieren (*Sykes* u. *Matza* 1957; Ball 1968; Egg u. Sponsel 1978, S. 38 ff.). Das „kriminelle Paradoxon" wird dadurch gelöst, daß „Rechtfertigungsgründe" für die Tat die Dissonanz zwischen akzeptiertem Normgebot und kriminellem Handeln abzubauen vermögen und so die Normverletzung ermöglichen. Entscheidender Ansatzpunkt fast aller dieser Neutralisationsstrategien ist das Opfer: Die eigene Verantwortung wird abgelehnt und dem Opfer zugeschoben, das Unrecht der Tat wird negiert, der Schaden bagatellisiert, und schließlich wird das Opfer als Person selbst abgelehnt oder entpersonalisiert, da es minderwertig sei und das Unrecht verdient habe. Es liegt auf der Hand, daß der Mechanismus der Verantwortungsverschiebung auf das Opfer den Keim zu weiterem abweichendem Verhalten in sich trägt (Wiswede 1978, S. 132).

Der Täter-Opfer-Ausgleich vermag hier als einzige strafrechtliche Reaktion gewichtige Gegenakzente zu setzen: Durch die aktive Normaktualisierung des Täters wird das Opfer als Person wahrgenommen und im gelungenen Fall auch anerkannt, denn der Straftäter hat sich mit dem Leid des Opfers, seiner Schuld und Verantwortung intensiv auseinanderzusetzen. Nach den Erfahrungen aller bisher arbeitenden Projekte gelingt es dem Straftäter hier weit weniger, seine Schuldgefühle zu neutralisieren, als in einem ausschließlichen Dialog mit dem insoweit unbeteiligten Richter. Im Vermittlungsgespräch erhält der Täter einerseits Gelegenheit, seine Handlung aus der Opferperspektive nachzuempfinden, andererseits wird es ihm ermöglicht, in der Schadenswiedergutmachung konforme Identität durch eigene Initiative zu finden. Täter und Opfer sind in den Konfliktlösungsprozeß integriert. Die hohe Akzeptanz bei der Bevölkerung schafft zusätzlich die Voraussetzungen für die notwendige Reintegration des Straftäters. Im Bereich der kleineren und mittleren Kriminalität ist vielfach kaum ein Strafbedürfnis der Bevölkerung festgestellt worden, dagegen sehr intensiv der Wunsch nach Wiederherstellung der Zustände, bevor das Recht gebrochen wurde (Hanak 1986; Schöch 1984; Sessar 1989; Smaus 1985). So überrascht es nicht, daß in der praktischen Arbeit des Täter-Opfer-Ausgleichs (derzeit im deutschsprachigen Raum rund 20 Projekte und Modellversuche; vgl. dazu ausführlich Marks u. Rössner 1989) dem Vermittlungsgespräch die zentrale Bedeutung – v. a. bei Jugendlichen – zukommt.

Fragen der Erfolgskontrolle

Der Erfolg präventiver Bemühungen will in unserer leistungsorientierten Gesellschaft in Zahlen ausgedrückt sein. Was zählt, ist der Erfolg, und so orientiert man sich in der Regel an der Legalbewährung einer Experimentalgruppe im Vergleich zu einer unbeeinflußten Kontrollgruppe. Können die Täter-Opfer-Ausgleichsprojekte also keine entsprechenden Erfolgsziffern gegenüber anderen Sanktionen vorlegen, so haben sie kaum eine Chance im Strafrecht.

Freilich müssen hierbei 2 Aspekte beachtet werden, die in einem schematischen Maßstab zu wenig hervortreten. Zum ersten ist das gesamte Strafrechtssystem durch eine recht hohe Mißerfolgsquote belastet. Die Ursachen dafür sind vielfältig, v.a. aber darin zu suchen, daß ein punktueller Eingriff die Ursachen von Verhaltensauffälligkeiten nur wenig beeinflussen kann. Der allgemeine Legitimationsdruck des Strafrechts lastet insoweit auch auf dem Täter-Opfer-Ausgleich. Man sollte hier also generell nicht viel mehr erwarten als von der Geld- oder Freiheitsstrafe. Entscheidend ist insoweit, daß jedenfalls kein weiterer Schaden angerichtet wird.

Als zweites ist zu sehen, daß das formale Kriterium des Rückfalls bei der Erfolgsbeurteilung nicht in der Lage ist, den humanen Anspruch eines neuen Weges wie des Täter-Opfer-Ausgleichs zu erfassen. Konstruktive Versuche der Tatverarbeitung treten in erster Linie an, Menschen zu helfen, ihr Leben besser zu bewältigen. Tritt diese Bedingung etwa durch die gelungene Konfliktverarbeitung zwischen 2 Personen ein, so liegt darin ein Wert an sich.

Die Ergebnisse der mehreren 100 Projekte zum Täter-Opfer-Ausgleich in den USA sowie der seit 1985 v.a. in der Bundesrepublik Deutschland und Österreich gestarteten Modellversuche (im einzelnen und eingehend die Beschreibungen bei Marks u. Rössner 1989) sind in jeder Hinsicht ermutigend. Erste Erfolgsuntersuchungen in den USA zeigen, daß die Teilnahme an einem Programm zum Täter-Opfer-Ausgleich jeder sonstigen Sanktionierung mindestens gleichwertig ist. Die gleich häufigen Rückfälle sind weniger schwerwiegend (Coates u. Gehm 1985). Aus breit angelegten deutschen empirischen Untersuchungen ergibt sich, daß v. a. im Jugendstrafrecht informelle Maßnahmen – und dazu gehört auch der Täter-Opfer-Ausgleich – den formellen Sanktionen unter spezialpräventiven Wirkungsaspekten überlegen sind (Heinz u. Hügel 1987).

Bei der Erfolgsbeurteilung sind die inhaltlichen, qualitativen Aspekte jedoch mindestens ebenso wichtig: Alle Projekte berichten über eine hohe Teilnahmebereitschaft von Tätern und Opfern sowie eine hohe Erfolgsquote im Hinblick auf die befriedigende Konfliktregelung wie auch über die Akzeptanz bei der Justiz, die sich in einer Einstellung des Verfahrens äußert, und die Zufriedenheit bei der Bevölkerung. Im Bereich der Alltagskriminalität werden wiederherstellende Reaktionen auf schädigendes Verhalten von Opfern wie der Bevölkerung favorisiert (Sessar 1989, S. 42 ff.). Einstellungsänderungen der Teilnehmer werden zumindest in Einzelfällen deutlich sichtbar.

Von allen Projekten wird zu Recht darauf hingewiesen, daß die Konfrontation mit dem Opfer und die Versöhnung im Vergleich häufig anstrengender und psychisch belastender für die Täter sind als vergleichbare Strafverfahren. Die Vorstellung vom Täter-Opfer-Ausgleich als einer Besserstellung des Täters trifft so nicht zu. Verantwortungsübernahme und die Auseinandersetzung mit dem Tatgeschehen sind schwere, aber konstruktiv zu bewältigende Belastungen.

Zwei gelungene Fälle aus dem Reutlinger Projekt „Handschlag" (zur eingehenden wissenschaftlichen Auswertung s. Kuhn, im Druck) konkretisieren die vorstehenden Ausführungen:

Fall 1:

Ein junger Straftäter wird von einer älteren Verkäuferin beim Ladendiebstahl ertappt. Bei seiner unüberlegten Flucht stößt er sie um, wodurch sie leicht verletzt wird und in einen Schockzustand kommt. Danach hat sie Angst vor ähnlichen Straftaten und hat Probleme mit ihrem Beruf. Im

Rahmen der Täter-Opfer-Ausgleichsbemühungen ist sie bereit, sich im Beisein eines Sozialpädagogen mit dem Täter an einen Tisch zu setzen. Dabei wird das Gesamtgeschehen aufgearbeitet. Der junge Mann erfährt erstmals das ganze Ausmaß der von ihm verursachten Tatfolgen; die Frau verliert ihre generelle starke Angst vor Straftätern, indem sie diesen Täter auch als Person erfaßt. Am Ende erklärt sich der junge Mann bereit, den Garten der älteren Frau in Ordnung zu bringen, woraus sich ein länger dauernder positiver Kontakt für beide Seiten entwickelt.

Fall 2:
In einer schwäbischen Kleinstadt stehen sich längere Zeit eine Motorradgruppe und eine Pfadfindergruppe feindlich gegenüber. Bei einer provozierten Auseinandersetzung überschreiten eines Tages Angehörige der Motorradgruppe die Schwelle des Strafrechts: Pfadfinder werden bedroht und verletzt. Bei einem gemeinsamen intensiven Gespräch im Rahmen des Projekts gelingt es beiden Seiten, miteinander über die unterschiedlichen Hintergründe und Motive ihrer Freizeitgestaltung zu sprechen. Schließlich wird der Konflikt durch eine auf Wunsch der geschädigten Pfadfinder durchgeführte „Bachputzete" (= umwelterhaltende Reinigung eines Baches) beigelegt und bei einem spontan veranstalteten anschließenden Fest die neue Qualität der Beziehung demonstriert. Spätere Feindseligkeiten sind nicht mehr bekannt geworden.

Es läßt sich leicht erkennen, daß die friedensstiftende Konfliktregelung mit einer abschließenden Wiedergutmachung so die präventiven Aufgaben des Strafrechts erfüllen kann und darüber hinaus auch humanen Ansprüchen gerecht wird.

Die Perspektive: Wiedergutmachung als Basis einer neuen Strafrechtskultur

Die oben dargelegten präventiven Wirkungsfaktoren des Täter-Opfer-Ausgleichs wie auch seine sozial-ethische Bedeutung bei zwischenmenschlichen Konflikten fordern die volle Integration des Gedankens in das Strafrecht. Gerade in der Tatfolgenorientierung dienen Wiedergutmachung und Täter-Opfer-Ausgleich dem Interesse des Opfers und können durch die Konfliktregelung den Rechtsfrieden wiederherstellen. Insbesondere das letzte Ziel ist der entscheidende Ansatzpunkt für die strafrechtliche Integration der Wiedergutmachung. Die Wiederherstellung des Rechtsfriedens durch Täter-Opfer-Ausgleich macht deutlich, daß zum einen die präventiven Strafzwecke abgedeckt sind und daß darüber hinaus das Ziel auf kommunikative Weise durch Aussöhnung zwischen den am Konflikt Beteiligten erreicht wird. Die durch Wiederherstellung des Rechtsfriedens gelösten Strafrechtsfälle wirken sich positiv bei allen Beteiligten aus: Der Täter hat sich mit dem Leid des Verletzten konkret auseinandergesetzt, das Opfer konnte möglicherweise generelle und spezifisch täterbezogene Angstvorstellungen abbauen, wenn es den Täter als „Menschen" kennenlernte, und die Konflikthelfer schließlich gelangen zu größerer Berufszufriedenheit als bei rein repressiv-strafrechtlicher Tätigkeit. Friedensstiftende Konfliktregelung und Täter-Opfer-Ausgleich sind damit Zwecke des Strafrechts (Rössner u. Wulf 1987; S. 7; Rössner 1989).

Selbstverständlich ist es derzeit nicht denkbar, auf die repressive Seite des Strafrechts zu verzichten; zu vielfältig ist das Verhalten, auf das Strafrecht zu reagieren hat. Bei unpersönlichen, gegen den Staat oder die Allgemeinheit gerichteten sozialschädlichen Delikten sowie bei schweren Verbrechen ist nicht an den tradierten Strafzwecken vorbeizukommen, auch wenn deren empirischer Wirksamkeitsbeweis noch aussteht. Zu sehr sind sie insoweit im Rechtsgefühl der Bevölkerung verankert. Festzuhalten ist aber, daß ein großer Teil der Alltagskriminalität, von den Eigentums- und Vermögensdelikten über Beleidigung und Körperverletzung bis zu anderen personenbezogenen Vergehen, präventiv befriedigend über den Täter-Opfer-Ausgleich zu lösen ist. Die dialogische Tatverarbeitung und die konstruktive Weise der Normverdeutlichung lassen weder general- noch spezialpräventive Aufgaben des Strafrechts leiden.

Der Täter-Opfer-Ausgleich weist über das gegenwärtige Dilemma der Kriminalpolitik zwischen Repression und Prävention, zwischen Abkehr vom Behandlungsgedanken und Hinwendung zum vergeltenden Gegenschlag hinaus. Konstruktive Tatverarbeitung unter Beachtung präventiver Aspekte kommt der uralten Forderung *Augustins* ein Stück näher, nämlich der Ungerechtigkeit immer so entgegenzutreten, daß zugleich der Menschlichkeit Rechnung getragen wird. Dialog und Schlichtung, Aussöhnung und Friedensstiftung öffnen den Weg zu einer neuen Strafrechtskultur.

In der praktischen Kriminalpolitik kann dies so aussehen, daß den bisherigen Mitteln der strafrechtlichen Kontrolle – den Strafen und Maßregeln der Besserung und Sicherung – eine dritte Spur – die Wiedergutmachung – an die Seite gestellt wird. Diese dritte Spur geht in all den Fällen, wo durch Wiedergutmachung der Rechtsfrieden wiederhergestellt werden kann, den anderen Reaktionen vor. Der Arbeitskreis „Alternativ-Entwurf" deutscher, österreichischer und schweizer Strafrechtslehrer ist dabei, einen entsprechenden Gesetzesentwurf vorzulegen.

Literatur

Ball RA (1968) An empirical exploration of neutralisation theory. In: Lefton M, Skipper JK, McCaghy CM (eds) Approaches to deviance. Appleton-Century-Crofts, New York, pp 255–265

Binding K (1916) Die Normen und ihre Übertretung, Band 1: Normen und Strafgesetze, 3. Aufl. Meiner, Leipzig

Coates R, Gehm J (1985) Victim meets offender. An evaluation of victim offender programs. PACT Institute of Justice, Valparaiso

Egg R, Sponsel R (1978) Bagatelldelinquenz und Techniken der Neutralisierung. MschrKrim 61:38–50

Frehsee D (1987) Schadenswiedergutmachung als Instrument strafrechtlicher Sozialkontrolle. Duncker & Humblot, Berlin

Frühauf L (1988) Wiedergutmachung zwischen Täter und Opfer. Mannhold, Düsseldorf

Haidar A, Leirer H, Pelikan C, Pilgram A (Hrsg) (1988) Konflikte regeln statt strafen! Über einen Modellversuch in der österreichischen Jugendgerichtsbarkeit. Verlag für Gesellschaftskritik, Wien

Hanak G (1986) Vom Umgang mit Konflikten. In: Müller S, Otto H-U (Hrsg) Damit Erziehung nicht zur Strafe wird. Böllert, Bielefeld, S 177–195

Heinz W, Hügel C (1987) Erzieherische Maßnahmen im deutschen Jugendstrafrecht. Bundesministerium der Justiz, Bonn

Hoebel E (1968) Das Recht der Naturvölker. Walter, Olten u. Freiburg

Hommers W (1983) Die Entwicklungspsychologie bei Delikts- und Geschäftsfähigkeit. Hogrefe, Göttingen

Kaiser G (1988) Kriminologie. Ein Lehrbuch, 2. Aufl. Müller, Heidelberg
Kaufmann A (1961) Das Schuldprinzip. Winter, Heidelberg
Kuhn A (im Druck) Wissenschaftlicher Bericht über das Projekt „Handschlag". Bonn
Luhmann N (1987) Rechtssoziologie, 2. Aufl. Westdeutscher Verlag, Opladen
Marks E, Rössner D (Hrsg) (1989) Täter-Opfer-Ausgleich. Vom zwischenmenschlichen Weg zur Wiederherstellung des Rechtsfriedens. Forum, Bonn
Martin CP (1988) Das Sühneverfahren vor dem Schiedsmann in Strafsachen. Schmidt-Römhild, Lübeck
Müller S, Otto H-U (1986) Sozialarbeit im Souterrain der Justiz, Plädoyer zur Aufkündigung einer verhängnisvollen Allianz. In: Müller S, Otto H-U (Hrsg) Damit Erziehung nicht zur Strafe wird. Böllert, Bielefeld S VII–XVII
Noll P (1962) Die ethische Begründung der Strafe. Mohr, Tübingen
Pfeiffer C (1983) Kriminalprävention und Jugendgerichtsverfahren. Heymanns, Köln
Piaget J (1954) Das moralische Urteil beim Kinde. Rascher, Zürich
Plack A (1974) Plädoyer für die Abschaffung des Strafrechts. List, München
Pospisil L (1971) Anthropology of law. A comparative theory. Harper & Row, New York
Rössner D (1976) Bagatelldiebstahl und Verbrechenskontrolle, Lang, Bern
Rössner D (1984) Die Opferperspektive in der Gerichtshilfe. Friedenstiftende Sozialarbeit im Strafrecht. Bewährungshilfe 31:220–227
Rössner D (1988) Angewandte Kriminologie und Prävention. In: Göppinger H (Hrsg) Angewandte Kriminologie – International. Forum, Bonn, S 138–154
Rössner D (1989) Wiedergutmachen statt Übelvergelten – (Straf)theoretische Begründung und Eingrenzung der kriminalpolitischen Idee. In: Marks E, Rössner D (Hrsg) Täter-Opfer-Ausgleich. Fromm, Bonn, S 7 ff.
Rössner D, Wulf R (1987) Opferbezogene Strafrechtspflege, 3. Aufl. Deutsche Bewährungshilfe, Bonn
Roxin C (1987) Die Wiedergutmachung im System der Strafzwecke. In: Schöch H (Hrsg) Wiedergutmachung und Strafrecht. Fink, Göttingen, S 37–55
Schafer S (1977) Victimology: The victim and his criminal. Reston Publication, Reston
Schild W (1986) Über die Schwierigkeit, zur Schuld(lehre) im Strafrecht Nein oder Ja zu sagen. In: Müller S, Otto H-U (Hrsg) Damit Erziehung nicht zur Strafe wird. Böllert, Bielefeld, S 29–44
Schöch HF (1984) Die Rechtsstellung des Verletzten im Strafverfahren. NStZ 4:385–389
Schott R (1970) Die Funktion des Rechts in primitiven Gesellschaften. In: Maihofer W, Schelsky H (Hrsg) Jahrbuch für Rechtssoziologie und Rechtstheorie, Bd 1. Bertelsmann, Bielefeld, S 107–174
Sessar K (1989) Strafbedürfnis und Konfliktregelung – Zur Akzeptanz der Wiedergutmachung im und statt Strafrecht. In: Marks E, Rössner D (Hrsg) Täter-Opfer-Ausgleich, Forum, Bonn, S 42 ff
Smaus G (1985) Das Strafrecht und die Kriminalität in der Alltagssprache der deutschen Bevölkerung. Westdeutscher Verlag, Opladen
Spiess G (1986) Der kriminalrechtliche Umgang mit jungen Mehrfachtätern – Kriminologische Befunde und kriminalpolitische Überlegungen. In: Walter M (Hrsg) Diversion als Leitgedanke. Deutsche Vereinigung für Jugendgerichte und Jugendgerichtshilfen, München S 28–52
Sykes GH, Matza D (1957) Techniques of neutralization: A theory of delinquency. Am Soc Rev 22:664–670
Vossenkuhl W (1983) Moralische und nicht-moralische Bedingungen verantwortlichen Handelns: Eine ethische und handlungstheoretische Analyse. In: Baumgartner HM, Eser A (Hrsg) Schuld und Verantwortung. Mohr, Tübingen, S 109–140
Weigend T (1989) Deliktopfer und Strafverfahren. Duncker & Humblot, Berlin
Wiesnet E, Gareis B (1976) Schuld und Gewissen bei jugendlichen Rechtsbrechern. Patmos, Düsseldorf
Wiswede G (1978) Soziologie abweichenden Verhaltens, 2. Aufl. Kohlhammer, Stuttgart

Neue Ansätze der Kriminalitätsverhütung im Ausland – Beispiel Großbritannien

Gloria Laycock

Die Bekämpfung der Kriminalität gehört allgemein zu den Aufgaben einer Regierung. Zumindest in Großbritannien erfolgt von offizieller Seite die Reaktion auf Kriminalität durch die Strafgerichtsbarkeit und deren Behörden – Polizei, Gerichte, Bewährungshilfe, Haftanstalten. Bis etwa Mitte der 60er Jahre leisteten sie, hauptsächlich durch ihre abschreckende oder entkräftende Wirkung, den größten Beitrag zur „offiziellen" Verbrechensvorbeugung. Während der letzten ca. 20 Jahre ist jedoch das Interesse, dem Verbrechen vorzubeugen, wieder bedeutend gewachsen. Nachfolgend werden einige dieser Entwicklungen aus der Sicht der Regierung beschrieben. Zunächst werden Verbrechensvorbeugung und Verbrechensbekämpfung gegeneinander abgegrenzt; anschließend werden einige der wesentlichen Kernansätze der Strategie zur Verbrechensvorbeugung in Großbritannien beschrieben und deren Konsequenzen für die Praxis umrissen.

Was bedeutet Verbrechensvorbeugung in Großbritannien?

Der Begriff „Verbrechensvorbeugung" kann äußerst mißverständlich sein – er kann vom Tod durch Erhängen bis zur Sicherheitsverwahrung, von der Absicherung von Angriffszielen bis zu den offenen Türen der„Gemeindeschulen", von langjährigen Haftstrafen bis zur Betreuung in der Gemeinde alles bedeuten. Man kann allen diesen Maßnahmen eine präventive Funktion zuschreiben; erkennt man diese als präventiv an, muß man jedoch, wie Brantingham u. Faust (1976) argumentieren, auch zugeben, daß hier eine begriffliche Zweideutigkeit und ein theoretischer Widerspruch besteht. Aufgrund neuerer Entwicklungen in Großbritannien ist daher der Begriff der Verbrechensvorbeugung neu definiert worden und beschränkt sich auf das, was Brantingham u. Faust als „primäre Verbrechensvorbeugung" bezeichnen.

Dabei werden die im natürlichen und sozialen Umfeld gegebenen kriminalitätsbegünstigenden oder -auslösenden Umstände ermittelt, mit dem Ziel, diese so zu verändern, daß die Wahrscheinlichkeit kriminellen Handelns verringert wird. Kriminelles Handeln ist im wesentlichen durch solche Umstände vorprogrammiert. Auf diesem Gebiet zu ergreifende Maßnahmen könnten auf eine „situationsbezogene Verbrechensvorbeugung" sowie auf die Verbesserung des sozialen Zusammenhalts oder die formlose Kontrolle in der Gesellschaft gerichtet sein.

Natürlich hat Verbrechensvorbeugung in diesem Sinne in Großbritannien schon immer existiert; der einzelne schützt sich vor Verbrechen und wird auch von der Regierung dazu aufgefordert – wenn auch nur bis zu einer gewissen Grenze. Man kann beispielsweise nicht auf einen Einbrecher schießen oder, und sei es zur Selbstverteidigung, auf der Straße eine Waffe mitführen. Auch wird man heutzutage nicht mehr, wie vor einigen 100 Jahren, dazu angehalten, den Täter selbst zu verfolgen; damals wurde vom Bürger verlangt, Verbrecher zu verfolgen und festzunehmen („hue and cry"). Obwohl diese althergebrachten, verbrechensvorbeugenden Traditionen durch den Metropolitan Police Act von 1829 in der Polizei gestärkt worden waren, war der Polizeidienst bis zur Mitte dieses Jahrhunderts größtenteils mehr auf die zu ergreifenden Verfolgungsmaßnahmen ausgerichtet, und die Mittel wurden in erster Linie in den Bereichen Nachforschung, Ermittlung und Strafverfolgung eingesetzt. In den 60er Jahren leitete die britische Regierung wichtige Schritte ein, um eine andere Gewichtung – d. h. eine Verschiebung von einer rein deklaratorischen zu einer greifbaren Unterstützung der Verbrechensvorbeugung in der Praxis – zu erreichen (Laycock u. Heal 1989). Unter anderem wurde die Stelle eines für die Verbrechensvorbeugung zuständigen Polizeibeamten eingerichtet und eine zentrale Schulungsorganisation für Verbrechensvorbeugung aufgebaut.

Leider wurden diese Ansätze zur Förderung der Verbrechensvorbeugung weitgehend durch sich zu jener Zeit vollziehende Veränderungen in der Ausstattung der Polizei überholt; diese führten zu einer massiven Verstärkung des Einsatzes von Streifenwagen und damit zu einer Verringerung des Kontaktes zwischen Polizei und Öffentlichkeit sowie zu der verstärkten Entwicklung von Informationstechnologien, die in erster Linie für einen Zeitgewinn bei polizeilichen Reaktionen eingesetzt wurden – woran sich ablesen läßt, wie sehr die Polizei auf Verfolgungsmaßnahmen ausgerichtet war. Bis zur Mitte der 80er Jahre waren nur 600 von über 221 000 Polizeibeamten auf Verbrechensvorbeugung spezialisiert.

Indessen kann man natürlich argumentieren, daß der Polizeibeamte im Streifendienst ebenfalls dem Verbrechen vorbeuge; jedoch trifft dies nur in sehr begrenztem Maße zu (Clarke u. Hough 1984).

Es ist auf den Einsatz einzelner für die Verbrechensvorbeugung, jedoch nur in geringem Maße auf die Unterstützung durch Organisationen zurückzuführen, daß die Regierung 1983 im Innenministerium eine Abteilung für Verbrechensvorbeugung einrichtete. Dies war die Reaktion darauf, daß man die Notwendigkeit einer stärkeren Förderung der Verbrechensvorbeugung durch die Regierung erkannte; jedoch trugen auch die Ergebnisse wissenschaftlicher Untersuchungen erheblich dazu bei.

Untersuchungen über die Grenzen der Strafgerichtsbarkeit als Mittel zur Bekämpfung der Kriminalität wiesen eine große Häufigkeit strafbarer Handlungen nach, die entweder unentdeckt blieben (was beim Ladendiebstahl häufig zutrifft, siehe z. B. Ruckle u. Farrington 1984) oder nicht bei der Polizei gemeldet wurden (Hough u. Mayhew 1983, 1985). Daher war in vielen Fällen einfach kein überführter Täter vorhanden, der bestraft werden konnte. Ebenso wurde aus Untersuchungen deutlich, daß unter bestimmten Umständen durch den Abbau kriminalitätsbegünstigender Bedingungen in der Umgebung Verbrechen verhindert werden könnten (Clarke u. Mayhew 1980; Heal u. Laycock 1986). Aus den Ergebnissen dieser Untersuchungen ergaben sich einige Kernansätze zur Strategie der Verbrechensvorbeugung, die im folgenden diskutiert werden.

Kernansätze zur Verbrechensvorbeugung in Großbritannien

Die Strategie der Verbrechensvorbeugung in Großbritannien weist folgende 4 Kernansätze auf:
- die Förderung der zwischenbehördlichen Zusammenarbeit,
- die Arbeit auf lokaler Ebene innerhalb der Gemeinden,
- die Gewichtung der Kriminalitätsanalyse bei der Konzeption von Initiativen zur Verbrechensvorbeugung,
- wissenschaftliche Grundlagen.

Zwischenbehördliche Zusammenarbeit

Wissenschaftliche Untersuchungen bestätigen die jedem bekannte und einleuchtende Auffassung, daß die Polizei alleine Verbrechen nicht verhindern kann. Die Veränderung der kriminalitätsbegünstigenden Umstände in der Gesellschaft erfordert häufig das Handeln mehrerer Institutionen und des einzelnen. Der Konstrukteur, der Bauunternehmer, der Planer, der Industrielle, diejenigen, die ein wirtschaftliches Interesse haben – jeder von ihnen spielt dabei eine Rolle. Nicht immer wirken sie bereitwillig mit. Ein deutliches Beispiel ist die Abneigung in der Wirtschaft gegen verbrechensvorbeugende Maßnahmen, sobald eine Beeinträchtigung des Gewinns damit verbunden sein kann. Obwohl sich gezeigt hatte, daß die Zahl der Autodiebstähle durch die Verwendung von Lenkradschlössern gesunken war (Mayhew et al. 1980), wehrte sich die Kraftfahrzeugindustrie hartnäckig gegen eine Verbesserung der Sicherheitsvorrichtungen im Auto, mit der Begründung, daß sie dadurch auf dem stark wettbewerbsorientierten Markt nicht mehr mithalten könnte. Erst wenn sich eine eindeutige Nachfrage von seiten der Kraftfahrzeugbenutzer nach verbesserten Sicherheitsvorrichtungen abzeichnet, werden ernsthafte Versuche unternommen, Kfz-Kriminalität durch eine verbesserte Konstruktion zu verhindern, obwohl einige diesbezügliche Maßnahmen mit einem relativ geringen Kostenaufwand eingeführt werden könnten (Southall u. Ekblom 1985).

In ähnlicher Weise kann man argumentieren, daß das an einen Supermarkt erinnernde Auslegen der Ware in vielen Läden die Zahl der Ladendiebstähle erhöht. In der Oxford Street in London wird eine Polizeieinheit eingesetzt, um Ladendiebe zu belangen. Die Polizei nimmt die Ladendiebe nicht selbst fest, sondern besucht die Läden und „sammelt“ die von Detektiven Festgehaltenen und des Deliktes Beschuldigten „ein“. Die Analyse der polizeilichen Angaben ergab, daß 40% der Festnahmen in ein und demselben, relativ kleinen Buchladen erfolgten (Ekblom 1986). In diesem Laden wurden Schallplatten und Kassetten in ihrer Hülle auf dem Fußboden gelagert. Folglich war es besonders einfach für die Jugendlichen, sie zu stehlen, was auch geschah. Bei den Festgenommenen handelte es sich größtenteils um jugendliche Ersttäter.

Die Daten wurden dem Geschäft mit dem Vorschlag vorgelegt, das Problem eher durch Prävention als durch Detektivarbeit anzugehen. Man hatte dort eine große Zahl von Detektiven angestellt, die wie gewöhnliche Kunden gekleidet waren und versuchten, die Täter auf frischer Tat zu ertappen. Indem man zu einer präventiven Methode überging, setzte man sich zum Ziel, das Delikt zu verhindern, bevor es begangen wurde. Die Geschäftsleitung führte ein elektronisches Kassettenschutzsystem ein, erhöhte die Sichtbarkeit der Ware durch eine Verbesserung der Auslagen im Verkaufsraum und beschäftigte mehr sichtbare Wachposten zur Abschreckung. Dennoch konnte man die „Originalauslage" beibehalten, d.h. Schallplatten und Kassetten in den Hüllen lassen; aufgrund der darauffolgenden Kontrolle kann man dennoch davon ausgehen, daß die Zahl der Diebstähle zurückgegangen ist.

Geht es hingegen darum, die Zahl der Einbrüche in lokal verwalteten Wohnsiedlungen zu verringern, so kann eine Behörde allein selten bedeutende Erfolge erzielen. In solchen Fällen ist häufig eine Zusammenarbeit zwischen verschiedenen Institutionen erforderlich. In einem Demonstrationsvorhaben in Nordengland (Forrester et al. 1988) verringerte sich nach der Einrichtung einer zwischenbehördlich arbeitenden Gruppe und der Einführung einer Reihe von Präventivmaßnahmen die Zahl der Einbrüche in Privathaushalte um mehr als 50%. Zu den Präventivmaßnahmen gehörten verbesserte Sicherheitsvorkehrungen in den einzelnen Haushalten, die Bildung eines Teams zur gegenseitigen Unterstützung innerhalb der Gemeinde mit der Aufgabe, jedes Einbruchsopfer und dessen Nachbarn zu besuchen und ein „kleines" Programm zur Fürsorge in der Nachbarschaft („neighbourhood watch") aufzubauen; ferner erfolgte präventiv die Entfernung von Münzautomaten, die in einigen ärmeren Häusern für den Erwerb von Gas und Strom aufgestellt sind und wegen der relativ hohen Geldsummen, die sie enthalten, häufig aufgebrochen werden (Hill 1986). Die Entwicklung, Einführung und spätere Kontrolle dieser Maßnahmen erforderte die Zusammenarbeit von für die Heizölversorgung zuständigen Einrichtungen, lokalen Behörden, der Polizei, Bewährungshilfe, der örtlichen Universität und der Kommission für die Vermittlung von Arbeitskräften (MSC), die auf lokaler Ebene Arbeitsprojekte in Gebieten mit hoher Arbeitslosigkeit finanziert. Auch auf Regierungsebene hat sich das Konzept der zwischenbehördlichen Zusammenarbeit entwikkelt. Man bildete ein Gremium von Ministern aus verschiedenen Regierungsbehörden unter dem Vorsitz eines Ministers aus dem Innenministerium. Dieser Ministerrat zur Verbrechensvorbeugung (MGCP) symbolisiert auf nationaler Ebene die Auffassung, daß für die Bekämpfung der Kriminalität nicht allein die Polizei zuständig sein dürfe. Im MGCP sind weitere 13 Regierungsbehörden vertreten. Die größten Einflußmöglichkeiten in bezug auf die Verbrechensvorbeugung haben das Umweltministerium, welches für wichtige Entscheidungen im Wohnungsbau, v.a. im öffentlichen Sektor, zuständig ist, und das Ministerium für Erziehung und Wissenschaft mit der Möglichkeit, Lehrpläne und die in Schulen vermittelten Wertvorstellungen dahingehend zu beeinflussen, daß in den Schulen selbst sowie außerhalb mit geringerer Wahrscheinlichkeit Verbrechen begangen werden.

Gemeinsam betreiben die Mitglieder des Ministerrates Öffentlichkeitsarbeit zur Verbrechensvorbeugung und arbeiten an einem Programm für „Mehr Sicherheit in den Städten" („safer cities"), welches unten beschrieben wird. Ein Bericht über die Tätigkeitsbereiche der MGCP-Gruppe wurde vom Innenministerium veröffentlicht (Home Office 1989); unter anderem wurde dort die Rolle der Eltern bei der Verbrechensvorbeugung, die Verhinderung von Gewalt und der Einfluß der Medien auf die Kriminalität dargelegt. Die Bedeutung der zwischenbehördlichen Zusammenarbeit bei der Verbrechensvorbeugung wurde in einem 1984 von der Regierung herausgegebenen Rundschreiben betont (Home Office 1984). Es regte eine Zusammenkunft mehrerer Behörden aus dem ganzen Land an, die gemeinsam versuchen sollten, das Problem der Kriminalität auf lokaler Ebene anzugehen. Dies führte zu unterschiedlichen Erfolgen und war mit Sicherheit komplizierter, als zunächst erwartet (Blagg et al. 1988). Nicht nur intern treten bei einigen Behörden Spannungen und Schwierigkeiten auf; weitaus größer sind die Probleme häufig dann, wenn Behörden mit unterschiedlichen Zielen und unterschiedlichen Gruppen von Interessenten zusammentreffen. Über das Ziel der Verbrechensvorbeugung mag man sich zwar einig sein, jedoch besteht oft große Uneinigkeit darüber, wie dieses zu erreichen ist. Die jeweiligen Traditionen und Vorgehensweisen der mitwirkenden Behörden kommen hier zum Tragen und führen zu Unstimmigkeiten (Brantingham 1986).

Ein weiteres Problem im Zusammenhang mit dem vom Innenministerium herausgegebenen Rundschreiben bestand darin, daß es absichtlich nicht eindeutig festlegte, welche Behörde für die Verbrechensvorbeugung den Vorsitz übernehmen sollte. Man hielt es für besser, dies offenzulassen, so daß den örtlichen Verhältnissen entsprechende Bedürfnisse und Präferenzen zum Tragen kämen. Wäre in einem Gebiet eine besonders geeignete Regierungsbehörde vorhanden, könnte sie dort die Initiative ergreifen; in einem anderen Bezirk wiederum könnte die Polizei geeigneter sein. Dieser Mangel an Anweisungen fand jedoch keinen großen Anklang, und einige lokale Behörden fordern nun Vorschriften vom Innenministerium, aufgrund derer eine bestimmte Behörde benannt werden soll, die für die Einberufung von Versammlungen zuständig ist und für die Realisierung nachfolgender Maßnahmen sorgt.

Im Zusammenhang mit der zwischenbehördlichen Zusammenarbeit ist noch die vom Innenministerium durchgeführte „Ständige Konferenz zur Verbrechensvorbeugung" zu erwähnen. Deren Kompetenz wurde 1984 mit der Übernahme des Vorsitzes durch den Staatssekretär im Innenministerium gestärkt. Die Konferenz kommt jährlich zusammen und wird durch den Innenminister und seinen Staatssekretär kontaktiert. Während der Konferenz berichten die Leiter der in der Ständigen Konferenz jährlich gebildeten Arbeitsgruppen. Diese Arbeitsgruppen sollen verschiedene Themen zur Verbrechensvorbeugung erörtern und über ihre Erkenntnisse und Empfehlungen Bericht erstatten. 1988 berichteten Arbeitsgruppen über die Verhinderung der Brandstiftung, über die durch Kriminalität verursachten Kosten sowie über die Verhinderung von Kraftfahrzeugdelikten. Ebenso wurde auf der Ständigen Konferenz von 1988 eine neue Arbeitsgruppe eingerichtet, die sich mit der Angst vor dem Verbrechen, insbesondere mit der Rolle der Medien, befaßt. Sie wird ihren Bericht 1989 vorlegen. Die Arbeitsgruppen werden von regierungsunabhängigen Personen geleitet, und deren Mitgliedschaft wird vom jeweiligen Vorsitzenden bestimmt. Alle Berichte werden veröffentlicht und sind beim Innenministerium erhältlich. Sie werden in Rundbriefen an diejenigen weitergeleitet, die ein besonderes Interesse am jeweiligen Fachgebiet zeigen.

Der Umgang mit Kriminalität auf lokaler Ebene

Zusätzlich zum zwischenbehördlichen Ansatz zur Verbrechensvorbeugung empfiehlt das Rundschreiben des Innenministeriums die Planung präventiver Strategien auf lokaler Ebene. Wenn auch einige Initiativen auf nationaler Ebene erforderlich sind, beispielsweise Verbesserungen in der Kraftfahrzeugkonstruktion, so geht aus Untersuchungen doch immer wieder hervor, daß es innerhalb des Landes enorme Unterschiede in der Kriminalität gibt. Demnach sollten präventive Maßnahmen auf die örtlichen Gegebenheiten ausgerichtet sein und die Art der Kriminalität auf lokaler Ebene erkennen lassen.

Am deutlichsten zeigen sich die unterschiedlichen Strukturen der Kriminalität in verschiedenen Gebieten in einer Meinungsumfrage zur Kriminalität in Großbritannien, die zum dritten Mal Anfang 1989 durchgeführt wurde. Die beiden vorherigen Umfragen zeigen, nimmt man den Einbruch in Privathaushalte als Beispiel, eine Variation der Kriminalitätsrate von niedrig in ländlichen Gegenden bis zum mehrfachen Landesdurchschnitt in den schlechtesten Wohnsiedlungen.

In den verschiedenen Kriminalitätsraten spiegeln sich u. a. die Unterschiede in den kriminalitätsbegünstigenden Strukturen wider. In manchen Wohnsiedlungen findet man schlechte Sicherheitsvorkehrungen gepaaart mit verlockenden Angriffszielen, wie etwa den obengenannten Münzautomaten für Heizöl. Auch der Anteil von Straftätern an der Bevölkerung ist in diesen Gebieten hoch, und häufig sind die Bezirke historisch durch Kriminalität und unzivilisiertes Verhalten gekennzeichnet (Bottoms u. Wiles 1988). Nach Meinung der Regierung können Probleme der Kriminalität in diesen Gebieten nur unter Einbeziehung der örtlichen Gegebenheiten angegangen werden. Dieser Ansatz kann eine umfassende Betrachtungsweise der Kriminalität in einem Bezirk unter Berücksichtigung der Wohnungsbestandspolitik, der demographischen Merkmale, insbesondere des Anteils der jugendlichen Bevölkerung, der Absicherung der Häuser und der in der Gemeinde vertretenen Ansichten erfordern.

Ebenso ist zu bedenken, daß das Angebot an nichtkriminellen Aktivitäten, besonders für junge Leute, in verschiedenen Teilen des Landes in seinem Umfang sehr unterschiedlich ist. Ablenkungsaktivitäten, mit denen zeitfüllende und nichtkriminelle Beschäftigungen geboten werden, werden häufig, wenn auch keineswegs ausschließlich, von der Polizei oder anderen Gesetzesbehörden organisiert. Bei der Polizei von Staffordshire z. B. werden den ganzen Sommer über Ferienprogramme für Jugendliche angeboten (SPACE-Programm der Polizei von Staffordshire). Etwa 25 000 Jugendliche melden sich jährlich dort an, und die Durchführung des Programmes in dem der jeweiligen Polizeieinheit unterstellten Gebiet wird durch ca. 1000 Mitglieder der jeweiligen Gemeinden und durch die Medien unterstützt. Es gibt zwar keine eindeutigen Hinweise darauf, daß dies zu einer Abnahme der Kriminalität führt (Heal u. Laycock 1987), doch hat sich das Programm als beliebt bei der Gemeinde und bei den jungen Teilnehmern erwiesen.

Die Zusage der Regierung zur Verbrechensvorbeugung auf lokaler Ebene wurde 1985 durch den Start der „Fünf-Städte-Initiative" in die Praxis umgesetzt. Dies war die Folge einer Reihe von Forderungen von seiten der örtlichen Behörden, der Polizei und freiwilliger Organisationen nach Richtlinien für den Aufbau von Programmen zur Verbrechensvorbeugung. Im Oktober 1985 gab das Innenministerium seine Entscheidung bekannt, in 5 Städten „Demonstrationsvorhaben“ aufzubauen. Bis Januar 1986 wurden Bolton und North Tyneside in Nordengland, Wellingborough in Mittelengland, Croydon in Südengland und Swansea in Wales ausgewählt und ein örtlicher Koordinator für die Verbrechensvorbeugung ernannt. Ziel der 18 Monate lang von der britischen Regierung sowie von lokalen Regierungsbehörden finanzierten Initiative war, in der Öffentlichkeit das Vertrauen darauf zu fördern, daß die Zahl der Verbrechen sowie die Angst davor verringert werden kann. Jede der Initiativen umfaßte eine Reihe einzelner Programme, die die Mitwirkung örtlicher Behörden, freiwilliger Verbände und natürlich der ansässigen Bevölkerung selbst erforderten. Die Programme wurden aufgrund eines – aus Statistiken der Polizei und anderer Behörden gewonnenen – detaillierten Kriminalitätsprofils des jeweiligen Bezirks erstellt, das klar erkennen ließ, welche Verbrechen am häufigsten oder am besorgniserregendsten waren.

In jedem Bezirk wurde ein vorbereitender Ausschuß gebildet, der sich aus Vertretern interessierter örtlicher Organisationen zusammensetzte und beim Entwurf der am Ort eingesetzten Programme und bei der Durchführung der vereinbarten Maßnahmen behilflich war. Die Projekte gingen Mitte 1987 zu Ende und wurden von der ansässigen Bevölkerung als ausreichend erfolgreich beurteilt, so daß weitere Mittel für ihre Fortführung und Erweiterung zur Verfügung gestellt werden konnten.

In größerem Rahmen wird derzeit, aufbauend auf den Erfahrungen mit der Fünf-Städte-Initiative, das Programm „Mehr Sicherheit in den Städten“ („safer cities“) entwickelt. Wiederum handelt es sich um ein auf lokaler Ebene durchgeführtes Projekt, für das von der britischen Regierung die Mittel für einen örtlichen Koordinator und, in diesem Fall, auch für einen assistierenden Koordinator bereitgestellt werden. Nach dem gegenwärtigen Plan soll in 20 Städten mehr Sicherheit hergestellt werden. Das Programm befindet sich noch weitgehend in seiner Anfangsphase; in 3 Städten sind die Projektmitarbeiter benannt worden, in 13 weiteren soll bald der Anfang gemacht werden. Das Programm hat zum Ziel:

a) die Kriminalitätsrate zu verringern,
b) Angst vor Kriminalität abzubauen,
c) die Sicherheit in den Städten zu erhöhen und damit ein Aufblühen der Wirtschaft und des Lebens in der Gemeinschaft zu ermöglichen.

Es sind zentral durchgeführte Schulungen vorgesehen, in denen die Bedeutung des an örtlichen Gegebenheiten orientierten Ansatzes zur Verringerung der Kriminalitätsrate und der Notwendigkeit der zwischeninstitutionellen Zusammenarbeit betont wird. Zudem soll das ganze Programm nach seiner Wirkung auf Kriminalität und Angst davor bewertet werden. Die Koordinatoren des „Safer-cities-Projektes“ werden dazu angehalten werden, an die Entwicklung ihrer Aktivitäten mit einer „Kriminalitätsanalyse“ heranzugehen. Hierin besteht der dritte Kernansatz in der Strategie der Regierung, der im folgenden beschrieben wird.

Kriminalitätsanalyse

Die Entwicklung einer Präventivstrategie auf lokaler Ebene erfolgt häufig in 5 Phasen. Dadurch wird ein zielgerichteter Einsatz jeder Initiative in bezug auf das wichtigste Problem des jeweiligen Bezirks ermöglicht und eine darauffolgende Bewertung und Kontrolle erleichtert. Die 5 Phasen sind:

- Datensammlung,
- Analyse,
- Entwurf von Präventivstrategien,
- Ausführung,
- Bewertung und Kontrolle.

In leicht verbesserter Form könnte diese Vorgehensweise in vielen anderen Arbeitsbereichen angewandt werden; sie kommt der Praxis des guten Managements gleich: Problemdefinition – Lösungsentwurf – Ausführung – Kontrolle. In diesem Fall wird eine Managementstrategie auf die Bekämpfung der Kriminalität angewandt.

Datensammlung/Analyse

Polizeiliche Daten können zwar häufig als Ansatzpunkt für das Verständnis und die Beschreibung eines Kriminalitätsproblems hilfreich sein, jedoch sind sie nicht unbedingt das geeignetste Mittel. Viele der Delikte werden nicht bei der Polizei gemeldet und erscheinen somit nicht in der Kriminalstatistik. Das auffallendste Beispiel hierfür ist die mutwillige Zerstörung bzw. Sachbeschädigung, die nach den Angaben der Umfrage zur Kriminalität in Großbritannien in 92 % der Fälle nicht polizeilich gemeldet wird. Bei Delikten am Kraftfahrzeug sind die Angaben im einiges besser; 98 % der Fälle von Autodiebstahl werden gemeldet, wenn auch nur 30 % der Diebstähle aus dem Auto in der Kriminalstatistik erscheinen. Diese Angaben sind in Abb. 1 dargestellt.

Je nach dem entsprechenden Bezirk kann eine Ergänzung der polizeilichen Daten durch Information aus anderen Quellen notwendig sein; hierzu gehören örtliche Behörden, Ladeninhaber, Geschäftsführer der Einkaufszentren oder die Bevölkerung selbst, und zwar im Rahmen von Meinungsumfragen zur Kriminalität. Alle besitzen Informationen, die für die Entwicklung einer Strategie zur Verbrechensvorbeugung nicht nur relevant, sondern sogar an sich ausreichend sein können. Für den Versuch beispielsweise, Ladendiebstähle zu verhindern, bieten ungenügende polizeiliche Angaben i. allg. keine ausreichende Grundlage. Jedoch sind in Geschäften oder Einkaufszentren häufig keine geeigneten Informationssysteme vorhanden, die für eine genaue Spezifizierung des Kriminalitätsproblems genügend ins Detail gehen. Es bedarf daher der Einrichtung solcher Systeme für ein adäquates Arbeiten (Ekblom 1986; Burrows 1988).

Die Analyse kann sehr einfach sein, da sie gewöhnlich ein geringes Maß an Statistikkenntnissen erfordert. Was i. allg. gesucht wird, sind Datensätze, aus denen deutlich wird, daß der Täter aus kriminalitätsbegünstigenden Umständen heraus gehandelt hat. Dies gilt für Delikte jeglicher Art; in einem walisischen Tal z. B. machte sich die Einrichtung der Münzautomaten für Heizöl in der Zahl der

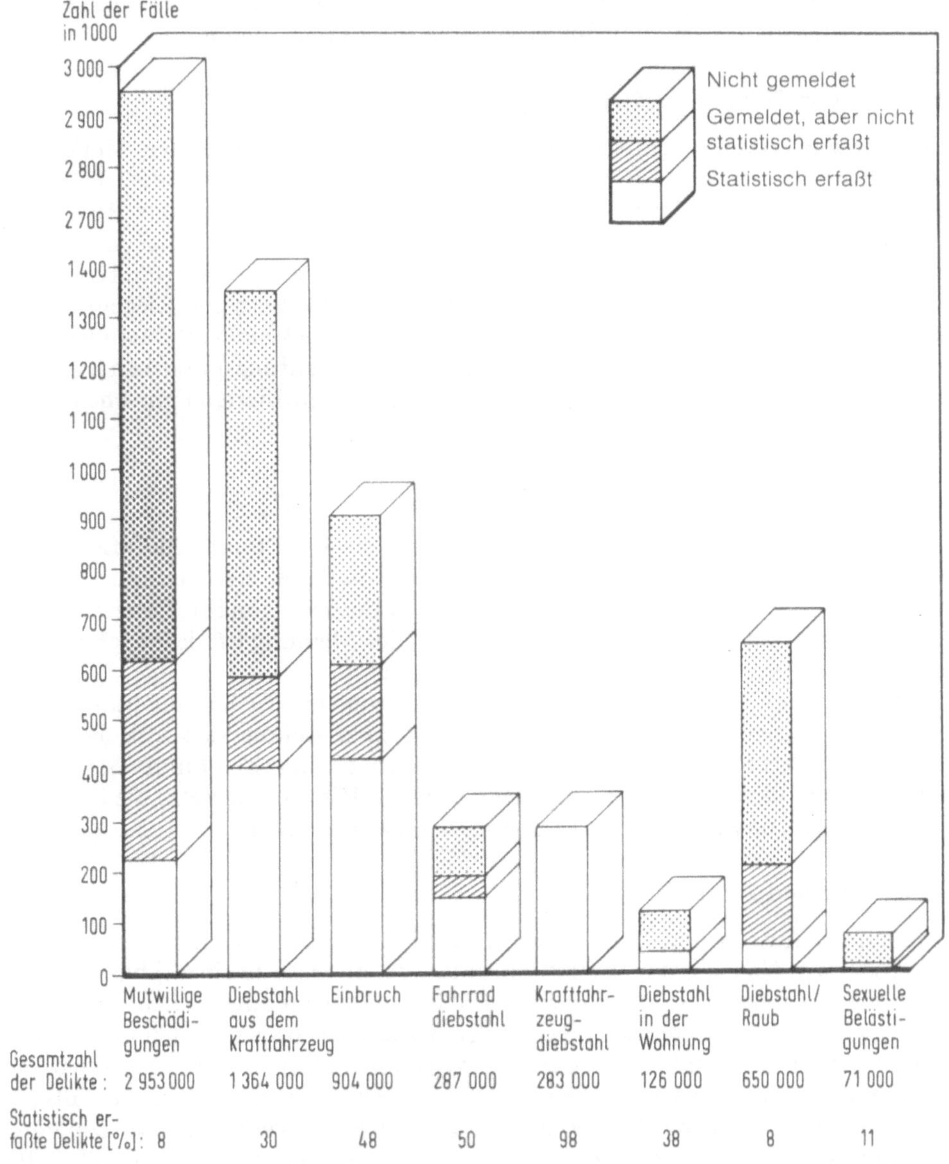

Abb. 1. Zahl der statistisch erfaßten und statistisch unerfaßten Delikte, 1983: Schätzungen aus der Umfrage zur Kriminalität in Großbritannien

Einbrüche bemerkbar; 10 % der Einbrüche in die zentrale Wohnsiedlung standen mit Diebstählen aus diesen Münzautomaten in Zusammenhang.

Entwurf von Präventivstrategien

Der Entwurf von Präventivstrategien ist auf die charakteristischen Merkmale einer Situation, in der ein Verbrechen begangen wird, ausgerichtet. Das allgemeine Ziel besteht darin, das Verbrechen zu erschweren und das Risiko zu erhöhen, um damit kriminalitätsbegünstigende Bedingungen abzubauen (Clarke 1983). Man könnte die Angriffsziele des Täters entfernen (wie im Falle der Münzautomaten) oder absichern (wie im Falle von Schlössern und Riegeln). Man könnte die Überwachung verbessern und so den Eindruck eines erhöhten Risikos verstärken. Man könnte durch die Veränderung von Führungspraktiken das Verbrechen erheblich erschweren (wie etwa durch die modernisierten Fahrscheinkontrollen in der Londoner U-Bahn).

Ausführung

Die Phase der Ausführung kann schwierig sein; sie kann finanzielle Mittel und einigen Zeitaufwand erfordern. Eine Institution muß ggf. erst davon überzeugt werden, daß sie über die Mittel zur Verringerung der Zahl von Straftaten verfügt, während man bei der betreffenden Institution der Meinung ist, daß noch immer die Polizei oder das Gericht hierfür zuständig sei.

In manchen Fällen wird es auch vermieden, Probleme der Kriminalität publik werden zu lassen. Die Inhaber mancher Parkplätze wehren sich z. B. dagegen, Plakate zur Verbrechensvorbeugung aufzuhängen, da diese den Eindruck vermitteln könnten, die Fahrzeuge seien einem größeren Risiko ausgesetzt; sie betrachten derartige Hinweise als Bedrohung ihrer Gewinnchancen.

Bewertung und Kontrolle

Die auf die Ausführung folgende Kernfrage gilt der Effektivität der ergriffenen Maßnahmen. Hierbei ist nicht nur von Interesse, ob diese zu einer Abnahme der Kriminalität führten, sondern ebenso, ob dies mit einem angemessenen Kostenaufwand geschah – eine Frage, die für den wirtschaftlich Denkenden im Vordergrund steht. Eine gründliche Bewertung mag zwar wünschenswert sein, ist jedoch häufig, i. allg. aus Kostengründen, nicht in die Praxis umzusetzen. Jedenfalls ist es oft nicht einfach, die Wirkung einer Initiative zur Verbrechensvorbeugung entsprechend zu bewerten, besonders wenn sie evtl. ersetzt werden soll (z. B. Ekblom 1987).

In der Diskussion mit der Polizei und kleineren Institutionen der Wirtschaft und Industrie wird immer häufiger der Vorschlag gemacht, einer theoretisch ausgereiften Bewertung die Kontrolle vorzuziehen. Einige Versuche der britischen Polizei , wie z. B. die Neighbourhood-Watch-Programs, werden von der Methode her kritisiert, eine professionelle Beurteilung hat sich jedoch als kostspielig erwiesen, insbesondere, wenn Umfragen zur Kriminalität durchgeführt werden müssen (Bennett 1987). Geht es um eine Initiative in größerem Rahmen, die evtl. auch auf nationaler Ebene durchgeführt werden soll, wird man eher eine Bewertung in bezug auf deren Auswirkung auf die Kriminalität vornehmen (wie im Falle der Abgrenzung von Grundstücken, s. Laycock 1985). Handelt es sich jedoch um Maßnahmen, die auf lokaler Ebene in relativ kleinem Rahmen ergriffen werden, so ist es gut möglich, daß eine Initiative ganz einfach aufgrund der niedrigen Fallzahl nicht in bezug auf die Abnahme der Kriminalität bewertet werden kann.

Zudem strebt der Praktiker häufig schnelle Lösungen an und ist bereit, eine höhere Fehlerquote zu riskieren als der Theoretiker, der vielleicht eindeutige kausale Zusammenhänge feststellen will. Eine vernünftige Kontrolle der Maßnahmen reicht häufig vollkommen aus, um mit einem akzeptablen Maß an Sicherheit darüber zu entscheiden, ob diese sich auf die Kriminalität auswirken. Und meist wird der Polizei und anderen Einrichtungen diese Methode empfohlen.

Soll bei der Frage nach der Effektivität der Kostenfaktor einbezogen werden, entsteht ein noch komplizierteres Bild. Der Bericht einer Arbeitsgruppe des Innenministeriums über die Kosten der Kriminalität (Home Office 1988) läßt die Notwendigkeit erkennen, wirtschaftliche Aspekte der Verbrechensvorbeugung zu berücksichtigen, stellt jedoch auch fest, daß nur wenig Information über die Kosten vorhanden ist. Allzu häufig werden die durch ein Verbrechen verursachten Kosten vom Opfer, von der Strafgerichtsbarkeit (d. h. letztlich vom Steuerzahler) oder der Versicherung (d. h. durch die Erhöhung der Beiträge der Bevölkerung), jedoch nicht von der Stelle getragen, die die Situation, in der ein Verbrechen begangen wird, überblicken kann und somit über die notwendigen Mittel verfügt, präventive Maßnahmen zu ergreifen. Solange Kriminalität nicht als Massenphänomen um sich greift und in das Licht der Öffentlichkeit gerät, ist sie für viele der Verantwortlichen finanziell kein Thema.

Wissenschaftliche Grundlagen

Anders als für eine britische Regierungsbehörde üblich, richtete das Innenministerium 1983 mit der Abteilung für Verbrechensvorbeugung auch einen wissenschaftlichen Bereich innerhalb dieser Institution ein. Trotz der starken sozialwissenschaftlich orientierten Tradition des Innenministeriums (Clarke u. Cornish 1983) entsprach der Einsatz von Wissenschaftlern und Politikern in ein und derselben Abteilung oder die Förderung eines derartigen praxisorientierten wissenschaftlichen Programms nicht der seinerzeit üblichen Vorgehensweise.

Diese Neuerung ermöglichte eine stärkere Anlehnung der Politik an Forschungsergebnisse und führte dazu, daß neue Ideen zunächst probeweise ausgeführt werden konnten, bevor sie allgemeine Zustimmung fanden. Die Verankerung der Strategie der Verbrechensvorbeugung in der praktischen Erfahrung ist ein wichtiger Gesichtspunkt. In einer Reihe von Forschungs- und Entwicklungsprojekten konnte aufgezeigt werden, wie diese politischen Vorstellungen in die Praxis umgesetzt werden könnten.

Die sich auf die Wissenschaft stützende Politik bietet einige Vorteile. Ein politisch neutrales Forschungsprogramm scheint zwar fast unvorstellbar, ist jedoch ein durchaus erstrebenswertes Ziel. Sofern dieses erreichbar ist, kann man auch argumentieren, daß Politik eine rationalere Grundlage besitzt und weniger dem Einfluß der verschiedenen Interessengruppen unterliegt. Verbrechensvorbeugung birgt insofern Probleme in sich, als sie sehr leicht politisiert werden kann. So vertreten z. B. bezüglich des Ladendiebstahls einige Gruppen die Auffassung, daß harte Strafmaßnahmen und ein nicht zu geringer Einsatz der Polizei notwendig seien, damit Ladeninhaber ihren Gewinn sichern und gegen Kriminalität vorgehen könnten. Aufgrund von wissenschaftlichen Untersuchungen kann gezeigt werden, daß diese Methode aus Gründen der Logik nicht wirksam sein kann (Ekblom 1986), ohne daß enorme Summen für einen verstärkten Polizeieinsatz ausgegeben werden und Strafmaßnahmen ein für die Öffentlichkeit nicht mehr akzeptables Maß erreichen.

Auf eher pragmatischer Ebene kann die Wissenschaft sich am besten als praktisch wertvoll erweisen und dafür sorgen, daß dies in das Blickfeld der Öffentlichkeit gelangt; Wissenschaftler können einen Beratungsdienst für den praktisch Arbeitenden einrichten, der möglicherweise während seiner täglichen Arbeit wenig Zeit für die Überarbeitung von Literatur oder Forschungsberichten zur Kriminalität findet; ein evtl. über mehrere Jahre hinweg entwickeltes Forschungsprogramm kann sich mit all den Vorteilen dieses Ansatzes hinsichtlich Kosteneffektivität und Preis-Leistungs-Verhältnis auf sich selbst stützen.

Aufgrund des wissenschaftlichen Einflusses auf die Strategie der Verbrechensvorbeugung wurden Veränderungen in der Politik befürwortet, die sonst nicht zustande gekommen wären. Ein bereits erwähntes Beispiel hierfür sind die in den Häusern von Bewohnern mit geringen Löhnen eingeführten Münzautomaten für Heizöl. Diese sollten die Bezahlung des Öls erleichtern und die Anhäufung von Schulden vermeiden. Wurden jedoch diese Automaten aufgebrochen, was häufig bei Einbrüchen der Fall war, wurden die Kosten von den Opfern getragen, und den für die Heizölversorgung zuständigen Einrichtungen mußte Schadensersatz geleistet werden, wozu in den meisten Fällen auch die Kosten für neue Automaten gehörten (Hill 1986). Es bestand kaum ein Anreiz für die Heizölversorgung, die Entfernung der Münzautomaten zu veranlassen oder diese durch modernere, mit Kreditkarten oder Marken funktionierende Automaten zu ersetzen. Die eine solche Zahlungsweise bevorzugenden Kunden machten einen relativ geringeren Marktanteil aus, und das Thema der Vorauszahlung durch Münzautomaten wurde nicht als vordringlich angesehen. Die Bewertung der zu ergreifenden Maßnahmen veränderte sich jedoch beträchtlich, als Untersuchungen zeigten, daß in 40% der Fälle mit einem Einbruch in öffentliche Wohnsiedlungen auch der Verlust von Bargeld aus den Münzautomaten verbunden war. Die von der Öffentlichkeit zu tragenden Kosten für den Polizeieinsatz waren nicht unbedeutend, und somit war die Heizölversorgungsindustrie leichter zu einem Vorantreiben ihres Programmes zu veranlassen, diese Automaten aus dem Verkehr zu ziehen. Die Folge davon ist, daß die Zahl der Einbrüche und anderer Schadensfälle im Zusammenhang mit Münzautomaten zurückgeht (Cooper 1989). Wissenschaftliche Untersuchungen können demnach – nicht aufgrund von Meinungsäußerungen, sondern auf der Grundlage von Daten und Analysen – dazu beitragen, daß auf Veränderungen gedrängt wird. Dies spielt eine große Rolle in einem Bereich wie dem der Verbrechensvorbeugung, in dem die durch Kriminalität verursachten Kosten häufig vom Opfer oder vom Staat (als Kostenträger für die Strafgerichtsbarkeit) anstatt von denjenigen Institutionen getragen werden, die in der Lage sind, Maßnahmen zur Verhinderung krimineller Handlungen oder zur Verringerung ihrer Wahrscheinlichkeit zu ergreifen.

Aktivitäten in der Bevölkerung

Die Resultate dieser Aktivitäten zu benennen und zu bewerten ist nicht einfach. Während ständig Richtlinien und Forschungsberichte herausgegeben, Seminare und Konferenzen abgehalten werden und viel von verschiedenen Abteilungen in Zusammenarbeit unternommen wird, ist es beispielsweise schwierig, mit Sicherheit festzustellen, ob in der Bevölkerung allgemein das Bewußtsein gegenüber der Verbrechensvorbeugung gewachsen ist und, wenn dem so ist, ob es in vernünftiger Weise in die Praxis umgesetzt wird. Die Auffassung, daß für Verbrechen und Verbrechensvorbeugung Polizei und Strafgerichtsbarkeit zuständig seien, ist tief verwurzelt; sie wird sich kaum von heute auf morgen grundlegend verändern lassen. Dennoch weist einiges darauf hin, daß außer der Polizei auch andere Organisationen beginnen, Verantwortung zu übernehmen. Einige örtliche Behörden z. B. kommen allmählich zu der Erkenntnis, daß sie zur Verbrechensvorbeugung und zur Lebensqualität im weiteren Sinne einen erheblichen Beitrag leisten können; einige davon gehen aktiv an die Entwicklung einer gemeinsamen Politik der Verbrechensvorbeugung heran.

In welchem Ausmaß schlägt sich diese Politik der britischen Regierung auf lokaler Ebene nieder? Sicherlich ist das Bewußtsein in der britischen Bevölkerung in bezug auf die Verbrechensvorbeugung als wirksames Mittel zur Bekämpfung der Kriminalität erheblich größer als etwa vor 10 Jahren. Dies ist zum Teil auf Öffentlichkeitskampagnen der Regierung zurückzuführen, die auch von der Abteilung für Verbrechensvorbeugung veranstaltet werden und nun die Notwendigkeit betonen, daß die Gemeinden zusammenarbeiten, um das Verbrechen zu „knacken". Im Zuge der jüngsten Kampagne wurde ein Handbuch zur Verbrechensvorbeugung veröffentlicht, das in Form einer leicht zu lesenden Broschüre Ratschläge zur Verbrechensvorbeugung enthält. Es ist für jeden Interessierten kostenlos erhältlich; bisher wurden mehr als 2,5 Mio. Exemplare davon versandt.

Die zunehmende Verbreitung des Neighbourhood-Watch-Programms in Großbritannien ist ebenso bemerkenswert und zeugt von Interesse an der Verbrechensvorbeugung auf lokaler Ebene. Das erste dieser Programme wurde 1982 aufgestellt, mittlerweile gibt es davon im ganzen Land 66000. Größtenteils wurden sie auf die Nachfrage der Bevölkerung hin und mit Hilfe der Polizei eingerichtet (Hussain 1988). Obwohl ihre Auswirkungen auf die Kriminalität nicht eindeutig bestimmbar sind – die Kriminalität kann in einigen, muß aber keineswegs in allen Bezirken abnehmen–, sind die Programme ohne Zweifel bei der Bevölkerung so beliebt, daß bei der Polizei, die versucht, auf die Forderung nach Unterstützung beim Entwurf neuer Pläne positiv zu reagieren, ein ernsthafter Personalmangel entsteht.

Zusätzlich zu den Neighbourhood-Watch-Programmen gibt es in vielen Polizeibezirken eine örtliche Diskussionsgruppe zur Verbrechensvorbeugung. Diese am Ort gebildeten Gruppen, die sich aus Personen des öffentlichen Lebens zusammensetzen, existieren seit über 20 Jahren in einigen Teilen Großbritanniens. Traditionsgemäß hatten sie einen Polizeibeamten als Vorsitzenden und kamen etwa alle 3 Monate zusammen, um über örtliche Probleme der Kriminalität zu diskutieren. Ihre Arbeit mag etwa zu einer Flugblattaktion zugunsten der älteren Bürger oder anderen Formen der Öffentlichkeitsarbeit geführt haben, ist jedoch, mit einigen beachtenswerten Ausnahmen, eher unkoordiniert und dementsprechend schwer zu beurteilen. Eine 1984 abgehaltene landesweite Konferenz zur Diskussion der Verbrechensvorbeugung verhalf der Bewegung zu neuer Energie, und eine von der Abteilung für Verbrechensvorbeugung im Innenministerium herausgegebene Schrift wies auf die Notwendigkeit hin, die Rolle der Diskussionsgruppen in der Verbrechensvorbeugung dahingehend zu verändern, daß jüngere Entwicklungen berücksichtigt werden (Smith u. Laycock 1985).

Funktion und Arbeitsmethode der Diskussionsgruppen wurden 1985 von einer der Arbeitsgruppen der Ständigen Konferenz im Innenministerium überarbeitet (Home Office 1985). Deren Bericht führte zu neuen Richtlinien für die Diskussionsgruppen. Eine der wichtigeren Konsequenzen dieser Aktivitäten im Hinblick auf die Einbeziehung von Gemeindemitgliedern in die Planung der Verbrechensvorbeugung ist die Entscheidung einiger Kräfte, nicht, wie in der Vergangenheit, einem Polizeibeamten, sondern statt dessen einem Zivilisten den Vorsitz der örtlichen Diskussionsgruppe zu übertragen. Die Polizei nimmt zwar weiterhin an den Treffen der Diskussionsgruppen zur Verbrechensvorbeugung teil, jedoch nimmt sie mehr und mehr eine eher unterstützende als eine leitende Position ein.

Von mehreren Stellen, besonders von der Polizei und der Bewährungshilfe, gehen Versuche aus, zur Verbrechensvorbeugung Gruppen einzurichten, die sich aus Mitgliedern verschiedener Institutionen zusammensetzen. Die Einrichtung und der Erfolg dieser Gruppen ist innerhalb des Landes unterschiedlich. Offensichtlich müssen auf diesem Gebiet mehr Richtlinien gegeben werden, und es gibt Pläne zur Prüfung und Überarbeitung des vom Innenministerium herausgegebenen Rundschreibens, in dem zwischenbehördlich arbeitende Gruppen als Instrument der Verbrechensvorbeugung empfohlen werden.

Eine der weiterreichenden Konsequenzen der Auffassung, die Entwicklung von Initiativen zur Verbrechensvorbeugung sei auf dem Verständnis des Kriminalitätsproblems aufzubauen, besteht darin, die Verfügbarkeit polizeilicher Angaben zu kriminellen Vorfällen bei den meisten Polizeikräften zu überprüfen. Glücklicherweise sind durch die zunehmende Verwendung des Computers die technischen Möglichkeiten eines Zugangs zu Informationen gegeben, die bis zu der jeweiligen Straße oder dem Wohngebiet verfolgt werden können. Häufig ist man jedoch hierzu noch nicht in der Lage, obwohl gegenwärtig etwa die Hälfte der 43 Polizeiverwaltungen des Landes mit verschiedenen Systemen der Kriminalitätsanalyse experimentiert, wenn auch nicht alle davon ausschließlich für die Verbrechensvorbeugung bestimmt sind.

Auch die Polizei selbst wird sich des Potentials der Verbrechensvorbeugung als Mittel zur Bekämpfung der Kriminalität mehr bewußt. Während der letzten 25 Jahre ist Verbrechensvorbeugung bei der Polizei häufig als Aufgabe von Spezialisten angesehen worden. Die tagtägliche Verbrechensvorbeugung, die traditionsgemäß Aufgabe dieser speziell ausgebildeten Beamten war, wird nun in zunehmendem Maße auf den örtlichen Streifendienst übertragen, so daß die Spezialisten bei der Verbrechensvorbeugung eine eher leitende oder beratende Funktion übernehmen. Die Ausbildung von Polizeibeamten zur Verbrechensvorbeugung macht sich heute bei der Analyse von Daten zur Kriminalität und bei der Entwicklung von Strategien zur Verbrechensvorbeugung erheblich bemerkbar.

Besonders auffallend an der Verbrechensvorbeugung auf lokaler Ebene ist ihre Unkoordiniertheit. Teilweise wird bemängelt, daß keine systematisch angelegte, für das ganze Land geltende Struktur existiert (z. B. King, im Druck). Die Vertreter dieser Auffassung richten ihren Blick auf das europäische Festland, um dort Beispiele für gute Organisation (Entwicklungen in Frankreich) zu sehen. Der systematische, durchstrukturierte Ansatz weist eindeutig Vorteile auf, besonders dadurch, daß er zentralen Einrichtungen in der Entwicklung der Verbrechensvorbeugung größeren Handlungsspielraum einräumt. Dem ist entgegenzuhalten, daß der weniger koordinierte Ansatz, wie er in England und Wales zu sehen ist, einen wesentlich größeren Spielraum zwischen den verschiedenen Bezirken zuläßt, so daß man örtlichen Bedürfnissen gerecht werden kann und bei der Ergreifung präventiver Maßnahmen direkt an die jeweiligen Besonderheiten jedes Bezirkes anknüpfen kann. Zudem ermöglicht dieser Ansatz die größtmögliche Verwendung bereits bestehender örtlich und regional angelegter Netze.

Schließlich wird mit den aus der Bevölkerung wachsenden Bewegungen der Durchbruch erheblich erleichtert, der mit einem nicht pluralistischen, vielmehr eingleisigen organisatorischen Ansatz zur Verbrechensvorbeugung zweifelsohne schwieriger wäre. Die immer stärkere Verbreitung des Neighbourhood-Watch-Programms, das bisher (nach vorsichtigen Schätzungen) die geistige und praktische Unterstützung von etwa 2 Mio. Bürgern gefunden hat, ist hierfür das beste Beispiel.

Literatur

Bennett T (1987) An evaluation of two neighbourhood watch schemes in London. Institute of Criminology, Cambridge

Blagg H, Pearson G, Sampson A, Smith D, Stubbs P (1988) Inter-agency co-operation: rhetoric and reality. In: Hope T, Shaw M (eds) Communities and a crime reduction. HMSO, London, pp 204–220

Bottoms AE, Wiles P (1988) Crime and housing policy: a framework for preventive analysis. In: Hope T, Shaw M (eds) Communities and crime reduction. HMSO, London, pp 84–98

Brantingham P (1986) Trends in Canadian crime prevention. In: Heal K, Laycock G (eds) Situational crime prevention: from theory into practice. HMSO, London, pp 103–112

Brantingham PJ, Faust FL (1976) A conceptual model of crime prevention. Crime and Delinquency 22:284–296

Buckle A, Farringdon D (1984) An observational study of shoplifting. Br J Criminol 24:63–73

Burrows J (1988) Retail crime: prevention through crime analysis. Home Office Crime Prevention Unit Paper, no 11, available from the Home Office Crime Prevention Unit, 50 Queen Anne's Gate, London SW1H 9AT

Clarke RVG (1983) Situational crime prevention. In: Tonry M, Morris N (eds) Crime and justice: an annual review of research 4. Univ Chicago Press, Chicago

Clarke RVG, Cornish DB (1983) Crime control in Britain: A review of policy research. State Univ New York Press, Albany

Clarke RVG, Hough M (1984) Crime and police effectiveness. HMSO, London Home Office research study, no 79

Clarke RVG, Mayhew P (eds) (1980) Designing out crime. HMSO, London

Cooper B (1989) Preventing break-ins to prepayment meters. Home Office Research Bulletin 26

Ekblom PJ (1986) The prevention of shop theft: an approach through crime analysis. Home Office Crime Prevention Unit Paper, no 5, available from the Home Office Crime Prevention Unit, 50 Queen Anne's Gate, London SW1H 9AT

Ekblom P (1987) Preventing robberies at sub-post-offices: an evaluation of a security initiative. Home Office Crime Prevention Unit Paper, no 9, available from the Home Office Crime Prevention Unit, 50 Queen Anne's Gate, London SW1H 9AT

Forrester D, Chatterton M, Pease K (1988) The kirkholt burglary prevention project, Rochdale. Home Office Crime Prevention Unit Paper, no 13, available from the Home Office Crime Prevention Unit, 50 Queen Anne's Gate, London SW1H 9AT

Heal K, Laycock G (1986) (eds) Situational crime prevention: from theory into practice. HMSO, London

Heal K, Laycock G (1987) Preventing juvenile crime: the Staffordshire experience. Home Office Crime Prevention Unit Paper, no 8, available from the Home Office Crime Prevention Unit, 50 Queen Anne's Gate, London SW1H 9AT

Hill N (1986) Prepayment coin meters: a target for burglary. Home Office Crime Prevention Unit Paper, no 6, available from the Home Office Crime Prevention Unit, 50 Queen Anne's Gate, London SW1H 9AT

Home Office (1984) Home Office Circular 8/84, available from the Home Office Crime Prevention Unit, 50 Queen Anne's Gate, London SW1H 9AT

Home Office (1985) Standing Conference Working Group report on Guidelines for Crime Prevention Panels, available from the Home Office Crime Prevention Unit, 50 Queen Anne's Gate, London SW1H 9AT

Home Office (1988) Standing Conference Working Group report on the Cost of Crime, available from the Home Office Crime Prevention Unit, 50 Queen Anne's Gate, London SW1H 9AT

Home Office (1989) Ministerial Group on Crime Prevention – A progress report, available from the Home Office Crime Prevention Unit, 50 Queen Anne's Gate, London SW1H 9AT

Hough M, Mayhew P (1983) The British crime survey: first report. HMSO, London Home Office Research Study, no 76

Hough M, Mayhew P (1985) Taking account of crime: key findings from the second British crime survey. HMSO, London (Home Office Research Study, no 85)

Hussain S (1988) Neighbourhood watch in England and Wales: a locational analysis. Home Office Crime Prevention Unit Paper, no 12, available from the Home Office Crime Prevention Unit, 50 Queen Anne's Gate, London SW1H 9AT

King M (to be published) Social crime prevention a la Thatcher Howard. J Crim Justice

Laycock G (1985) Property marking: a deterrent to domestic burglary? Home Office Crime Prevention Unit Paper, no 3, available from the Home Office Crime Prevention Unit, 50 Queen Anne's Gate, London SW1H 9AT

Laycock G, Heal K (1989) Crime Prevention: the British experience. In: Evans, Herbert (eds) The geography of crime. London, Routledge, pp 315–330

Mayhew P, Clarke RVG, Hough JM (1980) Steering column locks and car theft. In: Clarke RVG, Mayhew P (eds) Designing out crime. HMSO, London, pp 19–30

Smith LJF, Laycock G (1985) Reducing crime: developing the role of crime prevention panels. Home Office Crime Prevention Unit Paper, no 2, available from the Home Office Crime Prevention Unit, 50 Queen Anne's Gate, London SW1H 9AT

Southall D, Ekblom PJ (1985) Designing for vehicle security: towards a crime free car. HMSO, London (Home Office Crime Prevention Unit Paper, no 5)

Sachverzeichnis

Vorankündigung: Forensia-Jahrbuch 2

I. Drogensucht

D. Ladewig und D. Faßnacht/Basel
1. Epidemiologie der Drogenabhängigkeit im deutschsprachigen Raum

H. Konzett/Innsbruck
2. Pharmakologische Grundlagen der Rauschdrogen-Wirkung

W. Kisser/Salzburg
3. Nachweismethoden für Rauschgifte in Körperflüssigkeiten

K.-L. Täschner/Stuttgart
4. Drogenabhängigkeit. Klinik und Psychopathologie

H.-J. Wagner/Homburg, Saar
5. Drogenkonsum und Verkehrseignung

H.-J. Albrecht/Freiburg
6. Suchtgiftgesetzgebung rechtsvergleichend

K.-R. Winkler/Koblenz
7. Drogendelinquenz. Beschaffungskriminalität

W. Platz/Berlin
8. a) Die forensisch-psychiatrische Begutachtung von Drogendelikten in der Bundesrepublik Deutschland

O. Presslich/Wien
b) Die forensisch-psychiatrische Begutachtung von Drogendelikten in Österreich

V. Dittmann/Basel
c) Die forensisch-psychiatrische Begutachtung von Drogendelikten in der Schweiz

R. Mader und W. Burian/Wien-Kalksburg
9. a) Therapie der Drogenabhängigkeit (außer Methadon-Ersatzprogrammen)

Brigitte Heerklotz/Köln
b) Methadon-Ersatzprogramme. Probleme und Möglichkeiten

R. Egg/Wiesbaden
c) Langzeittherapie drogenabhängiger Straftäter außerhalb des Strafvollzugs gem. § 35ff BtMG

E. Rebscher/Wiesbaden
10. Vorbeugende Bekämpfung der Drogenkriminalität

II. Reform des Jugendstrafrechts

H. J. Schneider/Münster
1. Kriminologische Aspekte der Kinder- und Jugendkriminalität

H. Schüler-Springorum und Co-Autor/München
2. Zur Reform des Jugendstrafrechts in der Bundesrepublik Deutschland (Änderungsentwurf zum Jugendgerichtsgesetz)

U. Jesionek/Wien
3. Konfliktregelung – Tatausgleich. Erste Erfahrungen in Österreich nach der Reform des Jugendstrafrechts

R. Lempp/Stuttgart
4. Probleme für den jugendpsychiatrischen Sachverständigen bei der Abgrenzung von Jugendlichen und Heranwachsenden

A. Böhm/Mainz
5. Praxisrelevante Verbesserungen des Jugendstrafvollzugs aus juristischer Sicht

W. Spiel und W. Leixnering/Wien
6. Futurologische psychiatrische Überlegungen zur Begutachtung Jugendlicher und zu Vollzugsfragen